WORLD HISTORY
AND
CONTEMPORARY CHINA

世界史与当代中国

陈 恒 著

商务印书馆

The Commercial Press

创于1897

图书在版编目（CIP）数据

世界史与当代中国 / 陈恒著. — 北京：商务印书
馆, 2023
ISBN 978 - 7 - 100 - 22907 - 4

Ⅰ . ①世…　Ⅱ . ①陈…　Ⅲ . ①世界史 — 文集　Ⅳ .
①K107 - 53

中国国家版本馆 CIP 数据核字（2023）第 163038 号

世界史与当代中国

陈 恒 著

商 务 印 书 馆 出 版
（北京王府井大街36号　邮政编码 100710）
商 务 印 书 馆 发 行
山 东 临 沂 新 华 印 刷 物 流
集 团 有 限 责 任 公 司 印 刷
ISBN　978 - 7 - 100 - 22907 - 4

2023 年 12 月第 1 版　　开本 670×970　1/16
2023 年 12 月第 1 次印刷　印张 25¾

定价: 128.00元

序言｜世界史研究的时代价值与学术建构

　　改革开放的40多年是中国哲学社会科学大繁荣、大发展、大进步的时期。在此期间，各学科、各领域都取得了不俗的成绩，中国的世界历史研究同样取得了令人瞩目的成就。尤其是2011年世界史成为一级学科之后，举凡学术研究、人才培养、国际交流、服务社会以及促进中国对世界的了解、认识等方面，均取得长足进展，与40年前已不可同日而语。世界史学科的兴起和发展是同中国与世界的相互关系紧密联系在一起的，今天的中国正成为影响世界历史发展进程的大国，这就更加呼唤我们在世界历史研究上，尽快构建具有中国特色的学科体系、学术体系、话语体系，为世界的繁荣发展贡献中国智慧。

　　但毋庸讳言的是，区域研究的不平衡、重现状轻历史的研究取向、学术对话的欠缺、原创理论的匮乏、支撑国家政策需求的问题意识不强、史学公共教育的功能不明显等问题，都说明中国的世界史研究还有进一步提升的空间，前方要走的道路还很漫长。此外，也有一些学者对世界史研究的根本意义，还存在一些认识上的误区。比如，有人认为，与中国史研究相比，世界史研究水准不高，价值不大；有人认为，我们研究俄国（还有苏联）史的不可能比俄罗斯的历史学家强，研究德国史的不可能比德国的历史学家强，既然如此，何必花大力气培养自己的专家，不如直接引进该国学者的研究成果；还有人认为，希腊历史是伪造的，罗马历史也是伪造的，甚至整个西方文明都是虚构的，不值得相信，更不值得去研究；等等。这些看法还有一定市场，究其本质，其实是一种狭隘民族中心主义的思想、心理在作祟，也是历史虚无主义的典型表现，更是无视现实需要的理论误判。这就需要我们世界史同仁正视世界史学科发展进程中遇到的问题，通过自身的辛勤努力推动世界史理论和实践的创新和发展，提升我国世界史研究在国内外的影响力和话语权。

历史经验告诉我们，中国作为人类共同体中重要的一员，与外部世界有着水乳交融、不可分割的联系，这种关联性是人类不断进步发展的动力。今天，面对世界格局的不确定性、不稳定性，面对百年未有之大变局，中国更应站在世界历史的高度，在更加广阔的世界历史时空中，对世界历史研究怀有高度的责任感和使命感。就此而言，我们应从以下几个方面做出努力。

首先，加强同世界各国的互容、互鉴、互通，这是构建人类命运共同体的一项重要内容。为此，我们必须要对外部世界的语言、文化、社会、历史进行深入研究，这样才能实现相互理解和合作共存。

在人类文明史上，时代共同的精神面貌与人类智慧的个体表达存在着显见的共振关系：人类智慧化育个体，融汇众生，泽被天下。今天，人类文明也许又将迎来重大变革：信息时代的科技革命正在根本性地改变我们的生产、生活、认知和思维模式；全球力量表现在知识、技术、物质、资本、观念等方面的创新组织与重构，给前数字化世界格局带来强烈的冲击；逆全球化与去全球化行动从特定阶层/族群逐渐扩展到国家政府层面；宗教极端势力聚集蔓延，挑战传统的安全观并令人再生文明冲突的忧思。对当前世界的格局应做怎样的判定？人类文明将往何处去？人类共同的命运之根究竟何在？这是时刻浮现于每一位思想者面前的重大理论和现实问题。

"善治病者，必医其受病之处；善救弊者，必塞其起弊之源。"面对人类文明发展的一系列难题，习近平总书记在众多国际国内场合大力倡导人类命运共同体理念，为人类文明的相处之道把脉开方。这既是对马克思主义世界历史思想的丰富与发展，也为思想界共同体指明了前行的方向。作为涵育知识、化育社会的各界思想者，需要构成汇聚人类智慧、关心共同命运的新型共同体，一起直面时代议题、探求因果之道、开辟创新之源，以思想的共同体来引领命运的共同体，从而实现齐步前进的主动性。有鉴于此，我们须围绕当前人类需要共同面对的重大议题，更加深刻地把握人类历史发展规律，开展系统性、整体性和多维度的世界历史之探讨，同时也主张深入各文明体内部进行精细的微观剖析，力图准确把握当前人类所面临的困难、困惑以及人类文明所处的困境，以开具可能的应对良方。

人类命运共同体理念包括人类的共同利益、共同的历史记忆，相互依存、相互促进等思想。这就要求我们研究世界历史，探究历史上各种文明兴衰的内在原因，以及各国和平共处与合作共赢之道，这是新时代我国基于对世界大势的把握提出的"中国方案"，也是中国知识分子应有的职责和担当。

其次，人类的历史经验表明，要保持自身文化充满活力，须经受外来文化持续冲击并以我为主不断融合外来文化，从而推陈出新向更高级的文化发展。今日正在为"两个一百年"奋斗目标而努力奋斗的中国，正需要从漫长的人类文明史中汲取有益的经验。

不仅不同文明之间的交流、碰撞会激发人们思考，改善认知方式，促使观念发展，使知识呈现出新的形态，而且突发事件也总会改变人们的常识概念，促使人们不断反思历史，以致改写历史。近代西方的扩张改变了整个世界的知识谱系；"9·11"事件让当代知识界、思想界重新思考历史上的恐怖行为，也让人们对伊斯兰文明进行再思考。若往前追溯，从历史上说，西方古典文明的影响是建立在向外传播基础上的，它们的经典被翻译成新的语言和文字，同时也从其他文明那里获得知识和启迪，增进自身的生命力。希腊人借鉴东方的智慧建立自身的求真文化，罗马人吸纳了希腊文化形成了富有特色的实用文化，又不断把这种文化向欧洲西部、北部推广。后来的阿拉伯人又大量翻译希腊罗马典籍，形成了历史上著名的"百年翻译运动"，文艺复兴时代前这些典籍又回流到欧洲，对欧洲文化的新生产生极大影响。借用巴赫金的话说，这是文明之间的"相互激活"。当代西方文明都与希腊罗马所代表的古典文明有关，以致雪莱说："我们都是希腊人。我们的法律、文学、宗教、艺术，全部都可以在希腊人那里找到它们的根。"希腊罗马世界是一个遥远的世界，但不是一个消失的世界，它的行为、经验、思想并没有消失，仍然充满着新鲜的、充沛的、欢乐的、希望的血液，仍然在不断延续的西方文明内"呼吸与燃烧"，西方世界仍不断从中获取不竭的新启示、新成果。

读史使人明智，因为人类千百年来的历史经验会给我们提供启迪。在经济全球化、中华文明正走在伟大复兴道路上的今天，我们亟须这样的经验以进一步丰富、激活自身的文化学术资源，让我们成为观念的提出者、知识的制造者、理论体系的构建者、学科体系的发起者，为中华文明永葆活力、不断创新发展提供智识支持。世界历史研究，责无旁贷。与此同时，从更具体而微的学术研究、人才培养和国民素质提高的角度上讲，我们同样离不开世界历史研究。

第一，今天我们建设中国特色的科研和育人的价值体系，构建中国的哲学社会科学话语体系，缺少对外部世界的研究和借鉴是行不通的。中国经济实现繁荣发展，对文化软实力也提出了与之相适应的要求。大力构建和完善中国特色哲学社会科学体系，培育具有正确价值观的一代新人，是时代的要求，也是时势的必然。习近平总书记在哲学社会科学工作座谈会上精辟地阐明了这一点：坚持和发展中国特色社会主义必须高度重视哲学社会科学。这是因为，"人类社会每一次重大跃进，人类文明每一次重大发展，都离不开哲学社会科学的知识变革和思想先导"，西方的历史发展经历鲜明地反映了这一点。

历史研究是一切社会科学的基础。多年来，我们一直身体力行，希冀尽自身的绵薄之力，为当代中国文化建设和繁荣履行自己应尽的职责。由上海师范大学世界史团队组织翻译，不久将陆续出版的有9卷本《剑桥世界史》、6卷本《宝库山世界历史百科全书》、6卷本《观念史辞典》、5卷本《牛津历史著作史》、2卷本《城市研究百科全书》等，它们大多属于能反映当代国外学术界前沿水准的著作。我们相信，这些著作的出版不但有利于中国世界史学科的建设，而且也会促进中国学者关注外域"他者"的研究方法、研究概念、研究领域与知识体系、学科体系，从中汲取精华，提升自身的研究水平，加速新时代的中国文化建设。

第二，翻译外国历史著作是认知域外文化的有效途径，对于本土文化建设而言见效快、意义大，同时体现了本土文化的开放性、包容性，并增强了后者的生命力。自百余年前中国学术开始现代转型以来，我国人文社会科学研究历经几代学者的不懈努力已取得了可观成就。学术翻译在其中功不可没，严复的开创之功自不必多说，民国时期译介的西方学术著作更大大促进了汉语学术的发展，有助于我国学人开眼看世界，知外域除坚船利炮外尚有学问典章可资引进。20世纪70年代末的改革开放以来，中国学术界又开始了一轮至今势头不衰的引介国外学术著作之浪潮，这对中国知识界学术思想的积累、发展乃至对中国社会进步所起到的推动作用，可谓有目共睹。

先辈努力积淀的经验和智慧，为我们提供了有益的启迪。多年来我们在此方面倍加用力。在过去十余年的时间里，上海师范大学世界史学科先后组织了十余套外国史译丛，诸如"专题文明史译丛""城市与社会译<u>丛</u>""二十世纪人文译<u>丛</u>""上海三联人文经典书库""大象学术译<u>丛</u>""格致人文读本""光启文景丛书""光启新史学译<u>丛</u>""城市史译<u>丛</u>"等，出版了数百种域外史学著作，其中不乏经典之作，诸如彼得·霍尔的《文明中的城市》、斯特拉波的《地理学》、普林尼的《自然史》等，很多已成为各领域研究人员必读的汉译名著。这些对当代中国学术产生了潜移默化的影响，并推动了中国学术不断前进。我们有充分的理由企盼，既以自身深厚的民族传统为根基，呈现出鲜明的本土问题意识，又吸纳国际学术界多方面成果的学术研究，将日益成长、繁荣起来。

第三，阅读外国史是提高公民素质的一条路径，通过阅读可知人类一切优秀成果都是对真理不懈追求的产物，这是全程育人的一个重要内容。在全球化的当下，我国国际地位日益提高，民众在经济上日趋富裕，对外投资、留学和旅游人数日众，这一方面需要我们阅读外国史，以便更真实、更全面、更深入地了解域外历史文化、价值观念和风俗习惯，以免在对外交往中吃亏或闹乌龙；更重要的是，外国史也可以培育人们更加开阔的眼界、更具开放性的思维、更为完善的人格。多读外国史，不仅能让人们认识到文明的多样性、复杂性，而且使人们能以兼容并包的思维看待世界以及我们自己的社会和人生，可以从历史发展的多变中汲取有益的智慧，训练理性思考的能力，培养出更具全球视野、人文精神、公民意识、创新能力，可以应对未来挑战的复合型人才。在文化多元交融碰撞的全球化时代，阅读世界历史是当代中国人应该补上的一课，而要将复杂的历史变化用通俗的语言进行阐述，离不开学者深入的研究，尤其是对历史上重大事件、重大理论问题的研究。

实际上，自明清以来，中国就注意到域外文化的丰富与多彩。徐光启、利玛窦翻译欧几里得《几何原本》，对那个时代的中国而言，是开启对世界认知的里程碑式事件，徐光启可谓真正意义上睁眼看世界的第一人。晚清的落后，更使得先进知识分子苦苦思索、探求"如何救中国"

的问题。自魏源、林则徐、徐继畬以降，开明士大夫以各种方式了解天下万国的历史，得出中国正经历"数千年未有之大变局"的判断，这种大变局使传统的中国天下观念发生了变化，从此理解中国离不开世界，看待世界更要有中国的视角。

我国的世界史研究起步晚、底子薄、整体实力偏弱，研究还不成体系，且自发端以来就受到外部影响，脱胎于本土实践的原创性理论和话语体系迟迟未能确立，导致我们在回答人类历史重大理论问题时缺少符合中国实际的工具和方法。构建哲学社会科学学术话语体系的基础在于对本土实践的原创性理论解释，构建人类历史重大理论问题话语体系，离不开对其本体即世界历史进程的原创性研究，也包括对话语体系的研究。以下几方面的内容尤其是不可回避的。

第一，对人类历史重大理论问题的研究。社会进步离不开对重大理论问题的回答，哲学社会科学学术体系、话语体系的创新与建设必须提出和回答与时代相关的重大理论问题，自觉承担历史责任。因此世界史的关注对象包括与人类历史进程密切相关的重大理论问题，例如古代文明的起源、宗教与社会、地方与中央、近代社会转型、跨文化交流等。这些人类历史重大理论问题不是孤立抽象的，而是要与整体性研究和关注现实的研究相结合。

第二，世界历史进程的整体性研究。当代史学尽管在微观层面有所突破，但也出现了碎片化趋势，史学研究在吸纳微观史学所产出的新成果的同时，应立足世界历史的整体高度，把全球史、整体史、跨国史、交流史等研究方法应用到古典学、国别区域史、社会文化史和外国史学理论等方面的研究中去，探索世界历史在纵向与横向上的宏观进程，并提出自己的理论解释框架。

第三，对世界历史分期与主线的研究。世界历史分期与不同时段的主线，始终是我国世界史研究中的重大理论问题。如果对主线与分期的认识走偏，会直接导致对历史发展动力、资本主义的现在与未来、生产力与生产关系等方面的误读。更重要的是，借助历史分期与历史主线的构建，可使历史知识呈现出能反映时代特色的新形态。因此，从不同角度共同致力于分期与主线研究是世界史学界的重要使命。

第四，对与现实和大局密切相关的重大历史问题和领域的研究。关注现实、服务大局始终是中国史学的优秀传统，回答现实的问题才能够使历史学的生命、功能长久存在并大放异彩。因此世界史学界须致力于从历史的角度研究当前人类面临的共同挑战，例如环境与文明的关系、技术与社会的互动、发展与伦理的要求等。对这些问题的研究有助于我们从本土实践出发，构建人类历史重大理论问题的话语体系。

第五，对西方史学概念与知识生产机制的研究。西方的概念、知识和话语长期以来影响着当代中国的哲学社会科学，我们对人类历史重大理论问题的分析也无法摆脱西方的框架。要真正打破西方中心论的制约，就要研究西方学术界如何生产历史知识、如何创造标识性的概念、如何传播其话语、如何影响异域学术界的学术生产与建构。因此，构建自身的学科体系、学术体系、话语体系必须要关注域外的经验，持续用力于对西方学术经典的翻译、整理与研究，梳理西方世界史话语体系建设的历程及经验。在尝试从根本上解构西方中心论的同时，借鉴西方有益的学术成果服务于具有中国特色的学术世界的创建。

第六，对边缘性、非欧美国家和地区历史的研究。尽管中国学术界早已意识到西方中心论的弊病，但西方中心论的影响根深蒂固，仍然是当下世界史研究和话语体系建设需要克服的问题。因此需要投入大精力、建设大队伍研究非欧美国家和地区的历史，比如对中亚、南亚、非洲、东欧等共建"一带一路"国家的研究，通过实证性成果纠正西方中心论的偏颇，完善我国的世界史研究，构建富有自身特色的人类文明解释体系。

　　宇宙无边无际，人类智识亦无穷尽之日。我们希望集中智慧，独立思考，自由探索，为人类文明朝向美好未来增添些微薪火，但在研究过程中仍须注意以下几个问题。

　　第一，在坚持用唯物史观进行当代史学研究的过程中，继承与发展中国传统史学的理论与方法。唯物史观对整个人类历史发展做了系统思考，从根本上揭示了人类历史发展的原动力和演进趋势。中华民族注重以史为鉴，具有高度的历史理性。把唯物史观与中国史学传统结合起来，构建人类历史重大理论问题话语体系，既是我国学者的优势所在和力量来源，也是体现中国特色、中国风格、中国气派的必由之路。

　　第二，立足整体史观，从逻辑与实证两方面彻底摒弃西方中心论。整体史观是中国史学界在唯物史观指导下形成的关于人类历史进程的核心理论，主张排除地区或种族方面的偏见，全面如实地考察世界各地区、国家、民族的历史。从整体史观出发，全面综合地理解人类历史进程，回答人类历史重大理论问题，才能彻底摒弃将中国边缘化的西方中心论，构建符合历史规律的世界历史发展理论。

　　第三，以中国在走向世界舞台中央进程中遇到的重大问题为导向，进行系统比较研究。中国在世界上的影响力与日俱增，逐渐跻身国际舞台中央，这是当下我国世界史研究最大的时代背景。史学研究离不开时代需要，这种需要是思想迸发之母，中国走向世界舞台中央时遇到的重大问题为我国世界史研究提供了源源不竭的动力。理论创新从问题开始，话语体系是社会实践的结晶，更无法与时代相脱离。

　　第四，在总结中国经验、继承中国传统文化的基础上提炼标识性话语，强化概念供给，构建为世人所自愿接受的学术话语体系。话语体系的构建离不开特定概念。有效概念的供给，是中国话语体系自主性建构的关键一环；提炼标识性话语，是中国话语体系高效传播的必要手段。正如习近平总书记所指出的："要善于提炼标识性概念，打造易于为国际社会所理解和接受的新概念、新范畴、新表述，引导国际学术界展开研究和讨论。"为此，我们要坚定文化自信，从中国经验、中国文化中提炼标识性话语，进而构建自己的话语体系，扩大中国的世界历史研究的国际影响力。

重视历史、研究历史、借鉴历史，可以给人类带来很多了解昨天、把握今天、开创明天的智慧。没有历史，过去将化为虚无，人类将失去记忆，文明将迷失方向。我们研究世界历史，是为了让人类各种文明辉煌的过去在当下这个独特的世界重生，并放射出更加耀眼的光芒。为此，我们世界史学界同仁应当携起手来，努力奋斗。我们相信，中国的世界历史研究定会迎来一个光辉灿烂的明天。

目　录

序言　世界史研究的时代价值与学术建构　　/　　i

一　世界史与当代中国　/　1

以更加开放、包容、自信的心态构建中国的世界史三大体系　/　3

西方"世界历史"观念的源流与变迁　/　14

大变局对世界史学界意味着什么　/　32

多样性发展中的现代化　/　37

中国式现代化发展需要推动学术的再现代化　/　44

全球史教育是人之全面发展的必要条件　/　56

今天，我们需要什么样的学术体系　/　61

二　呼应人类共同价值的区域国别研究　/　67

所谓边缘、人类发展与美好世界秩序　/　69

超越以西方话语霸权和民族国家为中心的区域研究　/　80

区域国别学的未来方向是系统的区域历史学研究　/　98

作为一个历史单元的亚欧大陆 / 108

那些被迫或自愿逃亡/流散的人们：历史、现在和未来 / 122

作为"世界"与"方法"的亚洲 / 129

三　呈现学术思想的史学史研究 / 135

人类知识中的历史知识与作为职业的历史学家 / 137

赓续与创新：在反思中成长的外国史学史学科 / 150

考古学取代不了史前史 / 166

不灭的亚历山大大帝 / 177

期刊是知识平台也是传播观念的场域 / 186

让人类拥有一个共同的文化理想 / 191

帝国的历史与科学的历史 / 198

四　关注文明交流互鉴的城市史研究 / 217

关于城市史研究的若干思考 / 219

他山之石，可以攻玉——西方城市史研究的历史与现状 / 234

作为百科全书的城市 / 244

全球视野下的城市软实力与国家文明 / 255

伟大文化造就伟大城市 / 263

我们为什么要研究美国，为什么要研究美国城市？ / 266

全球化时代的中心城市转型及其路径 / 270

五　发掘时代精神的知识史研究　/　*315*

知识史能成为一个研究领域吗？　/　*317*

永无止境的文史竞争带来的只是繁荣　/　*324*

世界知识生产视角下的新文科建设　/　*342*

从全球知识链到全球知识价值链　/　*350*

知识反映的是文化活力、文化反映的是民族心态　/　*357*

世纪做的是好书，更是精神　/　*364*

让阅读与学术彰显于世界——访"光启文库"主编陈恒教授　/　*370*

"光启文库"能为新知识时代的学术、学科与话语做点什么？　/　*378*

后记　正确认知本身也是一种创造新知的过程　/　*389*

世界史与当代中国

以更加开放、包容、自信的心态构建中国的世界史三大体系

— ❖ —

习近平总书记指出，"这个世界，各国相互联系、相互依存的程度空前加深，人类生活在同一个地球村里，生活在历史和现实交汇的同一个时空里，越来越成为你中有我、我中有你的命运共同体"。在这个人类命运共同体中，我们更加迫切地需要了解世界，了解不同文明和民族，了解各民族的物质生产和精神产品，而要如此，就要了解当代世界的历史形成、国际环境和中国历史传统。

对历史的理解和解释是一项系统性工程，了解世界史离不开学科体系、学术体系和话语体系。改革开放40年来，我国社会发生了翻天覆地的巨大变化，哲学社会科学随之大发展、大繁荣，我国世界史研究40年来的成就也有目共睹，尤其是2011年成为一级学科之后，我国世界史在学术研究、人才培养、国际交流以及促进中国对世界的了解认识等方面，取得了长足发展，与40年前不可同日而语。但与此同时，中国的世界史研究进一步提升或开掘的空间还很大，如理论方法的创新、前沿思想的交流、学术地位的确立、多语种人才的培养都有待进一步加强，还存在国家、区域研究的不平衡以及服务国家的问题意识不够明确和史学公共教育功能的不足等问题。新时代提出了新需求，新发展提供了新可能，以更加开放、包容、自信的心态构建中国的世界史三大体系已成为刻不容缓的课题。

一、如何看待西方的三大体系

在构建三大体系语境下谈论中国的世界史这个话题，笔者首先想到的不是希罗多德、修昔底德、色诺芬、塔西佗等古典史学家，而是古希腊哲学集大成者亚里士多德。亚里士多德著述等身，涉及形而上学、物理学、天文学、动物学、植物学、哲学、逻辑学、政治学、历史学、心理学、伦理学、修辞学、美学、诗学等领域，在很多领域扮演开创性角色。亚里士多德是西方古代世界百科全书式学者，知识广博、思想深邃、观察敏锐，他的著述为后来的知识谱系、学科分类奠定了基础，可以说他是西方学科建制的发端者。到了中世纪，基督徒从信仰角度解释上帝与社会、自然间的关系，这些来自神之启示的神学知识大大丰富了人类精神世界，在某种程度上进一步促进了知识分类，神学、法学、医学、哲学（含自然科学）等学科相对发达。到了启蒙时代，欧洲哲学家又把人类思想从信仰拉回人间，试图呈现一个新世界。15世纪末16世纪初，欧洲大航海时代以及随之而来的殖民扩张大大拓展了人类的时空观念。到了近代，今天讲的各种学科概念逐渐出现，其发展最明显的特点是专业化和职业化。一方面是学科的边界日益清晰且内涵更为丰富，如历史学；另一方面也催生了许多新学科，如政治经济学、心理学等。20世纪初伴随城市化所带来的一系列社会问题，又出现了社会学、人类学等学科。

学科内涵的日益丰富、新学科的不断涌现，总是与社会发展密切相关，总是为了满足时代需要和应答社会的各种问题。从这个意义上来讲，我们反思学科的起源、发展与嬗变是非常有意义的，尤其是习近平总书记在哲学社会科学工作座谈会上的讲话提出要建立我们自己的学科体系、学术体系、话语体系，其价值更加凸显。这说明当代中国的这些体系还不够成熟与先进，没能完整反映当代世界的知识谱系，解释世界和自身发展经验的能力还有待进一步提高；也说明这个世界是丰富多彩的，不是一个学科体系、学术体系、话语体系能够全面呈现的，因此亟须发展、构建富有我们自身特色的三大体系，这既是为了使我们能更好地认识世界，也是为世界贡献我们的精神资源。这些问题虽开始引起大家的重视，但大家在讨论时似乎忽略了这些问题的另一方面：西方的学科体系是如何形成的？西方的学术体系包括哪些要素？评价学术的标准是什么？西方的话语体系是如何形成的？又是如何进行有效传播的？等等。这意味着在构建三大体系的同时，我们须注意以下几个方面的问题。

首先，要反观西方学科体系的形成与发展。西方文明初成阶段在希腊古典时代完成，此后是通过希腊化、罗马化、欧洲化三个阶段来完成其历史使命的。伴随着地理大发现、新航路的开辟、西方殖民扩张的蔓延，西方文明也散播到世界各地，并随着18世纪工业革命的兴起而固化了自身的优势。可以说工业化、城市化、农业现代化、信息化是一个长期的过程，并将持续引发社会变革、引发新事物的出现。

其次，要清楚西方的学术体系包括哪些要素、这些要素在学术体系中发挥怎样的作用，同时是如何一步步规范现代学科发展以及如何逐步改造现代知识社会的。罗马不是一天建成的，西方的学术体系也非一日之功，这个体系经历了漫长的历史进程，并为探索未知领域奠定了基础，涵盖了出版、学会、大学、大学系科、课程体系、期刊、学术规范、评价机制等多项要素。

再次，要清楚西方知识体系的生成机制，因为这涉及对自然、社会信仰的认知，即对世界的认知与认同，同时反映了时代的精神与民族国家的追求，其背后有着强大的意识形态和价值观念。中国学者应当以积极的心态去看待一切事物，兼听则明、兼学则智，全面而又深刻地理解西方文明的进程及其对我国的影响。

把上述问题内化为我们的思考路径，是马克思的"历史唯物主义""辩证唯物主义"观念的基本体现。在构建自身的学科体系、学术体系、话语体系时，我们需要保持清醒的态度，了解西方文化和文明的逻辑，以积极心态汲取域外优秀文化，以期"激活"中国自身文化发展，既不要妄自菲薄，也不要目空一切。每个民族、每个国家、每种文明都有自己理解历史、解释世界的方法，都有其内在的目标追求，都有其内在的合理性，我们需要的是学会鉴赏、识别，剔除其不合理的部分，吸收其精华。

二、世界史体系的多样性

历史体系决定了历史学家对史料的选择，制约着解释历史的视角和方法，在将散乱的历史细节整合归并的同时，揭示已然的规律并进而阐发它的未来发展方向和动力。但是，要总体地、系统性地把握和阐发人类历史进程不是一件容易的事情，不同民族在漫长的历史中通过交流、借鉴，创造了各自的文化和文明，拥有并阐发着自己的历史。因此，不同国家、地区的历史虽然丰富多样，但世界史学科体系、学术体系和话语体系却很难建构。当代历史学面临的"碎片化"问题，某种程度上反映了历史的微妙性、多面性、多元性。

历史体系既是对自身过往的记忆，也是对自身经验的总结与展望。历史体系能否被认可、在多大程度上被认可在一定意义上取决于一个国家的经济实力和文化、文明程度。就此意义而言，第一次世界大战之前世界史体系的话语权主要在欧洲大陆和英国，后来则是美国主导了世界史体系的建构，以致今天出现的全球史可谓典型的美国式世界史体系——没有世界性的国家哪来全球史的概念。但世界史体系从来就不是单一的，即便强势文化几乎一统天下，但总存在看待历史、解释世界的其他方式，存在着不同体系间的竞争。比如中国学者杨人梗的《高中外国史》（上海北新书局，1931年上卷、1934年下卷）、印度政治家尼赫鲁的《世界历史一瞥》（1934）等，都是从所谓"弱势"视角看待历史、解释世界的。"二战"后，苏联组织编写了10卷本《世界历史》（1955—1965），代表了战后马克思主义史学领域的最高成就，至今仍有参考价值。

"二战"后去殖民化的过程激发了非欧洲人的历史新意识。联合国教科文组织自创立以来就着手组织学者编写历史，从分享知识、增进人们相互理解的角度重新评价人类史以及不同文化和文明对人类普遍进程所做出的贡献。该组织编写的第一部通史是《人类科学与文化发展史》（6卷，1963—1976），第二版更名为《人类文明史》（7卷，1980—2008）。该书已有中文版，来自世界各地的490位学者参与了这一巨大工程，中国学者庞朴、夏鼐、张长寿、周一良、陶文钊、贾兰坡、王思治、吴汝康、张广达等都是直接参与者，撰写者的身份表明教科文组织试图编写一部能全面反映人类文明成就的客观的世界历史。此外，教科文组织还领导编写了《非洲通史》（11卷）、《中亚文明史》（6卷）、《拉丁美洲通史》（9卷）、《加勒比通史》（6卷）等著作。上述这些著作不局限于对国家、地区历史的一般性介绍，主要是展示更完整、更平等、更客观的认识人类文明的方法，以期使读者获得对社会演变、文化繁荣、优雅生活、世界各地区间交流与互动的理性认识。历史不仅要由统治者来撰写，也要由"边缘人群"来撰写。"边缘人群"的历史不应被遮蔽、曲解、质疑或看成是西方殖民者及其历史中微不足道的一部分。教科文组织历史编写的目的是重新发现各种人类意识及由其自身命运所形成的过程与愿景。世界各地的权威学者参与这些编写工作，正体现了这种视角的转变。当代中国史学家不仅参加了这一转变，而且正在积极推动这一转变，2015年在中国召开的第二十二届国际历史科学大会更证明了这一点。

总的看来，世界史三大体系的建构需要更宽广的视野，历史地、辩证地看待主导性世界史体系的优点和不足，也需要兼顾人类历史进程自身的多样性，更要立足本国国情、本国经验。

我们的世界历史需要人类关怀。人类从历史深处一路蹒跚走来，还将继续向未来行进，我们将如何选择一条比较有利于人类福祉的文明进阶之路？为此我们希冀发挥知识界与社会各领域融合之效，通过历史探讨适合当前全球治理的新途径。

我们的世界历史需要促进学术。时代给学者提出关注和批判思考的问题，我们祈望以世界历史研究为平台，借力社会实践各部门的动能，推动知识界进行跨界思考和研究，在为时代提供历史镜鉴的同时，推进学术思想的创新反哺社会。

我们的世界历史需要自由探索。宇宙无边无际，人类智识亦无穷尽之日。人类世界和自然世界中的各式主题，都应该成为研究者的关注对象，了解他们的双向互动过程。我们希望集中智慧、独立思考、自由探索，为人类文明朝向美好未来增添些微薪火。

三、中国学者建构世界史体系的尝试

我国的世界史研究起步较晚、整体实力偏弱，自发端以来受到西方和苏联的影响，脱胎于本土实践的原创性理论和话语体系迟迟未能确立。能否尽快形成自身的世界史研究体系已成当务之急。

回顾改革开放40年，中国史学界尝试从整体上对人类历史发展进程做出自己系统性的回答，初步探索了四种有代表性的研究和话语框架。第一种是突出横向联系的整体世界史体系，主张从联系的、整体的高度把握世界历史的发展，认为世界历史包括横向和纵向发展两个方向，二者相互制约、相互影响。第二种是以现代化为中心的"一元多线"世界史体系，认为世界历史是以现代化为统一线索，同时在不同地区、不同文明中有着各自道路的"多线"结构。第三种是以"文明交往"为中心的世界史体系，将"文明"理解为人类所创造的全部物质和精神成果，以生产力为标准在纵向上划分时段，并突出文明间的交往这一横向联系。第四种是以"社会形态"理论为出发点，融合中国与世界相互关系的世界史体系，致力于回答当代社会发展的重大理论和现实问题。上述种种探索都挑战并批判了西方中心论，以唯物史观为基础进一步明确了中国世界史研究的发展方向，从方法论上对人类历史重大理论问题做出了自己的回答。然而，现有研究与探索仍然存在有待提升完善之处，主要表现在：

（1）尽管上述种种努力与探索都指向西方中心论，但世界史学科的基础性研究仍有不足，尤其是非欧美国家与地区的研究仍显滞后，欧美地区之外的历史研究还存在很多空白。近年来世界史专业虽然取得了显著成果，但在代表性的重大方向和选题，高层次人才培养，国际合作，体现中国世界史的学科体系、学术体系和话语体系等方面仍然滞后。

（2）对于西方史学概念与知识生产机制的研究有待进一步强化和提高。虽然已有很多西方学术经典尤其是史学理论名著被翻译为中文引进国内，但整体看来，对于西方学术经典的译介、整理与研究尚停留在初级阶段。只有深入研究西方学术经典才能了解其概念与知识的生产机制，厘清西方世界史体系的建构过程和特征，才能建立起中国自己的人类历史重大理论问题话语体系。

（3）历史研究与现实关怀密不可分，当代中国的发展变迁既赋予话语体系建设新的机遇，也提出了新的要求。从这一新的任务出发，尚需要在借鉴前人、借鉴国际学术成果基础上，对人类历史重大理论问题做出符合时代要求和中国现实的回答。

（4）中国特色世界史学术话语体系需要与时俱进的多样化表达方式。人们的思维方式、行为方式、生活方式、信息获取方式与此前相比已有巨大变化，分析和阐释人类历史重大理论问题，需要有说服力的新的研究成果和与时俱进的多样化表达方式，这样才会被国际社会接受和认可。

习近平总书记强调："要按照立足中国、借鉴国外，挖掘历史、把握当代，关怀人类、面向未来的思路，着力构建中国特色哲学社会科学，在指导思想、学科体系、学术体系、话语体系等方面充分体现中国特色、中国风格、中国气派。"构建中国自己的世界史三大体系既是世界变革的总体趋势，也是中国史学界长期积累所提出的新要求，更是对一系列时代性、方向性、根本性问题的新回答。来自中国现实、立足中国经验、面向中国问题的世界史三大体系，不仅将推动我国世界史研究迈向更高的台阶，也将为人类命运共同体的构建贡献学术和精神资源。

四、如何进一步推进完善我国世界史的三大体系

国力持续地累进，新生代不断地成长，我们站到了新的发展阶段！今天，我们回顾过去，是为了总结成绩，更是为了察知不足，以便谋划未来——"我们需要什么样的世界史？"在笔者看来，当下中国的世界史学科体系、学术体系应着力建设以下几个方面：

（一）坚持马克思主义唯物史观的指导。马克思主义唯物史观运用历史唯物主义的方法对社会和自然进行考察，从事实出发，历史地、辩证地看待和分析问题，以社会经济为中心考察历史的发展变化。当代史学百花齐放，构建新时代我国的世界史三大体系，前提就是要坚持马克思主义唯物史观的指导，有鉴别地汲取当代国际史学及社会科学的一切新理论与方法论，汲取当代国际史学及社会科学研究的新成果。

（二）以当代中国的世界性问题确立世界史的研究意识。三大体系的建立既是一个理论的问题，更是一个实践的问题。世界史的研究同样面临着当年马克思提示我们的哲学研究的基本面向，在解释世界的同时如何更好地改变世界。中国的经济文化融入世界的过程中所面临的各种重大问题，都应该成为世界史研究体系建构的出发点，这些问题或直接或迂回地决定着体系建构中诸多要素乃至核心概念的有效筛选，据此建构起的三大体系，才能对现实产生持久的影响力。

（三）在与国际学术前沿对话中提出新概念、创建新理论。与国际史坛不断展开平等对话、多向交流，在此过程中逐步建构具有中国特色的世界史学科体系、学术体系、话语体系。只有对话国际史学主流和前沿才能提出新的概念。用新概念来重组过往的世界历史知识，有效地融合中国历史研究传统，最终提出能为大家乐意接受的解释体系、概念体系、理论体系，编撰出新世界史，增加中国的世界史在全球世界史知识生产中所占的分量。

（四）增强与中国史结合、互鉴的能力。一个国家对外国历史的研究，归根结底服务于本国，也受制于对本国历史的研究。中国史研究在义理、考据、修辞等方面形成了优良的传统。关于世界历史与中国历史之间的关系，诚如笔者在《世界历史评论》（2019年第1期）发刊词中所说："今天的全球各地早已是一个密切联系、相互作用的世界；无论从现实上还是从学术上，中国离不开世界，世界也离不开中国，我们竭诚欢迎中国史学者撰写世界史方面的文章，我们欢迎世界史学者撰写中国史方面的文章，中国史研究离不开世界史研究，世界史研究也需要借鉴中国史研究经验，如此才可以让我们可以更加全面、更加系统、更加客观地展现包含中国史的世界史。"

（五）提高学科建设与社会文明建设相结合的能力。探究国内各高校世界史学科间如何开展协同合作，在人才培养、人员互访、课程设置、信息沟通、资料共建共享、教材编撰等领域构建合作交流机制，以整合国内世界史力量，在提升整体水平的同时更均衡地分配教学科研资源，且要吸收更多的各国留学生来中国研究世界史，而不仅仅是中国史。一方面在做好学术研究的基础上服务于国家发展战略，资政建言；另一方面要更充分地发挥史学的公共教育功能、文化普及功能，出产符合历史实情、新颖文风的作品，回应大众关切，提高全民史学素养。

（六）中国的世界史话语体系也应提上议事日程，这是学科自身的需要，也是社会的需要，更是国家的需要。新时代需要新的世界历史，呼唤着能够解释世界过往和自身发展经验且又为人们所广泛接受的世界史，我们对世界的了解不是太多，而是太少。应建立与中共中央编译局、中国民族语文翻译中心（局）并列的国家编译馆，专门从事域外学术文献规划整理，制订中长期规划，进行文献分类，按照"轻、重、缓、急"来规划翻译任务，吸收域外优秀文化遗产。《人民日报》《光明日报》《中国社会科学报》等刊物以及新媒体应创办"世界史专栏"，要依靠专家学者的力量，围绕本学科研究领域的重大问题和前沿问题，策划、组织、编发优秀稿件，为传播世界史研究成果、繁荣世界史学术事业贡献力量。国家出版相关单位需要制订国际化的出版体系，不仅要为中国学术走向世界构筑平台、创造条件，也要打破国界、引进资源、助力输出，促进中国学术走向世界。当然，学术评价机制及其多样化、规范化也是不可忽略的。

总之，中国世界史三大体系的构建应该以当下纷繁变动的世界政治、经济格局和迅速迭代的科技发展之间的深刻互动为聚焦点，利用人类文明积淀下来的知识和智慧，开掘人类思想的创造本能，探讨当下局势/现象之成因、本质，以及面向未来的可能趋势。当代世界面临百年未有之大变局，不仅为中国学术的创新与传播创造了必要的外部条件，更为中国学术提出了崭新的命题。人类命运共同体与人类文明的起源和多元建构，西方中心论与东方主义的诞生、传播和跨文化接受，全球化与逆全球化，大数据与人工智能时代的社会治理，城市化与乡村再造，新技术、新商业、新需求与社会组织变迁，宗教、政治、科学、文化的互动，疾病与历史等课题是当下世界出给新时代中国学术界的试卷。这些主题不仅是全球范围内一流高校、科研机构的专家的研究对象，也应得到政界、商界、科技界的领袖人物的关注，各界应就具体议题展开交流，共同探索，协力为人类共同命运提供自己的智慧。这一切在本质上都是为进一步促进中华文明的发展繁荣。

西方"世界历史"观念的源流与变迁[*]

1955年，英国历史学家巴勒克拉夫（Geoffrey Barraclough，1908—1984）在《处于变动世界中的历史学》中首提"全球史观"的概念，1963年美国学者麦克尼尔的《西方世界的兴起》面世，标志着全球史作为一个学术领域正式兴起。[1]但直到30多年后，随着斯塔夫里阿诺斯（Lefteu Stavros Stavrianos，1913—2004）的《全球通史》中文版的出现，这个新的史学撰述路径才逐渐进入国人的视野，而中国史学界对它予以较为集中的关注，并欲将之引入中国的史学领地，还要等待近10年的时间。2005年初，《史学理论研究》和《学术研究》一北一南几乎同时编发了关于全球史观的笔谈，全球史教学国际研讨会于同年10月在首都师范大学召开，专门的研究机构和连续性出版物也在这段时间先后出现，[2]全球史观自此成为中国世界史学界讨论的热点学术领域。

按照目前国内诸多学者的阐释，全球史观的核心观念是：超越以民族国家为单元的思维模式，从宏观的视角，整体地考察世界各个社会或

---

* 本文系陈恒、洪庆明合作，刊《学术研究》2011年第4期。

1 刘新成：《全球史观与近代早期世界史编纂》，《世界历史》2006年第1期，第39—40页。

2 首都师范大学历史系刘新成教授于2004年创办了"全球史研究中心"，从2008年开始编辑出版《全球史评论》，目前已出版了24辑。

文明之间联系互动的过程。其背后浸透着浓厚的世界文化平等主义思想，即认为这种史观有利于在史学方面摆脱"西欧中心论"模式，在文化上颠覆源自西方的现代性话语霸权。这种史学观念在20世纪中期之后出现，其最直接的现实动因，无疑是战后世界格局的革命性变动：伴随着西方殖民帝国的瓦解，曾经压抑在帝国体系下的世界突然以独立的面貌出现在人们的眼前；而它自90年代之后呈日益盛行之势的根本助推力量，同样是世界格局新的演化，也就是全球一体化的加速。但是，促成这种史学观念形成和发展的动力并非仅止于此，自古至今人类漫长的史学撰述和思考累积下来的成果，以及平等主义思想在近代世界的稳固进步和深入人心——从关注一国一民之平等扩展到对整个人类共同体平等的认同——都为西方学者思考当今世界提供了不可或缺的文化底蕴，构成了当代全球史视野兴起的不可或缺的智识资源。本文试图对此做一简单的梳理和分析，以就教于同行方家。

一

以宏阔的世界目光观察人类文明的发展，在西方史学史上具有悠久的传统。我们大体上可以将人类智识活动留下的这笔丰厚遗产划分为两种类型加以缕述：一是有关历史观念的著述，既包括诸多探讨人类历史总体发展进程和动力的著作，也包括阐释历史学观念的著作；二是具有"世界"目光的史学著述，尽管不同历史时期这种世界目光所及的广度和深度不同。

生活在自然和社会当中的人类，为了把握自身的命运，或为了获取生存的确定感，几乎本能地要求认识他们所生活的环境。因此，勾勒描摹人类世界发展的路向及其动因在人类文明史上绵延不绝，贯穿古今。

早在人类文明的童年时期，生活在近东的犹太民族即已表现出卓越的历史感，这种历史感源自该民族艰难而独特的生存经历——备受压迫的以色列人在摩西的领导下离开埃及。在求生的艰难处境中，他们创造了人类文明中影响深远的文化成果，也就是后来的《旧约圣经》。这部典籍"主要是一部历史著作，在三十九部中有十七部是很明显的历史；五位大先知和十二位小先知的著作，大部分也是历史"。[1]其中在开篇的《创世记》里，犹太人借着全知全能的神灵，对世界的形成，以及生活在这个世界中的男人、女人、婚姻、家庭、罪恶、城市、贸易、农业、音乐、敬拜、语言和世界各民族的由来，给出了一套自己的解释。可以说，这是人类历史上第一次尝试构建文明发展通史的记录。尽管《旧约圣经》所叙述的大多数是神事而非人事——推动历史的是神的力量，但其中事实上浸透着犹太人看待文明的一种独特目光，他们把过去（事件）—当前（事件）—未来（事件）整合到了一起，形成一条源源相接纵向发展的链条，并认为它们朝着一种特定的终极目标前进，这深刻体现了犹太人对人类文明发展方式的认知逻辑，与西方古典世界把历史时间的展开视为一系列的循环往复迥然不同。

罗马帝国末期兴起的基督教传承了犹太人创造的典籍和宏观的世界发展观，并适当地加以改进以适合自身的需要。圣徒保罗发展出一种类似历史哲学的东西，他将历史分为以亚当、摩西和基督三人为代表的三个时期，其终极的发展目标是"上帝使所有的人属于同一个种族，居住在整个地球表面上"。[2]基督教的这种改造，"为中世纪的那些世界通史准备好约束它们的框框"。[3]基督教早期神学、哲学和政治思想的集大成者圣奥古斯丁所著的《上帝之城》，典型地反映了中世纪教会史学的世界

1　汤普森：《历史著作史》（上卷第1分册），谢德风译，商务印书馆1996年，第18页。

2　汤普森：《历史著作史》（上卷第1分册），第182页。

3　汤普森：《历史著作史》（上卷第1分册），第183页。

史理论。[1]在该书的后12卷中，奥古斯丁系统地阐述了地上之城和上帝之城的起源、发展和最终归宿。他认为，人类历史的进程就是代表至善和永久和平的上帝之城与代表贪欲和争斗的地上之城之间持续不断的斗争，当新天新地来临之时，两城的对立终结，善人就此得永生，而恶人就此得永刑。这样，奥古斯丁对人类历史发展历程给出了一个线性的诠释，当中隐含着人类历史向至善发展的进步主义观念，上帝则是历史发展背后的绝对动力。显然，世界通史在这里成为教会为上帝服务的工具。

与西方世界密不可分的伊斯兰世界也有着自己独特的世界史观。伊本·赫勒敦（Ibn Khaldun，1332—1406）是14世纪伊斯兰最杰出的学者，"使他出名的是他那部伟大著作《世界史》"。[2]该书的第一部分是绪论，阐述发现历史真相的方法论；接着他分别论述了文化对人类的影响，记述了阿拉伯人和其他民族从远古到他自己时代的历史，以及柏柏尔诸部落在北非建立的王国的历史。[3]他是"第一位阐明人类生活中一切社会现象都应当是历史写作的对象这个主张的人"，[4]他对阿拉伯人和北非历史的撰述至今仍然是史学家们了解这段历史不可或缺的材料。英国哲学家罗伯特·弗林特对赫勒敦的史学贡献不吝赞美之辞："作为史学理论家，直到300多年后维柯出现之前，任何时代或任何国家都没有堪与之比肩者。柏拉图、亚里士多德和奥古斯丁都不能与他等量齐观……"[5]

赫勒敦的史学观导致他发展出一种新的科学，他称之为"文化学"。按照他的定义，"这种科学……有其自己的主题，即人类社会；也有其自己的问题，即在社会类型方面彼此相继的社会转换"。据此，他阐发

1　奥古斯丁：《上帝之城》（2卷），王晓朝译，人民出版社2006年。

2　汤普森：《历史著作史》（上卷第1分册），第520页。

3　Ibn Khaldun, *The Muqaddimah, An Introduction to History*, 3 Vols., Patheon Books, 1958.

4　汤普森：《历史著作史》（上卷第1分册），第521页。

5　*The New Encyclopedia Britannica*, 15th edition, Vol. 6, Encyclopedia Britannica, 1994, p. 222.

了一套属于自己的国家和社会兴衰动力的规律。他认为，"社会内聚力"（social cohesion）是将一个落后的民族群体带上权力中心舞台的核心因素，但也将是它衰落的原因所在，王朝或帝国势必会被一个具有更强内聚力的后起民族所征服。他的这种周期循环的文明兴衰理论，一再为后世学人所引用，被赞誉为"近代西方资产阶级历史哲学的先声"。[1]

递及近代早期，随着西方对外部世界了解的逐步增多，以及内部人文精神的成长和理性主义的萌发，学者对历史和历史学的认识开始摆脱神学的束缚而开阔起来。拉·波普利尼埃尔（Henri Lancelot Voisin de la Popelinière，1541—1608）是法国首位尝试将超越一国范围的当代史扩展到哲学讨论层面的学者。[2]他所著的法国史，包含了1550—1577年间法国和欧洲邻近地区的历史，并且在该书的前言里表达了求真务实的史学思想。在1599年出版的《史学史》里，他批判了让·博丹（Jean Bodin，1530—1596）等人的史学方法，进一步阐释了自己的史学观念。他认为，研究史学"唯一而纯粹的愿望就是弄清楚历史的真相和情况，直到此时我还不知道我们前辈所发现的任何其他目的"。[3]更重要的是，受文艺复兴崇尚古典文化之风影响的波普利尼埃尔，按照文化形式考察世界的变迁。在他看来，自然产生的歌曲、舞蹈和符号是世界历史发展早期阶段的特征；然后进入凭激情创造的诗歌阶段，随着人类理性思维能力的提高，历史进入了散文写作阶段。波普利尼埃尔计划要创造一种"整体的历史"，即世界通史。然而，他既没有付诸努力也没有金钱去完成这个计划，但他做出了写作史学史的第一次尝试，表现出了高度的史学家职责意识，并提出了具有前瞻性的世界历史编纂思想。

1　张广智：《中世纪时期的阿拉伯史学》，《复旦学报》1985年第2期。

2　Arthur Augustus Tilley, *The Literature of the French Renaissance*, Vol. 2, Cambridge University Press, 1904, p. 220.

3　Henri Lancelot Voisin de la Popelinière, *L'histoire des histoires* (1599), Tome 2, Fayard, 1989, p. 8.

值得一提的是，在波普利尼埃尔之前，法国的人文主义者已经就人类文明史的发展规律提出了自己的见解。在《世界万物的兴衰与变化》一书中，[1] 路易·勒鲁瓦（Louis Le Roy，约1510—1577）论述了世界文化循环兴衰的基本机理。他通过分析他所知道的各个文明内部诸要素的兴衰变化，认为世界历史经历了埃及、亚述、米底、波斯、希腊、罗马到欧洲的演进过程。在这里，他将世界历史扩展到他目所能及的范围，并将之作为一个整体来看待，把它们的历史演变历程皆纳入他所归纳的兴衰变化规律之中。此外，比勒鲁瓦出生稍晚的让·博丹试图通过历史弄清世界的普遍法则。在1566年出版的《易于理解历史的方法》中，他通盘考察了人类历史演化的轨迹，认定今天的人类文明社会，是从原始野蛮的状态中一步步地发展而来的。[2]

通过上述的简单梳理，我们可以看到，从总体上诠释人类文明的来龙去脉，或探讨它的兴衰更替之道，在人类的智识创造中有着漫长的历史。并且，人类对文明演进的认识，随着时间的流动和文明环境的改变，在发生着不断的变化。在沙漠中苦苦追求生存的犹太人，将人类历史的一切归于上帝，是蒙昧状态下求取心理慰藉和生存希望的手段。中世纪神学将历史的终极目的归于上帝，则是在信仰推动下的有意识的说教，将史学变成普及上帝信仰的工具。到中世纪晚期，随着人文主义的兴起和西方世俗化进程的缓慢启动，尽管以上帝为中心的世界观依然强固，但从16世纪人文主义学者的观察目光中，我们能够明确地看到曾经上帝独享的荣耀，正在缓慢地转向人本身，人类不知不觉地将自己的历史视为主体，并试图透视它、理解它。

---

1 Louis Le Roy, *De la vicissitude ou variété des choses en l'univers*, Pierre L'Huillier, 1575.

2 Jean Bodin, *Method for the Easy Comprehension of History*, trans. by Beatrice Reynolds, Columbia Univsity Press, 1945.

二

　　真正具有世界历史眼光并从人类本身观察历史的著述，直到启蒙运动时期才大量地涌现。究其原因，如吴于廑先生所分析的："这是与资本主义生产方式在西欧的发生和迅速发展以及由此出现的经济、政治和思想文化上一系列历史性的重大转折相联系的。15、16世纪以后海上交通的空前发展，东西方之间和各大陆之间闭塞状态的打破，大大丰富了人们的地理知识，使人们对世界的认识大为开阔。对中世纪教会和神学思想的批判以及近代自然科学的发展，又逐步把人们从宗教思想约束中解放出来。这些都为西方近代资产阶级历史学家克服前人的某些局限，把世界历史著述推向一个新的阶段创造了条件。"[1]在笔者看来，其中尤为重要的是17世纪左右自然科学的发展，戏剧性地改变了西方人对自然和地球在宇宙中位置的观念，打破了神学宇宙观对人们观念的束缚。科学的发展不仅提高了西方人精密的思维推理能力，而且极大地加速了中世纪晚期以来西方缓慢的思想变革，怀疑精神和理性主义快速成长。历史哲学正是在这种情况下开始大行其道，汤普森对此有着精到的描述：

　　　　科学已经把神学和教条那些狭隘的围墙推倒，而且在人类过去的历史领域开辟了奇异的新天地。人们的头脑往日从中吸取营养的传统历史已经满足不了哲学家的需要，他们提出一些新问题：人类的历史究竟有多少年了？人类社会是从野蛮状态发展起来的吗？过去曾否有过一个黄金时代？原始社会究竟是什么样子？……人类全部活动的意义、人生在世的目的究竟何在？[2]

1　吴于廑："世界历史"，《中国大百科全书·外国历史》，中国大百科出版社1990年，第3页。
2　汤普森：《历史著作史》（下卷第3分册），第87页。

意大利学者维柯在1725年出版了《关于各民族共同性的新科学原则》，可以说他是西方近代思辨的历史哲学的先行者。在这部著作中，维柯意欲创立一门“新科学”——历史科学。他要撰写一部“理想的人类永恒历史”，探求“一切民族从兴起、发展到鼎盛一直到衰亡”的历史。[1] 因为现实世界确实是人类创造的，那么人类就应该能认识它。在维柯的勾勒中，包括异教徒在内的人类的天性到处都是相同的，所以诸民族都会按照神祇、英雄和人三个首尾相接的时代向前发展，[2] 人类社会就是按照这样三个阶段呈周期性的循环运动，每个阶段背后的动力都是“天意”。[3] 在这里，维柯不仅创制出一种人类历史演进的共同规律，而且将这种发展过程之根源解释为人的天性，因此有学者指出，维柯实际上提出了一个非常近代的概念，即集体心理才是不断变动的文明的创造者。[4] 从他这样的解释中，我们不仅能联想到今天全球史的整体观，还能看到20世纪年鉴学派集体心理史研究的实践。

这里需要指出的是，尽管维柯依然信仰上帝，把神看作是历史方向的终极动力，弃绝当时流行的笛卡尔理性主义知识论，[5] 发展出类似于波普利尼埃尔等人的人类文明各阶段循环论，但他把创造历史和认识历史的主角都归于人类，“世界确实是由人类创造出来的”。[6] 历史（包括对历史的解释）的中心是人本身，而非上帝，中世纪的神性原则悄悄地为近代的人性原则所取代。

维柯历史哲学的继承者是18世纪末的浪漫主义学者赫尔德。在他的巨著《人类历史哲学思想》中，他描述了天文、地理、动植物生活、各

1　维柯：《新科学》，朱光潜译，人民文学出版社1986年，第637—638页。

2　维柯：《新科学》，第459页。

3　维柯：《新科学》，第565—576页。

4　转引自汤普森：《历史著作史》（下卷第3分册），第126页。

5　汤普森：《历史著作史》（下卷第3分册），第126页。

6　维柯：《新科学》，第134页。

人种的具体特征以及环境和气候对历史的影响，赫尔德认为历史就是这些外部力量和内部力量相互作用的结果。他说："在我们业已考察的所有重大历史事件中的主要规律是什么？按我的看法，这就是，在我们地球的每个地方，能发生之事都该是，部分与具体地方和该地需要相符合，部分是受环境和时机所决定，部分与各民族内在的或正在形成的特性相一致。"[1] 在他看来，一旦人类能动的力量在特定的时空里释放出来，人类历史的转变就会发生。他将这个转变的过程划分为三个阶段，即诗歌时代、散文时代和哲学时代，每个时代都在曲折中向前发展。并且，赫尔德认为，地球上每种文化都是当地特定条件的产物，因此并无高低之分。他宣称："地球上的任何一个民族也不是精选的民族；欧洲文化是最不可能被当作人类的善良和价值的标准的。"[2]

从上述内容我们可以看到，今天全球史的主流思路——整体地考察历史和文化平等主义，事实上早已贯穿在维柯和赫尔德对历史的探究中。但他们远非18世纪西方的主流精神，推崇普适性和进步性的理性主义才是这个时代的主要特点。

法国启蒙思想家孔多塞的《人类精神进步史表纲要》是启蒙理性"宏大叙事"的经典表述。[3] 这位同时也是数学天才的思想家，欲将自然科学的方法移植到社会历史领域，将人类文明进程表达成像数学方程式那样精确的图式。[4] 按照他的解释体系，在方程式的这一端是科学知识和理性精神的累积进步，那一端则是人类拾级而上的十个发展阶段。孔多塞深信，人类从蒙昧的野蛮状态中逐步发展出来的知识和科学，成为人

1　Johann Gottfried Herder, *On World History: An Anthology*, M. E. Sharpe. 1997, p. 270.

2　古留加：《赫尔德》，侯鸿勋译，上海人民出版社1985年，第101页。

3　Marquis de Condorcet, *Esquisse d'un tableau historique des progrès de l'esprit humain*, G. Steinheil, 1900.

4　Marquis de Condorcet, "Tableau général de la science qui a pour objet l'application du calcul aux sciences morales et politiques", *Oeuvres de Condorcet*, T. 1, Didot, 1847–1849, pp. 539–573.

类精神不断进步的动力之源。整个的人类历史表现为科学与迷信、自由与暴政、启蒙与愚昧之间持续不断的斗争，前者不断战胜后者，人类精神因此而呈阶梯式进步。这位启蒙之子在最后对未来的预期中，还乐观地论断说："人类的可完善性是无限的。"[1] 也就是说，人类的进步是无止境的。

从孔多塞的观点里我们可以看到，自中世纪晚期西欧开启的世俗化进程，到启蒙时代终于落地，理性上帝彻底取代了神性上帝，对人间天堂的信仰取代了对上帝之城的向往。从这个意义上来说，孔多塞的世界历史观，不过是中世纪基督教神学善恶二元永恒斗争的线性史观的一个倒转影像而已。

启蒙哲人康德甚至将历史发展的动力之源归于理性。他提出，使用理性是人的自然禀赋，而且人使用理性逐步趋于完美，推动了人类社会从粗鄙野蛮走向永久和平，这个过程是普遍的世界历史发展的共同规律。[2] 因此，有学者指出，"康德实际上引入了'理性史'的清晰概念"。[3]

自19世纪以降，西方世界对世界历史或文明的发展历程或动力机制的哲学性分析层出不穷。黑格尔将世界历史看作是"绝对理性"在时间中的展开，表现为自由意识的进展。马克思将生产方式变革和阶级斗争作为世界历史确定不移地向前演进的动力。汤因比以挑战和应战的概念阐释文明的起源、成长、衰落和解体。直到20世纪西方分析的历史哲学兴起，哲学家们才开始把目光从历史本身转向对历史学的关注。

1　Marquis de Condorcet, *Esquisse d'un tableau historique des progrès de l'esprit humain*, pp. 186–187.

2　康德:《世界公民观点下的普遍历史观念》,《历史理性批判文集》, 何兆武译, 商务印书馆1990年, 第1—21页。

3　Yirmiahu Yovel, *Kant and the Philosophy of History*, Princeton University Press, 1980. 转引自韩震:《西方历史哲学导论》, 山东人民出版社1992年, 第145页。

三

除上述这些以人类总体历史为关注对象的著述之外，在漫长的史学史上，还有许多纯粹的史学著作，展现了开阔的历史视野，史学撰述者将他所知的世界都纳入了其中。

希罗多德所著的《历史》，是以记述希腊和波斯冲突为核心内容的西方第一部史学名著。作者不仅以流畅优雅、充满诗意的行文开创了西方"最早、最古老的'叙事史'这一类型"，[1]而且展现了古代希腊人对世界永不满足的好奇心和探索精神，将目光投到他们所知的广阔世界。这部著作，在地理范围上，除希腊本土之外，还广泛地涉猎了吕底亚、米底、巴比伦、埃及、波斯、西徐亚等异邦人世界；在时间范围上，述及的历史达至各族人民记忆所及的时代；在记述内容上，除记述希波战争的原因和过程、雅典城邦的民主政治，还以优美的文笔描述了希腊、近东和西亚地区的地理环境、民族分布、经济生活、历史往事、风土人情、宗教信仰和名胜古迹等内容。因此，有学者指出，"如果我们不拘于'世界史'这个概念的现代涵义的话，那么，我们就可以发现……《历史》可称得上是一部'通志'，一部上古世界的'世界史'"，[2]也就是希腊人所知世界的世界史。在《绪论》里，希罗多德也明确表达了他为人类立言的抱负：

> 在这里发表出来的，乃是哈利卡尔那索斯人希罗多德的研究成果，他所以要把这些成果发表出来，是为了保存人类功业，使之不致由于年深日久而被人们遗忘，为了使希腊人和异邦人的那些值得

1　汤普森：《历史著作史》（上卷第1分册），第34页。

2　张广智：《西方史学史》，复旦大学出版社2005年，第21页。

赞叹的丰功伟绩不致失去它们的光彩。[1]

在对待其他文明的态度上，尽管希罗多德在这里将东方各族称为异邦人，但这并不意味着他对东方各族文化持轻鄙的态度。相反，他记载了东方文明对希腊的种种影响，他认为每个民族的文化都是自身习惯的结果，因此应当彼此尊重。

希腊人在史学上的探索精神和开阔视野，在波里比阿那里得到延续。他跟随罗马军队东征西讨的经历，使他对罗马世界所及的广袤地理范围有所了解，并能够观察到随着罗马历次征战的进展，世界已逐渐联系为一个整体：

> 可以这么说，以前，世界事务曾经是分散的，它们被（史学家）拢在一起，没有丝毫的动力、结果或区域的统一性；但自这个时代开始，历史已经变成一个有机的整体，意大利和利比亚的事件与希腊和亚洲的事件相互联系在一起，一切都导向一个目的。[2]

因此，他要为人们写一部"系统的历史"（systematic history）。因为在他看来，只有世界史，才能对罗马崛起为世界强权做出充分的研究。[3]他自诩道："使我的著作具有特殊的品质的原因，并成为当今最引人注目的作品的原因，正在于此。"[4]波里比阿指出，那些仅通过历史教育和坐在图书馆里撰写历史的学者缺乏对世界整体的了解和认识，"我的同时代人

---

1 希罗多德：《历史》，王以铸译，商务印书馆1985年，第1页。

2 Polybius, *The Histories of Polybius*, Vol. 1, Loeb Classical Library, Harvard University Press, 2005, pp. 7–8.

3 *The New Encyclopedia Britannica*, 15th edition, Vol. 9, p. 576.

4 Polybius, *The Histories of Polybius*, Vol. 1, pp. 9–11.

中没有哪一个业已动手写一部通史"。[1]虽然波里比阿以追述罗马统一为首要目的，他的目光所及主要是罗马世界的地理范围，但这就是他那个时代眼中的世界。而且，他内心的动机非常明确，即撰写一部世界史，透视一个彼此相互关联的世界，"因而他被学界视为撰述世界性历史的创始者"。"此后，在西方古典史家中，继续尝试写世界史的还有波息多尼阿、狄奥多罗斯等人。"[2]

递及近代，人类知识的增长和理性主义观念的传播让世界史的撰述进入新的阶段。启蒙哲人伏尔泰的《风俗论》是一部纵贯古今、瞩目世界的巨著。该书简短的序言里已经透出了伏尔泰的写作意图和雄心。首先，"艺术和科学"构成了他"主要的研究对象"；其次，他不是写一部编年史和世系录，"而是对各个时代的描述"。至于其背后的主要目的，则是"从这些事件中整理出人类精神的历史"。[3]因此，伏尔泰对欧洲、东亚、非洲、美洲等地区各个民族的历史、地理、科学、艺术、工艺、宗教、习俗等都做了尽可能详尽的介绍，向人们展示了世界各重要民族的风尚和精神，以及人类从愚昧迷信走向开明理性的文明历程。在书中，伏尔泰将中国和印度为主的东方文明置于优先地位，因为在他看来，"东方是一切艺术的摇篮，东方给了西方以一切"。[4]他尤其将中国文明放在开篇的位置，对中国文明赞赏不已：这个国家历史悠久，"当我们还是一小群人在阿登森林踟蹰流浪之时，中国人的幅员辽阔、人口众多的帝国已经治理得像一个家庭"；[5]中国的历史，是唯一建立在天象观察的基础之上的历史；中国的城市很大；中国的报纸是世界上最可靠、最有用的

---

1 Polybius, *The Histories of Polybius*, Vol. 1, p. 11.

2 张广智：《西方史学史》，第67页。

3 伏尔泰：《风俗论》（上册），梁守锵译，商务印书馆2006年，第2—3、7页。

4 伏尔泰：《风俗论》（上册），第231页。

5 伏尔泰：《风俗论》（上册），第87页。

报纸；中国人很早就铸造了金币和银币；中国有着几乎所有已经移植于欧洲的以及许多欧洲还没有的果木；中国发明了造纸术、印刷术、火药，制造了精美的丝绸和宏伟的长城；等等。我们可以说，从伏尔泰所关注的历史广度和深度来看，他不仅是近代整体世界史的奠基者，也是近代文化史的开创者。20世纪历史和社会科学的诸多发展，都可以从这本著作里找到可资印证的踪迹。他对异域文明的这种强烈的兴趣和关注，也体现了他历史观深处的文明等值思想。

18世纪撰写了世界史的还有德国人冯·施罗泽（August Ludwig von Schlözer，1735—1809），他把世界史看作是"一切已知的时期、国家和重要事件"的集合，因此欲"从地球和人类最重要的变化之间的关系的角度进行思维，其目的在于对二者都有一个基本的认识"。[1]

到19世纪，西方近代史学的奠基者利奥波德·冯·兰克，虽然受到了浪漫主义历史思想的影响，反对18世纪理性主义者强调的人类历史发展进程"普遍一致性"的观点，强调每个民族的历史传统和特点以及自身的特定价值，主张历史学家应该研究和撰写个别民族和个别国家的历史，但他在晚年仍然口授了9卷本的《世界通史》，从略述埃及和西亚的历史开篇，一路讲到1453年。尽管他的世界通史内核并未脱离强烈的欧洲中心论倾向，但他将他心目中的"世界"视为一个有机联系的整体来撰述历史，对于后世的史学家不乏启示意义。

通过以上描绘，我们可以说，"世界历史"在久远的过去已经存在，只是随着时间的流动和人类智识的不断积累，这个世界在不断地扩大，终至全球联结为一个整体。但这在兰克之后还需等待近百年的时间。

1　汤普森：《历史著作史》（下卷第3分册），第167页。

四

20世纪30年代，荷兰文化史家赫伊津哈（Johan Huizinga，1872—1945）明确提出了"我们的历史首先是世界史"的观点。但是，直到20世纪中期之后，人类技术的突破将整个世界联系起来成为一个"地球村"，人们看待世界的目光才真正进入到一个新的层面，国内学者近年来讨论颇多的全球史观这才应时而出。这种新兴的史观，从世界历史的整体发展和统一性考察历史，用《全球通史》作者斯塔夫里阿诺斯的话来说就是："研究的是全球，而不是某一个国家或地区的历史；关注的是整个人类，而不是局限于西方人或非西方人。"它的主要特征可以简述为：首先，关注全球性的联系互动。那些关系全球各个文明发展和彼此间交流连接的共性因素受到重视，如生态环境、文明交往、和平、安全、人口、疾病、食品、能源、犯罪等问题，这些因素，既是不同信仰、不同制度和不同文化的文明发展需要直面的，又是它们之间彼此交流、进行合作乃至相互促进的基础。因此，政治性内容在这种史学中被相对淡化了，而那些在长时段里真正决定文明形态发展的基础性因素——文化和社会生活——得到了凸显。

其次，以平等的价值观审视和重构历史。"二战"后随着世界殖民体系的瓦解，非西方民族以独立的主体出现在世界舞台上，世界共同体范畴里的平等主义思潮也随之滋生。在此情况下，欲审视这个共同体，必须改变此前的观念，探索新的路向。譬如，巴勒克拉夫在他的著作里就自问道："在当今这样构成的世界里，我们怎么能心安理得地在讲授十分之九的篇幅中只介绍世界上四分之一居民的那种历史呢？"[1]既然不能，那么必须探索建立一种新的历史观，"这种历史观认为世界上每个地区的各

1　巴勒克拉夫：《当代史学主要趋势》，杨豫译，上海译文出版社1987年，第243页。

个民族和各个文明都处于平等的地位，都有权要求对自己进行同等的思考和考察，不允许将任何民族或任何文明的经历当作边缘的无意义的东西加以排斥"。[1]

　　除战后全球格局的革命性变化这个直接的现实因素外，本文所关注的智识因素，在促进全球史研究的出现中也扮演了不可或缺的角色。

　　第一，知识材料的积累在很大程度上为历史学家寻找审视世界的新视野、新方法提供了必要的智识支持。19世纪初期，当考古学家、古典学家和语言学家在急剧地扩大学者有关古代世界视野的时候，人类学家、地理学家和历史学家以及其他领域的专家则在急切地整理全世界不同民族的历史和文化的各种令人兴奋的资料目录。到20世纪中晚期，尽管这些整理工作并非十全十美，但有关这些问题的知识和材料已非常巨大并十分可靠，足以让学者从事全球历史研究。譬如，几个世纪以来，历史学家获得了大量在16世纪几乎同时兴起的几个大帝国的材料，以及白银在16、17世纪全球范围内流动的材料，使历史学家可以据此探索诸如西班牙哈布斯堡王朝、印度莫卧儿帝国和俄罗斯的帝国扩张之间的联系，或研究来自秘鲁、墨西哥和日本银矿中的白银流通到欧洲、南亚特别是中国的情况。在这些研究中，历史学家发现通过全球联系而不只是局部个案研究可以找到更好的历史模式。这种解释模式的扩大有助于确定彼此之间的内在联系，从而确定解释模式。这种路径被称为解释世界史的"内在路径"（Internal Route）。[2]此外，还有另一种被称为"外在路径"（External Route）的世界史研究方法。这个研究路径利用传统史学研究领域之外经久积累下来的大量新材料，如近几十年来积累的大量有关环境变化、疾病史以及人类进化各个阶段的材料。

1　巴勒克拉夫：《当代史学主要趋势》，第158页。

2　Patrick Manning, *Navigating World History: Historians Create a Global Past*, Palgrave Macmillan, 2003, pp. 3-4.

第二，20世纪中叶以来发生的一系列重大事件，如世界大战所带来的痛苦记忆、核毁灭的危机、去殖民化的来临、全球范围对种族歧视的批评、石油危机、国际组织的兴起、移民浪潮、多元文化的扩展等，刺激了其他人文社会科学或这个时期不断推陈出新的理论思潮探索这个世界的兴趣。因而出现了哲学家的世界史，如索罗金（Pitirim A. Sorokin，1889—1968）、雅斯贝尔斯（Karl Jaspers，1883—1969）、沃格林（Eric Voegelin，1901—1985）等人的著作；社会学家的世界史，如现代化分析理论、依附理论、世界体系理论等；文学家的世界史，如布尔斯廷（Daniel J. Boorstin，1914—2004）的《发现者》《创造者》《探索者》等；艺术史家的世界史，如贡布里希（Ernst Gombrich，1909—2001）的《写给大家的简明世界史》；宗教史家的世界史，如道森（Christopher Dawson，1889—1970）的《世界历史的动力》；以及环境与生态学家的世界史、女性主义的世界史；等等。历史学之外的这些学科的关注，大大拓展了我们观察世界的视域范围，使世界史的图景得到极大的丰富。历史学家自然可以从这些学科所关注的本体对象中得到启示，将它们纳入到史学研究当中。

自20世纪60年代以来，美国等西方国家的史学家从不同的研究角度，陆续推出了不少全球史的著作，其中一些名家之作也被译介为中文。到20世纪90年代，随着全球经济一体化的快速发展、世界共同面临的问题日趋严重，以及数字通信技术的全面来临，从全球角度观察历史和文明发展的史学实践也随之流传开来，乃至一些史学家在讨论西方文明的历史著作中，亦力图引入相互联系的全球视角，由美国人德尼斯·谢尔曼和乔伊斯·萨利斯布里合作编纂的《世界中的西方》就是一例。[1] 从书名

---

1 Dennis Sherman & Joyce Salisbury, *The West in the World*, 2 Vols., McGraw-Hill, 2006. 该书中文版已经由上海三联书店出版，陈恒、洪庆明、钱克锦等译。

我们就可以看出作者试图以全球史的目光考察西方文明；内容也到处显露着上述全球史视野的影响，这从作者在序言里开宗明义的交代里可窥一斑。作者首先强调了文明的关联性和互动性，"西方文明的一个特点就是，它通过与外部民族的接触获得促进自身转变的动力"，"它最初发源于古代中东地区，后来通过地中海向西迁移，向北迁移到欧洲，在16世纪跨越大西洋。在叙述过程中，我们强调互动的重要性，包括经济、社会、文化和政治的互动。这些互动创造了今天的西方文明，在21世纪，从很多方面来说，这种文明也是一种世界文明"。[1]其次，作者重视塑造文明基本形貌的长时段的社会文化内容。"在编写这部西方文明史之时，我们一直牢记于心的一点是，文明是由人的决定和行动塑造的。为了达到第二个目标，我们将社会史，包括女性的历史都写了进去，以说明各种年龄的人和各种生活经历对历史都有影响。"[2]

　　历史演进是在波澜不惊的日常生活里缓慢地进行着的，无数个微小的变化汇聚累积，悄悄地改变着人类社会生活的面貌。因此，历史发展的进程，以长时段的目光从社会根基处考察，是连续累进着的。知识的创造同样如此，我们今天的全球史观，也是得益于人类漫长智识创造留给我们的智慧。

1　Dennis Sherman & Joyce Salisbury, *The West in the World*, Vol. 2, p. xvii.

2　Dennis Sherman & Joyce Salisbury, *The West in the World*, Vol. 2, p. xvii.

大变局对世界史学界意味着什么

感谢俞金尧研究员，感谢与会学者，能让上海师范大学举办"大变局之际的世界史研究"这么重要的学术会议。

刚才俞老师说，上海世界史学科发展迅猛，有超越北京的势头。此话有一定道理，但需要补充一下。就历史学而言，北京是高峰，上海至多是高原，当下的北京拥有丰富的、垄断的学术资源与历史底蕴，是其他地方无法匹敌的，在未来可预见的一段时间内也是无法取代的。

上海市历史学科研究力量主要集中在复旦大学、华东师范大学、上海师范大学、上海大学、上海交通大学、上海外国语大学及上海社会科学院等高校、科研机构。

就地域比较而言，上海历史学研究的综合实力在国内仅次于北京。北京的北京大学、清华大学、北京师范大学、中国人民大学、首都师范大学、中央民族大学、北京外国语大学和中国社科院大学8所大学有历史系，还有实力雄厚的中国历史研究院，毫无疑问在未来可预见的一段时间内，北京在历史知识生产方面的地位是无法撼动的。

目前上海历史学界专业人员570余人。从事中国史研究的科研人员约300人，从事世界史研究的科研人员约200人，从事考古学研究的科研人员约66人，已经形成了一支老中青相结合、学缘结构分布合理、科研能力突出、兼具年轻化和国际化视野的高水平学术团队。

从数据看，作为门类的历史学虽然有3个一级学科，但就是3个一级学科合在一起也是一个很小的学科。据上海市社联工作人员说，上海各类人文社会科学从业人员目前大约有8万人，570人的历史学只是占比很小的一个学科，约为0.7%；我想与北京比，也是占比很小的数字。大家要牢记的是，这只是数字的简单表现，其实这570人里面真正做研究的人所占比例又很小。世界史学界有一个现象，美国史的长江学者最多，无论是大长还是青长都是如此，我想原因在于美国史这一研究的客体，其本身具有巨大的魅力，把最优秀的人才都吸引过去了。反过来审视当下历史学从业人员如此之少，一方面是政策方面的原因，另一方面也许是作为研究的客体，历史学已失去其应有的魅力，在现代社会中的作用、功能、影响越来越弱了。

上海各单位每年招收的历史学本科生情况大致如下：复旦大学55人、华东师范大学80人、上海师范大学50人、上海大学30人。另外，上海师范大学自2018年开始招收世界史本科生，这亦是长三角地区唯一培养世界史本科生的单位，每年招生人数约25人。上海市历史学界合计每年招收本科生240名。

在研究生方面，各单位汇总后招收的人数如下：中国史硕士171人、中国史博士90人、世界史硕士137人、世界史博士41人、考古学硕士56人、考古学博士17人，合计每年招收研究生约512人。上海史学界每年招收各类学生752人，本科生与研究生的比例大致为1∶2，比较符合上海史学界的科研状况。人是第一生产力，是核心竞争力，培养好人是事业发展最根本的保证。

刚才俞老师谈笑之间讲了很多有关人的问题，这段时间大家都填写学科评估的表格，这里面有两个指标和人才有关系，对我们未来学科建设、科学研究很有启发。一个是师资队伍，表格只让你填10个代表性的老师，其中三分之一必须是45岁以下的，这就告诉我们，到了一定年纪就要让位，把舞台留给年轻人，发挥年轻人的潜力，让他们有义务、有责任、有信心来从事学术研究，搭建梯队，追踪学术前沿。如果大家都熬到七八十岁才退休，最后的结果是年轻人和你一起退休，年轻人的锐气会被消耗殆尽的，不利于学术的发展。所以我感觉这个指标释放很强烈的信息，培养年轻学者是科学研究的重中之重，我们得认真思考怎么建设师资队伍。

另一个是代表性成果，这次学习了理工科的先进经验，只让你填5项代表性的成果。你可以有8个材料支撑其中每一项，最多填40个成果。这就意味着你们的队伍不仅要年轻化，而且你的队伍不能太乱，你一定要围绕你已有的基础、地区需求、国家需要、学术前沿来构建你的师资队伍，你最多做5个方向，3到4个是比较理想的，不能再多了，否则结果一定是分散的队伍，不具备冲击力的，是散兵游勇，得凝聚力量干大事。

我们这次会议的主题是大变局。这个大变局就是百年未有之大变局，这个"百年"我们不能按照字面的意思去理解，这个变局本质上反映的是社会大分流、大转型的时期。历史发展到一定阶段，一定会出现一种社会变革。在这种大分流、大转型的时代，我们何去何从，非常重要，对知识分子来讲尤其如此，知识分子喜欢自由，再自由也得眷顾祖国母亲吧。

当代中国的历史包袱很沉重，台湾问题、香港问题、南海问题、边疆问题、领土问题……已经严重拖累了当代中国的发展，加上不是问题的西藏、新疆、内蒙古也被别有用心的人利用，拿来制造民族问题、宗教问题、信仰问题……中国是一个饱受欺凌还没有完全恢复健康的民族，是一个负重发展的国家，是一个悲壮前行的勇士……同时，中国又是一个极具发展潜力的国家，是愿意为民族探索幸福道路的国家，是未来发展道路的探索者，是人类不同发展模式的奉献者……因此也是对"固有的西方文明"形成压力与挑战的国家。

记得著名历史学家陈旭麓先生曾说过："把37年之后'九一八'的炮声看做是黄海海面炮声的历史回响并不为过。"如果这句话成立，那么当代中国的发展就是对西方文明发展的回应，因为我们不愿意成为西方的应声虫，也不可能成为西方的附庸。

当今所谓普世文明的"规则"是由西方人在近代500年的时间里伴随在世界各地的扩张而构建的：自由贸易、民族国家、代议制政府、自由、民主、平等，似乎是人类发展的唯一道路。但这种所谓的"文明法则"适合中国吗？又在多大程度上适合？中国必须走西方所谓的议会民主制道路吗？中国近代史已经证明了这里很多所谓的"规则"都不适合中国，中国当代改革开放史也证明了中国可以有自己的民族发展道路与发展模式，中国道路是人类发展多样性的一个合理探索。

明年（2021）将是建党100周年，也是开启第二个28年的腾飞时代。第一个28年从觉醒时代开始，完成了建国伟业，第二个28年一定会完成民族复兴的伟大事业。这个复兴一定是建立在祖国统一的基础之上，祖国的统一不可能无限期地拖延下去，一定会在我们这一代人身上完成，不可能在第二个百年快要来临时完成。因此，必须理解大变局的内在含义，统一思想，提高站位，做好思想上、组织上、干部上、学术上、舆论上的准备，随时准备迎接伟大的斗争。

对我们来讲，我们研究外国历史的目的就是建设中国文化、完善中国文化，学习别人的长处，拿出一系列合理的看待世界、解释世界的方式，于世界史学科而言就是要建立令人信服的学科体系、学术体系和话语体系。世界史应该做点什么，是值得我们认真考虑的。

今天开会大家都会围绕这个主题进行论述，但无论如何，知识分子一定要有自己的时代感、使命感、责任感，而不仅仅是为了自身写一篇文章，不仅仅是为了个人兴趣爱好做一点微观的研究，这些都是需要的，但因此就可以抛弃宏大叙事吗？我想在这个基础上更需要的是胸怀祖国、放眼世界的世界史学者。

再次感谢诸位学者，再次感谢世界史所，再次感谢俞委员。感谢洪庆明教授、黄艳红教授为此次会议做了大量工作！祝大会圆满成功！谢谢大家！

多样性发展中的现代化

　　社会发展的多样性是正确理解世界的必要前提。社会是一定生产力基础之上的生产方式、经济基础与上层建筑的整体，不同时代、不同地域必然有所不同，"人类文明多样性是世界的基本特征，也是人类进步的源泉"。追求发展是不同社会的共同愿望，欧美自启蒙时代以来，凭借新航路的开辟、工业革命和资产阶级革命率先发展，逐渐把他们的文明发展观传播到世界各地。这种发展观从20世纪中叶开始被赋予"现代化"的名号，将西方与非西方、传统与现代对立起来，把"发展"等同于"进步"，视"现代化"为"西方化"，有成功的经验，亦有失败的案例，创造了巨大财富的同时，所带来的生态恶化、贫富不均、文化濒危和政治动荡等问题至今困扰着人类社会。正是看到了现代化在理论与实践中的利弊，我们提出了中国式现代化理论。这一理论丰富了人类社会的发展路径，体现了科学社会主义的先进本质。中国式现代化借鉴吸收一切人类文明的优秀成果，代表人类文明进步的发展方向；中国式现代化体现了不同于西方现代化发展的模式，是一种全新的人类文明形态，必将丰富文明社会的历史经验。

一、多样的社会发展是人类永恒的主题

从新石器时代到蒙元大帝国，游牧一直是人类社会的一种生活形式。在15、16世纪之前的前资本主义时代，亚欧大陆基本是以农为本的农耕世界，农业是彼时社会的基础。游牧与农耕之间有和平交往，也有暴力冲突，这是人类社会早期发展与冲突的模式。但我们不能说从游牧生活向定居生活的转变就是一种进化的发展，直到今天游牧民族还在不断为人类文明做出富有自身特色的贡献。

到了15世纪，人类世界开始从分散逐步走向一体。马克思说："商品流通是资本的起点。商品生产和发达的商品流通，即贸易，是资本产生的历史前提。世界贸易和世界市场在16世纪揭开了资本的现代生活史。"[1]世界贸易开启了近代欧洲向外扩张的500年，是资本主义从边缘走向中心的500年。

在这500年间，西方国家迅速将世界其他地区和文明甩在身后，通过一系列"革命"建立起先发优势。文艺复兴、宗教改革解放了人们的思想；军事革命、技术革命奠定了武力基础；印刷革命、教育变迁提高了民众文化水准；在尼德兰、英国、北美和法国先后爆发的资产阶级革命，奠定了西方政治传统；商业革命、勤勉革命加速了资本主义的兴起；工业革命仍然是世界历史上最具变革性的事件之一，它彻底颠覆了世界经济格局，并催生了我们所知的现代世界。凭借这一系列成就，西方世界创造了一个新型社会，并在19世纪末主宰了世界。这500年的确见证了生产力的大发展和生产关系的大变革，也使得欧洲人相信他们的发展模式是唯一正确的模式。

每个民族、每个国家都有自己的"世界"和发展观念，我们如何理

---

1 马克思：《资本论》第1卷，人民出版社2004年，第171页。

解这个"世界"、如何解读这个"世界"、如何寻找与这个"世界"相适应的发展道路，既有探索人类更好社会制度的学理价值，亦有实现中华民族伟大复兴的现实意义。世界有永恒不变的中心吗？所谓的"中心与边缘"是如何形成与嬗变的？西欧是如何在500年间从边缘转变为中心的？过去是创造现在所必需的，正如现在是创造未来所依托的一样，人类文明发展的每一个阶段都是在前人基础上不断向前的，进一步发展就要汲取这些经验与教训。我们要"借鉴吸收一切人类优秀文明成果"，但这种借鉴吸收是批判性的扬弃。中华人民共和国成立后所取得的"独创性理论成果和巨大成就，为现代化建设奠定根本政治前提和宝贵经验、理论准备、物质基础"，当代中国完全有能力，在总结自身经验的基础上创造新型现代化理论，构建人类文明新形态。

二、西式现代化不是现代化的唯一模式

现代是一种实践，指的是修正制度、法律、文化、习俗等使其与现代世界接轨，每个社会都会面临转型时期的现代问题，且会有不断再现代的问题；现代化是指从传统社会向现代社会过渡的进程；现代化理论则是"二战"后西方所提出的一种社会发展理论，为传统农业社会向现代工业社会转变提供的一种解释，体现了西方对全球地缘政治日益增长的影响，是其全球霸权的一部分。因此现代化作为一种理论源于西方的历史经验，作为一种实践与500年来欧美的全球扩张密不可分。

为什么是西方创造了现代世界？现代世界是合法的吗？人类的发展永远是这种模式？在对这些问题的回答中，西方现代化理论严重扭曲了西方发展的历史实际。毋庸讳言，西方世界确实给人类带来了很多福祉，但也少不了血与火的罪恶——强占"无主"土地、屠杀原住民、掠夺资

源、建立不平等的殖民社会、同化异域文化等。现代化进程也是殖民主义和帝国主义进程。在当代资本主义体系中，发展和不发展都是一个单一的历史过程的一部分，强大的核心国家的少数人通过剥削外围、半外围和核心国家内部外围的绝大多数人而获益，这是殖民主义的现实和历史遗产。帝国主义争霸更是酿成了19世纪后期一系列战争和冲突，以及在全世界范围内造成重大伤亡的两次世界大战。由此产生的问题到今天还没有完全解决，甚至以更加极化的方式爆发。

西方现代化理论也无视人类社会发展的多样性，方枘圆凿般用一个单一的发展路径嵌套在全世界不同文明之上，将现代化等同于效仿西方国家的政治经济等基本制度，接纳西方社会的世界观、价值观。但20世纪的历史告诉我们，不止一个后发现代化国家照搬照抄西方现代化理论模式和实践路径而产生了不良后果。现代化的确促进了工业增长、增加了社会福利，但也导致部分社会群体、部分区域发展不足和依赖性增强，发展的成果在少数超级成功者和大部分普通人之间的分配越来越不平等。而且即便从西方国家内部来看，在历史传统、资源禀赋以及国际局势等多重因素影响下，各国的现代化路径也是同中有异，从来就不存在单一的现代化模式。现代是一个开放的概念，现代化不应该只是一种以西方为中心的理论与实践。人类的发展一直有不同的模式，而不仅仅是西式现代化。

西方现代化理论还隐藏了西方国家的政治关切，越来越成为一种旨在维护自身权力和国际体系不平等的意识形态表述。这一理论出现在冷战时期，把西方的资本主义道路视作普遍的道路，也就否定了非资本主义社会的存在价值，否定了世界会出现社会发展新形式的可能。西方现代化理论在对西方历史的描绘中构建了落后与先进、野蛮与文明的二元世界图景，走西方道路成了非西方世界摆脱落后与野蛮的不二法门；在对未来世界的展望中，西方政治、文化、经济、思想等将为非西方世界的未来发展带来巨大的经济效益：经济都是市场资本主义的；文化将是世俗主义和民族主义的；整个世界的政治都是政党、议会、选举；西方的自由民主模式被视为非西方社会追求的最合理、最适当的政治发展形式；等等。这种构建与展望，实际上服务于西方的全球霸权。

所以，西方现代化就是从理论和实践上将人类社会发展简化为一个单一途径，确立当代发达国家历史进程和现实霸权的合法性。那些完全认可西方现代化的观念，本质上就是认同世界的命运是在政治、经济和文化上跟随西方，否则别无出路："西方是最好的"，现代化的危害是不可避免的，那些尚未走西方现代化道路的发展中社会不可能摆脱落后命运。

站在人类命运共同体的高度，我们必须打破僵化、有限、单一的发展观念，要在具体历史背景下审视不同时期、不同地区如何发展以及发展的有效性，回答现代世界如何走到今天的命题。发展是世界性的，有东西经验，亦有南北经验，此时合理的发展彼时并不一定合理，本质上也没有快慢高低之分。我们需要客观审视一切观点和价值，但并不意味着我们全盘接受，不加批判。只有通过深入研究世界历史、世界知识的深层来源，才会明白世界的意义，才有丰富与完善我们当前发展所需的新方法、新路径。

三、探索全新的人类文明形态已成为时代的必然要求

然而传统社会走向现代并不是只有一条道路，即便西方社会内部也有很多人质疑与批判现代化理论并提出各种替代理论，但理论的批判代替不了实践的批判。回首百年党史，遥望五千年中华文明史，"探索中国现代化道路的重任，历史地落在了中国共产党身上"，并且"中国式现

代化走得通、行得稳，是强国建设、民族复兴的唯一正确道路"，中国式现代化在"世界观、价值观、历史观、文明观、民主观、生态观等"方面都有自己的主张。

中国式现代化是多元一体、开放包容的现代化。中华文明不断焕发新的生命力的原因在于其多元一体、开放包容的底色，平等、互鉴、对话、包容、理解、尊重是我们对待其他文明的基本态度。中国式现代化代表人类文明进步的发展方向。

中国式现代化是追求更具优雅性、道德性文化的现代化。在全球化时代，人与物、思想与文化都前所未有地超越了时空界限，如果没有高尚审美的启发，文明将无法生存。因此建立产业链和技术链，以及能为世人广泛接受的知识链、价值链、道德链已成为中国式现代化的当务之急。中国的学术研究是中国文化的一部分，是中国式现代化的组成部分，都应为中国文化发展服务，都应促进中国文化更加具备优雅性、道德性。这就是知识的现代化、文化的现代化，这就是国家智慧的力量。

中国式现代化是总览全球、为世界共享的现代化。一方面，21世纪初，共享、知识和经济这三个概念已越来越多地结合在一起，这是通过数字媒介与他人分享、获取或交换商品、服务、知识和经验的新兴手段，也是中国式现代化的重要路径。另一方面，西方现代化理论有其局限性，并且在实践中产生了一系列问题，中国式现代化为发展中国家摆脱贫困落后提供了新的选择，是通过自己实现现代化同时帮助他国发展，也是服务全人类的中国方案。

中国式现代化是实现人类命运共同体的一种尝试。人类命运共同体旨在追求本国利益时兼顾他国合理关切，在谋求本国发展中促进各国共同发展。人类只有一个地球，各国共处一个世界，资源的稀缺与有限、环境的恶化、人工智能的挑战等，都需要我们携手共同应对，寻求为子孙后代保留地球公共资源甚至是保存人类的路径。中国式现代化蕴含的独特世界观、价值观、历史观、文明观、民主观、生态观及其伟大实践，是践行和倡导人类命运共同体意识的体现，为解决当代人类面临的难题提供了重要启示。

世界不仅为各个民族提供了关于生活的总体视角，而且在此基础上建立了一整套信念、信仰、精神、价值与观念。认识世界，才能更好地认识文明，更好地寻求不同民族、不同国家的现代化道路。法国思想家克洛德·列维-施特劳斯在1986年指出，西方两个多世纪以来享有的文化优越性已经结束，人类需要不同的探索。总之，西方文明、西式现代化只是人类社会发展到一个阶段的一种探索、一种模式、一种可能，有其积极的一面，也有其消极的一面。"一个国家走向现代化，既要遵循现代化一般规律，更要符合本国实际，具有本国特色。"中国不可能全盘照抄既有的现代化模式，必须在多样化中有所取舍，这就需要我们既借鉴人类已有的文明成就，又遵循自身的特色，展现大国关心人类、关心未来的担当意识。中国式现代化正是在总结中华民族历史经验基础上做出的新探索，旨在打破那种认为西式现代化是灵丹妙药、是人类社会发展必然之路的"迷思"，改变了当代人类文明发展以西方文明为主导的世界格局，呈现出文明形态的多样化发展新态势。

中国式现代化发展需要推动学术的再现代化

一

现代化的内涵是社会的城市化、工业化、民主化、平等化，以及用科学、经济、理性等概念取代传统思想和信仰模式。这种文明与进步的观念是欧洲人所传播并不断丰富内涵的，"二战"后，北美和西欧社会快速发展，使人们认为贫穷并不是人类不可避免的命运。因此，这种发展模式被看作是通过采用欧美成功的政策来追赶"全球北方"的过程。但人类有不同的探索道路、不同的发展模式，有时形式虽然相同，但内涵差异巨大。就历史维度而言，今日中国式的现代化是人类历史上人口规模最庞大的现代化，是追求和平、发展、公平、正义、民主、自由的现代化。就道德层面而言，这是全体人民共同富裕的现代化，是物质文明和精神文明相协调的现代化，是人与自然和谐共生的现代化，是走和平发展道路的现代化。这种文明发展新形态是一体的、共享的，需要我们进行实践的总结和理论的概括，是摆在学者面前必须回答的时代之问。

现代化不仅依靠自然科学技术，而且依靠哲学社会科学。如果知识创新只是理工科的发展进步，而忽略了哲学社会科学的发展，尤其不重视人文学科，这是片面的、肤浅的、短视的，更是贻害无穷。哲学社会科学工作者不仅是社会发展规律的探索者、概念的构建者、知识的生产者、思想的传播者，更是人类精神的滋养者、世界公民的培育者，离开人文社会科学的大发展、大繁荣，是无法完成中国式现代化建设任务的。

中国式现代化的一个重要内涵是学术的再现代化，就是在中国传统文化、西方文化以及人类其他文化遗产基础上结合当代社会发展，如何构建学术的新理论、新方法、新思想的问题。如何构建中国式学术现代化的问题就是回答如何建设自主知识生产的问题，就是回答如何提升资政服务能力的问题，就是回答如何进行有组织的科研问题，就是回答如何概括我们的社会实践问题和理论凝练问题，就是回答如何建设三大体系问题；归根到底就是回答全球变化、全球冲突中的中国学术如何领先的问题，我们如何为世界思想库提供大量可供借鉴资源的问题，我们未来在世界学术体系中是否有绝对影响力的问题。"鉴古知今、彰往察来"，我们必须了解当代世界学术的历史与现状，必须思考现代西方学术构建的历史过程，必须理解西方学术与现代世界之间关系等问题，才能对这一问题做一些基本的判断，对未来拥有切实可靠的展望。

二

中国式现代化是自主的现代化，有中国特色的发展模式，具有世界性、引领性的现代化，要在这种发展模式下成为新型的创新国家，促进人类命运共同体的逐步实现。展望未来，"要理解现在、把握社会变迁的方向，就需要深入掌握社会变迁的长期进程。只有站在历史的视角——对于韦伯而言它可以长达2500年，才能充分理解现在的独特性、动力和惯性"。[1]先进与落后都是暂时的，没有永远的先进，也没有永远的落后。

法国思想家托克维尔说："300年前欧洲人初到中国时，他们看到中国的几乎一切工艺均已达到一定的完善阶段，并为此感到惊异，认为再没有别的国家比它先进。"[2]近代早期欧洲还是比较贫穷，其工业和军事技术虽然在某些方面与众不同，但并不明显优于非洲或亚洲技术。1700年之前世界各地社会之间是相对自治、相互依存的。[3]那时的我们还是领先的，但我们为什么在这之后就逐渐落后了呢？换言之，为什么欧洲在近代兴起了呢？这是彭慕兰之问：尽管欧洲和东亚的先进地区之间有着惊人的相似之处，但为什么持续的工业增长开始于西北欧？为什么彼时还是农耕社会的君主占统治地位的欧洲很快就称霸世界了呢？也许是资本主义需要大量的流动工人来建立新经济秩序的基础，民主的根本理想是自由，享有政治的自由，资本与民主彻底颠覆了欧洲经济和王室基础，使欧洲引领了近代历史。1750年是关键年份，18世纪是关键世纪。"众所周知，船舶和海外贸易是英国的命脉，海军是其最强大的武器。大约在18世纪中叶，英国拥有约6000艘商船，总吨位约50万吨，是其主要竞争对手法国商船的数倍。1700年，这些船只可能占所有固定资本投资（除房地产外）的十分之一，其10万名海员几乎是最大的非农业工人群体。"[4]18世纪的英国战胜了其欧洲对手，成为欧洲最杰出的殖民国家，开启了真正意义上的世界一体化进程。

1　德兰迪、伊辛主编：《历史社会学手册》，李霞、李恭忠译，中国人民大学出版社2009年，第51页。

2　托克维尔：《论美国的民主》，董果良译，商务印书馆1991年，第565页。原书分上、下两卷，分别出版于1835、1840年。

3　见研究西班牙帝国的著名史家大卫·林格罗斯（David Ringrose）的论述，如 Expansion and Global Interaction: 1200–1700, Pearson, 2000; Europeans Abroad, 1450–1750, Rowman & Littlefield Publishers, 2018等。

4　Eric J. Hobsbawm, Industry and Empire, the Making of Modern English Society, 1750 to the Present Day, Pantheon Books, 1968, p. 11.

"欧洲1850年时的所有优势都产生于1750年以后的发明——仍然需要问一问这种创造力突然爆发的基础是什么。""1750年以后最佳技术的加速传播和新的发明创造的爆发，都应该归诸玛格丽特·雅各布（Margaret Jacob）和其他人认为在1750年前的150年中形成的'科学文化'要素，特别是在英格兰，这些要素包括：越来越强的读写能力和印刷术，科学社团的发展，比较容易听懂的公开演讲等等。"[1] 被称为"光明世纪""理性世纪"的18世纪，是欧陆思想家梦想着一个光明时代正在实现的世纪，这是现代世界的转型期。此时大清帝国、奥斯曼帝国、法兰西帝国、奥地利帝国、俄罗斯帝国处于鼎盛时期，但启蒙运动挑战了一统欧洲的基督教思想，民主思潮逐渐出现，在美国革命、法国大革命和海地革命中达到顶峰。商贸促进技术的进步，科学观念感染到社会各个层面，这是工业革命的萌发时期，导致了人类社会和环境的彻底改变，生产方式也发生了变化。奴隶贸易和人口贩运在大西洋两岸扩张。新古典主义盛行于欧洲各地，东方世界的物品流入欧洲，异域风情大为流行。通商、贸易、传教把这些观念带到中国、印度、土耳其等地。这些变化影响着东方世界的传统、思想、文化与学术，东方世界越来越处于守势。这是现代西方社会兴起的前奏。

知识与学术是现代西方世界合法性的重要支撑，欧洲人将其灵活运用于各种场合。现代世界合法性的根源是复杂的，轨迹是交错的，呈现形式是多样的，欧洲人通过传教、学校、医院、出版、建筑、艺术等手段传播他们的知识与文化、宗教与信仰、物质与制度，使之散落在世界各地，因此有必要分析其大致的学术理路。

第一，西方文化的形成漫长而久远，是从单数希腊到复数西方的复

1　彭慕兰：《大分流：欧洲、中国及现代世界经济的发展》，史建云译，江苏人民出版社2004年，第52页。

杂过程，每个时代都有文化传承与文化接力者。接力既是同一时空下的同辈竞争，更是如何交接下一棒的问题，是不分种族、不分民族、不分国家、没有终结的智力竞赛，就看谁能跑出那个时代的最强音，跑出人类的福祉。

东方世界是西方古典文明之源，希腊文明就是在两河流域文明、埃及文明基础上兴盛起来的，欧洲文明之根在古代近东和希腊罗马世界。古代近东孕育了犹太教–基督教一神教宗教传统，希腊罗马世界产生了古典人文主义，这是理解宇宙的两种不同方式：宇宙是如何运作的，宇宙是否有意义，人类在宇宙中的地位，等等。古代罗马进行了西方最早的"民族国家"的失败尝试，为后人提供了丰富的经验。到中世纪，这两种理解方式与日耳曼传统相融合，形成了今天西方文明的雏形，这就是长期垄断欧洲思想的教会文明。伊斯兰文化成为连接古代、伊朗、叙利亚和阿拉伯以及拉丁中世纪的桥梁，其丰富的思想、多元的价值观为西方世界注入了活力。新兴的资产阶级不满教会对精神世界的控制掀起了文艺复兴运动。文艺复兴为17世纪的科学革命和18世纪的启蒙运动铺平了道路。启蒙运动影响下的美国革命、法国革命开启了现代政治的先河，也把欧洲文明的火把传到美洲，大大拓展了欧洲文明的内涵和空间，使美国成为西方文明的潜在旗手。西方文明向非西方世界的传播使那些文明得以"现代化"，我们今天所处的世界在很大程度上仍然是一个西化的世界。毋庸回避的是，美国仍然是持棒领跑者。我们能接棒领跑吗？中国学术当然完全有这个能力，这是一种文化智慧，这取决于我们对域外文明开放、包容的程度，取决于我们如何尊重对手、学习对手、研究对手，取决于国家制订适合现实的、宏观长期的战略规划。

第二，欧洲最早的海洋探险始于1433年葡萄牙勘探非洲西海岸，并在西班牙环游全球后的1519—1522年间达到顶点。16世纪西班牙历史学家弗朗西斯科·洛佩兹·戈马拉将伊比利亚人的海洋探险比作"创世纪以来除了耶稣诞生和去世之外最伟大的事情"，[1] 从而开启了近代西方"四大发现"的时代，即时间、空间、自然、文明的发现，促成了西方在近代的垄断地位。

发现时间，一是史前史的发现，打破了上帝造人的宗教时间观念，历史时间回到人间，出现了以人为中心的时间概念。二是他者时间的发现，人类有不同的计时方式。每个事件、人类行动、思想、知识体系和文化形态，都存在于时间中，并且有着一个有限的开端与终结。[2] 各种历史分期精彩纷呈，大大丰富了人们的想象力与创造力。[3]

发现空间，被称为探索时代的地理大发现是新航路开辟的时代。15世纪到17世纪，欧洲的船队出现在世界各处的海洋上，寻找着新的贸易路线和贸易伙伴，以发展欧洲新生的资本主义，地球全貌得以全面呈现，全球空间概念逐渐形成。

发现自然，伴随扩张而来的科学考察发现了大量动物、植物，人们认识到了新环境、新地貌，大大丰富了人类的自然知识，激发了人们征服自然界的雄心壮志。

发现文明，人类第一批古老的文明，因各种原因逝去了，不为后人所知，这是人类文明发展非连续性的一个特点。拿破仑远征发现了罗塞塔石碑，逐渐打开了古代埃及文明之门；英国外交官莱亚德（Austen Layard，1817—1894）于1847年发现了尼尼微遗迹；德国人施里曼（Heinrich Schliemann，1822—1890）于1873年发现了古代特洛伊遗迹……达尔文《物种起源》（1859）确立了古人类的存在，这部被认为是现代进

---

1 Lynn Hunt, Thomas R. Martin, Barbara H. Rosenwein, R. Po-chia Hsia, Bonnie G. Smith, *The Making of the West: Peoples and Cultures*, Bedford/St. Martin's, 2009, pp. 421–422.

2 南希·帕特纳、萨拉·富特主编:《史学理论手册》，余伟、何立民译，格致出版社2017年，第232页。

3 如许多世代以来，墨西哥的纳瓦人一直保持着他们的"年数"（year counts）传统，在社区的炉边讲述和表演他们的历史，以使他们的记忆不会丢失。见Camilla Townsend, *Annals of Native America: How the Nahuas of Colonial Mexico Kept Their History Alive*, Oxford University Press, 2017。

化论科学的奠基文献，"除了《圣经》之外，没有哪部作品像《物种起源》那样，几乎在人类思想的每一个方面都有很大的影响"。[1]丰富多彩的古代文明、远古人类向世人述说着他们的智慧。

欧洲强大的象征看似是坚船利炮，实则是科学、技术、知识、学术在支撑他们的扩张，这其中有自然科学的作用，更有人文学者的作用。1822年商博良（Jean Champollion，1790—1832）破译了埃及的象形文字，预示着现代西方人文科学的强势崛起。这是西方现代的合法性，他们善于制造国际性的学术话语，从地中海世界到大西洋世界莫不如此：世界性的学术，既制造身份认同，又掌握了话语权。在此过程中他们创造了一个完全依赖市场和资本主义的全新的欧洲、非洲、美洲的大西洋社会。

第三，宏观来看，西方文化形态已经历了"自由的审美文化""信仰的宗教文化""知识的学术文化"三个阶段。"帕提侬神庙和谐的轮廓象征着古代希腊的古典精神：相信人类智力将给世界带来秩序，艺术能够捕捉人类形体和感觉的本质。在古代雅典的巅峰，这种精神传遍了整个地中海，成了后续文明用以衡量自身的标准。"[2]年仅25岁的拜伦在《恰尔德·哈罗尔德游记》中就感慨："美丽的希腊！逝去的珍宝留下的悲伤遗迹！不朽，虽已不复存在；伟大，虽已倾倒！"这是他们的审美文化。

宗教是建立在经验层面的情感、行动和信仰的一种社会关系，是面向更高的现实，追求生命的终极意义，是对永生、救赎、重生、轮回、灵魂转生、不朽、永恒或虚无等状态的执念。这些信仰带来了各种宗教实践，如崇拜、祈祷、冥想、净化、布道、学习、牺牲、朝圣、慈善、治疗和驱魔等。这是不可回避的一种人类现象。"基督教的影响深深地植根于我们欧洲和英语圈的居民中，植根于我们对罪与恶、是与非、思

1　Stanley A Rice, "Origin of Species", in Stanley A. Rice, *Encyclopedia of Evolution*, Facts On File, 2007, p. 303.
2　菲利普·毕肖普：《人文精神的伟大冒险》，陈永国译，中信出版集团2018年，第41页。

想与行为的信仰中。我们的诗歌、戏剧、小说受前两千年的基督教遗产或明确或含蓄的影响。这种思想的基本法则随后被一些欧洲国家在全球范围内采纳和修改。"[1]对道森来说，中世纪基督教为西方灵魂注入了一种精神关切，"除非西方人自己被彻底否定或毁灭，否则永远无法完全消除"。[2]这是他们的信仰文化。

"四大发现"的知识化、学术化、学理化，特别是随之而来的知识技术化、规范化、标准化，极大提升了西方力量。"四大发现"奠定了近代欧洲的霸权基础。扩张之后给西方世界带来了高度自信——我来、我见、我征服。他们制定了文明的标准：语言、观念、行为方式、法律……进一步证明了进步观念是从古希腊开始的一条不间断的直线，这是西方文明发展的必然结果。但这不过是西欧民族智慧的一部分。[3]这是他们的学术文化。

日新月异、推陈出新是人类社会发展的规律。当今的人类正处于一个关键的转折点，虚拟的网络空间是第五大发现，数字的元宇宙文化"未来已来"，我们处于另一种"大分流"状态。如果我们成功地找到方法来解决文明的冲突，支撑全球化不断延展下去，引导令人眼花缭乱的技术进步，我们将有一个宏伟的未来。如果我们失败了，我们很可能会走向一个新的黑暗时代。因此，我们要用智慧和技术来改变世界，而不是破坏它。在信息时代建立一个更兼容、更包容、更平等的数字文明，消除全球知识、学术、文化的不平等。我们能赢得这个时代吗？我们怎么做才能赢得未来的竞争？

---

1 艾伦·麦克法兰：《文明的比较：中国、日本、欧洲，以及英语文化圈》，苟晓雅译，中国科学技术出版社2022年，第160页。

2 Christopher Dawson, *Religion and the Rise of Western Culture: The Classic Study of Medieval Civilization*, Image Books, 1991, p. 224.

3 帕拉蕾丝-伯克编：《新史学：自白与对话》，彭刚译，北京大学出版社2006年，第10页。

三

截至2019年，中国近3000所大学，有普通高校教职工256.67万人，其中专任教师174.01万人。美国有学位授予的大学近4000所，如果按照每所大学有1000人的配置来算，美国高等院校的教师有400万人。就数量而言已有很大差距，但我们的人口却是美国的4倍。

根据国际出版协会估算，全球每年出版新书总量约为220万种，截至2022年，全球出版业的市场规模为892.5亿美元。其中美国排名第一、中国第二。尽管我们出版物的绝对数量已处于领先地位，但学术影响力还远远没有达到领先。我们的出版质量还有待进一步提升，国际出版所占比例太小，无效出版太多，教辅出版也太多。

我们再看看21世纪以来几个主要国家新创刊的史学刊物情况，据不完全统计，韩国142种、美国113种、法国84种、德国29种、日本24种、英国16种，而中国只有《历史评论》《经济社会史研究》《世界历史评论》《台湾历史研究》《历史地理研究》等几种，中国创办的史学新刊物是个位数。

可见，在人才培养、学术出版、知识生产、学术平台等方面，无论是数量还是质量，我们与发达国家存在不小的差距。当下的我们，要潜心布局、埋头苦干，进行广泛的学术准备，以期在数字时代大分流中赢得先机，成为领跑者。三大体系建设是漫长的工程，是要靠几代人，甚至几百年才可以见效的。我们要梳理各个学科建制的由来与发展，尤其要研究西方的学术发展经验与教训。

学术不能内循环，务必交流、必须互鉴，只有在竞争、比赛中才能发现不足，才能激发前行的动力，才能拓展自身的能力。出版必须走国际化的道路，向世界汲取人类智识。我们需要放开学术期刊，搭建更多的国际性的学术平台，放手让学者去参与世界学术竞赛，去自由地竞争，赢得自信、赢得尊重。

科教并举，不能忽略文科建设，中国式现代化建设需要更多的文科人才，需要培养精通国际事务、国际组织管理的专门人才。我们需要做大学者基础队伍，也需要培养更多的战略科学家。不但要培养埋头苦干的学问家，更要培养人文社会科学战略科学家。我们需要牛顿、爱因斯坦式的科学家，也需要康德、黑格尔式的思想家，更需要马克思、恩格斯这样的天才。多办外字头学科，多培养精通域外的学者。外国语学院、外国语大学需要转型，从培养听说读写、精通语法语音的人才转型到培养精通区域国别研究的人才，再到培养善于进行数字集成的全球研究大家。人才永远是第一位的。

巨大的精神运动都是从微小的起源中产生，知识生产、学术发展也不例外。学术追求的魅力在于它的不确定性，不确定性是最大的确定性，一切皆有可能。国际学术要求克服空间问题，超越民族国家，寻求人类的共同利益。一切以长远计，尽量少考虑眼前的利益。我们的任务就是培养队伍，搭建平台，搞好传播，赢得未来。

阿克顿勋爵说："两个伟大原则分割了世界，并争夺主宰权：古代和中世纪。这是在我们之前的两种文明，也是我们的文明所包含的两个要素。所有的政治和宗教问题实际上都归结于此。这就是贯穿我们社会的伟大的二元论。"[1]这种二元文明社会至今仍然是西方文明的两大引擎，并影响世界各地。近代500年是西方文明扩张的500年，是西方殖民主义、帝国主义的500年，是带来创伤与发展的500年。殖民化导致了对他者的否定，不是因为他者缺乏文化价值，而是因为这些地区没有能力在经济上与资本主义展开竞争。如何从跨国和全球的角度审视西方历史相互联系的多元叙述所创造的普遍主义？如何正确看待西

---

[1] 阿克顿1859年的未刊稿，见Herbert Butterfield, *Man on His Past: the Study of the History of Historical Scholarship*, Cambridge University Press, 1955, p. 212。

方文明遗产？[1]如何避免一个地区的发展必然导致另一个地区的不发达这一折磨人类历史的不平等现象？如何避免所有的世界体系都有核心/外围的等级制度？如何把握人类社会、经济、知识、文化和政治结构的再生产和转变的基本过程、内在规律和特征，探索并创造人类文明的新形态？这是人类的任务，也是我们的职责。无论如何，未来的文明都是在密切互动中形成的，各民族之间并不存在特殊或根本性的差异，交融的结果必定是思想包容的多元性，这是未来人类共同文化的特质。

人类发展模式不是一成不变的，可以有不同的道路，全球都在探索，我们是探索中的一分子，需要发展出一套新的学术体系来阐明人类的未来：打破资本世（Capitalocene），在人类世（Anthropocene）创造文明新形态，人文社会科学工作者责无旁贷。埃及学者萨米尔·阿明（Samir Amin，1931—2018）在去世前，与亲密盟友一起呼吁"工人和人民"建立"第五国际"，以协调对进步运动的支持，帮助人类面对当代全球资本主义的危机，走向一个更加平等的全球社会。"统治资本的战略已然全球化，这要求其受害者的反击也要全球化，何不酝酿一个新的共产国际？只有建立起这样的组织，才能有效整合各方面的力量，确保各国取得反资斗争的胜利。"[2]

1650—1700年的世界指向了两个不同的未来。第一个未来，即1750—1950年，欧洲人利用他们在1650年取得的脆弱优势，将他们的目标强加

---

1 比如，西方文明的天才在于它对理性和信仰的独特综合。那种认为理性和信仰不相容的天真且日益普遍的假设与历史事实完全相悖。希伯来圣经中关于一个合理的造物主的启示，使犹太教和基督教形成了世界是可理解的信念，导致了西方理性的绽放和科学的发展。启蒙运动发生在犹太教和基督教信仰所形成的文化中，这并非偶然。诸如此类的问题很多，都是大课题，值得我们认真思考与研究，而不是简单批判和彻底否定。人类各个民族历史中所蕴含的智慧对所有国家来说都具有普遍的意义。

2 萨米尔·阿明：《多极世界与第五国际》，沈雁南、彭姝祎译，社会科学文献出版社2014年，第293页。

于世界大部分地区。第二个未来，也就是我们刚刚进入的未来，我们可能会看到大型和有活力的文化重新建立平衡，这是典型的世界长时段历史。[1]这个时代已经到来，面对文明新形态的"知识状况"与"世界状况"，重新构建世界学术体系已成为可能。知识在一个平坦的世界中自行流通，不受国家边界的阻碍，是社会高度成熟、社会高度自信的表现，这是成功的关键。让我们的思维超越国界、超越种族、超越偏见，未来属于那些有战略定力的国家。

1　David Ringrose, *Expansion and Global Interaction: 1200–1700*, p. xv.

全球史教育是人之全面发展的必要条件

　　处于相对分散状态的古代世界，虽然各个地区的生活环境、宗教信仰、文化背景不同，但都有探究"世界"、探寻"全球"的愿望。古希腊历史学家希罗多德的《历史》就是对已知世界的记录与探寻，几乎涉及古代希腊人所知道的整个地中海世界。罗马时代的波里比阿用联系的眼光来看待历史和当时所知的世界，不但记录了罗马世界，而且对罗马边界以外的世界感兴趣，他认为"以前，世界事务曾经是分散的，它们被（史学家）拢在一起，没有丝毫的动力、结果或区域的统一性；但自这个时代开始，历史已经变成一个有机的整体，意大利和利比亚的事件与希腊和亚洲的事件相互联系在一起，一切都导向一个目的"。[1]司马迁的《史记》更是涵盖了从已知最早的时代到他自己的时代近3000年的中国历史，其中的《大宛列传》是中国最早的边疆和域外地理记载。虽然这些历史记述的目的各不相同，但都有一个共同的特性，那就是能超越地方偏见和狭隘认识，从更广阔的角度理解人类彼此之间的联系。

　　1500年以前，世界各地都沿着自己的道路发展，彼此虽有各种有形

1　Polybius, *The Histories*, 1. 3，见Polybius, *The Histories*, trans. by Robin Waterfield, Oxford University Press, 2010, p. 4。

无形的联系，但并不存在世界范围的压倒性的殖民与霸权。伴随着文艺复兴、宗教改革而来的是西欧的扩张时代。新航路的开辟、地理大发现加速"西欧世界"成为"西方世界"：产生了跨洲或区域间的活动、互动；科学和技术的创新开始在全球范围内传播；跨洲的权力流动日益加强并形成权力网络；全球性的货物、资本、人员、观念、思想的流通越来越频繁，人们的日常生活日益成为全球化的组成部分。人类历史上真正的全球化时代已经到来，中国也不能例外。钱穆先生认为中国文化可以按照自身节奏发展下去，他说："若照中国文化的自然趋向，继续向前，没有外力摧残阻抑，他的前程是很鲜明的，他将不会有崇尚权力的独裁与专制的政府，他将不会有资本主义的经济上之畸形发展。他将没有民族界线与国际斗争，他将没有宗教信仰上不相容忍之冲突与现世厌倦。他将是一个现实人生之继续扩大与终极融和。"[1]这种观念毕竟只是夫子自道式的乌托邦。人类已进入全球社会时代，中国文化可以改变世界，世界也可以改变中国文化。

人们对于全球化有多重不同的理解：有人认为全球化体现了远近地区的相互联系，使社会活动和权力网络的范围大大扩展；有人认为全球化是世界范围内社会关系的强化，在这种强化的关系中，本地事件被远方事件所影响；有人认为"全球化"一词既表示世界的压缩，也表示世界作为一个实体的更大存在。但无论如何界定，全球化的核心是人与物之间超越时空的相互联系、相互交流，具有超越领土、超越民族、超越文化、超越国家的特性。全球化可以被定义为社会关系在空间上的延展和时间上的延伸，是全世界的个人、组织、民族、国家在经济、政治、文化、社会、生态等方面变得越来越紧密、越来越相互依赖的过程。"二战"后尤其是进入21世纪后，国际通信网络、商业交易以及政治、经济、

1 钱穆：《中国文化史导论》，商务印书馆2023年，第181页。

文化一体化使全球化的步伐加快、密度加大、程度加深。比如，文化的全球化被认为是不同文化背景人口的流动、文化产品的商业化、大众旅游的兴起和消费主义的全球传播的结果，这些都有着取代或补充更多本地文化的效果。如此现实之下，我们能回避全球意识的培养吗？能回避全球史教育吗？能回避全球化的历史吗？

全球化影响范围之广、涵盖领域之多、嵌入生活之深，使得我们必须认真对待全球史教育。全球史教育，既是历史教育，也是文化教育，更是人类命运共同体下认识自我与他者、认识个体与群体、认识中国与世界的新方法、新视野、新路径。早在16世纪，决心要成为一名"世界公民"的荷兰人文主义者伊拉斯谟（Erasmus，1466—1536）在《论基督君主的教育》中认为，要塑造一位良君，最重要的就是人文的教育，因为广泛的人文教育有利于培养对人类事务的敏感性和理解。可见，理解世界就是理解自身，创造自身就是创造世界。在全球背景下，我们如何以整个地球为出发点来理解人类历史和人类事务？如何处理社会差异所带来复杂性，如性别、种族、民族、宗教之纷繁复杂的情况？如何通过社会差异的棱镜来分析全球问题和全球事件？如何以批判性眼光审视那些超越民族国家的历史、政治、文化等话题主张？如何平视近代以来的西方主流文化？如何以批判的方式对全球社会的主流知识进行去殖民化、非殖民化？等等。回答这些问题，离不开全球史教育。这就要求我们的大学设置跨国研究的课程，开设跨国史、全球史的课程，这些课程会对我们的陈规陋见形成挑战，从而让学生参与到倡导地方/全球背景下的变革中，让学生对整个世界有一定的宏观把握和客观了解。

"世界历史"是一个描述世界各国历史的总称，而使用"全球"一词往往意味着更多不同地区之间的联系、交往与互鉴。就此而言，我们在历史教育领域达成共识了吗？我们的全球史课程是否已经足够全球化？我们已在、能在多大程度上，在哪些层面上为大学开设全球史课程？等等。这些问题的解决离不开历史学，离不开世界史，更离不开全球史。教育的主要目的是完善人，让人在更为广阔的时空内审视自我，自由而完善地发展，最终具备宽宏、包容、勇敢、忠诚、真实、无私、仁慈、悲悯的品质，这正是全球史教育所具备的潜在功能。

全球史教育是实现人之全面发展的一个重要路径、一个必要条件。全球史的价值在于它要求人们在思考历史、地理、文明、文化和人类状况时，必须超越地方、超越民族、超越国家，甚至超越大洲的范围，以一种不同的方式看待世界；承认人们会根据他们的文化观、价值观、信仰、道德，在看待和应对事件与问题上有所不同；可以打破偏见，弥补那些不完整的叙述，理解文化差异；提高人们的跨文化自觉，增强全球一体的意识，培养包容性；培养想象力，形塑人类尊严，形成社会正义；等等。这是以人文与关怀为底色的全球史教育所独具的价值与魅力。

因发现核磁共振而获得1944年诺贝尔物理学奖的美国犹太裔物理学家伊西多·艾萨克·拉比（Isidor Isaac Rabi，1898—1988）说："世界所需要的是科学和人文的融合。人文表达了人类精神的象征、诗意和预言。没有它们，我们就不会意识到我们的历史；我们将失去我们的愿望和感动人心的表达方式。科学表达了人类的创造性冲动，即构建一个以人类智力为基础的可理解的宇宙。没有它们，人类会发现自己在一个无法理解的自然力量的世界中感到困惑，成为无知、迷信和恐惧的受害者。"科学与人文，这正是综合性大学所独具的优势。没有科学与人文，人生何以展开？世界是真实的存在，亦是想象的存在，是隐喻的表达，亦是被构建的他者。知识生产、科学研究、学术话语、学科话语一直在永无止境地构建他者、构建民族、构建国家、构建文化、构建世界。这是知识与权力、学术与政治关系的一个方面。没有全球史教育，如何在世界的多样性中理解科学、理解人文？没有全球史教育，中国与世界何以沟通？

我一直认为，衡量一所大学尤其是综合性大学是否真正的好，就看看他们的外字头的基础专业、外字头的基础学科是否真正的好，只有这些基础专业、基础学科真正好了，他们的大学才是真正的一流大学，因为凡是重视外字头专业的学校，必定重视文化交流、文化融合。没有外来文化刺激，哪有文化激活。而且我还认为，在当今的体制下，在大学内部能把文史哲这些基础人文学科真正独立建制的大学，才能真正把外字头的专业、外字头的学科办好。这是构建中国特色哲学社会科学、建构中国自主的知识体系的基础，如此才有可能有效地回答"中国之问、世界之问、人民之问、时代之问，彰显中国之路、中国之治、中国之理"。从这个意义上说，厦门大学历史文化与遗产学院的挂牌，是厦门大学真正迈向世界一流大学的起点。

这似乎是一个持续不断的危机时代，有人已经迷失了方向，但我们必须自信，一切都会过去，浩荡历史是谁也阻止不了的："全球化是历史大势，中国是全球化最坚定的倡导者和维护者之一。当前世界上出现的一些逆全球化动向只不过是全球化潮流中激起的几朵浪花，阻挡不住全球化大潮。"唯有全球史教育，才能让我们穿透混乱的世界变局，坚定全球化的信念。

小马丁·路德·金曾经说过，"道德世界的弧线很长，但它是向正义弯曲的"。我借此可以说，全球史教育的弧线很长，但它是向人类文明新形态弯曲的。有了开始，就有了希望；有了历史，就有了文化；有了全球史，就有了更加理解世界的一代年轻人。为厦门大学鼓与呼，祝厦门大学历史文化与遗产学院越办越好，不但中国史学科越来越好，考古学越来越好，而且世界史学科越来越好！谢谢大家！

今天，我们需要什么样的学术体系

　　刚才听了大家的发言，我深受启发，收获很大。习近平总书记在哲学社会科学工作座谈会上指出："只有以我国实际为研究起点，提出具有主体性、原创性的理论观点，构建具有自身特质的学科体系、学术体系、话语体系，我国哲学社会科学才能形成自己的特色和优势。"关于学科体系、学术体系、话语体系三大体系建设，尤其是学术体系的构建，我想提出三个问题与大家一起思考。第一，我们需要什么样的学术体系，我们构建这样学术体系的目的是什么？第二，国外学术体系的构建经验有哪些是值得我们借鉴、分享的？第三，结合历史学专业来看，目前国内的世界史研究可以为中国的学术体系构建做些什么？

　　第一，我们今天讨论加快构建中国特色哲学社会科学，它的目的并不是要全面否定西方的学术体系，也不是要取代西方已有的学术体系，而是在植根当代中国发展经验的基础上，提出中国特色、中国风格、中国气派的学术体系、原创思想。这些学术体系、原创思想不仅能解释世界的变化和发展，而且能解释中国的变化和发展，是对人类认识世界、改造世界基本规律的判断和把握，是对人类文明多样性、发展模式异质性的尊重和理解，终将为世界上大多数国家和哲学社会科学工作者所接受。如果我们的出发点错了，认为我们今天要建设的学科体系、学术体系、话语体系是为了取代西方的学科体系、学术体系、话语体系，我个人认为是误入歧途，结果也会南辕北辙。如果真有这个目的的话，也是很难实现的，这是因为尽管每一个国家、民族的生产生活方式是不同的，但作为上层建筑的文明文化都蕴含着人类发展进步所依赖的精神理念和价值追求，这些精神理念和价值追求有相同相通之处。另起炉灶重新建构包含普世价值的学术体系既无必要也不可行，从这个意义上说，我们必须给西方学术充分的空间和足够的尊重，在更大的平台上平等交流、优势互补，而不能简单化、绝对化，从一个极端走向另一个极端。因此，加快构建中国特色哲学社会科学是对作为人类整体知识的哲学社会科学的丰富和发展，有利于世界范围内各种思想文化交流交融交锋，有利于更好地解释自然发展规律、社会发展规律和人类自身发展规律，有利于更好地发挥哲学社会科学作为推动历史发展和社会进步的重要力量的作用。当然，未来的一切都是难以预测的，因为有文字记载的人类历史刚刚5000年，未来的地球历史还有50亿年，这5000年和50亿年相比仿佛沧海一粟，人类任何民族都有机会在未来的几十亿年中赢得机会，甚至也存在其他生物进化到高等智慧生命的可能性。从这个意义上讲，在人类出现之前地球几十亿年的历史中，难道就没有智慧生命了吗？没有文明了吗？我一直表示怀疑，有可能我们都不是地球上第一批高等智慧生命，只不过那些生物不具备包容性，已经消失在时间的长河中了。因此，我们所要建立的学术体系除了需要具备原创性、民族性，也要具备开放性、包容性，积极吸收借鉴国外有益的理论观点和学术成果，不断推进知识创新、理论创新、方法创新，这样的学术体系才会具有与时代同步发展的生命力。

第二，西方哲学社会科学的形成过程，其实就是把每个国家和每个民族已有的文化系统化、理论化、制度化、价值化的过程。这些思想、学说、理论，既是西方社会发展到一定阶段的产物，又反过来深刻影响着西方社会的发展进程。正如习近平总书记所指出的，"人类社会每一次重大跃进，人类文明每一次重大发展，都离不开哲学社会科学的知识变革和思想先导"。那么，此类人类精神成果系统化、制度化的过程是怎么完成的？在我看来，就是知识生产、知识传播和认同机制的问题，其中知识生产包括了生产什么知识、如何生产知识等问题，知识传播包括了传播路径、传播方式、传播载体等问题，认同机制则包括了如何形成思想认同、理论认同、情感认同等问题，所以这是一个非常复杂的体系性工程。高校人才荟萃、底蕴深厚、智力密集，是加快构建中国特色哲学社会科学的重要阵地，但考虑到哲学社会科学的生成机制，我们有必要更加充分地认识学术出版对于三大体系建设的意义。中西方学术发展史表明，一门学科、一种理论，或者一个重要的思想观念、学术范畴的出现并为社会所认可和接受，往往离不开学术刊物、学术出版等平台。

举个例子，今天我们在座的诸位，可能都感受到，在教育部没有进行学科评估且学科评估没有与大学建设经费挂钩之前，大学老师的日子还是平静的。一有学科评估，所有的人，从校长到院长，再到所有的老师，日子都很难过，可谓煎熬，而且四年一次。学科评估毫无疑问会促使大家探索前沿领域、培养卓越人才，但也给我们带来不少问题。在学科评估中，有一个很重要的指标就是国际化。知识生产的国际化，得与各国杰出学者联手解决问题；人才的国际化，不仅自己走出去，还得把其他国家的优秀人才引进来；人才培养的国际化，把学生送出去，同时也要想办法吸引更多国家的学生；等等。是不是只有高校才能通过国际化的方式完成中国学术国际传播的任务，继而助力中国特色哲学社会科学建设？我个人表示怀疑。为什么对中国的出版社不提出相应的国际化要求？假定中国大学所有的学术研究都已经国际化，也就是你的知识生产已经成为世界一流，但是你的知识传播没有实现国际化，那你还只是在中国范围获得认同，那就还不是真正具有影响力的学术体系。整个知识生产、文化生产是一个系统性的工程，应该对出版系统提出国际化的要求。我们在中国做出版，不仅仅是整理中华优秀传统文化和发表国内学者的一些文章——当然这很重要，但更重要的是应该面向全世界学者，吸引他们自愿到中国的出版社来出版他们的作品。中国如果有这样的出版社，能够出版全世界最顶尖学者、思想家的著作，我想，中国的学科体系、学术体系、话语体系的构建很大程度上就更加容易完成。举个例子，牛津大学出版社几年前推出了一套"牛津手册丛书"，已经出版近八百种，分艺术人文、社会科学、法学、医学四大类，有一些已经翻译成中文了。牛津大学出版社集合全世界顶级的学者资源来做这些书籍，不但在知识界产生了广泛的影响，而且打破了剑桥大学出版社在历史书籍出版领域的垄断地位。或许未来10年，我们所有的研究领域，都回避不了这套丛书。我们在学术研究方面已取得一些成绩，精品也不在少数，这是学术体系的重要组成部分，但如果在出版传播方面，不去花大力气建设，很难想象我们的人文社会科学在构建学术体系的时候，能在多大程度上获得成功。所以对于中国特色哲学社会科学学术体系的构建，高校责无旁贷，但出版界也有义不容辞的责任，既要为中国学术走向世界构筑平台、创造条件，也要独具慧眼、打破国界、引进资源，为回答人类社会共同面对的重大理论和现实问题做出贡献。

第三，作为近代意义上的历史学而言，其学科建制不过200年左右的时间。历史学的学术规范化发生在19世纪，整个学会制度的建立、期刊的创办、人才培养体系的形成、对外传播方式的确立，都在这200年左右的时间内完成的。事实上，西方学术界从文艺复兴以来，一直在探索构建学术体系。今天我们有些人说整个希腊文明是伪造的、罗马文明是伪造的，甚至整个西方文明是伪造的，我认为这是无稽之谈。乱语者不了解大势！什么是大势？从古希腊到现代的西方都有造假的，在古代希腊就有伪亚里士多德、伪狄奥尼索斯，在文艺复兴时代，西方有大量的造假，比如考古造假，到了19世纪，艺术品非常发达，造假也更多。难道有了造假，你就说西方文明是虚构出来的吗？难道中国历史上就没有造假的现象了吗？如果有，中国历史也是虚构的吗？这些造假不是主流，不是大势。真正的大势是如何构建具备普适性的学术体系。文化爱好者说西方文化是伪造的也就算了，可以置之不理，但有些受过良好教育的大学学者也说这种话，这是非常可怕的，我个人感觉也是一件非常可悲的事情。你不能人云亦云，如果你能构建出这么完整的学术"造假"体系，那也是一种智慧。信仰中的耶稣本身就是一种形象构建，与历史中真实的耶稣并不一致，但问题在于怎么构建。耶稣形象构建得这么完整，对整个西方学术产生了非常巨大的影响，这是一个无可争辩的事实。西方学术之所以走到今天，构建这么精致，传承这么有序，我们一定要研究它各个方面的建制是怎么样形成的，这个搞清楚了，我们才知道我们应该怎样去做，因为我们的目的不是取代它，而是给人类的发展多提供一种道路、一种模式，只有这样，才能为我们未来的发展提供更多的途径、更优的选择。

最后，简单说一下世界史学科。2011年世界史升级为一级学科，可谓是中国的开放包容、渴望了解世界的一个标志，从那时起，世界史学科发展走上了快车道。历史学科门类下面设有考古学、历史学、世界史三个一级学科，截至目前全国共有31个世界史一级博士点、80多个世界史一级硕士点、几十个世界史博士后流动站，构成了完整的人才培养体系。但另一方面，历史学门类下设考古学、历史学、世界史、外语语言与外国历史、文化遗产、文物保护技术、文物与博物馆学等9个专业，教育部在全国布点这9个本科专业数为379个，其中世界史专业21个，外国语言与外国历史5个，共占比6.8%左右，而且主要布局在京沪这几个重点城市，无论是从数量占比还是地域布局来看都不甚合理。这与当前中国主动融入世界发展进程的行动是不相适应的，我们要了解外国，成为强国，就必须加强世界历史研究。中国究竟需要培养怎样的世界史专业人才，怎样去布局世界史学科与专业，是值得认真思考的问题。无论如何，世界史做到一定程度后就是大国研究和区域研究，研究大国的兴衰，研究历史发展的规律。毫无疑问，英国、德国、法国、俄罗斯、美国等大国，非洲、中东、东亚、拉美等区域，对我们世界史研究而言都是重要的。培养了解这些国家语言、历史与文化的专门人才，没有十年甚至二十年是做不到的，这些事情如果不去做，我们今天在这里谈三大体系建设就是空中楼阁，镜中花、水中月，一种自我安慰而已。

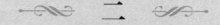

二

呼应人类共同价值的
区域国别研究

所谓边缘、人类发展与美好世界秩序

会议主题"变局时代的世界认知更新：关注全球治理中的'边缘地带'"极具大国情怀，这是全球化所带来的现实思考，是时代变局下的客观必然，更是大国视野下的未来想象。在疫情的特殊背景下，不同学科背景的人一起讨论由全球化/逆全球化/反全球化引起的新的全球治理问题很有必要。

边缘是一个社会化过程，既是事实，也是想象、构建。任何个体、集体、土地、国家，甚至文化、观念、思想等——一切有形的无形的"存在"——都有成为"边缘"的可能。今天的主题似乎暗示着边缘/边缘性是现代化、全球化进程中"传统"与"现代"二分法的必然产物。

一、何谓"边缘地带"？

首先想到的是加拿大出生的希腊裔美国历史学家斯塔夫里阿诺斯教授，他以《全球通史》闻名于世，但我认为他更大的贡献在于其更具有人类关怀的著作《全球分裂：第三世界的历史进程》，这是一部研究被殖民"落后地区"发展的开拓性著作。比如他认为"在葡萄牙人出现之前，非洲总体上与旧世界的其他大陆保持同步"；"在现代，欧洲人通常将非洲与野蛮、流血和落后联系起来。这是一种有意或无意的合理化"。[1] 从长时段来看斯塔夫里阿诺斯的这些论段，你能想象今天人们印象中所谓边缘的非洲大约在500年前与欧洲基本同步的现实吗？今天的所谓边缘地区是如何形成的呢？造成这种局面的因素是什么？人类在未来会取得同步发展吗？不平等、贫穷等社会不和谐状况会消失吗？或者说会有整齐划一的核心与边缘、先进与落后、发达与欠发达之分吗？

所谓边缘，是某种中心主义视角下的产物，世上本无中心与边缘，有的是不同认知方式、发展模式，这并没有高低优劣之分。所谓边缘、不发达犹如书籍四周的留白，这种留白是象征、是隐喻，有着重要的意义，我们看名人的读书笔记，不但要看名人对书籍的圈圈点点，更要看他在留白处写了什么，留白处往往是富有想象力的区域，也是最有活力的地方，就像洛克的"白板论"，心灵犹如一块白板，心灵的内容是由经验写上去的。任何意义上的边缘地区都是如此，都有发力的一天，都会发生变化，任何固定的中心—边缘的看法都是局部的、短视的，更是傲慢的、非历史的。

（一）从时间看边缘

时间既不能被看到，也不能被听到，既不能被感觉到，也不能被尝到或闻到，柏拉图称之为"永恒的移动影像"。时间似乎是一种自然现象，而且确实与自然有某些联系，但本质上它是一种复杂的"发明的自然"，是在人类社会发展中演变出来的。时间有自然的一面，它是物质世界变化的结果；有科学的一面，它代表着事务序列的共同特征；有技术的一面，人们发明了大量设备以追踪时间，但时钟并不记录时间，而

1　L. S. Stavrianos, *Global Rift: The Third World Comes of Age*, William Morrow & Co., 1981, p. 99.

是记录一个时刻；有社会的一面，它是社会中的一种定位手段，是调节人类的公共生活的方法；如此等等，不一而足。

作为社会现象的"自然"时间也许并不是先验的，在时间面前也并不是人人平等的，在很多场合任何"存在"都可能成为时间的边缘者。时间是一种社会制度的具象，时间管理者是权力的象征，谁拥有管理时间的权力，谁就真正具有支配这个社会的能力，从这个意义上看，时间管理者是中心，其他则是边缘。比如日历时间的概念是如何形成的？为什么要用"公元"把时间一分为二？历史时间中的古代、中世纪、近代符合历史实际吗？为什么格林尼治时间是世界标准时间？……可见"时间"作为一个概念是社会的产物，是出现在一个非常高的抽象水平上，在人类社会实践中的"时间"又是一个具有强大限制力、驱动力的调节装置。日历时间以一种简单的方式说明了个人是如何嵌入到世界中的；公元前与公元的划分说明耶稣是人类中心的起点，西方文明重要的观念自然地嵌入人们心中；三段论的划分是典型的从欧洲看世界的西方时间中心论；格林尼治标准时间取代世界各地的"地方时间"是殖民主义、帝国主义的必然结果，是"时间的殖民化"；今天被人认为理所当然的公历纪年，是现代欧洲称雄世界的一个重要结果，是世界文明日趋统一的标志之一……这就是时间的话语权，领先进入近代世界的西方把时间文化作为控制其他土地、民族的手段，[1]世界上其他国家只好自愿地或不自愿地分享了"西方"主导的时间观。这种社会时间是西方文明化进程的重要特征，在这个进程中"他者"都是时间的边缘者。

1　"在西欧以及欧洲体系的美洲的许许多多人深受所谓精神优越感之害。他们坚决认为只有他们自己的文明才是唯一具有世界性的文明。他们对于其他人民的社会文化思想和传统一无所知，所以觉得理所当然地应该把他们自己的思想意识和传统习惯（无论在法律、社会民主或政治体方面）都强加给其他的人民。"见李约瑟：《四海之内：东方和西方的对话》，劳陇译，生活·读书·新知三联书店1987年，第1页。

（二）从空间看边缘

从大洲看，欧亚大陆、北美洲是当今世界的中心地带，其他则为相对边缘地带，但北美的发达只是近200年的事，西亚北非在5000年前成为人类文明嚆矢时，北美还是不毛之地；从国家看，美英法德日似乎为当今的中心国家，其他则为边缘国家，但这些国家只是工业革命以来才兴盛的；从城市看，纽约、伦敦、巴黎、东京、北京、上海等是当今的全球城市，其他相对而言则是边缘城市，但谁能忘记雅典、罗马、亚历山大里亚、君士坦丁堡？谁又能说未来不再属于这类城市？就是一个城市内部也有中心边缘之分，在上海就存在所谓的"上只角""下只角"。只要空间存在，就会存在不同层次的中心地带、边缘地带，且中心与边缘在不断轮回。

（三）从历史进程看边缘

无论按循环史观还是线性史观，社会发展似乎总存在中心与边缘、进步与落后、发达与发展、富庶和贫穷、文明与野蛮等传统的两元划分。公元前3500年左右，苏美尔文明出现之时，世界各地还没有文字，那是彼时的世界文明中心；希罗多德惊叹埃及文明的古老，认为希腊在她面前只是一个小孩，那时的埃及是地中海的文明中心；公元前5世纪黄金时代的雅典创造了人类不可企及的辉煌文明时，欧洲还是蛮夷之地……但后来居上的西方世界却制造出"东方主义"这一隐含先进与落后概念的文明范式，以强调西方的反思和活力，"东方"被定义为野蛮、原始、被动、停滞和女性化，而"西方"则被视为理性、动态、进步和男性化。这完全是殖民主义、帝国主义的一套政治话语和文化霸权。历史已不断证明：文明的中心与边缘总处于不断变动之中，今天的边缘也许就是明天的中心。你能说非洲大陆没有未来吗？你能说拉美就不会成为未来人类向往的文明中心吗？你能说欧美就一直会是人类文明的中心吗？你能说文明就一定是由某个民族、某个国家一直主导吗？

（四）从学术发展看边缘

今天提倡三大体系建设，这说明我们的学科体系、学术体系、话语体系还不够完善，还不是世界意义上的知识生产的中心。在我看来，这一口号的提出是想要进行一场"学术革命""文化奋进"，在信息时代进行文化赶超，创造新成就。我们曾经辉煌过，我们拥有优秀的历史遗产，我们是四大文明古国的重要成员，是彼时的知识中心，我们拥有无数璀璨的思想家对文化进行过超验视野的阐述。中世纪的欧亚大陆是世界知识的舞台，中国和阿拉伯是这一时期东西两端的文明之炬，我们为人类文明做出了巨大贡献，"很久以来，西方世界丝毫不知道原来类似多少技术革新创造都诞生于中国或者亚洲其他国家，但就如我们所知，西方发现这一事实以后陷入一片窘迫的混乱局面"。[1]但在所谓黑暗的中世纪里，西方却孕育了一种大学制度，为后来西方知识的扩展奠定了坚实的基础，近代西方列强法国、德国、英国、美国先后成为知识生产中心。就近代世界而言，在世界性知识生产方面，我们是处于边缘地位，我们需要再次复兴。

我们的知识生产能力、知识生产水平还有待进一步加强、提升；我们思想的国际化、普世化程度还有待进一步提高、完善；我们话语的提炼、语言的表达方式还有很大改进的空间；我们的国际出版刚刚起步，能力、方法、选题和凝聚作者的路径还远远不够；我们购买全球智慧还处于起步阶段，路径还不畅通；我们的全球知识治理经验还远远不足，知识储备还不够；我们的知识产品的可移动性、可持续性、可连接性以及世界范围的审美接受性等，还远远不够。我们必须承认这些客观现实。

这个世界已是一个平台社会，是打破时空限制、彼此可以即时触摸的社会。我们如何生产出能够连接世界的公共知识、公共价值、公共观

1　李约瑟:《中国古代科学》，李彦译，上海书店出版社2001年，第147页。

念？我们如何思考自由、民主、公平、正义、发展、环境等核心概念？我们需要什么样的国际文化和知识交流，如何去分享我们的思想？如果我们不正视这些情况，而只是一味地进行口号建设，不构建真正意义上宽容自由的学术环境，不但在可预见的将来我们会一直处于知识生产的边缘地位，而且可能还会更加落后。道路阻且长，须在与世界大势同向而行的情况下认真实干、埋头苦干。

学术是否活跃归根到底是由教育造成的，让每个人都拥有基本的教育，懂得什么是尊严、什么是优雅、什么是美感、什么是廉耻的底线，总体素质自然就高，自然就会有文化发展的底蕴。文化只有开放、包容才能不断更新，成为真正有活力的、有影响的文化。在这个意义上，我们特别感谢商务印书馆，如果没有商务印书馆这100多年来对域外文明的积极引进，我们今天的文化会是什么样一种状况，诸位可以闭眼想想这事。

二、人类发展问题

这个世界本来就不属于人类，或者说至少不是以人为中心的。在早期阶段，人类在自然界中建立的"社会飞地"是很小的。[1] 人类是哺乳动物中的灵长类动物，最早的灵长类动物出现在6500万年前的古新世。大约500万年前，在非洲出现了最初的原始人。最早的人类是"直立猿人"，估计直立猿人有170万，公元前1万年的人口可能比公元前10万年多了一倍以上。因此，当冰盖最终融化的时候，人类的人口肯定

---

1 借用德国社会学家埃利亚斯的一个术语，指人类与其他动物的分化。见 Norbert Elias, *Time: An Essay*, Blackwell Publishers, 1992, p. 41。

已经接近400万大关了。[1]大约2万年前，全球变暖迎来了一个名为"长夏"的新时代，这个时代一直持续到现在。在这个"长夏"期间，地球的承载能力增加，以支持不断增长的人类数量、植物品种和动物种群。当"长夏"开始时，学者们估计世界上的人类总数在300万—850万之间；这意味着每80平方千米就有一个人类。那时人们的预期寿命不超过30岁，中年约为15岁，青春期约为12岁。[2]2万多年后，世界人口总量已接近80亿，平均寿命已超过70岁，这种数量、质量的突破必定会带来人口在地理分布、种族结构、社会结构、人与自然等方面的巨大变化，从经济学角度审视，自然会得出中心与边缘的结论，因为资源是有限的，欲望是无限的，而生存是首要的，发展又是必需的，一定会出现各种"中心"。

就近代500年而言，这是西方人口扩张的500年，更是西方殖民霸权的500年，帝国主义是其鼎盛时期。"二战"后，伴随着殖民帝国的解体，去殖民化和反殖民运动高涨，世界大部分地区取得了民族独立与自治，同时作为全球项目的发展计划也开始实施。20世纪40年代末和50年代初，随着主流经济学的概念、方法和工具被应用于欧洲的战后重建和发展，发展经济学迅速扩展。在第一波政治独立浪潮之后，加之西方世界出现的"补偿心态"，同样的方法和工具被迅速转移到非洲、亚洲和拉丁美洲贫困国家的发展与建设中。发展成为20世纪下半叶的主题。

我们先看一组数据："在新世纪之初，贫困仍然是一个规模巨大的全球问题。在世界60亿人口中，28亿人每天的生活费不足2美元，12亿人每天的生活费不足1美元。每100个婴儿中就有8个活不到5岁。每100个达到入学年龄的男孩中就有9个、女孩中就有14个没有上学。贫困还表现在穷

1　Colin McEvedy, *Atlas of World Population History*, Facts on File, 1978, pp. 13–15.

2　Steven Wallech, Craig Hendricks, Anne Lynne Negus, Peter Wan, Touraj Daryaee, Gordon Morris Bakken, eds., *World History, A Concise Thematic Analysis*, Vol. 1, Wiley-Blackwell, 2013, pp. 5–6.

人缺乏政治权力和发言权，以及他们极易遭受健康不良、经济失调、个人暴力和自然灾害的影响。艾滋病毒／艾滋病的祸害、国内冲突的频繁和残酷，以及富裕国家和发展中国家之间日益扩大的差距，对许多人来说，这加剧了他们的被剥夺感和不公正感。"

这段话出自《2000/2001年世界发展报告》(*The World Development Report 2000/2001*)的封底，其副标题是"消除贫困"。这段话不仅表明发展和不平等是全球性问题，而且表明自第二次世界大战以来采取的措施未能在许多发展中国家实现广泛的发展。相反，许多人同意，当前的时代是一个不平等加剧的时代——在国家内部和国家之间都是如此。[1]

毫无疑问，"发展"已经成为我们这个时代为数不多的共识性普遍价值之一。坚持发展的人认为，有效的经济生产、发达的交换系统、强大的救助系统、有力的政府系统将个体与社会联系在一起，发展将使人们的生活得到改善，过上美好的生活。随之而来的是将权力交给专家和更抽象的社会力量，如金融系统或国家。但问题来了，发展就能解决贫穷吗？发展就能解决不平等吗？发展就会带来和平吗？发展就会消除边缘群体的存在吗？发展就一定是好事吗？不发展就意味着是愚昧、野蛮、落后吗？恐怕未必！

列夫·托尔斯泰(Leo Tolstoy, 1828—1910)提倡简朴和非暴力，致力于社会改革，放弃了所有财产，拥护完全的和平主义。约翰·罗斯金(John Ruskin, 1819—1900)谴责自由放任的经济学，并赞美劳动的尊严和"手工艺"的道德和美学价值。曾与托尔斯泰通信的圣雄甘地(Mohandas Gandhi, 1869—1948)采用了不抵抗学说，反对工业化，他认为这是非人性的，消除了过有德行生活的可能，德行生活需要在乡村环境中的自给自足和宗教沉思中展开才有可能。对于印度公共知识分子阿

1　Jeffrey Haynes, ed., *Palgrave Advances in Development Studies*, Palgrave, 2005, p. 3.

希斯·南迪（Ashis Nandy，1937—　）来说，发展主义是一套暴力的社会实践，"反对发展主义的斗争是一场夺回文化尊严的斗争"。[1]

英国经济学家舒马赫（E. F. Schumacher，1911—1977）认为资本主义带来了更高的生活水平，但代价是文化的恶化，而庞大的规模——尤其是大型工业和大型城市——是无法承受的。"现代工业最引人注目的地方是，它需要的东西太多，而完成的东西太少。"[2]"从经济学的角度来看，智慧的核心概念是持久性。我们必须研究持久性的经济学问题。除非可以预测其长期持续而不陷入荒谬，否则没有任何东西是经济上合理的。可以有朝着有限目标的'增长'，但不可能有无限的、普遍的增长。更有可能的是，正如甘地所说，'地球提供的东西足以满足每个人的需要，但不能满足每个人的贪婪'。长期性与掠夺性的态度是不相容的，这种态度为'对我们的父辈来说是奢侈品，而对我们来说是必需品'这一事实感到高兴。"[3]

因此，不同时代、不同文化背景下，人们对发展的理解是多样的，所有认知都深深扎根于真实的特定文化和道德感知，你所认为的发展，别人并不一定认为这是一种发展，甚至是一种落后、不值得的行为。我们要保持世界的多样性，即使在你看来那是落后的、野蛮的，随着时间的变迁、视角的改变，中心与边缘也会发生转变。从这个意义上来说，我们反对单一模式的发展，尤其是不顾人性、德性的快速发展；倡导并包容各种形式的发展。人类生活的独特性带来了独特的、具体的社会事实，一个多元发展的异质世界，一定比一个单一发展的同质世界更有趣、更有活力、更能激发想象力，这是人类的生存之道。

1　Ashis Nandy, *The Romance of the State: And the Fate of Dissent in the Tropics*, Oxford University Press, 2003, p. 175.

2　E. F. Schumacher, *Small is Beautiful: Economics as if People Mattered*, Harper & Row, 1975, p. 118.

3　E. F. Schumacher, *Small is Beautiful: Economics as if People Mattered*, p. 33.

三、美好世界秩序

也许这里的美好世界秩序就是"乌托邦"的代名词，是对美好秩序的追求，是对完美世界愿景的描述。一般来说，美好世界理论建立在武断的价值体系之上，因而是很难实现的，虽然我们具有不断向善的勇气与精力。

"变局时代的世界认知更新"这一命题的潜台词是对欧洲中心论的挑战、对西方中心主义的批评、对历史上霸权的反思，更是对未来世界秩序的思考。近代500年以来的世界是西方独霸的世界，但已经成为"地球村"的世界让治理模式发生变化，西方的发展模式也受到挑战。互联网的出现则加速了治理模式的变化。即时的互通互联打破了时空对人类的限制，使思想更加自由、探索更加多样、发展更加多元。我们要注意的是当代世界秩序可以轻易改变吗？人类可以同舟共济吗？我们要反对的是什么？我们要倡导的是什么？我们的价值观是什么？无论如何，我想我们的方案不是"全球治理的设计"，不是美欧的替代方案，而是一种新探索，是人类对美好世界的不同探索，是一种不同的发展模式。

以上仅仅是从文化中的一个侧面来谈发展问题，还没有涉及政治、军事、经济等方面的发展，我们在这些领域的贡献与占有的分量、地位，需经系统的研究才能得出较为合理的结论。就宽泛意义上的文化而言，我们的学术积累足以支撑我们的理想吗？我们的人才队伍数量、质量究竟达到了什么程度？我们给当代世界贡献了多少具有普适性的思想？这些都是我们要认真思考的。当今已是全球网络时代，国家治理与之息息相关，谁掌握了网络，就掌握了未来。现实是数字鸿沟的差距正越来越大，被边缘化的地区、领域也越来越多。我们如何面对这一现实？我们如何构建我们知识生产的"数字工厂"？如何在这场"数字竞赛"中处于优势地位？如何为国际社会提供数字技术标准？如何为国际社会提供安全可靠、值得信任的数字技术生态系统、数字基础设施？等等。如果不认真对待这些问题，我们会再一次被边缘化，而且翻盘的机会会越来越渺茫。

布罗代尔称空间为"头号敌人"，其实时间也是"头号敌人"，时空是决定中心边缘相互转变的那只看不见的幕后推手。"地中海不在16世纪的人类的能力的范围内，因为16世纪的人类艰难地控制着地中海过于辽阔的空间，就像昨天，20世纪的人类没有很好地制服太平洋的疆域一样。"[1]人类历史是一场与无限时空做斗争的过程，是一场应对时空、掌握时空并最终占有时空的不懈斗争，斗争的过程就是中心与边缘不断转变的过程。而这一过程的每个环节都"是表面的骚动，是潮汐在其强有力的运动中激起的波涛，是一种短促迅速和动荡的历史"，[2]促使着"中心与边缘"的不断转换。当下的世界极其混乱，是激起泡沫的波涛，最终结局也难以预料，我们永远预测不到谁是最终的胜利者。但我们相信进步是必然的，虽然有时会有很大的倒退，总会有一个越来越好的世界。百年未有之大变局，就是向一个不同世界的社会转型，不是谁取代谁、谁消灭谁，而是对人类福祉的探索，这才是人类最终的道德追求。需要注意的是，危机的解决和新危机出现之间的时间差一直在缩短，且呈加速状态，容错的机会几乎不再存在。犯错误和遭受不幸也许是人类的共同命运，我们不断犯错、不断纠错，又不断重复老路，我们究竟要往何处走？

1　费尔南·布罗代尔：《地中海与菲利普二世时代的地中海世界》，唐家龙、曾培耿等译，吴模信校，商务印书馆2017年，第531页。

2　费尔南·布罗代尔：《地中海与菲利普二世时代的地中海世界》，第9页。

超越以西方话语霸权和民族国家为中心的区域研究[*]

　　"区域国别学"是地缘政治的学术版本，是兼顾学术与政治的战略学科。2021年的《博士、硕士学位授予和人才培养学科专业目录（征求意见稿）》与2011年更加侧重学术自身发展的学科专业目录相比较，调整原则不同之处就在于：2021年学科目录调整特别重视国家的需要，"区域国别学"的出现意味着时代需要中国学术界尽快构建我们自身的学科体系、学术体系、话语体系，以超越那些充满民族主义的学术构建，以更加客观的态度描述世界。

　　区域国别研究本来是世界史一级学科中的二级学科，文学、法学、国际关系等学科的很多研究内容也涉及区域国别，这次调整升级为一级学科（属第14个学科门类"交叉学科"中6个一级学科中的一个），可谓是中国学术界的大事。区域国别学可授予法学、文学、历史学学位，并把社会科学类的法学放在第一位，从这个细节我们可以判断，设置本学科的首要目的是培养大量复合型高端应用人才，而不仅仅是进行学术研究。但诚如习近平总书记在《致第二十二届国际历史科学大会的贺信》

---

* 本文是南京大学学衡研究院主办的"'区域国别学'的理路与目标"高端研讨会上的发言稿，感谢孙江教授的邀请，促成对这一问题的思考。

中所说："历史研究是一切社会科学的基础，承担着'究天人之际，通古今之变'的使命。世界的今天是从世界的昨天发展而来的。今天世界遇到的很多事情可以在历史上找到影子，历史上发生的很多事情也可以作为今天的镜鉴。重视历史、研究历史、借鉴历史，可以给人类带来很多了解昨天、把握今天、开创明天的智慧。"可见，区域研究无论如何是要从基础开始的，这个基础就是历史学，基础不牢，地动山摇。区域国别研究的是国家竞争、生存、发展的命脉，既意味着大国的责任，也意味着学界的使命。这种学科设置反过来也倒逼世界史等学科转型发展，这些学科要有危机感，勇于担当，要认真思考未来发展的方略与路径。

"一切固定的僵化的关系以及与之相适应的素被尊崇的观念和见解都被消除了，一切新形成的关系等不到固定下来就陈旧了。一切等级的和固定的东西都烟消云散了"，[1]作为三大体系建设基础的知识生产也符合这一规律，因为学术也不是固定的、一成不变的，发展是不懈的，认知是无尽的，学术与时代互动才有价值，能回答时代所提出的问题方显意义，才会出思想，才会发挥引领作用。当然也要给"为学术而学术"的理想国留有空间，这样的世界才会更加多姿多彩。学术要回答时代所提出的问题，这是考验知识分子的试金石。过去穷，首先抓经济建设，任务单一、目标明确，相对容易。现在不同了，中国已经是世界第二大经济体，对世界产生了方方面面的影响，不想露头都不行，无论在哪个层面，都有许多问题让你非参与不可。全球治理、大国博弈更需要国际视野、人类情怀，更要加强国际协调应变能力，文化软实力的重要性日益彰显。领导干部也需要更多的世界知识和文化。早在20世纪40年代，毛泽东主席就提出"中国应该大量吸收外国的进步文化，作为自己文化食粮的原料，这种工作过去还做得很不够。这不但是当前的社会主义文化

1　马克思、恩格斯:《共产党宣言》，人民出版社2018年，第30—31页。

和新民主主义文化，还有外国的古代文化，例如各资本主义国家启蒙时代的文化，凡属我们今天用得着的东西，都应该吸收"。[1]这些都离不开人文社会科学的发展，尤其是世界史的发展。我们现在对外国历史和文化的认识盲点太多，有时又太盲目自信，加强区域国别研究，一方面一定会减少治理成本，提高治理效能；另一方面亦会提高国人的世界公民意识，不断改善国人的形象。

一、区域是什么？

我们大约知道世界有多少个国家，但知道有多少个地区吗？区域包括南极、北极吗？包括海洋吗？包括太空吗？网络空间属于区域吗？如果属于的话，我们真要重新审视已有的时空观念了，因为世界已经成为一个粘着的、不断变换的状态，可以分化出波普尔所谓的世界1、世界2、世界3，又不断再生出新世界："世界1，物质世界，我们把它划分为生物和非生物，它尤其包括诸如应力、运动、力和力场之类的状态和事件。世界2，一切有意识的经历的世界，我们可以认为，还有无意识的经历的世界。我说的'世界3'是指人类心灵的客观产物的世界；即，世界2的人类部分的产物的世界。"[2]如今又出现对现实世界不断虚拟化、数字化过程的"元宇宙"，世界已经到了一个现实与虚拟彼此融合的临界点，每一个观念、每一项创新都意味着一个新世界的诞生。新的世界会产生新的区域吗？如果是这样，我们如何应对？把我们研究对象的范畴加以界定，这本身就是有别于发端于西方的区域研究的一个不同点。

---

1 毛泽东:《新民主主义论》,《毛泽东选集》第2卷，人民出版社1991年，第706—707页。
2 卡尔·波普尔:《通过知识获得解放：关于哲学历史与艺术的讲演和论文集》，范景中、陆丰川、李本正译，中国美术学院出版社2014年，第15页。

所谓区域，就是指在政治、经济、文化、社会或历史传统等诸方面具有相同或相似特点的某个国家或多个国家毗邻的部分。显然，区域与国家有时重叠，但大多数情况下又是跨越民族国家的，区域之间还有交叉。这使得传统的区域研究中有几个单位显得非常复杂，诸如亚洲、非洲、欧洲、拉丁美洲，其内涵、外延也是不断变化的，过去如此，今天如此，未来还是如此变化。

亚洲研究：印度当然是亚洲的一部分，但却远离太平洋，自成一体，是否应该或能够被纳入亚太研究的范畴？我们经常说的亚洲研究似乎并不包括西亚，因为西亚属于中东研究的一部分，而中东研究又涉及北非。非洲研究：北非是与中东一起研究，还是与撒哈拉以南的非洲一起研究？如何处理中东研究中以色列研究和伊斯兰研究，以色列研究又如何融入中东和伊斯兰研究？欧洲研究：俄罗斯是亚洲国家还是欧洲国家？又如何看待土耳其？俄罗斯和东欧研究在很大程度上是对冷战的回应，今天如何审视？拉美研究：一直受门罗主义和罗斯福"睦邻政策"的影响，能突破吗？能进一步推进20世纪60年代所兴起的一套解释拉丁美洲社会发展和国际关系的依附理论吗？等等。

阿富汗局势再次说明研究区域国别的必要性、重要性、紧迫性。我们相对比较重视大国研究，关注重要区域，导致很多区域、国别还是空白的，根本没人研究。谁在研究小国？谁又愿意研究小国？但小国在历史上往往起到"四两拨千斤"的作用，如果不去研究小国，那么等遇到小国所带来的棘手问题时再去想解决措施，所造成的投入将是无法想象的，有时又是无效的。比如立陶宛问题，又比如马其顿问题、洪都拉斯问题，等等。波罗的海、加勒比海、巴尔干地区有人在研究他们的语言、历史、文化吗？我们能培养相关学术人才吗？关于俄国史、苏联史的研究，我们现在还有多少人才储备？苏联失败的经验有人认真去反思吗？关于极地研究，我们做好准备了吗？我们从历史、文化层面去研究海洋了吗？从勘探、考古、动物、植物、地形等角度研究区域确实必要，但历史研究是综合性的整体研究，是长时段的分析研究，是促进人类共同发展的研究，别的学科无法取代。没有历史介入的研究，在本质上是分散的判断。

只靠各个大学进行学术规划是不现实的，因为它们被教育部的学科评估牵着鼻子走，讲究的是短平快，是立竿见影，是快速的学术"GDP"增量，谁愿意进行长线投入？我们到了该制订中国区域国别研究的战略规划的时候了，制订2035年乃至2050年的战略规划，在研究领域、研究布局、人才结构等方面制订长远规划，在人才战略储备、研究人员数量、研究质量等方面做出有效的组织规划。

在快速发展的当代世界，我们不能视"区域"为一个固定的、静态的实体。它是一团重叠的、边界模糊的、有时是交错甚至冲突的经济和社会关系，受到宗教信仰、政治活动、工业活动、农业活动、商业活动、人口流动以及志愿者组织等因素影响或塑造。这些广泛领域中的每一种关系都倾向于在该地区产生通常是有一定倾向性的社会群体。可见，区域研究是空间不断重组的研究，是流动文化的研究，是移民、物品、思想、信息等"从一个共同体到另一个共同体、从一个社会到另一个社会的扩散，有各种各样众所周知的方式：借鉴近邻的文化、旅游、贸易、移民、殖民化、征服、书本知识的传播"，[1]这就需要我们把经验研究与分析研究相结合，对区域内的社会问题进行系统的、全面的分析。

我们一方面要关注区域的概念，其内涵与外延不断变化，对研究者不断提出挑战，需要研究者发现区域的多样性和共同性，丰富我们对世界史的整体理解；另一方面我们所拥有的地区知识必须能解释和代表该区域社会进程中真实的变化。20世纪80年代兴起的跨国史是区域研究转

1 　弗洛里安·兹纳涅茨基：《知识人的社会角色》，郑斌祥译，郑也夫校，译林出版社2012年，第13页。

向的一种尝试，是去民族国家中心化的一种努力。因为这些研究试图消除当代世界仅由民族国家构成的理解。此类学术研究的主要特点是集中研究全球化和相互联系世界中的技术和人员流动的路径和流向。[1]比较研究也是致力于打破区域国别传统孤立静止的研究范式，以宏观视野动态分析区域间的差异性以及自身发展的连续性。任何区域研究都要以世界史为基础，都要在全球范围进行审视才有其价值。

二、区域研究的内涵与兴起

"区域研究"是一个涵盖一系列学术领域和智力活动的学术术语，大致包含以下几个方面：密集的语言学习，熟练掌握对象地区语言，有时还不止一种语言；用当地语言进行深入的实地研究，像文化人类学一样，通过对原始材料的发现、收集、整理，以此更深入直观地了解该地区的文化以及它们在当地生活方式的塑造中所发挥的作用；密切关注当地的历史、文化、传统与当下的政治、经济、军事的波动，有畅通的信息渠道，并进行汇总；根据详细的观察进行解释、阐述、批判，并进而进行理论的构建；同时会产生新的问题，检验过往理论、挑战国家偏见须跨越社会科学、人文科学的界限，甚至借用自然科学进行多学科对话，携手共进。[2]

区域研究倾向于关注那些被认为在某种程度上与众不同、不太被理解或具有战略重要性的国家和地区。它汇集了来自一系列不同学科背景的研究人员和这些学科的不同理论方法。它的目的是以生产新的知识来更好地了解这些国家和地区，如今，它越来越多地试图解决诸如战争与

1　Fiona Paisley and Pamela Scully, *Writing Transnational History*, Bloomsbury Academic, 2019, p. 6.

2　Lesley Pitman, *Supporting Research in Area Studies: A Guide for Academic Libraries*, Elsevier Ltd., 2015, p. 2.

和平、国际恐怖主义、跨国犯罪、生态失衡、环境污染、南北关系、移民等这类跨越区域边界的全球问题。

希腊人所奠定的蛮族观念是东西方分野的源头，希波战争之后各种蛮族观念基本都是出自雅典之手。罗马人继承了这一传统，视日耳曼人为蛮族。古代世界的这些他者均为"化外之民"。历史学家经常将欧亚内陆视作一个黑洞，这里出来的游牧者骑马抢劫、掠夺"文明"世界的村庄和城市。可以说这是区域研究的"史前史"。

近代以来的埃及学、亚述学、伊朗学、印度学、斯拉夫研究等，都可以纳入东方主义的范畴，这是区域研究中典型的殖民主义知识形式。这些"学"就为后来的人类学作为一门学科奠定了基础。爱德华·萨义德在《东方主义》《文化与帝国主义》等著述中严厉批判帝国主义对东方所做的意识形态方面的假设。虽然这种东方主义已经被解构，但作为底层记忆的那种文化偏见一时难以消除。

现代意义上的区域研究可以追溯到20世纪初，即第一次世界大战时期英国的区域研究。当时哈布斯堡帝国、奥斯曼帝国和俄罗斯帝国的瓦解导致新民族国家的产生，它们有自己的语言、文化、经济、政治和传统。英国认识到更好地了解这种转变后的地缘政治格局是关系国家利益的重要问题，从而在伦敦建立了一些机构，如1915年建立的斯拉夫研究学院（the School of Slavonic Studies，现在是UCL的斯拉夫和东欧研究学院），1916年建立的东方和非洲研究学院（the School of Oriental and African Studies），1920年建立的英国国际事务研究所（British Institute of International Affairs），该机构后来成为皇家国际事务研究所（the Royal Institute of International Affairs），现在正式称为查塔姆研究所（Chatham House）。[1]最后这一机构在发展对英国和其他国家的兴趣和知识方面具有巨

1　Lesley Pitman, *Supporting Research in Area Studies: A Guide for Academic Libraries*, p. 8.

大的影响力，美国《外交政策》杂志亦称它为美国境外排名第一的智库。

"二战"结束之际，美国高等教育中几乎没有关于亚洲、非洲和中东地区的课程。除了古典语言文学外，关于拉丁美洲和苏联的课程也很少。"世界历史课程以欧洲为中心，即使课程中有亚洲、非洲和拉美的内容，也不过是附属品。"[1]战后局势让美国认识到培养熟知其他区域语言、历史和文化人才的重要性。1957年，苏联第一颗人造卫星升天更给美国带来了危机感。1958年《国防教育法》第六款主要是关于外国地区和语言研究的内容，历经多次修订，沿用至今。1965年出台的《高等教育法》第六款的举措就是加强美国的外语、地区、国际教育研究。第六款授权10个主要国内项目：国家资源中心、外国语言和地区研究奖学金、本科生国际研究和外语项目、国际研究和学习项目、商业和国际教育项目、暑期强化语言学院、国际商业教育中心、语言资源中心、外国期刊计划（该计划于20世纪90年代取消）、美国海外研究中心。超过75%的资金用于国家资源中心、外国语言和地区研究奖学金、国际商业教育中心。[2]

美国《国防教育法》《高等教育法》所取得的成效非常显著。国家资源中心目前有127个外语和国家间及地区研究项目，在该计划实施的50多年里，国家资源中心培养了大约10万名具有语言和地区专长的博士和30万名硕士，目前有9个主要地区研究协会，其成员总数接近2万。[3]在1949—1985年期间，富布赖特和美国国际开发署的教师交流项目将12881名拉丁美洲人带到了美国，并赞助了4589名北美人到拉丁美洲进行研究。福特基金会对国际事务和外国地区的高级培训和研究的资助在

1　陈学飞主编：《高等教育国际化：跨世纪的大趋势》，福建教育出版社2002年，第37页。

2　Bruce M. Koppel, *Refugees or Settlers? Area Studies, Development Studies, and the Future of Asian Studies*, Occasional Papers No. 1, Honolulu: East-West Center, 1995, p. 6.

3　G. W. Merkx, "International Studies in the U. S.: an Overview", *International Studies and Research Libraries*, Vol. 32, No. 2, 2013, http://www.crl.edu/sites/default/files/d6/attachments/events/Duke Conference Merkx paper.pdf. 详细论述见任晓：《再论区域国别研究》，《世界经济与政治》2019年第1期。

20世纪60年代每年约为2700万美元。[1]

可见当代区域研究是以美国为中心的，具有"意识形态性和霸权性。冷战与现代化理论是区域研究的重要背景和理论支撑。区域是特定的、专门的地理空间，同时又与整个世界相对应，特别是与美国的世界霸权相对应"。[2]直到今天，我们谁能摆脱形成于19世纪的现代历史专业概念的"意识形态胎记"，即西方中心主义和民族主义？这是不是已经成为我们集体无意识的行为，区域国别研究也难逃这种学术藩篱？破除这种不合理话语体系的道路还很漫长，需要一代代人不断努力。

三、区域研究的期刊与队伍

期刊是传播学术研究成果的重要平台，是构建学科体系、学术体系、话语体系的重要平台，优秀刊物引导着学术发展的方向，在繁荣学术研究中发挥着不可替代的作用。

JSTOR是1995年在纽约创办的一家以收集英语世界学术期刊为主的在线期刊数据库，为学术界广泛使用。笔者按照主题检索到一组数据：历史类杂志共计393种，其中包括历史359种、科学技术史34种。区域研究共计554种，其中包括亚洲研究140种、美国研究88种、中东研究69种、非洲研究66种、犹太研究58种、拉美研究57种、斯拉夫研究20种、欧洲研究19种、英国研究9种、其他28种。上述学术期刊共计947种。

我们以历史类359种为例，分析其中的非洲研究杂志情况。这其中有关非洲史的杂志有14种。列表如下：

1　Paul W. Drake and Lisa Hilbink, "Latin American Studies: Theory and Practice", in David L. Szanton, ed., *The Politics of Knowledge: Area Studies and the Disciplines*, University of California Press, 2004, pp. 4–6.

2　吴小安：《区域与国别之间》，科学出版社2021年，第6页。

杂志	所属机构	创办时间
《黑人历史杂志》	芝加哥大学出版社	1916年
《黑人历史公告》	美国黑人生活和历史研究协会	1937年
《非洲历史杂志》	剑桥大学出版社	1960年
《现代非洲研究杂志》	剑桥大学出版社	1963年
《非洲历史研究》	波士顿大学非洲研究中心	1968年
《跨非洲历史杂志》	吉迪恩·乌尔出版社	1971年
《国际非洲历史研究杂志》	波士顿大学非洲研究中心	1972年
《南部非洲研究杂志》	泰勒和弗朗西斯有限公司	1974年
《非洲历史》	剑桥大学出版社	1974年
《非洲经济史评论》	威斯康星大学出版社	1974年
《非洲经济史》	威斯康星大学出版社	1976年
《非裔美国历史杂志》	芝加哥大学出版社	2002年
《黑人历史公报》	美国黑人生活和历史研究协会	2002年
《西非历史杂志》	密歇根州立大学出版社	2015年

据上可知，早期创办的杂志名称中有使用Negro一词的，表明那时的种族主义还是一种被视为合理的现象与表述；所列14种杂志中，英国创办的只有3种，其余11种都属于美国，这说明当今世界有关非洲研究的话语权主要掌握在美国手里；14种杂志中的9种创办于1960—1976年间，说明这段时期是区域研究的繁荣昌盛时代；进入21世纪后，美国又连续创办3种非洲研究杂志，这说明区域研究再度兴起，也许是中国快速发展影响了非洲，从而间接刺激了美国的非洲研究。[1]

1　按照创办时间排列，分别是：*The Journal of Negro History*, The University of Chicago Press, 1916; *Negro History Bulletin*, Association for the Study of African American Life and History, 1937; *The Journal of African History*, Cambridge University Press, 1960; *The Journal of Modern African Studies*, Cambridge University Press, 1963; *African Historical Studies*, Boston University African Studies Center, 1968; *Transafrican Journal of History*, Gideon Were Publications, 1971; *The International Journal of African Historical Studies*, Boston University African Studies Center, 1972; *Journal of Southern African*（转下页）

　　我们再考察中国的学术期刊现状。在原国家新闻出版广电总局已认定的6449种学术期刊中，哲学社会科学学术期刊共有2400余种（包括人文经济地理、自然资源与环境等学科期刊），约占已认定学术期刊总数的37%。其中普通高等学校主办的学术期刊（不含文摘类、其他语种、少数民族语言以及复印资料类期刊）共有1133种（未经认定的学术期刊未列入）。[1]南京大学中国社会科学研究评价中心组织评定的CSSCI来源学术期刊567种，其中历史类30种；集刊（所谓以书代刊）190多种，其中历史类20多种。历史学类学术期刊在中国学术期刊中所占比例并不高。[2]

　　再看美国学术界历史老师的人数与结构。2015年，在两年和四年制大专和本科及以上院校任教的人文教员有157540人，其中英语系人数最多，达73870人，其次是外语系，有27120人，再次是历史系，有23650人，这是人数最多的三个专业。[3]另据入江昭教授统计，美国历史协会在1988年拥有13000名会员，其中大部分来自美国，但也有数百名来自其他

　　（接上页）*Studies*, Taylor & Francis, Ltd., 1974; *History in Africa*, Cambridge University Press, 1974; *African Economic History Review*, University of Wisconsin Press, 1974; *African Economic History*, University of Wisconsin Press, 1976; *The Journal of African American History*, The University of Chicago Press, 2002; *Black History Bulletin*, Association for the Study of African American Life and History, 2002; *Journal of West African History*, Michigan State University Press, 2015。

1　《普通高校学术期刊的布局与结构》，见中文社会科学引文索引（CSSCI）公众号。

2　提供一组数据，可加以比较："1850年，英国和法国等大国的历史学期刊总数分别为9种和10种。但在其他国家，只有1—3种期刊。此外，许多在1850年以前出版的期刊在几年后就消失了，这说明这个行业在大多数国家的发展很有限。1875年左右，法国出版了16种历史期刊，英国出版了42种，而小国的数量翻了一番，达到2—6种。这种增长在19世纪的最后25年里继续进行，在这一时期，大多数国家的历史期刊都创刊了：1928年——就是这一年，国际历史科学委员会的第一次大会在奥斯陆召开——法国有48种期刊，英国有79种。在同一时期，从1875年到1928年，意大利的出版物数量从29种上升到75种，罗马尼亚从2种上升到32种。即使是小国也见证了历史期刊数量的上升：1928年芬兰和希腊有4种期刊，比利时有8种，奥地利有9种。所有这些数字都表明了非凡的增长。"见Raphael Lutz, Porciani Ilaria, eds., *Atlas of European Historiography: The Making of A Profession, 1800–2005*, Palgrave MacMillan, 2010, p. 21。目前全世界有各类历史杂志5000种左右。

3　据美国国家文理科学院（AAAS）报告，见https://www.amacad.org/humanities-indicators/workforce/number-faculty-members-humanities-disciplines。

国家（2012年，会员人数为14000人）。[1]不同的数据有不同的统计结果，但可以估计出当今美国历史学家的人数在2万人左右。关于这支队伍的研究方向和结构，按照亨特的说法：在美国历史学家中，美国史的占41%，欧洲史的占32%，非西方的占27%，[2]即美国历史学家是由研究美国史、欧洲史、非西方历史三部分人员构成，其结构大致是研究美国史以外的历史学家占三分之二。这是美国史学界的状况，特别重视外国研究。

目前上海历史学界专业人员，在岗在编的570余人，这其中从事中国史的科研人员约300人，从事世界史的科研人员约200人，从事考古学的科研人员约66人。[3]如果加上退休的历史教员，充其量不过1000人。[4]据《中国教育统计年鉴（2019）》统计，全国高校目前有历史教员17716人，这个人数接近美国历史教员的人数，但如果考虑人均的话，中国的人口基数大约是美国的4倍，可见我们高等教育的历史教员人数距离学术大国的基本要求还有一定距离。

没有一定的数量就不会有质量，所有的人才队伍都会呈现金字塔形状，顶层的人才总是为数不多的，基数越大，顶层可能就会越壮观，出现杰出学者的可能性就越大，因此需要更多的研究人员。我们今天的区域国别研究不同于先前，形式更为严峻、复杂。比如，区域研究是应对

1　Akira Iriye, *Global and Transnational History: The Past, Present, and Future*, Palgrave Macmillan, 2013, p. 74.

2　林·亨特：《历史学为什么重要？》，李果译，北京大学出版社2020年，第95、135页。

3　见陈恒执笔的《上海市哲学社会科学（历史学）"十四五"发展规划调研报告》（2021）。

4　根据同一年全国高等院校教师数量的统计，中国高等教育积累教师人员数量排序依次为：文学教师225627人（教授18479、副教授62453、助理教授和讲师104925、助教24168、未定职级15602），教育学教师151664人（教授12004、副教授43304、助理教授和讲师60548、助教21433、未定职级14375），艺术学教师127483人（教授9420、副教授29272、助理教授和讲师53545、助教20924、未定职级14322），哲学教师41939人（教授5508、副教授12195、助理教授和讲师15893、助教4540、未定职级3803），历史学教师17716人（教授3299、副教授5657、助理教授和讲师6287、助教1249、未定职级1224）。见《中国教育统计年鉴（2019）》，中国统计出版社2020年，第30、54页。感谢汪晖教授提供数据来源。

全球化的必要手段，在全球化时代分散发展状态下，我们更应注重国家之间关系的建构和互动，因为存在各种冲突，这些冲突主要表现为：东西方之间的冲突，这是文明之间的冲突，最明显的是所谓的亚洲价值观与西方价值观的冲突；南北之间的冲突，指的是区域国家之间发展不平衡的冲突；内外之间的冲突，指的是本土主义与东方文明或西方文明价值观之间的冲突；顶部和底部（行动者的等级）之间的冲突，指的是自上而下、自下而上之间的对立。[1]诸如此类的冲突都影响着区域国别研究，需要大量的研究人员才能完成这一任务。

全球化也好，逆全球化、去全球化、反全球化也好，当今人类所面临的诸如环境问题、毒品问题、移民问题、公平问题等，都离不开区域之间的联系与协调。因此，这些研究与文明研究、文化研究、后殖民主义批评以及全球和跨国网络纠缠在一起，与作为经济、社会、政治和文化活动场所的国家和地区纠缠在一起。这些都需要大量的具有综合素质的学者进行研究。

但区域研究还存在不少问题，例如，缺乏理论支撑，知识的流动性很大，变动不居；追求眼前利益、效益，很少关注宏观规划；没有常设的、固定的研究队伍，学科人员分散，缺乏长期合作机制；与国家安全问题关系又过于紧密，目前国内的区域国别研究路子过于资政。缺少扎实的基础研究，走不远；不培养基础人才，不会有长远影响；不联合其他学科进行综合研究，大多情况下是自说自话，新意不足。但"区域研究中心的存续和壮大也正说明，把大学组织视为学科系的单一组合的概念已经不合时宜，跨学科、非学科学术需要得到认知、承认并予以制度表达"。[2]时代呼唤这一学科的出现。

---

1 Terence Wesley-Smith, Jon Goss, eds., *Remaking Area Studies: Teaching and Learning across Asia and the Pacific*, University of Hawai'i Press, 2010, p. 3.

2 牛可：《区域和国际研究：关于历史和"原理"的思考——牛可副教授访谈》，《国际政治研究》2018年第5期，第156页。

四、超越欧洲中心主义与民族主义

当代以美国为代表的区域研究存在严重偏见：因为先发因素，"欧洲和世界其他地区之间确实存在一种'历史学'的不平衡。欧洲在发明了历史学家的职业后，便用历史学家为自己效力。欧洲自己的来龙去脉既已弄清，就随时准备提供证据和提出要求。非欧洲的历史学才刚起步"。[1] 现代史学诞生于19世纪，是作为欧洲民族主义的工具而构思和发展的。作为民族主义意识形态的工具，欧洲各国的历史学取得了巨大的成功，但它把我们对过去的理解变成了一个有毒的垃圾场，充满了民族主义的毒药，而且这种毒药已经深深渗入了大众的意识。[2]

欧洲中心主义是一套独特的信条，具有独特的能量，因为它们是为欧洲精英最为强大的社会利益而知识化、学术化了的推理。欧洲中心主义从字面上说是殖民者的世界模式：它不仅是一套信条，随着时间的推移，它已经演变成为一个非常精雕细琢的模式、一个构建的整体；实际上是自成体系的理论；一套高超的理论，是许多历史、地理、心理、社会逻辑和哲学等次级理论的总架构。这一超级理论就是文化传播主义。[3]

最好的例证当属大英博物馆。当世界上第一座国家博物馆于1759年1月15日开放时，乔治二世和议会几乎没有想到，英国自我表达的一个新篇章正在开启。从1759年大英博物馆吸引了约5000名参观者，到2009年吸引了约500万名参观者，大英博物馆一直是英国公民和政治身份的一面镜子，也是英国与周围世界关系的有力表达。因此，大英博物馆与大英帝国的兴

1　费尔南·布罗代尔：《十五至十八世纪的物质文明、经济和资本主义》（第二卷：形形色色的交换），顾良、施康强译，商务印书馆2017年，第139页。

2　Patrick J. Geary, *The Myth of Nations: The Medieval Origins of Europe*, Princeton University Press, 2002, p. 1.

3　J. M. 布劳特：《殖民者的世界模式：地理传播主义和欧洲中心主义史观》，谭荣根译，社会科学文献出版社2002年。

衰同步发展，成为殖民主义和后殖民主义意识形态的公开展览，成为英国
文化霸权的广告，其广泛的自然世界和英国所遇到的各种文明的藏品，最
清楚地表达了这一点，这并不奇怪。纵观其历史，大英博物馆也因其古典
文物而闻名，并通过其与古希腊和罗马的艺术、文学和文化的关系来定义
自己。18世纪和19世纪初对古希腊的"重新发现"，以及当代对庞贝和赫
库兰尼姆等重要古典遗址的发掘，意味着流行的古典意识与大英博物馆一
起诞生和发展。因此，古典学和帝国都在大英博物馆找到了一个雄辩的喉
舌，而这个关键的英国机构对于理解古典文化对帝国身份表达的影响，以
及帝国对古典主义思想形成的意义，都是一个出色的案例。[1]

麦克尼尔自己也承认，他极具影响力的《西方的兴起》（1963）根植
于"一种（20世纪60年代）知识分子的帝国主义"，试图"在20世纪30年
代美国人类学家中形成的文化传播概念的基础上理解全球历史"。[2]

另一方面，以往的区域研究中对特定地区的划分总是表达了关于世
界如何被缩放和划分的带有政治色彩的假设。[3]但我们不能让我们的记忆
被抹去、被预缩，或被引导。由于根基薄弱，我们很容易被连根拔起、
被移植、被嫁接、被修剪、被改造成全球市场需要的任何形式。由于没
有或很少有记忆，我们作为个体，除了我们被描绘得令人沮丧的现在，
除了我们日益市场化的国家机构，除了国际发展机构、国际借贷组织和
跨国公司，我们没有任何参照点，我们只适合被全球化或被任何化，并
被安排在人类发展议程上我们应有的位置上。[4]

1　Mark Bradley, *Classics and Imperialism in the British Empire*, Oxford University Press, 2010, p. 2.

2　William McNeill, "*The Rise of the West* after 25 Years", in William McNeil, *The Rise of the West*, University of Chicago Press, 1991, pp. xv–xvi.

3　Terence Wesley-Smith, Jon Goss, eds., *Remaking Area Studies: Teaching and Learning across Asia and the Pacific*, p. 35.

4　Epeli Hau'ofa, "Epilogue, Pasts to Remember", in Robert Borofsky, ed., *Remembrance of Pacific Pasts: An Invitation to Remake History*, University of Hawai'i Press, 2000, p. 455.

比如，大洋洲在帝国主义到来之前没有历史，只有所谓的"史前史"：历史之前。在我们大多数的历史著作中，人类在大洋洲超过90%的存在时间被压缩在一两个关于史前史的章节中，或许还包括本土的社会组织。这些组成真正历史的简短前奏，历史开始于欧洲人的到来。事实上，我们的历史基本上是在帝国历史的脚注中被叙述的。[1]

可见对研究地区的定义，既不是稳定的、中立的，也不是给定的、既定的，而是需要对不断变化的空间和规模的生产做出反应。对特定地区的划分总是表达了关于世界如何被缩放和划分的带有政治色彩的假设。[2]

国际局势的动荡不安与偶发事件的不断增加，使得区域研究愈发重要。如2001年的恐怖袭击之后，美国联邦资金的增加促进了地区研究项目的发展，特别是加大了对"不太常教的语言"，如对中东语言的支持。同时区域研究作为一种消除不同文化间认知偏见的方式，无疑对国家内部民族问题的解决也起到了一定的积极作用。在美国以及一些东南亚国家，政府及民间学者们尝试通过对域外地区的研究来缓解国内民族、宗教矛盾。

全球化或无边界世界的说法暗示着地理空间的重组；地理规模的重构，形成了新的空间分化模式；强大的社会流动，直接挑战地方、区域、国家和跨国边界的固有配置。一方面，超国家单位——欧盟、东南亚国家联盟、北美自由贸易区等——夺取了民族国家的一些经济优先权，而世界银行、国际货币基金组织和世界贸易组织等全球准国家机构则享有更大的权力；另一方面，相对于民族国家而言，大都市地区在全球经济中的权力也在增加。[3]

1　Epeli Hau'ofa, "Epilogue, Pasts to Remember", p. 464.

2　Terence Wesley-Smith, Jon Goss, eds., *Remaking Area Studies: Teaching and Learning across Asia and the Pacific*, p. 35.

3　Neil Smith, "Remapping Area Knowledge: Beyond Global/Local", in Terence Wesley-Smith, Jon Goss, eds., *Remaking Area Studies: Teaching and Learning across Asia and the Pacific*, p. 25.

中国的崛起，无形之中对所谓的现行世界体系形成了冲击。因为一旦由中国主导的经济市场、实体基础设施真正融入"一带一路"的共同繁荣区域中，那么战后由美国主导的世界秩序将无法维系。

五、未来的可能与路径

对世界各区域进行综合、详细、准确的研究而获得新知是我们解决紧迫国际问题的有效路径。知识并不能保证我们会解决这些问题，但缺乏知识可能无法解决任何问题。任何区域都可能突然成为国际关注的焦点，这时就会出现缺乏专业知识的情况，比如当下的立陶宛问题、哈萨克斯坦问题。因此，我们需要注意的是：

要做好对象区域研究的基础性工作，尤其是语言的基础训练。文字的深刻理解，档案文献收集、整理与解释等都需要长时间的耐心的基础工作。当下区域研究文献是英语"一统天下"的时代，这类文献毫无疑问带有偏见，即使看起来很公正的材料也难免隐含着很隐蔽的偏见，如何积累各个对象区域语言书写的原始资料、官方出版物、简讯、各种数据等，于我们来说是一个巨大的挑战，需要培养大量的人才，而这是一个漫长的过程。

要做好区域研究的人才培养工作。我们的历史学家不是太多了，而是太少了，尤其是世界历史学家就更少了。因此需要增加历史学家的数量，以改变中国人文社会科学学术人才的总体结构；加强世界历史学家的培养，以改变史学群体的自身结构。哪天中国的外国研究真做好了，研究外国的学者超过研究本土的学者了，中国才是更加伟大的国家！

要做好区域研究的体制机制工作。如何尽快实施外国语大学的转型，在加强语言训练的同时向注重综合文化训练转型？院系管理体制如何突破？如何建立跨院系跨学科的组织方式？如何积极发展区域学术刊物，放松学术刊物管理，发挥学者们的能动性，鼓励学者们创办各类区域研究刊物，促进刊物国际化，"汲取世界智慧"？

要加快区域数据资源建设，倡导开放存取，避免加剧"全球北方"和"全球南方"之间的数字学术鸿沟，想方设法获得研究工具方面的主动权。一场关于历史学家们应该如何回应媒介领域变化的新争论，正在浮现。在一个数字化世界里，历史叙事会出现什么情况？[1]我们如何在这场刚刚开始的数字学术竞争中获得优势是每一位学者都要认真思考的问题。

区域国别研究是能够兼顾学术与国家需要的战略学科，不仅是区域国家之间相互理解从而构建睦邻友好关系的需要，更是积极参与全球治理的一个有效途径，也是文化赛场的竞争，是展现思想大国的舞台，这代表着国家在思想文化层面上重建世界秩序的努力与方向。区域研究亦可将研究国的学术声誉投射到全球，呈现出实实在在的软实力与文化理想。如何培养出诸如鲁斯·本尼迪克特（Ruth Benedict，1887—1948）、克里福德·格尔茨（Clifford Geertz，1926—2006）、本尼迪克特·安德森（Benedict Anderson，1936—2015）、詹姆斯·斯科特（James C. Scott，1936—　）、安东尼·瑞德（Anthony Reid，1939—　）之类的大学者，是我们的愿望与追求。虽然这些学者都不是传统意义上的历史学家，但你又不能说他们不是历史学家。我们期待未来！

1　南希·帕特纳、萨拉·富特主编：《史学理论手册》，第255页。

区域国别学的未来方向是系统的
区域历史学研究

  改革开放40年是中国学术史上独特且重要的年代，不但各门社会科学逐渐恢复了建制，而且人文科学的内涵也发生了很大变化。20世纪80年代是拥抱发达国家、展望世界的年代，西方的各种学术著作、思想观念、学科流派、研究方法蜂拥而至，这对构建当代中国学术起着重要的作用。在此期间，各学科、各领域都取得了不俗的成绩，举凡学术研究、人才培养、国际交流、服务社会以及促进中国对世界/世界对中国的了解、研究、认知等方面，均取得跳跃式进展，与40年前已不可同日而语。但也产生一些副作用，比如世界史前史的研究备遭冷落，进入21世纪后都没有一个相关的学术研讨会，整体状况还不如改革开放前的态势；亚非拉的历史越来越不受重视，研究基础薄弱，队伍匮乏，比如印度史几乎没有专门的研究人才；中国史与世界史两个学科之间的对话越来越少，为学术而学术的越来越多，关心时代精神的似乎越来越少。心中没有世界，何来鲜活的学术？伴随中国的崛起，"一带一路"倡议的提出，周边国家史、区域史研究的重要性越来越凸显；人类命运共同体的提出不仅是中国对全球化的回应，更是中国对未来全球治理的展望。世界是多元的，需要大家彼此协同，贡献各自的智慧；世界治理是多种方案、多种路径的，不是一种模式就可以解决的。这就需要各个国家尤其是大国在自主知识生产的基础上进行各自的全球认知探索，因此，新的区域国别学就自然涌出了。

一、区域国别学是认知当代世界的重要视角

对世界的理解是一项系统性工程，向世界解释中国离不开中国自己的声音，这取决于我们自身学科体系、学术体系和话语体系的构建与发达程度。当代中国哲学社会科学的兴起和发展既是历史发展的结果，也是同中国与世界各国的相互交流、相互借鉴共同进步的。今天的中国正成为影响世界历史发展进程的大国，这就更加呼唤我们在自主性知识生产上，尽快构建具有中国特色的学科体系、学术体系、话语体系，为世界的繁荣发展贡献中国智慧。但与此同时，中国哲学社会科学进一步提升或开掘的空间还很大，如理论方法的创新、理论体系的构建、前沿思想的交流、学术地位的确立、多语种人才的培养等都有待进一步加强，还存在国家、区域研究的不平衡以及服务国家的问题意识不够明确和公共教育功能的不足等问题。新时代提出了新需求，新发展为学科融合提供了绝好的机遇与空间，以更加开放、包容、自信的心态构建中国的区域国别学已成为刻不容缓的时代命题。

权力、政治与知识、学术的纠结互动是学界一个古老而又常新的主题，古今哲人智者对此争论不休，但皆未有定论。古今中外的各个民族对人类的智识都有所贡献，都值得我们珍惜与重视。从权力均势、两极格局到"单极时刻"，从文艺复兴、启蒙到后现代，世界权力结构的变化怎样影响各国、各区域内的知识生产？知识生产如何顺从、反抗、逃避或塑造权力？普世知识与地方性知识如何被生产和再生产？知识生产的中心与边缘又如何迭代更替？在全球化和知识大爆炸的时代，这些话

题对世界史的书写具有格外重要的意义。因之，加快学科目录调整以适应时代发展是大势所趋。

2021年12月公布的《博士、硕士学位授予和人才培养学科专业目录（征求意见稿）》明确规定，"区域国别学"是作为交叉学科中的一个一级学科，可授予经济学、法学、文学、历史学学位。笔者认为，这种社会科学和人文科学之间的交叉所蕴含的意义是：法学排在第一位，说明是以培养高端应用型人才为主，而不仅仅是单纯的研究人员；经济学、法学、文学、历史学交叉意味着要立足中国研究世界，从世界各地汲取外来智慧，用于当代中国的文化建设和世界发展，因此人才培养的重点应该是外国经济、外国法学、外国文学和外国历史。

可见，"区域国别学"的设立对世界史学科而言，既是一个机遇，也是一个挑战。全国世界史学科都必须抓住这个机遇，尽快夯实中国世界史的师资队伍。当下中国的世界史从业人员实在不多，有限的师资队伍空间分布不平衡，散布在各个学校的师资队伍结构也不合理。比如"985"高校中的北京大学、复旦大学、南开大学等校的世界史学科可以说是中国世界史研究的重镇，但这类重镇并不多，像上海交通大学、兰州大学这类综合性大学几乎没有世界史学科，还有一些大学先前有很强的世界史学科，但在逐渐式微；中国的师范大学撑起了世界史学科的半边天，东北师范大学、华东师范大学、首都师范大学、天津师范大学、上海师范大学则是其中的佼佼者，中国的世界史学科在很大程度上是靠师范大学支撑的，这似乎是一个不太合理的现象，但又是事实；东部高校尤其是东南沿海省份的高校世界史学科总体力量较强，而中西部高校的世界史则比较弱。这些现象说明，中国高校的世界史学科分布不合理，缺乏宏观规划。在笔者看来，"985"高校的世界史学科好了，地方大学的世界史学科好了，中西部地区高校的世界史学科好了，中国的世界史研究才可能真正好起来，区域国别研究也才能好起来，此类人文基础学科真正好起来才是中国学术好起来的一个重要标志。世界史学科必须利用这一有利的时机进行综合的、系统的、长远的布局与规划，调动各地、各校的积极性，不求一城一池之得失，而求学术的长治久安。

区域国别研究有可能把那些长期坐冷板凳、从事基础研究的人分流到政策研究、时局研究中来，处理不好的话，反而会影响世界史学科本身的发展。世界史是基础研究，不同于国际问题研究，不同于国家关系研究，区域国别的基础得靠语言、文化和历史支撑，基础牢固后才有延展的空间。基础研究是学术"芯片"，需要时间积累，需要大量的投入，不能急功近利，人才培养不能揠苗助长，须有良好自由的研究环境，与国际接轨，在对话中、交流中、互动中培育国际性人才。阿诺德·汤因比首先是伟大的历史学家，然后才是国际问题专家，如果他没有前期大量的历史训练与学术积累，他就不会在"二战"时期成为英国政界学术智囊的领袖。

二、区域国别学的抓手是系统的区域历史学

打开世界的方式多种多样，认识世界的形式无穷无尽，解释世界的途径丰富多彩。世界是物质的，也是观念的，物质世界是人类生活的基础，概念世界是人类的精神追求。世界是受认知水准、文化态度、政治气候影响而演变的一种观念。我们不仅要了解世界的物质现实性，也要研究世界的社会建构性，对不同环境中的不同人来说，世界的意义完全不同。而世界史学科在认知世界方面所扮演的角色是特殊的、无可替代的。作为基础学科的世界史，回答的是人类社会的来龙去脉，人与社会、人与自然、人与信仰之间的关系，如果不解决"是什么的问题"，面对杂乱无章、瞬息万变的世界，就会束手无策、一片茫然，所提出的解决方案也是面上的无根之谈。

区域这一概念虽是人类社会建构的产物，但这是对世界认知的有效途径，是分析世界政治、经济、宗教、文化的一种独特方法，是关于全球相互联系的思考，是国家战略考量的出发点。区域研究的内在假设是世界可分为一系列区域，这些区域既相互区别，又有内在的相似性，因此值得将这些区域作为独立的专业知识对象进行研究。因而，区域有其历史性，某些区域在一个历史时期似乎是"区域"，但在另一个历史时期却突然失去了其明显的凝聚力。犹如一位美国学者所说："区域作为真正的整体（甚至具体事务或有机体）的理论是短寿的，但它残留了一个信念：可以用整体性来建立区域的一般观念。"[1] 整体性、历史性、类似性是我们进行区域研究的基本出发点。

区域研究是一个巨大的隐喻，反映的是一种世界观，即所有区域研究都是某种中心视野下的"他者"，是一种从内向外看世界的维度。如视野中经常出现亚洲研究、非洲研究、拉美研究、中东研究、南亚研究、东南亚研究等，但少见或不见美国的"美国研究"、德国的"德国研究"，这是一种优先发展所带来的心态。区域研究是带有意识形态的一个学理概念，隐藏的是歧视的、傲慢的、居高临下的学术优越感。西方与非西方、先进与落后、简单社会与复杂社会……这是我们在处理区域国别研究时必须避免的。

区域国别的概念给地球表面无限多样性、变换复杂性带来了秩序。据说是亚里士多德的学生第凯尔库斯（Dicaearchus，约公元前355—前285）绘制了人类第一张已知世界地图，[2] 他也是第一个在地图上画了纬度线的人。数理地理学的奠基人埃拉托色尼（Eratosthenes，约公元前275—前194）是人类历史上首测地球周长并将地球划分为五大气候带的

1　R. 哈特向：《地理学性质的透视》，黎樵译，商务印书馆1983年，第110页。

2　保罗·佩迪什：《古代希腊人的地理学》，蔡宗夏译，葛以德校，商务印书馆1983年，第90—92页。

人。希帕库斯（Hipparchus，公元前190—前120）是第一个提出地球表面上任一点的位置可以由经度和纬度来确定的人……人类对世界的认知在不断深化。

闪米特人认为欧亚大陆东部是太阳东升之处，称之为"亚细亚"；大陆西部是太阳西落之处，称之为"欧罗巴"。久而久之，人们就习惯用"亚细亚洲""欧罗巴洲"指代亚洲、欧洲。"拉丁美洲"一词由拿破仑三世时期的法国地理学家提出，当时法国正努力在西半球建立势力范围，期待巩固西班牙语、葡萄牙语和法语区的势力，这个词汇最终被接受，但是争论从未停止。从20世纪早期开始，依据世界区划的全球框架体系开始取代大洲划分系统，这种区域取代大洲概念的推动力是世界的政治进程。第二次世界大战期间，美国军事谋划者认为现有全球划分框架并不完备，因此，政府授权"民族地理学"委员会重新划定全球版图。在此期间，亚洲被划分为东亚、南亚和东南亚，西亚与北非被归为大中东，撒哈拉以南非洲、苏联及其加盟共和国、西欧、拉丁美洲、北美以及澳大利亚和太平洋地区均被列入世界地区名录。冷战期间，美国政府资助区域研究，一批区域研究组织诞生，以满足地区文化、社会和政治建设需要。[1]区域研究既反映了现实，也是政治的需要，更会推动新知的出现，并动摇偏见，剪除无知。

区域史研究促进了全球史研究，更促使了从世界看区域、从区域看世界的双向互动研究。"20世纪90年代以后，接受区域史研究训练的学者越来越多地成为世界历史文献的积极提供者，这里的区域史是指研究西欧和北美以外的地区历史。这些工作多数还是因循了传统历史学家的方法来研究世界历史，从政治、商业、文明研究和一些社会史的方面来探

1　William H. McNeill, Jerry Bentley et al., eds., *Berkshire Encyclopedia of World History*, 2nd edition, Berkshire Publishing Group, 2010, p. 1120.

究世界历史。不过，其中一些区域研究工作采用了科学-文化史的路径，给世界历史带来了在语言学、人类学和生态研究方面的革新。"[1]譬如，牛津大学出版社出版的"新牛津世界史丛书"（The New Oxford World History）就特别突出区域、国家在世界历史中的位置，既有学术的分量，也获得大众的欢迎。麦克尼尔主编的《宝库山世界历史百科全书》认为："在20世纪50年代，区域研究项目的崛起更加有助于打破过时的世界历史欧洲中心论。在美国，一系列政府补贴的非洲研究项目为系统研究非洲历史提供了制度基础。在20世纪50年代和60年代，在非洲、美国和欧洲的新一代非洲研究专家帮助开发了一个跨学科历史研究方法，这个方法不仅包括文献档案，还有口述历史、语言学和考古学，这些都作为重构非洲过去的几种手段。在过去的几十年里，这项研究方法建立了一个丰富多样的史学。如此大量的历史知识不能被历史学家所忽略，结果是世界历史课本不再将非洲历史排斥在外。"[2]

历史学不同于其他学科的一个重要特征是有能力对区域进行系统、全面、综合的分析，这种方法我们姑且称之为"区域历史学"。由于区域是由无数人文现象变量构成，如果再加上自然因素，就更复杂了，研究者与研究对象在彼此重塑。研究者也有先来后到，区域研究的内涵在不断发生变化。如何看待恐怖组织等非国家行为者？如何对待跨境贸易、移民、流行病和媒体对国家边界的侵蚀？如何审视互联网和移动电话等通信技术对区域的影响？这些都离不开基础的区域历史学。无论世界如何变化，无论局势如何变幻，牢守学科基础是颠扑不破的原则。就世界史而言，我们就是要培养具有世界眼光、人类情怀的人才，这其中既包括纯粹的专家、学者，也包括社会活动家、思想家和战略学者。区域研

---

1 帕特里克·曼宁：《世界史导航——全球视角的构建》，田婧、毛佳鹏译，商务印书馆2016年，第106页。

2 William H. McNeill, Jerry Bentley et al., eds., *Berkshire Encyclopedia of World History*, p. 21.

究是学术研究、知识生产范式的突破，是学术新空间、学术新领地。这是世界性的学问，需要有世界性的规划与投入。

三、区域国别学的人才数量远远不能满足国家发展的需求

中国人口数量世界第一，国土面积世界第三，历史遗产众多，文献资源丰富，历史的发展又是连续的，这在世界上是独一无二的。但我们还要算另一笔账，要从"人均""地均""时均"的角度考虑我们人才培养的基础、规模、模式等。据统计，目前中国学术界在编在岗的世界史从业人员有1000人左右，中国人口为14亿，按此比例可知，理论上中国每140万人口配备了1名世界史学者，这就是人均的概念；如果依据国土面积来计算每平方千米有多少世界史家的话，则是另一种答案；如果按照"一万年文化史、五千年文明史"这么悠久历史文化来投入研究人员的话，又是另外一个数字。无论怎么计算，国内世界史的人才需求都是很大的。可见当下中国的世界史学家不是太多了，而且太少了，完全不能满足中国发展的节奏与体量。

我们首先要做的是多培养一些基础性人才，得把量做上去，有一定的基础数量，才会出现更多的优秀人才；有一定的基础数量，各种研究才会呈现良性循环。如果只是按照传统科系的概念，在人员编制固定的情况下，要想多培养世界史人才，是很难的。我们完全可以"借船出海"，利用国别区域的利好之势，多培养精通世界各国语言、文化、历史的专门人才。

世界史须与其他学科合作，尤其是要与外语学科联手，培养复合型基础人才。从专业层面来看，历史学门类包括历史学、世界史、考古学、文物与博物馆学、文物保护技术、外国语言与外国历史、文化遗产、古

文字学、科学史9个专业，我们要从世界的角度审视这些专业的内涵，这些专业都有其丰富的全球内涵，都是未来世界史的后备生力军。要与外国语大学合作，培养兼通语言、历史、文化的优秀人才，培养具备研究能力、具备判断力的学者。

中国的世界史要进行宏观的、整体的规划。比如世界史学科要与海外大学、研究所等机构建立合作关系，建立更多的海外实习基地，让每位学生至少在研究的目的国学习2年，熟悉当地的日常生活、风土人情。然后在欧美继续深造2年，深切体验西方的学术文化。世界史学科须增加新的探索领域，设置更多的世界性话题，吸引世界各地学者参与，从而逐渐掌握知识生产的话语权。

四、须乘势制订世界史学科发展的中长期规划

区域国别研究不同于传统的哲学社会科学，这是一门富有战略使命的学科。阿富汗局势、乌克兰局势不断验证研究世界历史的必要性，要进行文化战略和人才战略的储备。养兵千日用兵一时，在学术上也是如此。我们有人在研究波罗的海、加勒比海的历史吗？我们能培养相关人才吗？我们现在还有多少人在研究俄国史、苏联史？苏联失败的经验有人认真去反思吗？还有，虽然我们比较关注大国研究，重视主要区域研究，但这其中有很多时段是空白的，没人从事研究。谁在研究小国、谁在研究边缘？小国在历史上往往起着"四两拨千斤"的作用，比如立陶宛、马其顿。关于极地研究、海洋研究、太空研究，我们做准备了吗？也许我们有人在研究这些地区的考古、民族、动物、植物、地形等，但历史研究是综合性的整体判断研究，是长时段的分析研究，是别的学科无法取代的。

因此，我们必须制订中国世界史研究的2035计划，在研究领域、研究布局、研究人员数量、研究质量等方面做出组织规划。迫切需要通过世界史中长期规划夯实并发挥中国世界史学科的主体意识。长期以来，在西方主导的格局中，中国学科处于由他人去解释的边缘位置。因此，迫切需要通过中长期规划为梳理中国世界史学科主体描绘"路线图"，以学科自主、自信、自强为建设理念，去创造现代中国的世界史学科体系。

加快构建中国世界史科学，尤其是世界史视野下的区域国别研究是一项长期的战略任务。这一目标的实现绝非易事，需要一代又一代学者的努力，因此需要正确认识中西尤其是中美之间的人文差距，制订行之有效的宏观长久战略规划，布局各个领域，为国家未来发展奠定世界性的世界史人才基础，培养出更多的战略学者、战略思想家，才能尽快缩短差距，才能尽早成为世界性的知识生产中心。

作为一个历史单元的亚欧大陆

　　亚欧大陆是人类历史的主体，是创造历史的主体，理应也成为书写历史的主体。历史解释就是一个公开的竞赛，看看谁能拿到冠军。

　　前不久，"亚欧大陆的历史整体性：问题与方法"会议举行，此次学术活动由首都师范大学全球史中心、华东师范大学全球思想史中心、上海师范大学光启国际学术中心联合举办。两天共有20位学者发言、讨论。上海师范大学陈恒教授、首都师范大学岳秀坤副教授在此次活动中做了第一场发言。陈恒强调了亚欧大陆的重要性，以及当下世界史解释权和书写权的问题，提出中国学者要参与学术竞赛，并强调中国的世界史研究队伍在质量和数量上都要提高。岳秀坤在一定程度上回应了陈恒提出的问题，从地理结构和人类学、文化结构对亚欧史研究提出自己的想法。《燕京书评》整理了两位学者发言的主要内容，从中可以看到中国的世界史研究所面临的问题，以及亚欧史研究的重要性和独特性。

一、陈恒：亚洲、欧洲都是人类文明的摇篮

（一）近代世界历史的解释权掌握在西方世界手里

我个人理解，这个命题有巨大的价值与意义，反映了当今两元世界互换问题。这在空间上是新世界和旧世界的来回交替问题，在学术上是知识不断更新与解释问题。因为人类几千年文明在这片大陆积累了大量丰富素材，整个亚欧大陆不断产生各种奇迹，无论是欧洲奇迹还是亚洲奇迹，都需要理论的总结和反思。

亚欧大陆是世界的心脏，虽然不是人类的发源地，但却是世界文化的一个重要发源地，其他文化或许是一种次生文化。亚欧大陆呈现出丰富多彩的地缘政治、地缘历史，是人类历史上演的重要舞台，具有丰富的文化资源，是理解当今国家之间关系的一个重要切入口。从这个意义上来讲，亚欧大陆是人类历史的主体，是创造历史的主体，理应也成为书写历史的主体。

亚欧大陆是由复杂的文化交往十字路口构成的。东亚、东南亚、南亚、中东、内亚、欧洲等区域，加上地中海、太平洋、大西洋、印度洋、北冰洋构成的错综复杂的海陆关系，以及历史上的游牧世界与农耕世界的交融，横跨亚欧大陆的文化交流网络是人类最辉煌的文明成就区。比如，亚欧大陆的地理环境适于农耕和动物驯化，这也导致亚欧大陆发展成为拥有复杂的政府组织、成熟的交通网络和密集人口的地区。

从现实看，世界上目前有233个国家，其中主权国家有197个，欧洲占了50个，亚洲占了48个，占总量的近45%。从面积看，地球的总面积是5.1亿平方千米，其中陆地面积是1.49亿平方千米，占全世界的29.2%。欧洲的面积是1018万平方千米，亚洲的面积是4458万平方千米，也就是说，整个陆地里面，亚欧大陆占了全世界的36.8%。从人口来看，2021年底，全世界有78亿人，欧洲有7.4亿人，亚洲有47亿人，合计占世界总人口的70%。

我们再看一看可怕的武器问题。世界上拥有核武器的国家是8个，除了5个常任理事国以外，还有实际拥有但大家不认可的印度、巴基斯坦和朝鲜。这8个核武器国家，有7个是在亚欧大陆。如果我们按照这个思路不断罗列下去的话，你可以看到，无论是常见的国际关系热点问题，还是环境问题、气候问题、移民问题、能源问题、毒品问题等，亚欧大陆都处于核心位置，都处于舞台的焦点。

从历史看，一方面，亚欧大陆是人类文明的摇篮。四大文明古国中的三个——巴比伦、印度、古代中国，都位于亚欧大陆。世界三大宗教佛教、伊斯兰教和基督教都起源于亚洲。另一方面，我个人认为，世界上最具学术含金量的学问基本都在亚欧大陆，或者亚欧大陆的交界处。比如说亚述学、埃及学、伊朗学、印度学、汉学、敦煌学，乃至包括希腊罗马这种特定含义的古典学等，都产生于亚欧大陆。

我刚才列举了这么多类型的学问，一般都是具体的学问，但只有希腊和罗马不是具体的，而是合并在一起，称为"古典学"。"古典"意味着经典、典范、范式、永恒等，当"古典"一词用于一种运动时，指的是一种对古代遗产的精神或灵感的特定看法与仰慕，而且在西方历史上这类运动在不断出现。似乎别的学问都是经典的外围，达不到经典的要求，是非经典，至多是经典的铺垫与延伸。毫无疑问，这一说法就是西方中心论潜意识的一种表述，是学术傲慢的无意流露，在本质上是一种书写主权的象征，是话语霸权。

近年来，中国学术界也有人提倡包括中国古代文明的古典学研究，这其实是中国当下民粹主义、民族主义的一种学术表现，或者是在历史书写当中想占据一席之地的一种表现。当然，研究"他者"的学问是自古希腊以来各个民族智力竞争的场所，15世纪以来尤盛而已。地理大发现是欧洲认识世界的一个重要的转捩点，是真正意义上的人类从分散逐渐走向整体的开始，是西方世界发现世俗时间、世界空间、他者文明、自然世界的"四大发现"时代。这"四大发现"不断地系统化、理论化、经典化、文明化，并且将随之而来的知识全面技术化、规范化、标准化，极大地提升了西方的力量，奠定现代西方的霸权基础。作为政治军事统治的补充手段，生产知识、解释世界的学术权自然为西方世界所重视。

（二）世界史的更新需要寻求共同的话题

处于百年未有之大变局时代的我们如何构建一个有关亚欧大陆历史的解释性框架呢？这是时代的要求，也是学者的使命。如何构建出能反映中国意识的亚欧史，乃至世界史，是摆在历史学家面前的时代课题。

今天我们这一群世界史学者在这里讨论亚欧大陆历史整体性问题，可能会面临以下几个问题：第一，全面客观准确地刻画亚欧大陆历史，存在这种可能性吗？第二，我们如何从知识的消费者转变为知识的生产者，从模仿者、追随者变为领跑者、引导者，而不是一味地邯郸学步、亦步亦趋。我们要拿出一套我们看待欧亚大陆的知识体系、理论框架、概念方法。第三，构建一个有关亚欧大陆历史的解释性框架，我们需要什么样的系统知识，如何获得这些系统知识，又如何解释这些知识？第四，我们如何跳出文明的鄙视链、学术的鄙视链，有效地寻找出"他者的'他者'"价值，从而丰富完善我们的亚欧大陆的知识，在这过程中如何避免自身狭隘的民族主义糟粕，尤其是不要出现"中国中心主义"（China-centrism）和"大汉中心主义"（Han-centrism）这种论调。第五，我们又如何从人的角度审视人与自然、人与环境、人与动物、人与信仰等，构建一部较为完善的亚欧大陆史，但又要避免"人类中心论"（Humanocentrism），因为人在塑造一切的同时，万物也在塑造人。

我在这里提出"他者的'他者'"概念，比如说东方主义，内涵很丰富，由很多东方文明构成，涉及北非、西亚、南亚、东亚等。具体到某一个地区，比如到了东亚，又有东亚的一个圈层，到了中国，又有一个圈层，可以不断延续下去。在这里，我们可以把"他者的'他者'"不断延伸下去，其实这里存在某种文化优越感和对其他文化的一种鄙视。那么，我们如何避免这种学术鄙视链、文明的鄙视链，编出一套较为客观的世界史，则是我们这个时代的任务。

在我看来，民族、国家与文明在很长一段时间内都是历史研究的主要内容，也是推动历史发展变动的主要动力源。发展总会带来世界秩序的重组，同时也会涉及对世界历史的重新解释，从而不断编撰出适应时代要求的新世界史。不管是谁在这个领域进行更新，都要寻求共同的话题，通过共同的平台，通过跨学科、跨领域的研究来重新组织知识。

我们看一看当下世界史研究的文献依赖状况。目前我们世界史研究者所使用的文献、所用到的各种数据库，基本上是欧美搭建的——尤其是美国人。他们做了大量各类基础数据库，甚至做了很多有关中国历史文化的数据库。举个例子，据说Gale Scholar这个数据库的老板在满世界找文献，在印度雇了800多人不断扫描输入，然后卖给世界各个大学和研究机构。我们在这方面的世界学术意识、世界文献意识还很薄弱，是远远落后的。也就是说，我们在世界史研究方面，基础文献没有做到自力更生。没有基本的原材料，如何生产出优质产品呢？哪天这些人文数据库也断供了，我们又如何应对？

（三）历史解释就是一个公开的竞赛，看看谁能拿到冠军

在我看来，这种学术的赛场已经存在，所有的学术项目、所有的规则都在那里，我们不可能取消这些东西，抛开历史，回避现实，另起炉灶。我想，这样做既不明智也不理智，是非理性的。面对这种情况唯一的答案，就是进行学术竞赛，这是一场无形的学术"奥运"。我个人认为，历史解释就是一个公开的竞赛，看看谁能拿到冠军，不但在知识解释方面获得冠军，更要在基础文献建设方面获得冠军。

在亚欧大陆上，无论是过去还是当下，都有很多人提出很多关于亚欧大陆的一些解释性方法。在西方之外，首先对亚欧大陆进行宏观思考的毫无疑问首推阿拉伯世界的赫勒敦。英国历史学家阿诺德·汤因比对赫勒敦的评价非常高："作为历史哲学这类著作，毫无疑问赫勒敦的作品是最伟大的，是以往任何时代任何地方都没有的。"后来的罗伯特·弗林特说得更夸张，他说直到300多年以后维柯出现之前，任何时代、任何国家都没有能够与之比拟者，柏拉图、亚里士多德和奥古斯丁都不能跟赫勒敦相比、等量齐观。在我视野当中，当代中国具备解释宏观世界史能力的学者，毫无疑问是周谷城、雷海宗、吴于廑、林志纯、刘家和、马克垚等几位先生。

当代中国世界史学者能不能在吴于廑等先生的理论基础上进一步前进，提出当代中国历史学家解释世界、看待世界的一些理论方法，尤其是有关亚欧大陆的理论方法？你可以发现，近几十年来，政治学家、经济学家关于亚欧一体化已经提出很多方案，如欧盟、上海合作组织、亚欧一体化等，而且这些方案已经对现实世界产生很大影响。再比如臭名昭著的"大东亚共荣圈"，这虽早已为人唾弃，但它是日本人思考世界的一种方式，是亚欧部分地区一体化的一些基本想法，就此而言值得我们深入剖析背后的思想根源。

前两天我特意向我的同事康昊博士请教，我说日本史学界近代以来对亚欧大陆、整个东亚的解释有哪些看法？这是他给我的回复：日本有关亚欧大陆的研究，像杉山正明的游牧民和大元史、家岛彦一的印度洋世界史等；理论方面，杉原薰的亚洲间贸易论，其实是关于亚洲贸易圈与亚欧贸易关系的，算是一个亚欧规模的理论；近年来的东部欧亚论（铃木靖民）其实也是以亚欧大陆视角展开的。另外，朝贡体系论、册封体制论（西岛定生在晚年热心提倡以册封体制为枢轴的东亚世界论）、互市体制论虽然是以中国为中心的理论，但其实也涉及亚欧大陆的很多国家了。这些都是值得我们深入思考的。

历史学家跟政治学家、经济学家不一样，政治学家和经济学家也许像西医，药到病除。而历史学家更像中医，是全面系统地来看待人类问题，是要体验人类基本的处境和状况。可见，历史学家讲亚欧大陆，直接目的不是亚欧大陆的一体化，那是政治学家的事情。历史学家是要寻找现实问题的历史根源，因此才会提出亚欧大陆历史整体性问题。

（四）中国的世界史研究人员太少

关于整个人类处境体验的研究，"二战"以后这种通史类的著作非常多。比如说联合国教科文组织编写的《人类史》已经出了两版，它的主线就是和平；苏联科学院主编的《世界通史》，主线是唯物史观。而近年来全球史编纂的主线是交往、互动。到了21世纪，全球史又演变为跨国史，它的主线是移民、主权、人权、能源等等。

那么，今天我们研究亚欧大陆的主线是什么？我们又如何处理亚欧大陆的战争、和平、人权、能源、环境等这些不可回避的问题？历史上的亚欧大陆有很多次社会转型，我们如何处理这些新旧更替问题？亚欧大陆内部存在类似"哥伦布大交换"的交往时代吗？如果有，我们如何命名？诸如此类的问题。

最后，一个不可忽略的问题就是亚欧大陆的史前史。今天我也看了各位提供的文章，从古典、中世纪到近现代都有，但是没有一篇是有关亚欧大陆史前史的。这也反映了中国世界史学界的真实情况，基本没有人在研究世界史前史。史前史是人类历史的重要组成部分，无论是城市革命也好，农业革命也好，语言的出现也好，文字的出现也好，都与史前史息息相关，都涉及研究起源的问题，都是和重大理论问题结合在一起的。那么，作为亚欧大陆历史整体性的研究又如何回答这个问题呢？当然我在这里提出这个问题的主要意图还是想表达，中国的世界史研究，空白领域还很多，我们有人在研究波罗的海、加勒比海的历史吗？我们能培养相关人才吗？小国有时会带来很大的麻烦，看似不重要的地区在历史上往往起着"四两拨千斤"的作用。国家需要时，历史学家能及时提供准确有效的学术资讯吗？

最后我跟大家分享一个数据，北大最近出了一本小册子，美国历史学家林·亨特写的《历史学为什么重要？》，她在书中给出了一个数据，美国当下有历史学家12000人，其中61%研究外国史，这意味着美国大约有7300位研究世界历史的学者。中国有多少？我问了北大王立新教授，他说不到1000人吧。今天的美国世界史学者有7300人，这是在它3.3亿人口基础上的数字，如果按照中国的人口基数，我们需要30000名左右的世界史学者。这是人均世界史学家的概念，我还没有引进地均、时均的概念来计算我们国家究竟需要多少世界史学家。也许只有达到了这个数字，我们才是真大的大国、强国，这是文化软实力。从这个意义上来讲，中国的世界史研究刚刚起步，道路还很漫长。

二、岳秀坤：从自然结构和文化结构看亚欧大陆的历史

我们站在今天的立场上看世界史，有"后见之明"的优势，很容易批评过去不同时代的学者所提出的世界史看法具有各种狭隘的偏见。如果把我们和古人放在同一个平台上来观察与评论，可以说，各种世界史其实是不同的话语，各有自己的研究取径。每一种世界史作为一个解释结构，各有它理论上的起点以及所期望解决的目标，同时，也不可避免有自我中心的偏见。

（一）以往世界史的书写模式

在司马迁、希罗多德的时代，最初的世界史观念是以华夏或者希腊

为中心的（尽管它在地理范围方面仍然是局部，而不是真正的世界史）。地理大发现之后，启蒙时代的学者才有描述世界上所有文化系统的历史演进的可能，比如伏尔泰的《风俗论》就有突出的普世主义色彩。到了19世纪，那些伟大的思想家的世界史认识，则普遍带有以欧洲作为中心、作为标准的思维惯性。在黑格尔那里，世界史的核心是理性精神。在兰克那里，世界史的主体内容是大国的兴衰。马克思和恩格斯把世界史理解为社会形态的演进，从空间来看，也是把欧洲放在了视野的中心。20世纪的学者，一直在尝试新的方案，想要避免落入这种欧洲中心主义的偏见，比如斯宾格勒、汤因比等人致力于讨论文明的起落兴衰，沃勒斯坦、弗兰克等人则以世界体系作为世界史的核心结构。以上不同的研究路径，并不是非此即彼的替代关系，而是各见真理之一端。

我们今天谈亚欧大陆的世界史，把亚欧大陆作为一个整体的结构单元，而不是把民族国家或者文明作为讨论世界史的基本单元，也就是提出一种替代性的世界史研究取径。如果追溯这种观念的学术史，在我有限的阅读范围里，看到比较早着手进行此类学术讨论的是两位美国学者。

第一位是美国的人类学家阿尔弗雷德·克鲁伯，博厄斯之后的第二代人类学家。他在"二战"结束的那一年，发表过一个重要的演讲，把北非、欧洲、亚洲看作一个整体，用一个希腊人的概念oikoumene重新命名，初步讨论了这样一个整体的历史文化单元的发展进程。他认为，在这片大陆范围内，历史上所有的重要发明都或早或晚地得到了普遍的传播。他所讲的实际上就是亚欧大陆世界史的一种观念雏形。在他之后不久，芝加哥大学的历史学家马歇尔·霍奇森，也沿着这一方向讨论重新书写世界史的可能性。1954年，他发表了论文《作为世界史研究取径的半球跨区域史》，把克鲁伯的观念用更加系统、更加深入的方式加以讨论。他指出，重写世界史需要打破许多固有的观念，第一步应该是把亚欧大陆的历史整体性加以充分的揭示。这两位学者至今在中文学界得到的关注仍然不多。克鲁伯在美国人类学的脉络中是一位重要人物，他是哥伦比亚大学授予的第一个人类学博士，还是加州大学伯克利分校人类学系的第一位教授。霍奇森与威廉·麦克尼尔、斯塔夫里阿诺斯同时代，不幸的是，英年早逝，没有来得及写出一部完整的世界史。

当时普遍流行的观念是把世界史看作是各个文明相对孤立的发展过程；稍进一步，则考虑文明之间的冲击与回应关系，如汤因比、威廉·麦克尼尔所做的研究。只有克鲁伯、霍奇森，最早意识到必须认真考虑一个容纳各种文明与社会的整体结构，才有可能揭示世界史的真面目。

最近二三十年，在历史学、地理学领域里，不断有学者承续霍奇森等人的想法，把亚欧大陆作为世界史的最大历史单元，作为自己研究思路的一部分。比如"大历史"的开创者大卫·克里斯蒂安（《时间地图》的作者），以及"元地理学"的研究者刘易斯和魏根（《大陆的神话》的作者）。

（二）观念的出发点：自然生态与思想创造

每一种世界史取径的背后都有特定的观念基础，也就是作者的历史观念。我倾向于把整个人类历史看作是两种属性的结合。首先，它是自然史的一部分，不同地方的人受制于自然环境所赋予的各种生态、物质条件。人类历史在相当大的程度上受到这种自然地理生态条件的限定。另一方面，人类历史是一种文化的产物，人总是生活在自己所发明的各种各样的社会制度之中。影响人类历史进程最重要的因素大概就是两种：一种是技术发明，关键的发明对人的生活方式造成直接的影响；另一种是思想发明，其中最核心的部分，可以说它是哲学，也就是理性化的思想体系。

基于以上的观念认识，把亚欧大陆作为一个历史单元的整体来看，有一些基本的历史现象值得首先描述出来。就自然属性来说，从现代智人的出现到它的迁徙分布，是历史上最初的一个全球化过程。在适应各地不同的自然条件之后，就产生了人种的分化。末次冰期结束之后，出现了地理、交通相对隔绝的几个不同的世界区。在不同世界区生活的人群和社会，因为他们能够接触到的各种资源以及各种生态条件的差异，彼此之间在演进过程中发生相当大的差异，而在其内部，是一个人员往来、资源交换、技术传播的整体系统。包括北非在内的亚欧大陆，是历史上最重要的一个世界区，地理面积最大，资源最为丰富，内部的社会文化多元性最显著。在历史上的大部分时间里，社会进程严重受限于自然条件，像文明的崩溃、帝国的解体，这一类社会进程被气候、生态或疾病等自然原因所打断的现象屡见不鲜。

就文化属性来说，我们可以从不同的角度来描述人类历史的整体进程。比如技术的发明与革新，从农业革命、冶金术到近代的科学革命，人类历史可以看作是一个技术发明、传播、应用的全球化进程。它总是从一小部分人的重要发明或创造开始，逐步被多数人所接受和应用，以及加以改造或升级，冶金术在亚欧大陆的传播过程就是一个很好的例子。换一个角度，以社会组织的政治形式为观察焦点，人类历史可以看作是"国家"这种政治体的全球化过程，它逐步取代了部落、城邦、帝国等其他形式，从多元并存到一枝独秀。

（三）亚欧大陆的自然结构与文化结构

首先，谈亚欧大陆的自然结构。

从距今1.2万年前农业的发明开始，发展到在公元前第三个千年纪的时候，人类在亚欧大陆的活动范围已经大致稳定地分布在三个自然生态区之内。从北到南依次是狩猎采集区、游牧畜牧区、农耕区。在不同的生态区里，这些人群相应地采取了最有利的生存方式，然后形成相应的社会组织、社会结构。从历史发展来看，总趋势是农耕区的扩大与推进，而农耕区与游牧区的复杂关系仍然有待更多的研究来揭示。早在1982年，吴于廑先生就撰写了一篇著名的文章《世界历史上的游牧世界和农耕世界》，给出了概括性的描述，但是，此后就少见此类宏观问题的讨论了。

从东西方向来看，亚欧大陆的内部分化并不像南北的自然分区那样明显。从欧洲到东亚，定居的农耕文明有明显的连续性。历史上不同的文化群体制造了各种东方、西方观念，实质是文化心理上的他者想象，具体所指是漂移不定的。如果今天仍然沿袭古希腊人的东方观念，以地中海的东缘为边界，划分东西两个世界，不免掉入古代人的观念陷阱。要为亚欧大陆在东西方向上划分结构，还是要从自然的角度来考虑。这一分界线应该是海洋季风深入大陆，能够达到的最远边界，由此给部分区域带来相对稳定的气候条件，以及相应的植被分布，为人类活动提供基本的空间限定。因为地球的自转，季风将大西洋的暖湿气流更多地带入内陆。就此而言，亚欧大陆的东西分界线不在地理的中心，而是更偏东一点，也就是在阿尔泰山、帕米尔高原这样一个大致的位置。以此为分界线，亚欧大陆的东部面积相对小一些。纵观历史，这种东西划分的方式恰好符合历史上地缘政治变动的特点。亚欧大陆农耕地带所产生的大帝国，向内陆扩张其势力的最远边界，往往就是在这一位置附近，比如波斯帝国的东部边界，也是古希腊的亚历山大大帝东征的极限，唐朝与阿拉伯帝国在这里的势力争夺，以及后来的俄罗斯帝国与清朝的接壤也是如此。

其次，是亚欧大陆的文化结构。

亚欧大陆作为人类最大的一个历史文化综合体，它在长期的历史演变里所形成的结构层次，相当程度上是以上述的自然结构为基础的。我在这里主要借鉴的是，刘易斯、魏根在《大陆的神话》里整合以往学者的讨论给出来的一种结构划分方案，以此为基础，加入自己的理解。这个方案里最大的问题，可能就是对游牧和农耕二者之间的分离、对立和互动没有做出足够的考虑。简单说，北非、亚欧这块超级大陆在历史文化的演进过程中，各部分相互影响、彼此关联，形成一个整体。撒哈拉沙漠以南、西伯利亚的中西部，处在这个文化复合体的外缘。从内部来看，就各地社会的文化特性的发育而言，相对最为特殊的，是以中国为中心的东亚，或者说儒家文化所影响的范围，其他部分彼此之间的共性更多一些。其次，可以从中划出印度次大陆。再次，大致以地中海为界，分出基督教、伊斯兰教各自的影响范围。

这种结构关系的形成，部分是由地理位置所决定的，部分是历史上人类迁徙流动的路线所导致的结果。各部分彼此之间，并没有特别清晰的界限，但是各自有自己的"引力中心"，也就是政治-文化-宗教的独特创造，比如儒家文化之于东亚的关键角色。

（四）亚欧大陆世界史的发展动力

以上所述亚欧大陆的自然结构、文化结构，是在一定时间范围内形成的相对稳定的、静态结构关系，是抽离了时间因素之后看到的层层积淀的结果。当然，在历史上，更吸引人注意的恰恰是各种各样突破这些结构限定的历史运动，尤其是大大小小的政治体的兴衰起落。

就结构关系的复杂程度而言，历史上出现的政治体只有少数几种。19世纪形成的一种规律性认识，以为人类普遍走过了一个从简单到复杂的"进步"过程，亦即部落成长为城邦，城邦之间合纵连横的结果，出现占有一定领土面积的国家，大国吞并小国，演化出幅员辽阔、规模庞大的帝国。今天看，实际情况不是这样。在历史的大部分时间里，部落和城邦都是长期存在的普遍现象，与国家、帝国共存，只是最近几百年，国家这种形态才变成世界性的、唯一的政治体，几乎所有人都被纳入某一个国家的管理之下。再进一步说，历史上的大帝国、文明，往往以崩溃、解体而告终，也就是复杂性的演变并非总是朝着同一个方向前进，有正向的，也有反向的。那么，背后的推动力，或者说关键的影响因素，就成为各个知识领域的学者所研讨、争议的问题。

朝向这一问题的研究路径之中，不可或缺的就是历史的比较研究。

其中，罗马帝国和秦汉帝国之间的比较，已经有相当多的学术积累，多国学者都有参与。2019年，北京师范大学的刘家和、刘林海两位教授发表一篇文章《3—6世纪中西历史及文明发展比较研究》，就是讨论亚欧大陆东西两端的一些同步的相似现象。再晚一点，公元800—1800年之间这个时段，美国的历史学家维克多·李伯曼有两卷本的巨著，以东南亚为中心，讨论它在亚欧大陆的整体结构中，与其他相距遥远的不同地方何以表现出相似的政治、文化现象，他称之为"奇特的平行现象"（Strange Parallels）。此类研究显示，尽管亚欧大陆无比辽阔，而古人的活动空间有限，但是不同地方的人群，在社会组织和结构方面，却表现出有一定规律可循的变动。

至于背后的推动力，在这里我想强调三点。一是关键的技术发明，比如冶金术的发现、近代的科学革命。二是思想革命，比如德国学者雅斯贝尔斯用"轴心时代"来表示的公元前800—前200年，各地发生的一些知识上、思想上的剧烈变化，其中有哲学的发明，也有宗教的革新。三是自然因素。我们应该比以往更多地考虑地理、气候等自然因素对人类历史的影响。比如，公元前200—公元150年，所谓"罗马暖期"这一生态方面的重要利好因素，为不同帝国的扩张提供了普遍的有利条件。由此我们可以推测，古代、中世纪的貌似孤立的历史现象，彼此可能没有联系，但是却处于同样的自然条件之下，实际上是处在同一种变化节奏之中。

最后，简单总结。如果把亚欧大陆上的人类历史作为一个整体性现象来讨论，可以设想、尝试各种概念结构。我在上面所设想的一种亚欧大陆的世界史，首先是划分出一定的地理结构、文化结构，以此为框架将亚欧大陆各种社会、人群的历史变化纳入其中，讨论它们各自的发展、平行的关系以及各种跨区域长时段的历史现象。在此基础上，或许可以形成对亚欧大陆世界史的一种新的整体性认识。以上我所说的，只是目前所想到的一种临时性的方案，如果付诸实践，当然要根据实际情况而调整。

那些被迫或自愿逃亡／流散的人们：
历史、现在和未来

　　1988年，一位南非人购买了单程机票只身前往加拿大，投奔母亲亲戚，并于1989年获得加拿大国籍。1992年，他转入美国宾夕法尼亚大学沃顿商学院，先后获得经济学、物理学学士学位。1995年，他进入斯坦福大学攻读材料科学和应用物理博士学位，但在入学后的第二天，就决定弃学创业，创办一家网络软件公司，在他28岁时以3.07亿美元的价格将其出售。随后，他帮助开发了在线支付公司，创建了太空探索技术公司，并接管了电动汽车公司的领导权。到2020年底，50岁的他成为世界上最富有的五个人之一，净资产接近2000亿美元。他就是埃隆·马斯克（Elon Reeve Musk，1971—　　）。

　　马斯克这个家族的冒险精神是无穷无尽的。据记载，马斯克母系祖先在美国独立战争期间从瑞士来到纽约。从纽约，他们又分散到了中西部大草原各地。1950年，当马斯克的外祖父约书亚的事业获得成功的时候，又有新的打算，移民南非，并最终来到比勒陀利亚。约书亚夫妇驾驶飞机从非洲北上一直飞到苏格兰和挪威，并往返于澳大利亚。他们还深入非洲丛林，寻找失落之城。这一切都是成就马斯克的基因。马斯克少年时代的南非是种族主义兴盛的时代，"南非对于马斯克这样的人来说就像是监狱"，他决定逃离南非，寻找自己喜欢的国度。[1]

假如马斯克不移民，一直生活在南非的话，会是另一种人生，但一定不是今天能改变世界的马斯克。假如马斯克移民目的国不是美国，他会成功吗？马斯克为什么要移民美国？美国孕育天才的环境究竟是什么？我们如何客观理性地看待这种环境？这种环境可以复制吗？诸如此类的问题可以不断追问下去。但今天我借马斯克的移民经历进行叙事，是想表达以下三层意思：

第一，这个世界本来就不属于人类，或者说至少不是以人为中心的世界，只是由于人善于迁徙并能不断克服迁徙中的各种困难而逐渐占据了世界，但人类无论多么成功，我们都要客观理智地看待人在自然中的位置。

第二，移民的目的是追求生存与发展，因此移民无意之中就成为空间的拓展者、发展的引领者，成为历史的主线，移民在不断创造新世界。从长时段看，今天的民族-国家都是移民的遗产。

第三，移民是文化交融的载体、社会发展的重要引擎，是改善社会秩序、提升道德感的原动力，移民驱动创新发展。一个多元文化的移民社会总比一个同质化的社会更多彩、更有趣、更有活力。

一言以蔽之，移民影响着当今世界的方方面面，在提升文明内涵、促进文化发展、改善经济条件、影响国际关系、驱动国别区域研究等方面发挥着巨大的作用。移民研究是一门大学问，但还没有得到应有的重视。

无限多样、丰富多彩的世界本来不是以人类为中心的，人只是其中的一员。在早期阶段，人类在自然界中建立的"社会飞地"是很小的。[2]根据联合国环境署2011年发布的一份研究结果，地球上共生存着870万种

1　见阿什利·万斯：《硅谷钢铁侠：埃隆·马斯克的冒险人生》，周恒星译，中信出版集团2016年，第23—40页。

2　借用德国社会学家埃利亚斯的一个术语，指人类与其他动物的分化。见 Norbert Elias, *Time: An Essay*, p. 41。

生物物种，包括650万种陆地生物和220万种海洋生物，这还不包括那些
已经消亡的物种。当然，组成世界的不仅是具象的物，还有颜色、音调、
压力、空间、时间等等。人只是这些物种中的一个，属于自然的一部分。
人只是各种机缘巧合才成为世界的主人，体型大小适中的人类拥有直立
行走、制造工具、使用语言等能力，这让其在竞争中胜出，但这并不意
味着人类会永远拥有整个世界。无论我们对这个世界的感觉是什么，这
个世界并不直接屈服于我们；这个世界不是一个理性的世界，不是一个
能为人的智力所完全理解的世界，世界并不像人们常说的那样受到支配，
我们须敬畏世界、敬畏自然。世界在不断移动，万物都在经历从诞生到
衰亡的过程，就像河流中的气泡，闪烁着、破裂着、再生着……人也是
如此。

　　人类是哺乳动物中的灵长类动物，最早的灵长类动物出现在6500万
年前的古新世。大约500万年前，在非洲出现了最初的原始人；大约200
万年前，智人在非洲出现，成为一个独特的物种；大约10万年前，非洲
的智人发展出语言和其他独特的文化特征；约六七万年前，智人将其活
动范围从非洲扩大到欧亚大陆；约公元前20000—前15000年，最后一次
大冰期，智人的活动范围扩大到澳大利亚和美洲。在公元前10000年左右
的农业发展之前，世界上的人口据说有100万左右。[1] 从移民角度看，从
非洲出发迁徙到世界各地的人口流动可称之为"非洲大流散"，今天的
种族、民族、国家都和非洲有关。无论多少年的人类史、文明史、文化
史，它们的历史与地球的历史和未来、宇宙的历史和未来相比都是微不
足道的，甚至是可以忽略不计的。从大历史看，这三种历史在时间坐标
轴上都是肉眼看不见的极其微小的颗粒，作为宇宙公民的人只是这颗粒
的组成部分，必须时刻牢记"人类在自然界中的地位"这一观念，如此

1　Vanessa Baird, *The No-Nonsense Guide to World Population*, New Internationalist, 2011, p. 24.

则会使得我们尊重并尽最大努力顺应自然的发展。

进入文字社会后，移民快速占据了世界各地。古代希伯来移民、希腊移民、民族大迁徙、中世纪的十字军东征、阿拉伯帝国的扩张、蒙古人的扩张、地理大发现之后欧洲人在世界各地的移民、跨越大西洋的奴隶贸易、工业革命所引发的移民浪潮、饥荒迫使人员的流动等，奠定了今天的世界格局和底色。没有移民，就没有当今的民族-国家，今天所有国家基本上都是移民国家，移民成就了一切。

移徙与人类历史一样悠久，物质的流动、贸易的往来、思想的流动、文化的移植乃至动植物的迁徙大多是由移民造成的，移民是促进连接、加速发展的重要因素。移民创造了世界，没有移民就没有文化的活力，没有移民就没有世界社会；移民是国家发展的一条重要路径，也是激发国家文化发展的主要形式。当今无论是国内范围还是国际范围的移民，其规模、类型、背景等都愈加复杂，移民对社会的影响越来越多样、全面、深刻，具有非同凡响的政治、经济和社会意义。移民对历史发展的促进作用最有代表性的例子就是所谓的"哥伦布交换"。

历史学家克罗斯比（Alfred W. Crosby Jr.，1931—2018）创造了"哥伦布交换"（Columbian exchange）一词，学界又称之为"大交换"（Grand Exchange），这种交换意味着人种、动物、植物以及疾病在欧洲、美洲、亚洲和非洲以前孤立的陆地区域之间的流动，这种流动始于克里斯托弗·哥伦布在1492—1493年间的首次航行。"哥伦布交换"对世界各地的社会、经济、文化、生态产生了深刻而持久的影响。从旧世界引进的包括绵羊、山羊、牛、马、猪、驴、狗、猫、鸡、鸽子、鸭子、小麦、大麦、大米、香蕉、橙子、杧果、甜瓜、洋葱、葡萄、甘蔗、萝卜等部分物种，也包括天花、水痘、麻疹、流感等疾病。从新世界引进的包括玉米、土豆、红薯、西红柿、烟草、花生、龙舌兰、奎宁、可可、火鸡等物种，梅毒也被带到了欧洲。动植物的交换极大改变了人们的饮食结构，大大增加了饮食中的蛋白质来源，刺激了人口的急剧增长。天花、流感等疾病的流行给新世界本土居民带来了极大伤害，许多人口学家认为，1492年后原住民人口减少了90%以上。反过来，欧洲人成为新大陆梅毒疾病的牺牲品。总体来说，是移民造就了"哥伦布交换"，从而改变了新世界和旧世界生活的许多方面，促进人类的交往与发展。

只要有可能，人类就会寻求新的空间、期盼新的机会。迁徙有自愿的亦有被迫的原因、有个人的亦有种族的原因、有经济的亦有政治的原因、有国内的亦有国际的原因。迁徙是常态，而所谓"安土重迁"，只是和平年代的一种感觉。近代民族国家出现之前，迁徙的难易程度受制于距离的长短、自然界的障碍、交通工具等，而国家边界的实施则使迁徙变得复杂、困难，因此出现了越来越多的非法移民。虽然我们生活在一个全球化的时代，但世界上大部分地区越来越注重限制人们的自由流动，比如护照的实施就限制了移民的流动性。

据国际移民组织统计，当今世界有2.72亿国际移民、8000万被迫流离失所者、7.63亿国内移民。[1]到目前为止，印度和中国是2020年最大的汇款接收国，每个国家都吸引了超过600亿美元的汇款，其次是墨西哥、菲律宾、埃及、巴基斯坦和尼日利亚（世界银行，2020）。[2]2019年，全世界约有530万名国际学生在高等教育机构就读（联合国教育、科学及文化组织，2020），这一数字在新冠大流行期间有所下降，但随着各大学继续努力吸引外国学生，预计这一数字在大流行之后将持续上升。美国是最受欢迎的国际学生目的地，仅在2019年就吸引了近100万人。其他英语国家也很受欢迎，包括澳大利亚、英国和加拿大，但法国和德国也很受欢迎，中国的排名也在上升。[3]这些数字的背后隐藏的是一个个鲜活

1　John McCormick, *Introduction to Global Studies*, 2nd edition, Bloomsbury Academic, 2022, p. 257.

2　John McCormick, *Introduction to Global Studies*, p. 258.

3　John McCormick, *Introduction to Global Studies*, p. 250.

的生命，是个体对美好生活的向往，是各国间政治、经济、文化交往的载体。

在全球化的当下，移民是联系世界最好的通道、路径，成就了各种可能。当然，移民会引起一系列问题。最有雄心和才华的公民离开，造成人才流失，目的国也有国家安全、国家认同的忧虑。同时移民也在考验目的国的社会容忍度，是否真正欢迎多元化的种族、宗教和文化。

华侨大学庄国土教授说目前有6000万海外华人散居在世界各地，如果把这个庞大群体设想为一个国家的话，论人口规模可居世界第25位，论经济实力可居世界第10位，可见华侨华人是世界文化交往的重要使者，任何区域国别研究都回避不了这一庞大的、鲜活的群体。但移民研究似乎一直处于历史学科的边缘，也处于政治边缘。在中国，华侨华人研究的地位似乎更加尴尬，各个学科都会涉及这一问题，但似乎并属于任何一个学科，也不是哪个学科的研究重点，是一个游离于学科体制之外的主要领域。"华侨华人与区域国别研究院"的成立恰逢其时，一方面可以解决学科的微妙处境，让大家更加重视这一领域的重要性；另一方面可以促使各个学科融合发展，不断产生新的研究热点。

从历史维度来看，群体流动与个人流动都具有非同一般的意义，从运输、贸易、旅游、游学到战争、帝国扩张、文化流传、观念传播等，决定这一切的基础就是人员的流动。流动跨越时空、跨越学科，可以促进不同学科之间的合作研究，更容易促成新的研究点出现，比如交通地理学、时间地理学、城市地理学、旅游地理学、社会地理学、文化地理学、经济地理学、政治地理学、历史地理学等，都是以移民为基础的新兴学科。

移民研究是真正以"人"为中心的跨文化、跨社会、跨国、跨洲的多学科研究，它涉及人口学、地理学、统计学、社会学、经济学、历史学、管理学等学科，移民研究特别符合区域国别之综合研究的学科属性、内在本质。这一领域可以真正把各个学科串联起来，符合新文科、新理科的交叉融合发展的要求，符合时代的要求，可以说是一种"国家学科"的新探索。

华侨华人研究须以数据为基础整合各个社会科学的研究方法，以人文科学为指引进行概念的提炼、标识话语的提升和规律的探寻，同时也须借鉴生命科学、环境科学的研究成果不断丰富自身的研究内容。这里有几点不成熟的想法，仅供参考。

第一，多联系相关国际组织，多与国际组织合作。与联合国国际移民组织、联合国难民署、联合国人口署、联合国教科文组织、各国人口普查局、救助儿童会、国际救援委员会等机构保持联系。国际机构是通往国际治理的重要路径，要多为国家培养这方面的高级专门人才。

第二，建立海外华人数据库，分门别类建设各种专题数据库。研究如何有效利用华人资源，如何通过华人塑造中国形象。

第三，建设学位点，面向世界招生，培养精通多语种的研究型、复合型人才。

第四，建一家有特色的网站。让研究者不仅能获得不断更新的信息，也能获得大量的文献资料。

第五，办定期学术刊物，吸引优秀学者参与，拥有学术话语权，成为激荡学术思想的阵地。

第六，适时启动编撰大型、多卷本"世界华侨华人百科全书"。

第七，以华侨华人为研究中心，扩大研究范围，进行世界性的人类迁徙研究，凝聚若干特色研究方向，成为国际知名的学术研究机构。

最后祝华侨大学的"华侨华人与区域国别研究院"尽快成为璀璨夺目的研究院，形成自己的学派，多出成果，多服务社会，多出具有世界眼光与情怀的人才。

作为"世界"与"方法"的亚洲

　　亚洲太大,无法定义它是什么,因此,给人以巨大的遐想、创造与探索的空间。我们可以从不同的角度审视这一独特的区域。研究亚洲不仅是掌握亚洲各地自然、人文、历史、语言等方面的准确信息,更是要回答亚洲在世界中的地位,亚洲文明对世界文明的贡献、价值与意义。在历史长河中,如果按照百分比计算的话,亚洲文明的方方面面对世界文明的贡献占比是多少?在不同时代,这些贡献比例的变化曲线又是怎样的?这些问题都是要我们通过实证与个案研究才能回答的。美国学者墨菲(Rhoads Murphey,1919—2012)说:"世界的一半在阿富汗以东和西伯利亚以南的亚洲:一半的人口和远远超过一半的历史经验,因为最古老的文明传统在那里成长。印度和中国早在欧洲之前就发展了成熟的文化和技术,并在经济、政治、文化、技术方面领导世界2000多年。"[1]换一句话说,如果视亚欧大陆为一块跷跷板的话,亚洲在公元1500年以前一直是领先欧洲的,并且一直处于跷跷板高高在上的那一端,但近代500年的亚洲落后了。这背后的原因是什么?如何进行亚欧比较研究,得出一些规律性的认识?历史会不断翻转、不断循环吗?

1　Rhoads Murphey, Kristin Stapleton, *A History of Asia*, 8th edition, Routledge, 2019, p. 1.

亚洲是世界上最大的大洲，约占世界陆地总面积的29.4%，地球总面积的8.7%；亚洲人口约47亿人，约占世界总人口60%。幅员辽阔、人口众多的亚洲，其每个区域都拥有独特的自然、文化、经济、政治特征：战略十字路口的西亚、文化独特的南亚、遏制印太的东南亚、活力无穷的东亚、神秘莫测的中亚，以及具有古老游牧传统的俄罗斯亚洲部分，都对世界文明做出了杰出的贡献。这一切都刺激着人们不断追问，过去所表现的内容是否正确，过去表现的本身意味着什么？

亚洲是复杂的、多面的、深邃的，亚洲也是积极的、向上的、世界的。我们要看到亚洲的广袤性、复杂性，也要看到它的统一性、一致性。亚洲的复杂性成就了亚洲文明的韧性、不屈与持久，尤其是中国周边的复杂性造就了中国的悲壮、辉煌与伟大。复杂孕育着伟大、孕育着未来，亚洲文明似乎是一系列复杂造就的奇迹，这种复杂也造就了文化的丰富性、包容性，而这更需要一个巨大错综复杂的智慧来理解这些现象。与之相反的例证是美国，它的"两洋两国"这样较为安全的周边环境所带来的"例外论"，也许只是短暂的福利。

每个国家、每个民族都有历史，也都重视历史研究，无论过去、现在、未来都是如此。大国不但重视本国史的研究，而且重视外国史的研究；但小国的生存在很大程度上是由国际体系决定的，书写历史的能力也较弱。偏见极深的"东方主义"特指西方对东方的探索与想象，这种传统可以追溯到18世纪末的英国和法国，传教士在其中起着重要的桥梁作用。到19世纪，欧洲大学设立了各种非西方世界研究的机构与职位。1916年，英国建立亚非学院，培养精通亚非知识的综合人才。李约瑟于1954年开始出版的《中国科学技术史》是一部关于中国历史、科学、文化的巨大综合著作，这是学术观念的大分流——非欧洲世界无法忽视，所有的文明都是平等的。美国的学术后来居上，在"一战"后渐露头角,"二战"后则建立学术霸主地位。美国非常重视亚洲研究,费正清和他的同事赖肖尔(Edwin O. Reischauer,1910—1990)一起开创了现代东亚史研究。哥伦比亚大学核心课程中的亚洲项目(Columbia Project on Asia in the Core Curriculum)中就有一本影响广泛的教材,是由艾斯利·恩布瑞(Ainslie T. Embree,1921—2017)、卡罗尔·格鲁克(Carol Gluck,1941—   )主编的《西方和世界历史中的亚洲:教学指南》(*Asia in Western and World History: A Guide for Teaching*,Routledge,1995),该书"致力于收集关于亚洲的材料,用于本科课程",厚达1033页,可见其雄心。这些是西方世界研究亚洲的一个侧影,有客观的一面,亦有值得批判的方面。

历史、现实、知识与学术都要求我们须从自身的角度、自己的立场在整体上审视、研究、把握和反思亚洲,但中国学术界对这一问题重视的程度似乎还不够,成果还不丰富,研究方法还没有突破,具有世界性影响力的著作有待出现。在我这个外行看来,中国的亚洲研究中出现了以下几个值得我们反思的现象。

第一,为什么有时候我们中国学术界有人会感觉"亚洲史"不是"世界史",尤其是"东亚史"不是"世界史"?背后的知识、学术和思想偏见是什么?什么样的社会背景会形成这种偏见?究竟是西方中心论遮蔽了亚洲研究,还是中国中心主义掩盖了问题的实质?难道亚洲经验就不是世界性的吗,就没有普遍性吗?这是学术界要直面的问题。

第二,我们如何审视近代500年的亚洲史?尤其是近代500年的亚欧关系史?这500年是"亚欧世界"的中心与边缘互换的历史,是"西欧"成为"西方"的历史,是亚欧大陆历史进程发生反转的历史,这背后的深层原因是什么?仅仅是欧洲启蒙运动以来所引发的种种革命造成的吗?我们如何理解今日东亚的发展,历史进程又要发生反转吗?

第三，亚欧大陆本是自然的一体，为什么会产生分野？大多数人认为这主要是由文化差异造成的，果真如此的话，这种文化差异又是如何形成的？差异的源头在哪？又是如何演变的？作为学科的区域国别在中国学术界、教育界已经取得合法性，我们如何利用这一良机研究亚洲史、研究亚洲文明的形成与发展史？我们的"新亚洲史"研究可能吗？新亚洲史的内涵、学理、边界、路径是什么？全球史、国际史、交织史试图超越以往民族国家史带来的弊端，我们今日的亚洲文明研究会有什么样的新启发？

第四，谁在书写亚洲历史？谁书写的亚洲文明更能反映真实的亚洲，更能代表亚洲的精神实质？什么可以代表亚洲文明？亚洲文明是漫长而多面的、不屈且包容的、复杂又统一的。亚洲不仅有中国、日本、印度、阿拉伯等地的历史经验，还有其他文明的文化体验；亚洲不仅有帝国传奇，还有人类文明中最重要、最丰富的技术发明；亚洲不仅创造了丰富多彩的物质文明，而且还是佛教、基督教、伊斯兰教的发源地……亚洲所具备的岂止是异国情调，更非东方主义笔下的负面形象。消除这些负面描述是时代的一个任务，我们如何做？体现欧美中心论的东方研究正在被后现代主义、后殖民理论所瓦解，自下而上的历史强调的是世界历史中那些边缘的、未被代表的群体所拥有的观点。西方世界面临着学术转型，也面临着学术挑战。

上海师范大学的亚洲文明研究是多学科的、跨学科的综合研究、交叉研究，我们在历史、文学、哲学、艺术、语言、传媒、政治等领域有一批年轻学者正携手进行系统研究。这是对基础文科如何建设进行的思考，这是新文科的一种探索。年轻一代研究者把工具的语言体验、扎实的基础研究、宏观的理论构建、深邃的思想探源有效地结合在一起。这是融通中国史与外国史研究的一种尝试，是打通内外、融汇古今、古为今用、洋为中用的求索。我能体验到他们内心的赤诚、热诚与外在的担当与追求，他们想形成自身的特色，发展自身的理路，想在世界的亚洲研究中占有一席之地。只要努力，坚持不懈，一切皆有可能。

文明的发展、文化的活力在于互鉴、包容与互融，我们须放眼世界，汲取精华，我们要有"拿来主义"的态度与勇气。欧洲早年就设立了各类伊斯兰、印度、汉学等讲席教授职位，他们积累的经验值得我们借鉴与学习。直至今日，他们的研究成果仍不断出现。比如，芝加哥大学的唐纳德·拉赫（Donald F. Lach，1917—2000）是以研究1500—1800年间亚洲对欧洲贡献而著称的历史学家。他那深度与广度结合堪称完美的《欧洲形成中的亚洲》（*Asia in the Making in Europe*，1965—1993，3卷9册）提供了一个平衡看待世界历史的新视角。

我们要有行动与不懈的努力。我们既不要妄自菲薄，也不要目空一切；我们既要戒骄戒躁，也要思想自信；我们既要有敏锐的学术吸纳能力，也要有自己的领域、文献、方法。葛兆光先生的《亚洲史的研究方法：以近世东部亚洲海域为中心》就是特别值得致敬的书。这本书是他为博士生授课的讲稿，通过案例讨论来验证亚洲史研究的新途径，思考中国与亚洲、中国与世界的交往、联系与融通。葛先生近年来一直倡导从中国看周边、从周边看中国，从平等、互尊的角度丰富全球史的内涵。可见，我们不乏知识、思想与学者，但我们需要共识与行动。

我们要有推进学术共识的使命与担当。寻求知识的根本在于追求真理，真理就其本质而言是普遍的、超越国界的。学术共和国这一万神殿一旦竖起，就一定会引来众多的学术信徒，就会打破隔阂、摧毁偏见、达成共识，这是探索人类命运共同体的理论支撑。学术为天下之公器，是对所有人开放的，我们不仅在为自己工作，为祖国工作，也在为全人类工作。

最后，借用德国学者、大陆漂移理论倡导者魏格纳（Alfred Wegener，1880—1930）的一句话来表达对未来中国亚洲文明研究的期待，"我们必须时刻做好准备，每一个新的发现——无论科学提供了什么——都可能改变我们得出的结论"（1929）。祝中国的亚洲文明研究越来越兴旺发达，越来越有世界影响力，新的观念、新的方法、新的著作不断出现，但又被更新的所更新。这是我们所期待的。

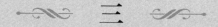

三

呈现学术思想的
史学史研究

人类知识中的历史知识与作为职业的历史学家

知识是人类认知的成果，它"是历史地成长起来的，是无数人类个体的各种文化活动的结晶物"。[1]知识借助于一定的语言形式，或物化为某种劳动产品的形式，可以交流和传递给下一代，成为人类共同的精神财富。[2]历史知识就是这种意义上所发生的历史事件给人们所带来的认知，这种认知有助于诠释证据，它永远涉及时间、涉及时间的间距，即此刻的某个时间与往昔的某个时间的距离，并试图探寻其中的意义。

围绕这一主题，笔者试图探寻以下三个问题：第一，历史知识在人类知识中的地位究竟如何？第二，形形色色的世界史理论背后都有价值追求吗？第三，我们需要什么样的历史学家？

一、历史知识在人类知识中的地位

我们先看一下几组数字。在农业经济时代后期，欧洲每年出版图

1　弗洛里安·兹纳涅茨基:《知识人的社会角色》，第7页。
2　《辞海》(第六版)缩印本，上海辞书出版社2010年，第2440—2441页。

书约1000种，一个世纪才出版约10万种；在工业经济时代，欧洲每年出版的图书就超过10万种。世界上第一本科技期刊出现在17世纪60年代，1750年世界上只有10种期刊；在工业经济时代，大约每过10年，科技期刊数量便增加10倍。有人估计人类知识总量在工业经济时代每10年翻一番，在知识经济时代则每5年翻一番。进入知识经济时代后的30年间，全世界发表的论文数量超过之前人类历史总和。[1]

"摇篮本"（Incunabula，又译为"古版书"）指德国人约翰内斯·古登堡（Johannes Gutenberg，约1398—1468）1450年发明活字印刷后最初50年间所出版的各种印刷物，包括图书、小册子、传单、活页等，估计总数在35000—40000种。1653年，拉伯（Philippe Labbe）首先用此词泛指15世纪后半期用活字印刷机印刷的作品。该技术于1464年传入意大利，1467年传入荷兰，1468年传入瑞士，1473年传入比利时、奥地利，1474年传入西班牙，1476年传入英国，1487年传入葡萄牙，1491年传入波兰。至15世纪末，欧洲的印刷业已有200多个单位，从事印刷业的人数已超过1000人。G. W.潘策尔的《活字印刷术发明编年史》（共5卷，纽伦堡，1793—1797）首次为古版书编制目录，把出版物名称按年代顺序列于按字母顺序排列的印刷厂名称之下。后来，随着藏书兴趣日增，许多其他语言编目亦仿效此法。[2]如以当时每种平均印刷500册（件）来计算，则15世纪的出版品数量在2000万册（件）左右。这些欧洲印刷古本至今尚存多少，无法确知。据20世纪60年代的调查，美国有700多个团体与个人收藏了这些古本，总数有48000多册（件）。

尽管有广播、电视和互联网的影响，书籍印刷的数目仍在稳步增长：

1　数据资料出自《入世后的中国》，吉林人民出版社1999年，第987—989页。转引自何立民：《知识学原理》，北京航空航天大学出版社2012年，第163页。

2　《简明不列颠百科全书》修订版第八卷，中国大百科全书出版社2007年，第354页。

1955年出版了27万种书籍，1995年这一数字是77万，而2007年则达到了97.6万。[1]

国际出版协会（IPA）发布了一份报告，指出全球出版商在2015年一共发行了超过160万种读物，前25个最大的图书市场里，中国贡献了47万种新书，占总数的29%，美国为33.9万种，占比为21%。除中国外，前10名中的亚洲国家还包括排名第7的日本和排名第10的韩国，其余的位子大部分由欧洲国家占据。[2]

当前中国内地各类杂志近万种。南京大学中国社会科学研究评价中心组织评定的CSSCI来源学术期刊567种，其中历史类仅30种（集刊190多种，其中历史类20多种，数字仅做参考，不统计在期刊内），历史学类学术杂志约占其中的5%，比例并不高。

通过这几段文字，我们提出以下一些问题与大家共同思考。什么是知识？什么是历史知识？历史知识的表现方式是如何随着时代的变迁而变化的？传递历史知识的文体/体裁又是如何变化的？推动历史知识生产的机制、单位与社会其他要素之间的关系是什么？文明长河中存在历史知识生产的中心吗？存在的话，历史知识生产中心是如何变化的？变化背后的因素是什么？人类知识总量不断呈上升趋势且愈来愈快，历史知识占知识总量的比例大约是多少？又是如何随着时代的变迁而变迁的？

为什么历史知识在人类知识中所占分量越来越少，且比重呈下滑趋势？19世纪是历史学家的世纪，这是逝去的时代，辉煌不再，历史学家对决策层的影响似乎越来越小，背后的原因是什么？从出版数量来看，中国图书出版大大超过了西方国家，但为什么不能掌握世界学术的话语权？我们制造了多少学术垃圾，这是成为学术强国的必由之路吗？这个

1　彼得·伯克：《知识社会史：从〈百科全书〉到维基百科》（下卷），汪一帆、赵博囡译，浙江大学出版社2016年，第280—281页。

2　相关数据引自《品质》2017年第9期，第11页。

制造垃圾的进程可以尽快缩短吗？当今世界的历史知识谱系是由谁谱写的？世界历史知识是如何传播的？世界历史知识霸权又是如何形成的？各个民族-国家的历史都是由自己叙述、建构的吗？诸如此类问题都值得深入讨论。

比如，我们在地理上认为东南亚是一个整体，但其实这里的各个国家在文化上差别甚大。越南大体属于中华文化圈，老挝、缅甸、泰国、柬埔寨属于佛教文化圈，海岛的印度尼西亚、菲律宾、马来西亚等先属于印度文化圈，后来印度尼西亚、马来西亚转伊斯兰文化圈，菲律宾转天主教文化圈，这又是另一个文化体系。[1] 如何叙述这些国家的历史就是一个很棘手的问题。就历史学而言，越南本国史学发达，有自身的叙述方式，但其他国家的历史撰写情况不太一样，主要是西方欧美国家在研究，甚至可以说印度化国家的历史，主要是西方学者帮助这些国家创建的。这说明，如果我们不重视历史教育，历史就会由他人来叙述、构建；如果我们没有自己的解释体系，就要用别人的理论来解释我们的历史，我们的历史文献就会成为别人理论的注脚；如果我们提不出能为他人自愿接受的解释框架、理论体系，我们就进不了历史学术的主流。

总的来看，在人类文明早期，历史著作尤其受重视，满足了彼时的人类好奇心。到历史学专业化、职业化的19世纪，可以说达到了影响的顶峰。到了20世纪，历史学在人类社会中的影响，无论是从知识生产的角度，抑或是历史知识对人类解决问题的实用角度，还是从对政治的影响来看，呈现出下降的趋势。当下的专业史学家之所以感觉历史学还很重要，在很大程度上，是由史家的专业爱好造成的一种误解，只是一种自我感觉。不可回避的事实是，在整个人类社会发展过程中，历史学所起到的作用越来越小，但并不是历史学不重要了，而是说传统意义上的

---

1 就此问题请教了红河学院的叶少飞博士，在此特别感谢。

历史著述已经被学科分类越来越细化的其他知识领域取代了，历史著述的表述也越来越蕴含着某种价值取向，且越来越与意识形态相关了。

二、形形色色的世界史都有其价值寄托

"世界历史"（world history）这个术语从来都不是一个有稳定指示对象的示意词。它含有多种不同名称的语义和分析模式，其中一些以其悠久的学术传统为荣，另一些则仅在最近时期才得到明确的认同。这些名称包括普遍史、比较史、全球史、大历史、跨国史、联系史、交织史、分享史以及其他一些名称。世界历史与所有这些名称不同程度地交叠在一起。[1]

可见世界历史名称的变化不仅反映着时代的变迁，更是折射时代的趣味、精神与价值。民族的、国家的、区域的、世界的，它们的历史都受民族的记忆与时代的需要所驱动。近代以前各民族的"世界史"在一定意义上都是区域史，超过特定边界的历史记述基本都是一种历史的想象，基本不具学术性。但地理大发现之后，这一切都改变了。文艺复兴以来西方世界不乏各种世界史理论，普遍史、世界历史、现代化理论、后现代主义和后殖民主义、世界体系理论、依附理论、全球史等，都可以纳入世界史的范畴，这些都是历史学家为了解释所属时代现象而提出的理论方案。

如果不考虑古典作家希罗多德、波里比阿、西西里的狄奥多罗斯以及中世纪的奥古斯丁、伊斯兰世界的伊本·赫勒敦等人著作的话，在欧洲，自博叙埃（Jacques Bossuet，1627—1704）的《论普遍史》（*Discourse*

1　Jerry H. Bentley, ed., *The Oxford Handbook of World History*, Oxford University Press, 2011, p. 1.

on Universal History，1681）起，各种世界史编撰层出不穷，试图证明历史是线性发展的、不断进步的，是上帝意志的不断呈现。法国政治家和经济学家杜尔哥说："普遍史包含对人类一系列进步的思考和对引起这些进步的原因的仔细探究。"[1]随着时间的流逝，新的民族出现了。在各民族不均衡的进步过程中，被野蛮人包围的文明民族正在征服或已经征服了他们，并同他们混居在一起。无论后者是否受到了前者的艺术和法律的影响，也无论征服者是否使蛮力屈服于理性和文化的帝国，野蛮的范围都在逐步缩小。[2]这完全是罗马大诗人贺拉斯所颂"被征服者希腊反而战胜了征服者罗马，使粗野的拉丁民族迈向文明开化"的翻版。启蒙时代的伏尔泰撰写《风俗论》对这种神学史观进行了猛烈的抨击，对后世的世界史研究产生很大影响。"在欧洲的启蒙时代，伏尔泰、孟德斯鸠和莱布尼兹都努力去学习了解波斯和中国的历史与文化传统，并且尝试着把它们融进更广阔的世界史视野中。"[3]美国政治哲学家沃格林指出，"全面解释人类社会和人类历史的观念在1700年以前并不存在，而对新世界的适应以及与亚洲文化的进一步接触部分地促成了这种观念的诞生"。[4]从此历史学逐渐迈向职业化、专业化，涌现出了一批伟大的历史学家，在19世纪尤其如此。

伟大历史学家的伟大之处就在于善于解释往昔世界，回应着人类的各种问题。麦考莱（Thomas Macaulay，1800—1859）、卡莱尔（Thomas

---

1　Turgot, "On Universal History", in Ronald Meek, ed., *Turgot on Progress, Sociology and Economics*, Cambridge University Press, 1973, p. 64. 转引自 Jerry H. Bentley, ed., *The Oxford Handbook of World History*, p. 20。

2　Turgot, "A Philosophical Review of the Successive Advances of the Human Mind", in Ronald Meek, ed., *Turgot on Progress, Sociology and Economics*, p. 47. 转引自 Jerry H. Bentley, ed., *The Oxford Handbook of World History*, p. 21。

3　本杰里·H.本特利:《20世纪的世界史学史》，许平、胡修雷译，《史学理论研究》2004年第4期。

4　Eric Voegelin, *From Enlightenment to Revolution*, Duke University Press, 1975, p. 5. 转引自 Jerry H. Bentley, ed., *The Oxford Handbook of World History*, p. 20。

Carlyle，1795—1881）的浪漫主义史学，兰克学派的客观主义史学，巴克尔（Henry Buckle，1821—1862）、泰纳（Hippolyte Taine，1828—1893）的实证主义史学，德罗伊森（Johann Droysen，1808—1884）的历史主义史学，以及其他如历史的辉格解释、作为文明的历史、自下而上的历史等，无不试图构建世界历史的解释体系，无不借助历史学为政府服务，无不拥有自己的理想寄托。

柏林大学的特赖奇克（Heinrich Von Treitschke，1834—1896）认为，支持祖国就是他写作和教学的动力，他美化德国战争行为的演讲得到学生和军官的欢呼：没有战争就没有国家。我们所知的一切都出自战争，由武装力量来保护国家公民仍是其首要的和基本的任务。因此，只要存在多个国家，战争就会持续到历史的终结。布罗代尔在地中海世界三部曲中明确认为西方的历史学是为国家服务的："欧洲在发明了历史学家的职业后，便用历史学家为自己效力。欧洲自己的来龙去脉既已弄清，就随时准备提供证据和提出要求。"[1]

就已经出现的各类世界史而言，能影响一时的世界史都是"世界"帝国的历史学家在书写的历史，自古至今无一例外。近代意义而言，"二战"之前这种权力掌握在欧洲列强尤其是英国手中，"二战"之后就逐渐让渡给美国了，成为传播美国文明的一种工具。在可预见的未来，世界历史在一定程度上都是学术乌托邦，是高贵的梦想，是彼岸的真理。世界史都是为解决自身问题、发展问题乃至世界问题而提出的一套看待世界、解释世界以服务现实的参考系，但很难像先前一样几乎是王者参考系了。

可以说，"二战"以前的世界史著述都是进步主义观念下的产物，不

---

1 费尔南·布罗代尔:《十五至十八世纪的物质文明、经济和资本主义》(第二卷：形形色色的交换)，第139页。

过这种观念随着两次世界大战的爆发而破灭了。带有目的论的进步史观逐渐被取代了，新史观重视"社会空间"而非"民族国家"，强调人类的"互动""过程"，这是一个随时间推移而持续变迁的过程，最初在不同的地区而经历不同，但最终把全球各地的民族及其传统联系了起来。[1]这是唯物史观的具体体现。

经典作家恩格斯指出："18世纪是人类从基督教造成的那种分裂涣散的状态中联合起来、聚集起来的世纪；这是人类在走上自我认识和自我解放道路之前所走的一步……在历史学方面情况也完全一样；这时我们第一次看到卷帙浩繁的世界史编纂著作，它们固然还缺乏评介并且完全没有哲学上的分析，但毕竟不是从前那种受时间地点限制的历史片断，而是通史了。"[2]当下的关键是中国史学界能提供什么样的世界史解释理论、体系、框架。

解释权就是文明发展程度的标尺，就是文化的定价权。我们能否获得解释权，在多大程度上获得解释权，又在多大程度上我们的解释能被别人自愿接受与信服，这是文化软实力的真正表现、大国的内在本质。可见衡量历史学是否发达、是否有影响力取决于其能培养出多少能构建历史解释体系的历史学家、有思想的历史学家、有世界眼光的历史学家。

三、我们需要什么样的历史学家？

有什么样的历史学家就会有什么样的历史作品，也就会塑造出什么样的国民品质，因此历史学家的责任与使命是极其重要的。《探索与争

1　理查德·W.布利特等：《大地与人：一部全球史》，刘文明等译，商务印书馆2020年，第28页。
2　《马克思恩格斯文集》第1卷，人民出版社2009年，第87—89页。

鸣》和华师大历史系合办了"大众历史文化变革的新挑战：当代历史学何以凝聚文化认同感"圆桌会议，会议的主题"历史教育何以凝聚文化认同感"表明历史在可见的未来仍难以摆脱民族-国家这一思维模式。历史的发展总是螺旋式的反反复复，比如在中美贸易战、新冠疫情暴发之前，大家都对全球化充满信心，人流、物流、财流、智慧流等都畅通无阻，全球化势不可当，但疫情突然使这一切凝固了，似乎一夜之间又回到19世纪的民族-国家时代。世界史编撰似乎也要进入一个新的时代。

官方强调大历史，进行宏大叙事；学术界强调精细研究，越来越关注细枝末节，步入所谓历史的碎片化研究。这是不同的旨趣造成的，作为叙述的历史与作为过去的历史、作为想象的历史与作为真实的历史、作为政治工具的历史与作为学术理想的历史，两两之间一直存在巨大的张力。19世纪的德罗伊森为普鲁士霸权找到了亚历山大这一伟人，创造出"希腊化时代"这一独特的概念，进行宏大叙事，目的在于为德国统一寻找历史依据。康有为的"托古改制"又何尝不是如此。历史上出现的各种考据派在一定程度上都是历史的碎片化研究，都是当时社会环境的产物。两者都有其价值，有其存在的合理性，无可厚非。

中国文化源远流长，有其自身的知识体系，但近代以来中国的学术浸淫在西方的知识体系、学术体系、话语体系之中，中国传统文化知识体系遭到瓦解。历史学也不例外，我们今天的历史编纂手段、文本呈现形式、研究对象、研究范围等都迥异于中国传统史学。历史研究的空间、时间、领域都发生了极大的变化，很多研究领域还缺乏学术积累，且新的研究领域层出不穷，诸如空间史、情感史、动物史……历史研究的边疆、内涵、对象、方法在不断演变，但万变不离其宗，那就是培养真正伟大的历史学家。

伟大的历史学家不仅能够真实呈现某个时空范围内的人类历史，其研究成果也深刻影响着人们的观念和行为，在一定程度上塑造了人类历史。因此，假如对古今中外的历史学家进行全盘检视，对他们的影响力在广度和深度上进行比较，从而评定级别和段位，我们就可以从个体历史学家的角度反思历史学在人类整体发展进程中的作用问题。

在人类发展进程中形成了由一系列文化因素构成的历史文化共同体，这些文化因素大多由历史学家的记述累积构成，具有显著的文化特征、超稳定的结构性、明显的自我意识，但随着社会的不断进步，历史文化共同体也会不断呈现出新形态、新形式、新内涵，我们的目的就是要探寻历史学、历史学家与这些变化之间的内在联系。

就历史学呈现形式而言，可分为历史学家（实践的历史学家，如爱德华·吉本、威廉·麦克尼尔；理论的历史学家，如黑格尔、雅斯贝尔斯；实践与理论兼具的历史学家，如大卫·休谟、爱德华·卡尔）、史学流派、史学分支、历史思想、历史时期、著作、刊物、机构等几种类型。

无论哪种类型都可以分出几种级别，尤其是人物、著作、期刊可以按照ABCD四种级别进行划分，依据其在人类文明中的重要性标识出不同的级别，甚至可以把产生不良影响的一些历史学家、历史著作列为E级。

那些在世界范围内具有重要影响力的历史学家，他们的著作和思想已成为全人类公认的共同文化财富，如司马迁、希罗多德，属于A级。那些具有跨国家、跨地区和跨文化影响力的历史学家，其著作涉及范围一般也超越所属国家和区域，如波里比阿、普鲁塔克，属于B级。很好地记载和呈现本国和本民族历史的历史学家，对本国和本民族的历史文化认同产生重要塑造作用，如李维，属于C级。在史学领域中做出重要成就的历史学家，其著作和理论推动某一研究方向的发展，如维拉莫维兹，属于D级。

如果我们按照上述规则来审视世界各个国家对历史学的贡献，按照得分多少来排列历史学家、历史学的影响力，然后再按照民族国别计算其所占百分比，大体上就可以看出各个民族国家在史学上的大致贡献。

外国学者特别想知道中国人基于民族心理和意识形态的独立思考的内容（理论与方法、具体的路径），历史学是其理解的主要途径。同样，我们也需要理解外国主要国家的历史意识是如何建构的，在整个国家文化建设中历史究竟起着多大的作用。

进行调研、摸清家底是建设中国的历史学知识体系、学科体系、话语体系的一个基础性工作，当代中国历史学研究体系建设是一个亟待解决的重大现实问题，这个问题在本质上是解决中国历史学与世界学术体系对接的问题。我们构建三大体系不是搞一套别人看不懂的、自娱自乐的、有悖世界学术潮流的体系，不是关起门来搞学术建设，而是如何学习世界学术、融入世界学术、贡献世界学术，在其中做出独特贡献，从而彰显自身实力的过程。这个问题不解决，我们就很难对接国际史坛，也很难和国外有影响的史家真正对话，会陷于自说自话的困境。职业历史学家的任务与担当是纯学术研究，提出重新解释世界、观察世界、理解世界的理论与方法，尽快缩短与世界学术前沿的差距。一言以蔽之，为国家培养什么样的历史学家，如何培养历史学家，培养多少历史学家，不但要结合现实需要，也要参考以往的历史学发展的经验、教训。

我们来看一组现实的数据。2019年，教育部备案的历史学门类下设的本科专业有考古学（28）、历史学（258）、世界史（21）、外国语言与外国历史（5）、文化遗产（5）、文物保护技术（9）、文物与博物馆学（53），全国合计379个本科专业点。按教育部本科专业目录，目前共有92个专业大类、630种专业。全国高校共设有约6万个本科专业点（除目录外新增专业及特设专业外，所有专业均为备案制）。假如我们按照6万个本科专业点来计算，历史学门类专业在其中的比重约为0.63%，即1万个专业中只有63个历史学专业，可见比例之低。2019年上报的全国历史学专业（060101）在校本科生为83687人。83687是包括了5届的人数，含2019年毕业的人数。2019年全国历史学专业招生实际报到人数是16774人。

在研究生培养方面，到2019年，我国已经拥有31个世界史一级学科博士点、80多个世界史一级学科硕士点、几十个世界史博士后流动站，形成了完整的世界史人才培养机制。[1]历史学门类研究生，2019年的总数是6502人（包含普通高校和科研机构），其中博士生1154人，硕士生5348人。

2019届全国高校毕业生人数约达834万人，再创近10年新高。其中历史类毕业生占总数0.18%左右。

从上述数据我们可以发现，历史类毕业生除一部分去中小学教书外，大多数毕业后并不从事与历史相关的职业，真正从事专业研究的并不多。

我们需要思考的是：每年培养的这些专门史学人才能成为传播历史文化的主体吗？或者说民众的历史知识、历史意识由谁主导？是由这些历史专业的毕业生来主导吗？未来30年我们能培养出大量的国际史学人才吗？我们的培养机制能够支撑国际史学人才的培养吗？中国历史学家何时能真正成为世界历史学术的中流砥柱？

此外，要有学科自知之明，要抛弃本位主义，认清现实。历史学在现代社会中的作用越来越小了，文化的多元早就肢解了先前的历史学领域，不要高估历史学家的作用，但也不能妄自菲薄。不能以传统的思维理解什么是历史，真正的大历史是包括各门人文社会科学的"大"历史。

历史不仅是通过过去来把握我们当下的民族、社会、文化，而且有时可以打开封闭的思想，启发我们的思维，让人们进行大胆怀疑，但我们也不能期望过多。历史并不能保证宽容，尽管它被看作智慧武器；历

1　徐蓝：《新中国70年世界史学科的回顾与展望》，《光明日报》2019年8月26日。

史不能保证常识，尽管它被看作知识之源；历史不能阻止人类的骄傲自满，尽管历史充满着经验教训……历史必须时常进行改写，尽管只存在一个真实的历史。历史在可预见的未来很长时间里都将是民族–国家的历史，尽管人们在不断倡导跨越民族、国家、区域、文明的历史，追求历史的国际化，但这将是漫长的学术探究，"至今的一切社会的历史都是在阶级对立中运动的，而这种对立在不同的时代具有不同的形式"，[1]历史的时代性、国家性、民族性在可见的未来是难以改变的。我们需要自己的历史，需要由自己撰写的历史，需要由自己的观念体系、解释体系、道德体系支撑起来的世界历史。

1　见《马克思恩格斯选集》第1卷，人民出版社2012年，第420页。

赓续与创新：在反思中成长的外国史学史学科

　　史学史是近代兴起的历史学基础性分支学科，研究历史学的产生、发展、演变及其规律与特征，涵盖历史编纂学、史学思想、历史认识与历史哲学等方面的内容。从本质上讲，史学史是一个对历史学自身演进进行反思性研究的专门学科，重点是通过对历史书写的回溯，呈现史家及其作品在历史解释与历史表述中的异同，从而促成我们对于历史过程本身更加深入的理解。就研究对象而言，史学史学家往往通过分析史学各种信息来源，确认诸种文献的真实性、客观性与权威性，并加以比较；尝试揭示各个时期主要历史学家个体或者群体的价值取向和历史意识，从而反映历史学科的进步与变化，展现一个时代对于历史与过去的主要看法。史学史学家还会关注社会环境与历史学之间的相互作用，考察政治、经济、军事、宗教、文化、社会等因素对史家的作用，辨析历史学家及其写作对社会未来进程的影响。研究史学史经常会遇到诸如此类的问题：现代历史观的兴起是不是一种西方现象？或者是受西方影响而产生的一种全球现象？在近代以前，东方世界的历史写作可以用古典希腊意义上的历史写作来描述吗？认为历史本身是特殊的，却可以表现普遍的人性，并试图根据"因果"来解释历史是西方独有的特征吗？东西方史学发展有何异同？历史在其他文明传统中会像在西方文明或中国文明中这么重要吗？凡此种种，都属于史学史的研究和寄望回答的范围，但其价值与意义早已超越了史学史本身，自然而然地形成了种种对于诸文明与文化的追问。

一、作为历史学基础的史学史

近代历史学在19世纪欧洲的学科建制内取得其合法性，史学史也在19世纪萌生，自20世纪以来不断丰富发展、绽放异彩。19世纪的西方史学，特别是以兰克及其门生为代表的德国史学，聚焦精英人物的社会活动，强调政治军事史研究，他们也可代表这个时期欧洲史学的最高水平。19世纪西方列国诸多历史著作中，也体现出极为强烈的民族主义色彩，构成了早期史学史研究中的民族国家倾向。但自20世纪初期以来，这种研究范式遭到越来越多史家的反对，一些富有前瞻性的史家更加关注史学在认识与研究方法上的特征，例如美国历史学家鲁滨逊在《新史学》（1912）中呼吁把社会科学应用到历史研究之中，强调研究过去的目的主要在于服务和改善现在。美国的新史学对19世纪传统史学进行反思，提出了新的研究方向和方法，推动了美国、欧洲乃至世界史学的发展。法国年鉴学派的兴起、发展和持续影响，就是这波史学反思的重大成果。思辨的历史哲学、批判的和分析的历史哲学、英国马克思主义史学、中国马克思主义史学、后现代主义历史哲学、近年来方兴未艾的全球史学等，纷纷登场、发光发热、绽放异彩，它们都在推动史学发展的进程中占据一席之地。

尽管马克思主义史学的科学性日益凸显，但不可否认的是，非马克思主义史学的影响依然强劲，甚至在某些史学研究领域具有很强的生命力。史学研究范式的多元化，是科学历史学发展进步的正常表现，也是史学史推动历史学发展的深度呈现。在推动历史学自身发展的过程中，史学史的内涵和外延也不断得到扩展。一方面，随着社会变迁深度、广度的延展，人们越来越关注经济、社会、文化、思想、城市、性别、疾病、环境等人类过往生活的各个方面，这引发了历史学分类模式下各种三、四级史学学科的兴起，也促成了史学史思考范围的不断扩展，推动了主题研究史学史的兴起。另一方面，各门现代社会科学的长足进步，也对历史学发展产生了越来越大的影响，与历史学汇合交融，历史社会学、历史地理学、历史人类学和经济史等分支学科迅速发展。这既反映了社会科学如何影响历史，也反映了它们如何深受历史学的影响并努力通过历史叙述以实现学科的现实定位。社会科学与历史学的交互作用，成为20世纪以来人文与社会学科的一个重要特征。此外，史学史在对书写历史的实践进行反思中，探究主观历史叙事与客观历史事实的相互关系，展望和明确历史学的发展方向，不断塑造历史学的新使命，不断彰显历史学知古鉴今的治世功能，不断推动历史学的科学化、时代化、大众化。这一切都是史学史作为一门学科的魅力所在。

历史学是典型的人文学科，是一切人文社会科学的基础，而史学史又是历史学的基础，史学史一个很重要的功能是加速人才培养，为初学者提供经验和途径。学习和研究史学史，我们可以养成搜集、整理和编纂史料的能力，也可以提升历史思辨能力，更可以了解历史编纂与史学思想的变迁及其对时代的反映，进而可以体验人类文明发展与社会进步。

我国史学史研究具有良好而悠久的历史传统。我国古代史家在编纂史书的过程中，对史学的功能进行过深入思考，如司马迁称编写《史记》的目的是"述往事，思来者""原始察终，见盛观衰""究天人之际，通古今之变，成一家之言"，司马光编写《资治通鉴》的宗旨是"鉴前世之盛衰，考当今之得失"。我国古代史家面对浩瀚的史书，发展出了整理、校勘、注疏史书的传统，也形成了研究各类历史编纂的学术。唐代刘知幾的《史通》超越了对客观史实和史学功用的探讨，把史书的体裁、体例、史料采辑、表述要求和撰史原则等内容纳入思考范围，是我国历史上第一部以史学本身作为研究对象的专门理论著作。清代史学家章学诚的《文史通义》对清初以前的史学从理论上进行了比较全面的总结，提出了许多理论性的认识，标志着中国古代史学理论方面的最高成就，与《史通》一样成为古代史学理论研究的宝贵材料。[1]从这个意义上讲，中国对历史写作的系统性反思毫不逊色于西方史学中的同类研究。我国史家对于中国史学史往往是比较熟悉的，而外国史学史在中国的传播则是相对晚近的事情，严格说来只有不到60年的历史。正是受这种历史传统的影响，在很长一段时间里，我国高等历史学教育体系侧重于"中国史学史"课程，"外国史学史"要么在一些学校根本不开设，要么只占有很少的课时，几乎是边缘化的点缀。这种局面势必导致人们无法正确认识"外国史学史"与"中国史学史"对人类历史的总体贡献，不利于养成更加丰富而全面的世界观、历史观。当然，近些年来，这种局面正在发生变化，很多高校已经把"外国史学史"作为与"中国史学史"同等重要的历史学系必修课程来开设，很多高校还设立了外国史学史与史学理论专业的学位点，培养这方面的专门人才。值得一提的是，2019年1月，中国社会科学院中国历史研究院成立以后，专门组建了历史理论研究所，设立了中国史学理论与史学史研究室和外国史学理论与史学史研究室，把外国史学史置于与中国史学史平等的地位，与中国社会科学院大学开展科教融合，着力培养外国史学史方面的本科生、硕士生、博士生。这从学科发展和人才培养上为外国史学史研究创建了新机制。

1　张越：《中国史学史研究入门》，北京大学出版社2019年，第72—73页。

改革开放以来，教育部派遣大批学子到国外学习深造，我国很多高校历史系也加强了外国语言文字教育，与40多年来蓬勃发展的外语专门系科教育一起，为各类史学人才的培养做出了重大贡献。一大批掌握多种外国语言的学生投入到历史学的研究中，成为研究"外国史学"的合适人才。诸如古埃及的象形文字、古代小亚细亚的赫梯文字、古代印度的梵文、古代希腊的希腊文、古代罗马的拉丁文、古代日本的古日文等，都是一度制约我国史学研究者开展原创性研究的巨大障碍。如今，掌握这些语言的学者已不在少数。英文、法文、德文、日文、阿拉伯文、意大利文、西班牙文等，也已经为我国从事国别研究的史学工作者所熟练掌握。从研究外国历史到研究外国史学史，应该说，语言文字已经不再是我国学者研究中的根本障碍，用原始文献研究目的国的史学史已经成为可能。

当今世界你中有我、我中有你，中国的发展离不开世界，世界的进步也不能离开中国。面对当今世界百年未有之大变局，站在中华民族伟大复兴的战略高度，习近平总书记提出了"构建人类命运共同体"的伟大理念，希望与世界人民共享繁荣。在中华民族伟大复兴的伟大进程中，在构建人类命运共同体的伟大事业中，我国的哲学社会科学必须发挥重要作用。2016年5月17日，习近平总书记在哲学社会科学工作座谈会上做出了"构建中国特色哲学社会科学学科体系、学术体系、话语体系"的伟大号令。2019年1月2日，在致中国社会科学院中国历史研究院成立的贺信中，习近平总书记做出了"构建中国特色历史学学科体系、学术体系、话语体系"的明确指示。我国要构建起兼具中国特色和普遍意义的历史学学科体系、学术体系、话语体系，要成为世界性的知识生产强国，要为实现中华民族伟大复兴、构建人类命运共同体贡献历史学的智慧，外国史学史是不可或缺的重要研究领域。外国史学史研究不仅是我国全面了解世界各国历史的重要途径，也是我国深入理解当今世界变局的重要切入口；是吸收外国史学优秀传统和先进思想的核心途径，也是当代中国文化建设的重要内容；是我们真正体会世界各文明发展及其人民对未来期待的重要抓手，也是构建我们的历史学、历史观的基本前提。没有视野广阔的史学史研究作为基础，也就无法形成正确的历史观，因此，系统全面的外国史学史研究是实现这些目标的关键一环。

二、中国外国史学史研究的"一长三短"与可能的
四种书写路径

明清之际，传教士东来，带来了西学。欧洲文化中所蕴含的宗教话语、学术概念、理论方法逐渐散布到中国社会的各层面，亦影响了中国传统史学，中国史学逐渐与域外史学互动发展，成为世界史学的组成部分。20世纪初期，经梁启超等人的积极推动，加之近代教育改革所导致的史学专门化，使中国史学进入了新的发展阶段；中国共产党创始人之一的李大钊是研究西方历史哲学、马克思主义历史哲学的先驱，论述了圣西门、孔多塞、博丹、孟德斯鸠、维柯、马克思等人的历史思想，[1]西方新史学的观念和方法在中国流行起来，并占据了主导地位。虽然西方新史学在不同时期范式不同，但无疑对中国史学都产生了不同程度的影响，最后都融入中国的本土文化。与此同时，经过一个世纪的学术流变，诸如"西方史学史""外国史学史"这样的文化概念，已经进入中国学术体系，并形成了特定的学术传统。纵览国内外学术史，可以清晰地看到，经过长期发展，目前中国的外国史学史研究呈现出"一长三短"的特征。

1　于沛：《近代中国世界历史编纂（1840—1949）》，中国社会科学出版社2021年，第330—333页。

所谓"一长"，是指我国史学界从早期的译介到后来的专题研究，不断深化着对以欧美为重点的西方史学史研究，从而加深了对从古典史学、中世纪史学到现当代西方新史学总体发展情况的了解、研究与认识。近年来不仅出版了多个版本的"西方史学史"教材，而且出版了张广智教授主编的六卷本《西方史学通史》（复旦大学出版社2011年），体量庞大，多有新见。可以说，经过长期艰苦努力，国内学界基本上厘清了西方史学史发展的基本脉络和框架。同时，我国学者对西方史学不同时期的史学流派、思潮、代表人物等也进行了专题研究，取得了丰硕成果。

所谓"三短"主要是指如下三方面。

一是国内学者的外国史学史研究，长期以来侧重于自古典时期以来欧美主要国家或地区史学发展情况，尤其集中在美国、英国、法国、德国、意大利、荷兰等几个重要的西方国家史学发展情况，而对北欧、东欧、伊比利亚半岛的史学很少涉及，拉美史学鲜见论述，澳洲史学付之阙如，苏俄史学研究近40年几乎停滞不前。除中国、日本、韩国外，对广大亚非地区其他国家的史学史研究，基本上属于空白，比如基本未见有关印度史学史的研究性文章。亚、非、拉、澳等地区的史学史研究，在当前我国学术界是名副其实的"冷门绝学"。

二是虽然近些年来国内学术界有关西方史学史的教材和著作相对较多，但真正从纵向维度梳理和研究西方史学史发展情况的区域史学史、国别史学史依然不多，主要国家史学发展中自古迄今的学术传承问题以及各个史学传统彼此促进相互影响的问题，长期以来没有得到很好解决。譬如就日本史学史研究而言，存在以下这样一些问题：首先，存在研究时段不均衡的现象，研究近代史学史的论著比较多，但关于现代史学史（20世纪70年代）的研究很稀少，当代史学史（21世纪）更是没有。其次，关注日本中国史研究的史学史以及本国史研究的史学史比较多，至于日本的古代中世纪史、西洋史（欧美史）、非洲史、拉美史等领域的史学史，几乎没有人关注，但实际上日本史学界在这些领域也涌现过一些重要的研究者。这是普遍的不均衡现象。

三是缺乏相应的工具书、百科全书类著述，史学史的文献汇编也非常少见。究其根源，在于此类工作需要长时间的学术积累，投入大、周期长、见效慢，又不易给出版社带来经济效益，属于学术生产的"良心产品"。这就不利于初学者迅速获得更有效的文献资源，进入外国史学与史学史的研究领域，也妨碍了中国的外国史学史学科的总体发展和人才培养。

由此看来，上述"三短"无疑限制了我们外国史学史研究的广度，制约了我们外国史学史研究的深度，成为当前我国外国史学史研究领域亟待突破的三个瓶颈。在加快构建中国特色哲学社会科学、建构中国自主知识体系的时代背景下，如何构建新时代的历史书写方式已成为我们必须回答的时代之问。

古往今来，世事变迁，各种文化与文明交流互鉴，构成了世界历史发展的多彩图景，其中史学文化最能代表一个民族、一个国家的文化底蕴。从某种意义上看，不了解一个国家或地区的史学流传，便无法很好地理解其文化内涵和文明特质。在当今全球化浪潮蓬勃发展的进程中，各种文化和文明亦更值得我们去关注和研究。作为认知的客观基础，史学成为我们认识这些文化和文明最重要的视角之一。事实上，除西方以外的亚非拉等地区或国家也有着十分悠久的史学传统。黑格尔曾说"使我们人人所惊诧不置的，就是当我们开始领略印度文献无数宝藏的时候，我们发现这一个地方这样富于精神的、富于深湛的思想的产物，但是却没有历史"，[1] 这一观念已经过时，这是典型的文化傲慢语调，是有色的意识形态，正如资本主义、个人主义、理性主义、东方主义、殖民主义

---

1 黑格尔：《历史哲学》，王造时译，上海书店出版社2001年，第62页。

和西方化一样，这种观念是西方现代性的重要组成部分，需要我们认真批判。随着全球化深入到人类生活的各个方面、全球史和全球史学的兴起和发展，以及国内非西方史学研究的起步与发展，"东方史学复兴"已成为可能。

由上观之，我们认为，从史学史书写的角度思考当代中国外国史学史研究已成为可能，也非常必要，更具备了成熟的时机。史学史看似学术史的回顾与总结，实则是思想史、观念史、知识史的根基，现代学术是西方合法性的重要支撑，这就需要我们既要做好学术考古，也要做好学术接力，更要做好学术规划。中国世界史学科体系的建设同样要立足于中国现实，要以中国走向世界舞台中央进程中遇到的重大问题为导向，进行系统比较研究。

我们可从通史、专题史学史、工具书、发展报告四个角度构建当代中国的外国史学史研究。这里的"通史"是指国别史学史、地域史学史，我们希望在不久的将来看到德国史学史、法国史学史、英国史学史、意大利史学史、日本史学史、印度史学史等专著的出版；看到亚洲史学史、非洲史学史、欧洲史学史、北美史学史、拉美史学史等专著的出版；看到中东史学史、东亚史学史、东南亚史学史乃至文艺复兴史学史、冷战史学史等各个重要时期的断代史学史专著的出版。

"专题史学史"是指纵向维度的史学史研究。"二战"后国际史学日新月异，史学界在公众史、情感史、身体史、城市史、海洋史、动物史、环境史、记忆史、医疗史、全球史、大历史等领域已经取得丰硕成果。同时，战后平等主义情绪、思潮催生了一种新的社会历史认知，认为生活的各个方面和每个社会群体都值得研究，诸如教堂、医院、精神病院、监狱、流动性、亲属关系系统、社会结构、公共场所、私人场所、性行为、食物、卧室、托儿所等主题与对象，都应纳入史学家的研究范围，这也是法国年鉴学派所积极倡导的，而数字时代的到来则使这些领域的定量调查成为可能。因之，我们也非常期待国内学术界在这些领域深耕，更期待这方面的学术性反思，从而丰富国际史学史的内容。

　　20世纪80年代中国非常重视工具书、百科全书的编纂与出版，这是中国学术界"工具书的黄金时代"。史学史方面的工具书出版过吴泽、杨翼骧两位教授主编的《中国历史大辞典·史学史》（上海辞书出版社1983年），蒋大椿、陈启能两位教授主编的《史学理论大辞典》（安徽教育出版社2000年）。也许是互联网的兴起使得人们可以即时便捷地获得资讯，也许是知识生产领域的评估体系与指标发生了重要变化，工具书和百科全书似乎越来越不受重视。百科全书的字面意思是"普通教育"，它可以为民众提供一幅结构简明扼要的知识图谱，是普及民众教育的重要路径。百科全书是对当代知识全面、系统的呈现，最能反映出一个学科的成熟度，亦能反映出这个学科的国际地位。百科全书提供各种主题的信息，便于检索，有利于知识的纵深发展。因此编纂史学史的相关工具书也显得非常必要，而中国学术界经过几十年的积累，确实具备了编纂相关史学史工具书的能力。这个领域的突破点应该在"二十世纪世界史学"，可以编纂"二十世纪全球历史学与历史学家百科全书"，出版诸如"二十世纪亚洲历史学与历史学家百科全书""二十世纪非洲历史学与历史学家百科全书""二十世纪美洲、澳洲历史学与历史学家百科全书""二十世纪欧洲历史学与历史学家百科全书"等工具书，这可以为中国哲学社会科学的概念提升、理论构建、体系梳理提供借鉴。同时，我们也希望能出版"兰克史学辞典""马克思主义史学辞典""全球史辞典""环境史辞典"之类的工具书，使我们的外国史学史研究更加全面、立体、多彩。这是一项耗时的基础性工作，为未来网络版的维基模式"史学史百科全书"奠定基础。

　　"发展报告"可依据世界史知识生产现状，按研究领域进行深度研究，盘点每个领域的具体数据、发展路径。分国外、国内两部分进行梳理，以期在比较中看发展、找差距、补不足，世界史学发展报告总的名称是"知识世界与世界知识：世界史学术/学科发展报告"，如有可能，希望每年出版一本，从不同角度深入挖掘全球各地的世界史研究发展。

世界是由一个广袤的社会化空间构成的，其中流动不息的不仅是看得见的人与物，更重要的流动是那些看不见的表现为技术、思想、观念、想象力以及美的各种知识，日益复杂的生活产生了各种类型知识的流动，知识流动是造就人类集体意识的重要路径；知识的生命力在于开放性、包容性、适应性，知识之间的碰撞是升华的必要条件，不顾环境变化刻舟求剑式的墨守成规必然没有出路，复古并不意味着可以复兴，再生才是出路；这个世界不是由国家边界塑造的，而是由各种无形的知识连接塑造的，最有连接意识、连接力量的知识才会获得人心，才能塑造人类命运共同体的意识；知识之美在于细节，在于能反映事物的秩序、对称性、奇特性、确定性，大自然的存在似乎只是为了满足人类对美的渴求，知识之美是有普世性的，具有普遍价值，是由人性决定的。

学术话语权的争夺，其实是知识策源地的竞争，取决于所产生的知识是否具有普世性。没有强大的知识生产能力，就不会产生强大的学术磁场，也没有真正的文化引领力。面临百年未有之大变局，在不平等的国际政治经济秩序日益受到质疑、反思既往文化/知识霸权渐成潮流的当今世界，如何理顺权力与知识之间的关系，努力构建公平正义的知识生产格局，无疑值得进一步思考。

如果上面所述已经把史学史的内涵和功能、为什么并如何开展这项工作等事项基本讲清楚了，那么接下来怎么做才是关键。统而言之，编史的方法很多，任何一种理论都是对时代的反映，就21世纪史学而言，我们认为需要关注以下四种路径。

第一，比较史学史。历史研究不仅是叙述事情的来龙去脉，更重要的是研究事件的各种逻辑关系，比较事物之间的相似性和差异性，从背景、宏观、理论等角度更好地理解历史。例如封建主义起源、资本主义起源的研究一定会涉及比较的方法。没有比较的方法，洛伦佐·瓦拉（Lorenzo Valla，约1407—1457）就无法证伪《君士坦丁赠礼》；没有比较的方法，商博良就无法破解古代埃及的象形文字。马克思主义经典作家经常使用比较法揭示人类的本质和人类历史的发展规律。年鉴学派代表人物、法国历史学家马克·布洛赫（Marc Bloch，1886—1944）认为经济结构和信仰体系对于历史研究来说与法律规范和制度实践一样重要，并率先使用历史比较的方法，被称为"比较史学之父"。由于比较方法是去除作为先入之见的观念论、中心论的一种有效方式，可以客观看待历史事件，因而越来越被学术界所重视，从各个角度编撰的比较史丛书可谓汗牛充栋，令人目不暇接。美国学术界于1958年创办了《社会与历史比较研究》（*Comparative Study in Society and History*）杂志，倡导各个领域的专家合作，就文化研究，特别是有关人类学、历史学、政治学和社会学进行跨学科研究。虽然比较史学非常发达，但比较史学史研究滞缓，作为一个研究领域的概念、理论、方法，还没有得到应有的学术史回顾，很值得我们深入研究。

第二，语境史学史。传统史学史关注的焦点是史著分析、史学思想、史学流派、史学方法等方面，按照"科学史"的术语来说，这属于历史学的"内史"，是研究学科本身起源、发展与嬗变的。史学本身发展的历史固然重要，这种重要性是史学本身所具有的道德训诫、民族认同、文化认同等功能所赋予的，但象牙塔中那种纯粹的学术毕竟是一种高贵的"梦想"，史学离不开特定的社会环境，两者之间存在互动关系，这是历史学的"外史"：注重史学形成的社会基础、文化基础，考察史学知识的传播及其与社会组织、学术体制之间的关系，等等。这一研究路径必然会涉及更加广泛的多学科、跨学科研究。因之，先前那些边缘化的研究领域，如移民史、人口史、妇女史、环境史等也就进入历史研究的范围，灾难的民族记忆、劳工与文化等也理应成为历史关注的热点。历史学王国的疆域在不断扩大，并不会停息。[1]

第三，总体史学史。就全球史学实践来看，历史编纂至今仍无法摆脱"由胜利者书写"的窠臼，近代西方500年的强势扩张使得世界很多地方都在使用欧洲编纂历史的概念工具与研究方法；英语独霸一时，很多文献都是以英语呈现出来的；美洲原住民几乎被消灭殆尽，文明发展彻底中断，已无书写自身历史的能力；等等。如何消除这种非自然状态或学术失衡，再现较为客观的真实学术，这是学术共同体需要面对的迫切问题。我们要避免那些先入为主的观念，如认为欧美是史学的中心与主流，其他地方的历史写作方式都是低级的、落后的、野蛮的。我们要提出合理解释历史的概念与方法；需要关注非西方世界的历史写作，关注他们的史料、关注他们的非文字材料、关注他们的传播方式；强调非西方历史传统的重要性以及西方史学和这些非西方史学之间的相互作用。我们需要继续发扬多角度、全方位展现人类差异的史学传统，研究这些史学传统的特征，寻找各自的优势与不足。

第四，全球史学史。近代史学学科化的重要推手是民族主义。民族主义充斥于19世纪的历史书写，在20世纪上半叶仍在持续，直到"二

1　万物皆史。在最广泛的意义上，历史是人类过去的故事，历史记录涵盖了人、自然、社会的方方面面，铭文、雕刻、艺术品、书籍、报纸、文件、口述以及档案等文字和非文字方面的记录都是历史学家的取材范围。大多数历史学家喜欢连贯的叙述，关注的是事件的因果关系，并试图发现过去事件中的联系顺序和模式。这就是历史学家跟政治学、经济学等领域的专家不一样的地方，历史学家更愿意全面系统地看待人类问题。"历史学是一切社会科学的基础"这一提法因此产生，也因此造成人类知识的分野，且有越来越细化的趋势。科学史、艺术史、宗教史、政治史、经济史等领域的史学与史著根本不在传统意义上历史学所包含的范围里，它们的学科发展史更不属于史学史的范畴，人类在数千年间编制的复杂的知识网络越来越支离破碎了。我们可以纠正人类知识史研究中这一不平衡的、割裂的现象吗？亦即我们可以不断拓展历史学的领域吗？把科学史、艺术史、宗教史、政治史、经济史等领域纳入传统历史学的考量范围，从而形成综合的、整体的、全面的审视人类历史的方式。在此意义上，我们期待历史学不断扩展，从研究的必然王国过渡到学术的自由王国。

战"结束才开始在西方退潮。"二战"后，随着各殖民地的独立，民族主义历史书写越来越遭受怀疑，社会达尔文主义、纳粹种族主义等各种极端民族主义已被唾弃。英国历史学家戴维森（Basil Davidson，1914—2010）强调泛非主义就是对西方民族主义历史叙事的批驳，萨义德认为"东方"的概念和整个"东方研究"学科是由西方学者在他们自己的民族意识成长时代构建起来的。今天人们普遍认为，"民族主义叙事"已经基本瓦解，不仅失去了它的权威性，而且失去了将过去、现在和未来编织在一起的能力，它不再能给国家认同或文化认同带来积极意义。与此同时，一种"自下而上看历史"的新视角也就由此出现了，通常被称作"庶民研究"。从表面看，这是一个非常重要的"历史性时刻"，因为它标志着一批历史学家的全球史编纂首次深入到前殖民地人民的生活领域。[1] 自20世纪70年代以来，史学研究的重点正逐渐从民族－国家史向比较史、跨国史、全球史、大历史转移，史学史自然不能置身事外。历史学家一旦有了世界性的历史结构和叙事眼光，就会更加注意与往昔不同的行动者、参与者，会更加重视各种不同的历史经验，会更加欣赏不同的文化体验，会更加包容多元化的视角，史学史研究自然会更加精彩纷呈。

容易展现事物本质的"比较史学史"，重视边缘地区、发展中国家、非英语文献的"总体史学史"，凸显史学与社会彼此作用的"语境史学史"，强调世界各地史学传统相互作用的"全球史学史"，这种四位一体的史学史研究范式是外国史学史研究的立足点，也是指导思想，更是我们的学术理想。社会在不断发展，不断前进，学术理想的雄心抱负也随之进步。人类不同于其他生物的地方就在于他可以像英雄一样为理想而战，至于能否战胜、能否做到、能做到什么程度，则是另一个问题。新

1　Ulinka Rublack, ed., *A Concise Companion to History*, Oxford University Press, 2011, p. 10.

理想、新思想、新观念的诞生总是痛苦的，但我们相信理想远比枪炮更加富有力量。

三、外国史学史是当代中国文化建设的重要组成部分

所有知识的进步、所有历史认知的发展，最终都是为了提升整个民族的素质，这也是学术界最为崇高的责任。四位一体的思路将在一定意义上弥补国内外国史学史研究领域的"三短"，形成多方位史学史研究的基本轮廓。我想，其意义至少有两点。一方面，可以丰富国内学术界对外国史学史的研究，让我们更加全面认识丰富多样的人类史学遗产，打开更多世界窗口，进一步丰富我们的历史文化，在比较认识中增强历史自觉、文化自信。另一方面，通过梳理外国主要史学理论与史学史的发展情况，可以满足国内相关专业硕士研究生、博士研究生及相关研究者进行外国史学史研究时的基本需要，从而促进国内外国史学理论与史学史专业人才的培养，提升我国外国史学史研究水平和教学水平，为国家培养更多具有世界眼光的思想型学者。

赓续传统，守正创新，放眼未来。在著述实践中总结史学史的成就，在批判中追求史学史的创新，在反思中提升史学史学科的地位，丰富史学史学科的内涵，激活中国史学史的优秀遗产。将亚非拉地区的史学史纳入其中，必将打破原先以欧美国家史学为研究重点的基本格局，从而有效扭转我国外国史学史研究领域中长期存在的史家视野有限、内容结构偏颇、东西方史学研究失衡的局面，最终在理论和实践上突破外国史学史研究领域中的"西方中心主义"。从比较的、语境的、总体的、全球的四个维度，构想与编纂外国史学史本身就是一个学术创新，可以全面反映当代中国学者的史学史观点，助推我国学者立时代之潮头、通古

今之变化、发思想之先声，推动我国史学史学者在史学史领域获取国际话语权。

老一代外国史学史研究者筚路蓝缕，艰苦探索，他们的付出奠定了发展的可能，成就了今天的研究队伍。改革开放后所培养的外国史研究队伍基本上是中青年学者，他们在开辟新道路的朝气和精神力量方面占据着优势，他们是中国学术的未来和希望。我们恳请学术界广大同仁一起努力、积极参与，携手构建中国特色、中国风格、中国气派的世界性的史学史大厦。

考古学取代不了史前史

一、"史前"的发现

历史分期问题既是看待世界、解释世界的不同方式问题，也是话语权问题，而历史分期的核心基准——时间则是一个不断被建构起来的概念。1650年，爱尔兰大主教厄谢尔（James Ussher，1581—1656）设计了一份年历，确认公元前4004年10月23日这个星期天上帝创造了人。随后，剑桥大学校监莱特富特（John Lightfoot，1602—1675）进一步论证，上帝造人的确切时间是这一天上午9点整。这种源自中世纪的基督教统御之下的时间观念，将人类文明的视域囿限在狭隘的宗教范畴当中。然而，变革在此时已悄然发生，1500年前后的地理大发现，是促使人类从分散逐渐走向整体的开始，近代西方文明由此突破它自身世界所赋予的局促视野，发现新的时间、空间、他者和广阔深邃的自然世界。此后500年间，西方世界不断地扩展和深化这些方面的发现，将之系统化、理论化与经典化，使之构成西方文化霸权的重要基础。

按照美国考古学家布赖恩·费根的说法，一个世纪之前，大多数西方科学家还认为人类的历史不过10万年。但在100年后的今天，我们了解到人类的起源可以追溯至250万年前。随着对人类历史时间的认识不断扩展，不仅中世纪狭隘的宗教时间观土崩瓦解，而且时间延展性的发现还解放了人们的思维，让人们意识到在已知的人类文明史之前，还有人类在丛林时代的"史前史"，且它的时间较之不过万年的文明史要长得多。"史前"（prehistory）一词，早在1851年就已收入《牛津英语词典》，但它的含义与"蒙昧""野蛮""原始""落后"等联系在一起，因为早期人类只是过着狩猎采集的生活，没有发生过什么特别值得铭记的大事件，似乎不值得研究。

然而，时间又已过去170年。这段时间，恰恰是人类知识急剧扩展、认识飞速提升的时代，是历史学从初兴到历经变革视野不断扩展丰富的时代。以我们今天的目光来看，史前人类的生活同样有许多值得探究的东西，譬如他们是如何制造工具的？是如何应对环境变化的？是如何处理族群内部和族群之间关系的……还有，史前人类的权力关系是怎样的？那个时期人类的权力关系，可能并不像近代政治学家们所假定的那样：要么是自然平等的，要么是野蛮暴力的；而是更可能像今天一样，既有暴力与争斗，也有善意与合作。"史前"的说法根本上就是一种文明的傲慢。

二、考古学与史前史研究

近世肇始的史前史研究，与考古学的兴起密不可分。1859年，达尔文《物种起源》的出版不但彻底摧毁了上帝造人的观念，也催生了职业考古学的诞生。考古学不但大大延长了人类的历史，而且人类历史、人类文化的多样性得以全面呈现。考古学是通过物质遗存来研究古代人类社会的学科，是透物见人的学问，世界史前史则是一门通过考古学的研究成果去构建时间、空间比较完整的、文字出现之前的人类社会史。田野考察、比较与类推是学术研究中常用的方法，尤其是积累了大量文献时，通过这些手段可以得出一些规律性的认识。因此，世界史前史研究的推进离不开考古学，而考古学也需要史前史提供更多的背景信息。

英语中的"考古学"（archaeology）来自拉丁语 *archaeologia*，它最初的词源是古希腊语 *ἀρχαιολογία*，这一词由 *ἀρχαῖος*（古老、古代）和 *λόγος*（知识、言语）组合而成，意为"有关古代历史或传说的知识"。可以说，考古学是关于"起源"的研究，史前史因此也是一部"起源"探索史。人类何时起源？何时使用了火？何时制造了合金？何时发明了陶器？何时制造了车轮？乃至心智、宗教、艺术的起源等内容，都是史前史关注的内容。史前史就是一部人类改造环境、利用自然，并逐渐与仅满足于生存与繁衍的动物界相分离的发明史、发现史。语言的出现方便了沟通，文字的创造延伸了记忆，工具的发明延伸了能力，作物的栽培是人口增加的基础，聚落的构建是复杂社会的起点……这些都是彼时的社会革命，具有重大意义，归根结底是文明的起源问题：家庭、私有制和国家的起源，不平等的起源，男女有别的起源，等等。由此可见，文明史事实上与史前史是一脉相承地联系在一起的。史前史研究可以让我们观照当下，还可窥探到未来的踪影。

当然，考古学与史前史并不能相互替代，而是相互支持。考古学提供材料，历史学解释材料，考古学为史前史研究提供重要材料，史学史研究则为考古学工作提供背景知识。没有史前史的历史学是不完整的历史学，没有考古学的史前史也难以呈现出清晰的面貌。两者共同丰富了历史学，缺少谁，历史学都是不全面甚至不完整的。考古学主要通过物质遗迹信息来研究彼时人类行为举止、生活方式、思想观念；历史学主要依据文字信息，试图通过文献还原历史。就史前考古而言，它是我们了解史前史的主要知识源泉；它是能从大历史、长时段的角度审视早期人类成就的重要领域；它生动展示了早期人类是如何应对河流、山川、地貌、气候等外部环境的，是如何在应对外部环境中发明技术的，是如何进行复杂社会治理的，是如何在克服恐惧中发现信仰的，是如何一步步认识环境、认识自我、创造社会的……世界各地的人类祖先在面对恶劣环境时会采取不同的方式，从而逐渐表现出文化的多样性。认识到文化的多样性，有利于培养出宽容的态度、包容的心情。史前史因其独特的社会意义和学术价值，在欧美较为发达，甚至向民众普及考古知识和史前信息的公共考古，也成为热门的领域。

三、中国与世界"史前"研究

中国在北宋时期就出现了"考古"一词，指的是古物铭文学，到20世纪初受西方影响，以田野发掘为基础的现代考古学开始在中国出现了。考古学是历史时空隧道的重要组成部分，人类遗迹承载着大量的文化信息，给当下带来很多启示。作为发现人类秘密的考古学一开始就与民族意识、文化认同、国家主权等结合在一起，有其独特的社会意义和学术价值。人们都在努力探寻祖先的光辉业绩，确立悠久的历史；学术是文化赛场，在一定程度上反映着一个国家经济实力、政治取向、价值观念、文化趋势及国家利益。我们已经意识到了考古学的价值，习近平总书记更是提出建设中国特色、中国风格、中国气派的考古学，更好认识源远流长、博大精深的中华文明。接下来我们必须在思想上高度重视，在学科上布局，在实践中从世界考古看中国考古，从中国考古看世界考古。如果只关注某一地区的考古，而缺少宏观的、比较的视野，即没有世界史前史的概念，在学术上来说是走不远的，在思想上也会导致极端民族主义思潮的出现，不利于人类命运共同体的传播与发展。

中国的史前史研究，肇始于现代学科勃兴的20世纪上半期。据于沛先生考证：考古学家裴文中（1904—1982）曾提及，直至20世纪40年代，

"史前史"才正式被列入大学课程之中，所以有关史前史研究的内容不多，如有，一般都合并在世界古代史的研究范畴中。[1]这一时期在学术著作方面出版了克洛特的《世界幼稚时代》（1932）、波克洛夫斯基的《世界原始社会史》（1935）、摩尔根的《古代社会》（1935）、吕振羽的《中国原始社会史》（1942）等。

中华人民共和国成立后，直到20世纪70年代，中国史学界深受苏联史学影响，史前史研究集中在原始社会史与马克思主义史前社会理论研究。马克思、恩格斯等经典作家非常重视原始社会，马克思研读摩尔根的《古代社会》，写下《摩尔根〈古代社会〉一书摘要》，恩格斯依据马克思的摘要出版了划时代的学术巨著《家庭、私有制和国家的起源》，这两部著作直到今天仍然影响深远。恩格斯认为摩尔根"重新发现了40年前马克思所发现的唯物主义史观"，[2]他的"伟大功绩，就在于他在主要特点上发现和恢复了我们成文史的这种史前的基础，并且在北美印第安人的血族团体中找到了一把解开希腊、罗马和德意志上古史上那些极为重要而至今尚未解决的哑谜的钥匙"。[3]这些论述成为此后我们学术界原始社会研究的指南。这期间翻译出版了尼科尔斯基的《原始社会史》（1952）、格拉德舍夫斯基的《原始社会史》（1958）、苏联科学院主编的《世界通史》（十卷本第一卷第一编论述的是原始社会）等。

改革开放后的十多年间是当代中国世界史前史研究的黄金时代。1984年恩格斯《家庭、私有制和国家的起源》发表一百周年之际，学术界举办各类活动，出版了大量论述，可以说是中国世界史前史发展的巅峰时期。汪连兴先生说，这个时期出现了三部标志性著作：林志纯主编的《世界上古史纲》（人民出版社1978年）、宋兆麟等编著的《中国原始

1　于沛：《近代中国世界历史编纂（1840—1949）》，第375—376页。

2　《马克思恩格斯文集》第4卷，第15页。

3　《马克思恩格斯文集》第4卷，第16页。

社会史》（文物出版社1983年）以及林耀华主编的《原始社会史》（中华书局1984年），代表了当时国内史前社会研究的最高水平，尤其是《世界上古史纲》的原始社会部分，此后几十年间一直是国内高校世界古代史教科书相关部分的编写蓝本。[1]毛昭晰、汪连兴、孔令平、易建平等先生是这一时期活跃的学者，在中国世界史前史领域辛苦耕耘，多有贡献。到90年代，中国学者吸收当代西方各种理论思潮研究中国原始社会。比如谢维扬教授出版的《中国早期国家》（1995），使用酋邦概念研究夏商历史，审视文明与国家的起源，认为人类早期国家有部落联盟和酋邦两种形式。易建平研究员的《部落联盟与酋邦——民主·专制·国家：起源问题比较研究》（2004），认为从平等到不平等并进入以阶级为基础的国家是普遍的，民主与专制存在于世界各地，不是哪个地区专属的。

这之后，中国的世界史前史研究就寂寞无声了，只是近年来引进翻译了不少相关书籍，如布赖恩·费根的《世界史前史》（2017）、《考古学与史前文明》（2020），保罗·巴恩的《考古学的过去与未来》（2018）、《考古通史》（2021），马歇尔·萨林斯的《石器时代经济学》（2019），埃尔曼·塞维斯的《国家与文明的起源：文化演进的过程》（2019），彼得·贝尔伍德的《最早的农人：农业社会的起源》（2020），爱德华兹、嘉德、哈蒙德的《剑桥古代史》（第一卷第一分册，2020），史蒂文·米森的《史前人类简史：从冰河融化到农耕诞生的一万五千年》（2021）等一大批译著。

但引进的繁盛容易让我们忽略研究的冷清。进入21世纪以来，不见哪所大学、哪个研究所就世界史前史召开过学术研讨会，也很少见相关学术论文，研究生做这方面的毕业论文更是少见了，先前从事这方面研

1　爱德华兹、嘉德、哈蒙德：《剑桥古代史》（第一卷第一分册），汪连兴等译，中国社会科学出版社2020年，译者序，第10—11页。

究的学者也转型了。一个典型的例子就是一直追踪最新史前史研究成果的龚缨晏教授，最终转而研究中西交通史了。虽然他在这一领域成就斐然，不过从世界史前史的角度来说依然很可惜。据龚缨晏介绍，原来的杭州大学是国内世界史前史研究的中心，源头可以追溯到1949年以前的人类学。近年来，高校急功近利，像史前史这样的学科，要出成果很慢，很受冷落，所以杭州大学并入浙江大学后，这个领域被视作负担，也就不再支持了。有一份国际著名的史前史研究刊物在1949年以前就订阅了，后来也停购了。虽然如今获得电子版很方便，但学脉中断了，这个学科在中国学术界似乎已经彻底消失了。

四、重构中国的世界"史前"研究的必要性

没有学科支持的学术是无源之水，其生命力一定难以持久，中国的世界史前史就是一个典型。国外的史前史研究不断有新发现，由于我们缺乏学科支撑，世界史学界很少介绍这一领域的新材料、新观点、新理论、新方法，世界史教材也很难真正吸收最新的世界史前史成果，讲授的内容数十年来少有变化，很难激发学生的想象空间、思辨能力、创新精神。这种冷局与中国世界古代史其他领域研究的兴旺发达形成了鲜明对比。

2011年成为单独的一级学科之前，世界史只是历史学下面8个二级学科中的一个，即世界史只占历史学的八分之一，独立成为一级学科之后，中国的世界史学科快速发展，取得长足进步。但在世界史学科目前下设的4个二级学科——外国史学史与史学理论、古代中世纪史、世界近现代史、国别区域史——中，无论在哪里、在何时，我们都看不到世界史前史的影子。毫无疑问，这种学科结构给世界史前史的发展造成了非常不利的局面。

这种局面所引起的结果是对人才培养不够重视，相关人才严重缺乏。没有一定数量的研究人员，何来学术交流、思想碰撞，结果就是学术积累严重匮乏与贫瘠。上海是当前我国世界史学术研究和人才培养的重镇，据统计，上海历史学界专业人员约570人，其中世界史科研人员近200人，考古学科研人员约66人，可见上海的世界史学者占有相当的比例，这个比例是远远超过国内其他地区的，从一个侧面折射出上海的开放性。据北京大学王立新教授统计，目前全国世界史学科大约有1000名研究者，但可以说，这其中没有一人是从事世界史前史研究的。如果说中国学术界有涉及世界史前史领域的学者，那也是分布在考古文博专业，比如复旦大学的陈淳教授、吉林大学的杨建华教授、中国人民大学的陈胜前教授等，尤其是两位陈教授写了大量科普文章，向民众普及考古学知识，这是特别令人敬佩的。

史前史所依赖的学科，也未能发挥扶助史前史的功能。考古学与人类学、民族学的关系十分紧密，三者都是史前史所依赖的学科，比如史前研究先行者摩尔根、泰勒（Edward B. Tylor，1832—1917）等人大多根据民族材料得出一些至今仍旧合理的结论。但近几十年这些学科在中国学术界发生了转向：中国本土的考古学事业兴旺发达，但作为学科的世界史前史似乎消失了；人类学研究的是作为"文化"人的演进，时间大体与考古学重叠，但又延伸至当代社会，被归入法学门类下社会学一级学科中的一个二级学科，因此与历史学越来越疏远了；作为法学门类下一级学科的民族学，设置的二级学科是民族学、马克思主义民族理论与政策、中国少数民族经济、中国少数民族史、中国少数民族艺术，唯独不见域外民族研究。这些变化，在一定程度上都消解着中国世界史前史的研究与发展。

当下学术风气是史前史面临的又一重障碍。如果说20世纪80年代之前是不计功利的时代，80年代是纯学术的时代，学者可以自由发展自己的爱好，自由维护自己的兴趣，那么在如今强调发表，注重数量，强调所谓转载率、引用率的时代，谁还有精力与时间思考基础学科布局呢？

还有多少学者会研究考古学术史？有多少杂志愿意发表这个？有多少学科想到这个？有多少学校会支持这个？当然这个领域本身的门槛也很高，又属于洋大古，在不少人看来很是乏味，特别是在这个强调学术研究要为国家利益服务的时代，有时滋生的只是学术近视、短视、盲视，乃至无视。一些基础的冷门专业和研究方向这些年萎缩得太厉害，让人伤感。在我看来，衡量一所大学办的好不好，是否真好，好到什么程度，一个重要的指标就是大学（特别是那些"985"大学、"双一流"大学）是否把那些"外"字头的专业办好了，尤其是否把基础文科中的外国文学、外国史学、外国哲学、外国宗教、外国艺术等专业与学科办好了！拥有世界一流的这些学科，何愁培养不出具有想象力、人文关怀、胸怀世界的天下英才！拥有英才的我们就会知道别人在关注什么、在研究什么，我们才能与世界对话，共同进步，而不仅仅是学术内卷、自娱自乐。中国学术与世界学术的关系就是中国如何融入世界从而如何影响世界的问题，在本质上就是中国与世界的关系。

世界史前史属于板凳要坐十年冷的学科，不但要精通1—2门现代西方语言，还要学习研究对象国的语言，乃至古代语言，仅掌握语言就要花费漫长的时间，如果不是真爱，是很难坚持下去的。学成后，费尽力气写的文章，因为相关刊物少，也难发表。就业也是问题，毕业就是失业，谁会从事这个研究呢？就京沪两地大学世界史学科目前的情况来看，暂时都没有发展世界史前史的愿望。四年一轮的学科评估之剑高悬在上，谁敢在很难出成果的领域投入兵力呢？

除了改变学科结构与目前的评价机制外，我国世界史前史的发展不仅需要考古学的支撑，更需要思想上提高认识，警惕各种思潮所带来的负面影响。20世纪六七十年代，西方开始出现各种挑战权威的后现代主义，主要观点是：没有真理，只有繁多的解释；没有客观的真实，只有不同的看法；在真理与谬误之间并不存在真正的区别，只是权力关系的不同表达；等等。这些观念伴随网络社会的兴起，使得传统思想被忽略、被冷落、被解构，甚至消失了。考古学也不例外，我们审视考古学术史，至少可以发现民族主义、殖民主义、帝国主义、后殖民主义这四种思潮影响了考古学，扰乱了人们的视线。马克思主义唯物史观也受到前所未有的冲击。这些都影响着史前史研究。

考古学虽然在整体上有了很大发展，但要想将考古成果用于世界史前史研究，还有一段距离。据布赖恩·费根统计，半个世纪之前，全世界只有百余名考古学家，其中大部分在欧洲和北美洲。如今，考古学家的足迹遍布世界各个角落——澳大利亚和太平洋岛屿、中国和西伯利亚、热带非洲、拉丁美洲及北极圈地区。没有人确切地知道全世界究竟有多少位考古学家，但大概已接近1.5万人。[1]山东大学方辉教授认为，目前全国已经注册的公立、私立博物馆大约6000家，但还有许多博物馆是未经注册的，或以美术馆、艺术馆的形式存在。全国有高级职称的考古学家2000多人，高校教师大约占其中十分之一。但这2000多人中研究外国考古学的、研究外国史前史的也许是寥若晨星吧。我们何时、用何种办法才能改变这种局面呢？

当下我们要建设有中国特色、中国风格、中国气派的考古学，也离不开世界史前史的支撑。中国埃及学奠基者刘文鹏先生说："在21世纪我们期望，一定能够派遣我国的埃及学者前往埃及从事考察和参加埃及的考古发掘与研究，使我们的埃及考古学、埃及学尽快地成长、发展起来。"[2]这一愿望已经实现，中国社科院考古所已多次组队参加埃及、洪都拉斯等地的考古。中国的世界考古已经走出国门了，大家可以在同一个平台上各显身手了，凭借发现了什么、研究了什么、得出了什么，才

1　布赖恩·费根：《考古学入门》，钱益汇、朱雪峰、邓晨钰译，北京联合出版公司2018年，第48页。
2　刘文鹏：《埃及考古学》，生活·读书·新知三联书店2008年，第25页。

会赢得同行的尊重。过去属于时间，属于自然，也属于人类。马克思的经典话语："哲学家们只是用不同的方式解释世界，而问题在于改变世界。"[1]这句话也适合考古学，因为考古就是知识考古、精神探究，谁掌握了知识的挖掘权、解释权、生产权、传播权，谁就是知识之王，就会赢得对手的尊敬，在冷门绝学中尤其如此。因此中国学术界进行世界史前史研究显得愈发重要，只有明了源头，才会有的放矢，才会明白文化方位，才能做到"不忘本来、吸收外来、面向未来"。举一个新近的例子，对世界史前史研究前沿缺乏应有的了解，也影响了中国的史前史研究。2019年9月—2020年6月，在浙江余姚井头山发现了8000多年前的贝丘遗址，这也是中国目前已知最早的贝丘遗址。那么，这个遗址在全球史前史体系中有何意义？这个遗址对于世界史前史研究有何贡献？面对着这类问题，学者们一时很难说清。

撇开政治意识、意识形态、民族主义不讲，世界史前史的时空范围非常辽阔，可以追溯到冰河世纪，世界各地留给人类的遗迹是非常丰富的，这是人类共同的财产，需要我们共同维护。明日的历史、历史的明天依靠每一位个体的共同努力来保护，否则所有一切伟大与辉煌都将烟消云散、荡然无存，我们的后代也将无法领略古人的勤劳与智慧。

生活中总存在这样的事件，使现实与历史融合在一起，遥远的过去延伸到当下的时刻，我们似乎在与古人进行心灵对话，要敬畏古人的智慧，因为这种智慧所达到的高度有时是远远超乎我们想象的，从而给我们启发、激励、好奇、探究。世界史前史就是一部热带非洲先人走向世界的250万年之久的人类历史传奇，有文字记载的5000年文明史只是人类历史的很小一部分，有史以来地球生存过500亿人，大家都是过客，还有源源不断的来者，我们将走向何处？似乎一切才刚刚开始！

1　见《马克思恩格斯文集》第1卷，第502页。

不灭的亚历山大大帝

公元前31年，戴着一枚印有亚历山大大帝形象戒指[1]的屋大维与克里奥帕特拉七世、安东尼率领的舰队在亚克兴会战，屋大维追赶他们至亚历山大里亚，次年，二人自杀身亡，埃及并入罗马版图。屋大维"派人把装有亚历山大大帝尸体的石棺从帝王陵墓区抬来，看了一眼之后，他把一顶金制王冠放在上面，缀上鲜花，以示敬意。而后，当他被问及是否也愿意看看托勒密王室的坟墓时，他回答说：'我的愿望是看一位国王，而不是看尸体'"。[2]

屋大维视亚历山大为神奇人物，认为自己不是希腊化小王朝的继承人，而是亚历山大帝国的继承人。从这一史料反映出希腊化时代的很多特点。这个时代的开创者与终结者在这里以一种奇妙的方式相遇，是希腊与罗马的相遇，更是希腊罗马文明与埃及文明的相遇；这是一个战争时代：错综复杂、钩心斗角、残暴无比的战争此消彼长；这是一个古代世界的城市时代：希腊风格的城市已散布在希腊化世界，据普鲁塔克说，亚历山大一生共建立了70多座城市，并声称他这样做的目的是在"野蛮

1　Dexter Hoyos, ed., *A Companion to Roman Imperialism*, Brill, 2012, p. 173.

2　苏维托尼乌斯：《罗马十二帝王传》，张竹明、王乃新、蒋平等译，商务印书馆2000年，第56页。

人"中传播希腊文化和知识，埃及的亚历山大里亚尤为典型；这是西风压倒东风，也是东风又压倒西风的时代：亚历山大通过征服波斯、埃及等地，开创希腊化时代，屋大维通过征服托勒密埃及开创了罗马化时代，同时也是波斯、埃及等地影响希腊罗马的东方时代，希腊文化压倒了东方，东方君主制压倒了希腊；这是高人隐退的时代：人口流动大、思想交流多、文化多元、贸易便捷带来了焦虑、不安和遁世；这是豪强辈出的时代：希腊化时代的起点亚历山大和终点克里奥帕特拉是那三个世纪的双峰，他们把希腊化时代的历史夹在中间，模糊了这长达300多年的历史。总之，这是2000多年来被忽略的一个重要时代。

亚历山大的业绩早已超出了历史学家的记录范围，2000多年来，他的故事激发了无数的艺术家、哲学家、政治家、军事家、作家的想象力，他几乎俘获了一切领域的想象力，亚历山大会永远活在历史中、政治中、神话中和想象中……他的功绩、他的传奇已经激发了一种亚历山大文化传统。

在希腊作品中，亚历山大不仅成为亚洲的国王，而且像波斯国王一样成为"伟大的国王"。公元前2世纪的剧作家普劳图斯（Plautus）在喜剧《凶宅》（*Mostellaria*，775—777）中第一次把他称为亚历山大大帝（Alexander Magnus）。公元前1世纪末，罗马大将庞培自称是庞培大帝（Pompeius Magnus），梳亚历山大的发型，穿亚历山大的披风。马克·安东尼也视亚历山大为榜样，他试图将自己塑造成东方之狄奥尼索斯式的统治者。内战结束后，几位皇帝用已经象征化的亚历山大来强调他们在罗马的最高地位，其中第一位便是奥古斯都。[1]

如果仅仅为了领土的拓展而杀人无数，这并不"伟大"，而且这种

---

1 Richard Stoneman, ed., *A History of Alexander the Great in World Culture*, Cambridge University Press, 2022, p. 3.

称呼会在有意无意之间纵容殖民主义者、帝国主义者、民族主义者的野心。他比孔子、释迦牟尼、耶稣伟大吗？他比马丁·路德、甘地伟大吗？他比苏格拉底、柏拉图、亚里士多德、黑格尔、马克思伟大吗？如果只是从某一角度特别是思想领域与历史上的伟人相比，亚历山大并不伟大，有时给人有性格缺陷的印象，比如傲慢、残忍、放纵、鲁莽、冲动、狂妄自大，等等。然而，如果考虑到他在传播知识，甚至调和文化、消除种族障碍方面那份不脱天真的努力，他对人员流动和跨洲交易的促进，他让更多人开始分享一个共同文化的世界，东部地中海世界数百万人的生活与工作因他而改变，以及他短暂一生的业绩给人类带来的巨大魅力，也许他是有资格拥有这个头衔的。诚如马克思所说："希腊和罗马就是古代世界各民族中具有极高'历史文明'的国家。希腊的内部极盛时期是伯里克利时代，外部极盛时期是亚历山大时代"，"古代人的'真正宗教'就是崇拜'他们的民族'、他们的'国家'"。[1]是亚历山大实现了城邦到帝国的转变，是他把地方城邦文化变为泛地中海世界性文化，是他用希腊文明改变了西亚文化的道德基础，导致了诸神融合和对普遍宗教的寻求，最终为基督教的出现奠定了基础。

　　历史学家工作的基础是史实与材料，有一分材料说一分话，但我们研究亚历山大的文献非常有限，主要依据的是所谓"亚历山大史学家"，这构成亚历山大历史知识的来源。相关资料分为三类：已经佚失的亚历山大同时代著作或残篇；存于残篇中的后来著作；到公元400年为止的完整但非亚历山大同时代的记载。"亚历山大史学家"就是指这三类著作的历史学家。最早流传下来的记载是公元前1世纪西西里的狄奥多罗斯的《历史集成》，只有15卷存留于世，内容涉及希腊化时代及希腊化世界与罗马世界的相互关系。公元1世纪的罗马作家库尔提乌斯·鲁弗斯

1　《马克思恩格斯全集》第1卷，人民出版社1995年，第212页。

（Curtius Rufus）著有《马其顿国王亚历山大大帝》，他遵循许多前辈分析事件的方法，罗列收集到的材料，表露出对亚历山大的钦佩之情。罗马帝国早期传记作家普鲁塔克著有《亚历山大传》，普鲁塔克重视个人在历史上的作用，善于通过逸闻趣事来描述人物的性格与行为，使人物形象栩栩如生，因而自文艺复兴时代以来，深受西方读者欢迎。

普鲁塔克之后古典世界另一位重要的传记作家是阿里安（Arrian，96—175），尽管阿里安的著作写于亚历山大身后500年，但对于现代读者而言，阿里安的《亚历山大远征记》或许是研究亚历山大的最重要的材料。此后，另一位罗马作家查士丁（Justin，活跃于公元2世纪）创作了《庞培乌斯·特洛古斯〈腓力史〉概要》，也就是狄奥多罗斯同时代作家庞培·特罗格斯（Pompeius Trogus，活跃于公元前1世纪）的作品《腓力史》的缩略版本，其中包含了对亚历山大大帝统治时期的描述。这些作家统称为"亚历山大史学家"。他们的叙述直接或间接基于亚历山大大帝死后几十年的记录，有些是由亚历山大大帝征战参与者所写，但尚存文本的作者是否忠实传递了他们的见闻则无法确定。很明显，这些幸存的有关亚历山大大帝的记录，或多或少对他进行了润饰，以便能够吸引当时的读者，也就是说，这些读者多是由强大的皇帝统治的希腊人和罗马人，亚历山大大帝成为他们统治的典范。基本上，叙事来源中的亚历山大大帝是一个罗马人眼中的亚历山大。[1]

上述这些文献出自不同的目的，又鱼龙混杂，因此在19世纪上半叶德国古典学界出现了一种"史源研究"（Quellenforschung）的潮流。根据"史源研究"的方法，古典研究者们分解出古代晚期学者们编写的汇编作品中的不同来源，并建立这些史料来源之间的关系，从而追溯古代世界哲学、历史、宗教、法律、雕塑等领域相关记载的最早起源。学者们认

---

[1] 休·鲍登：《亚历山大大大帝》，程璐译，译林出版社2022年，第4—5页。

为，通过这种方法可以更准确地评估这些记载的可靠性，从而提出更合理的判断。这种研究方法有助于我们认识真正的亚历山大。但如果只是依据古典作家保存下来的有限又可疑的文献来构建真实的亚历山大，这是远远不够的。好在当代学术已经在考古、铭文、纸草、钱币、天文记录、图像等领域取得不俗的成果，我们可以利用这些成果来不断完善、丰富亚历山大的真实形象。

我们可以通过《亚历山大传奇》在世界各地的传播与接受，理解各地文化趣味的变迁；亦可以探寻不同时代、不同国家的学术变化是如何反映那一时代政治气候的。亚历山大究竟是一位极端无情的征服者和破坏者，还是一位为追求文明使命有远见的政治家？现代学术继续在这些对立的观点之间摇摆。对亚历山大的这种爱恨交替也表现在历史编纂上，人民通过历史编纂表达时代的需要和民族主义感情。

希腊人一直高度重视自己的语言，以及它所赋予的他们与非希腊人之间的区别，他们将不说希腊语的人称为"*barbaros*"（蛮族），可能是因为非希腊人发出的语音听起来像ba、ba、ba，难以理解。但由于语言在定义文化行为方面的重要性，它很快就成为对非希腊人行为和态度的评价性描述。这种差异敦促希腊人对波斯帝国进行复仇和征服，只不过此时的征服者是先前被大多数希腊人视为半野蛮人的马其顿人而已。这种蛮族思想就一直延续下来，并持续到近代，不断被赋予"文明使命"的积极含义，更是成为殖民合法化的幌子，认为非洲、美洲等地都是落后的蛮夷之地，东方世界的奥斯曼帝国、波斯、印度、中国都是专制的，那里的臣民既不享有个人自由，历史发展也停滞不前，他们要把欧洲的活力和文明带到毫无生气的世界各地。

现代关于亚历山大的争论始于启蒙运动时期。具有骑士精神的亚历山大不但适合中世纪欧洲，而且也适合启蒙时代的欧洲思想家，在孟德斯鸠看来："罗马人的征服一切是要毁灭一切，他的征服一切是要保全一切：不论经过哪一个国家，他首先想的，首先计划的，总是应该做些什么来增进那个国家的繁荣和强盛。他所以能够达到这个目的，第一，是由于他伟大的天才；第二，是由于他的简朴和对私事的节约；第三，是由于他在重要事情上挥金如土。他的手对于私人的开支握得很紧；而对于公共开支则放得极宽。在管理家务的时候，他是一个马其顿人；但在发放军饷的时候，在同希腊人分享征服果实时，在使他的军队的每一个人都能致富时，他是亚历山大。"[1] 亚历山大已成为启蒙时代欧洲的圣人象征，似乎特别适合路易十四、叶卡捷琳娜这样的专制君主。

　　法国大革命让波旁王朝的君主制土崩瓦解，英国保守党议员米特福德（William Mitford，1744—1827）写作《希腊史》（8卷，1784—1810）的目的就要让人们认识不受约束的人民统治的危险。美国独立战争使英国失去了在美洲的大片殖民地，促使历史学家从古希腊历史研究中寻找蕴意与寄托。苏格兰历史学家吉利斯（John Jillies，1747—1836）的《古希腊史：殖民和征战》（2卷，1786）是献给国王乔治三世的书，作者断言在希腊哲学的启迪下，亚历山大的征服是为改善人类的最佳利益而进行的，其明确意图是展示民主或共和主义的危险以及君主立宪制的优越性。亚历山大成为正确建立帝国的典范，在近代欧洲君主制那里很有市场，并延续到19世纪欧洲民族主义时代。

　　在这一时期，德罗伊森是当之无愧的亚历山大研究的大师，如果说亚历山大开创了希腊化时代，那么德罗伊森就开创了希腊化时代研究。1833年，有近600页并附有约650条博学注释的《亚历山大大帝史》（1836、1843年又出版了另外2卷）在柏林出版，该书出自颇有天赋的德罗伊森之手，这年他才25岁。在柏林大学读书期间，他师从历史哲学家黑格尔、历史地理学家李特尔（Carl Ritter，1779—1859）、古典学家博

1　孟德斯鸠：《论法的精神》，张雁深译，商务印书馆1995年，第151页。

克（August Boeckh，1785—1867）等杰出学者，深受他们影响。1877年
该书再版时改名为《希腊主义史》，"亚历山大的名字标志着世界上一个
时代的结束，另一个时代的开始"，这是修订的总基调，当时德罗伊森
已经69岁了，正处于他权力和声誉的顶峰，再版是对他的作品在德国统
一时取得声望的一种敬意。他并没有设想将马其顿腓力和亚历山大研究
作为当前的政治宣言，但它被热切地认为预示着在普鲁士君主制领导下
的德意志各州可以取得什么成就。一个以开明文化和政治原则为基础的
专制政权首先征服了世界，然后实现了文明，这个过程可能会在现代重
复。在这种情况下，人们很容易接受亚历山大作为一个新时代开创者的
形象，尽管德罗伊森的说法遭受过某些非议，但还是几乎获得了普遍的
接受。亚历山大自觉或不自觉地创造了一个以希腊文化和绝对君主制为
基础的新世界，这个世界一直持续到罗马作为世界强国的统治地位的确
立，德罗伊森将这个过程称为"希腊化"。这说法并不新鲜，因为这个
词在亚历山大之后一直在流行，是地中海东部非希腊人所说和所写的希
腊语的标签，但德罗伊森把一个单纯的语言学概念扩展为对整个时代本
质的概括。[1] 20世纪上半叶的古典学家大多追随德罗伊森的观念研究亚
历山大，比如英国塔恩（W. W. Tarn，1869—1957）的《亚历山大》把
亚历山大视为普世兄弟情谊观念的传播者，这些说教自然帮助了那个时
代的殖民主义者、民族主义者、帝国主义者。后来反战思想的盛行则使
德罗伊森、塔恩等人的观念显得过时了。生于犹太家庭的巴迪安（Ernst
Badian，1925—2011）目睹了父亲在1938年"水晶之夜"被纳粹虐待的场
景，后来波普尔（Karl Popper，1902—1994）帮助他们一家逃离维也纳，
来到了新西兰。巴迪安成为"二战"后西方学术界重要的古典史家，他

1　Glenn R. Bugh, ed., *The Cambridge Companion to the Hellenistic World*, Cambridge University Press,
　　2006, p. 9.

的著作终结了对亚历山大的美化与幻想，让人们相信亚历山大大帝是极端暴力的、野蛮的、偏执的。

提倡不受议会约束的威权统治者的对立面是自由主义。英国自由激进派历史学家格罗特（George Grote，1794—1871）是厌恶半野蛮人亚历山大的。在亚历山大一代之后，希腊的政治行动变得狭窄和退化，不再引起读者的兴趣，也无关未来世界的命运。……从整体上看，从公元前300年到罗马人吞并希腊这段时间的历史本身并没有什么意义，只有在帮助我们理解之前的几个世纪时才具有价值。从那时起，希腊人的尊严和价值只属于他们那些个体的哲学家、导师、天文学家、数学家、文学家、评论家、医学家等等。所有这些值得称赞的能力，特别是那些伟大的哲学思辨学派，是他们奠定了罗马世界的光芒，尽管作为共同体，希腊人已经失去了自身的光芒，只是成为更强大邻居的陪衬而已。[1]这一思想经过"二战"大屠杀和核武器的磨砺后，人们对亚历山大的认知已完全不同于塔恩写作时所服膺的征服与勇士的时代精神了。亚历山大的形象是多面的，又是不断变化的。探究亚历山大形象的演变有助于我们更好地了解他的同时代人是如何看待他的，也有助于反映各个时代如何利用亚历山大这一资源来达成自身的目的。

亚历山大的多面形象恰当表征了历史性。历史性问题在本质上是关于历史发展（经验问题）和历史意义（先验问题）之间关系的问题，历史发展和历史意义通过衔接、传递、解释、发展、比喻等手段勾连过去、现在和未来。在多数人看来，历史的价值与意义在于反应/反映时代的脉搏，能回答时代所提出的问题，而不仅仅是信息汇总、大事年表、资料长编；活的历史能显示历史性，能突破时空限制，能给过去的时间不断追加意义；人们惯常把时间视为一条历史性的黄金链条，串起了过去、

1　George Grote, *History of Greece*, Vol. 1, John P. Jewett and Company, 1851, p. x.

现在和未来。果然如此，历史性也就否定了历史的真实性，结果导致一种投射在社会历史舞台上的唯我论、一种难以根除的实用主义，这是2000多年来人们不断制造出各种亚历山大形象的一个根本原因。

爱尔兰艺术评论家奥斯卡·王尔德说，"我们对历史负有的一项责任就是改写它"，此话对亚历山大史尤其有效，也许休·鲍登在撰写《亚历山大大帝》一书时就是想要在亚历山大史中增加一个多彩的环节吧。作者叙事能力高超、主线明晰、重点突出；材料梳理能做到点面结合、张弛有度，但又不失深度；利用当代研究成果拨开历史重重迷雾，来尽量展示亚历山大真实的一面。但全书对亚历山大东征时的东西方文化交流着墨不多，只是在亚历山大里亚图书馆建设时稍有提及，而对亚历山大与亚里士多德的关系也未设专章介绍，似有遗珠之恨。不过作者在有限的篇幅内，尽力展现有趣的事例和数据，又不时给出一些耐人寻味的叙述和判断。比如，罗马将军大西庇阿说："城市、国家和帝国覆灭的必然性：这样的命运降临在曾经幸运的特洛伊城头上，亚述人、米底人和波斯人也曾遭遇过这样的命运，他们的帝国曾经是最伟大的，最近马其顿的辉煌帝国也是如此。"借西塞罗之口说亚历山大，"他的气质和自制力都是最好的，但即使是亚里士多德的学生，一旦被称为国王，也会变得傲慢、残忍和放纵"。这一切都在激活读者的想象力，让人掩卷长思：事实并不为自己说话，历史学家为它们说话，并在一定程度上通过它们说他们想说的话。作为纯粹历史人物的亚历山大与作为文化偶像乃至意识形态意义的亚历山大，其价值并非一致，作为后者的亚历山大来自历史又超越历史，其意义远远超出了他所建的短命帝国。

期刊是知识平台也是传播观念的场域

　　我们从柏拉图的"学园"、文艺复兴时期的"人文共和国"可以看出，学术是由志趣相同的人组成的交流学问、碰撞思想的知识场所，是推广新知、推动发展的动力源泉。这种共同体是在一定时空中依据一定媒介所发生的社会关系，是个人或社会群体之间特定的社会互动模式，我们可称之为"学术集体行动网络"。就学术共同体而言，前信息社会时代的学术交流主要是成立学会、协会、基金会，举办定期、不定期的各类讲座、演讲、会议，发行各种通讯、手册、杂志，出版各类专业出版物来实现交流目的。但随着通信和虚拟技术的快速发展，传统共同体的概念也在发生变化，个人和社会群体的交往方式也发生了变化。在这个意义上，共同体不仅是以地理或空间上的接近来定义的，而且更是以虚拟和网络为基础的，出现了开放存取的概念，先前知识生产的模式也受到挑战。

　　丹尼尔·笛福在出版《鲁滨逊漂流记》（1719）之前，其身份并不是小说家。他于1704年创办了一本关注欧洲事务的杂志《评论》，每周发行三次，这是他人生第一次成功的事业，名利双收。笛福一生与26种期刊有关，因此被称为"现代新闻学之父"，媒体繁荣的时代到来了。美国革命前夕，富兰克林已经意识到新闻在表达公众情绪方面的力量和引人入胜风格的重要性，他于1732年创办的《穷理查年鉴》采用了这种风格，其中充满了实现富裕和促进辛勤工作的格言，并取得了巨大成功。

1844年，马克思和阿·卢格在巴黎创办了德文刊物《德法年鉴》，恩格斯称之为德国第一个社会主义刊物。马克思力求将杂志的理论任务同反对德国封建专制秩序的直接革命斗争更紧密地联系起来，利用杂志作为改造现存世界的思想武器。刊物将论述："（1）具有有益的或危险的影响的人物和制度，以及目前大众所注意的政治问题，不论它们涉及的是宪法、政治经济学还是国家机构和道德风尚；（2）我们将对报纸进行述评，这种述评对一些报纸的奴颜婢膝和卑鄙下流将是一种鞭挞，同时将引导人们注意另一些报纸致力于造福人类和自由的崇高活动；（3）此外，我们还将评介旧制度下德国（目前正走向崩溃和毁灭）的书刊和其他出版物，最后，还将评介两国的那些开辟并继续推进我们正在跨入的新时代的书籍。"[1]

我们再看看冷战时期美国创办的冷战文化杂志。成立于1950年的"文化自由大会"是中央情报局资助的文化外交桥头堡，是西方推行冷战政策的"脸面"机构，总部设在巴黎，在35个国家设有办事处。他们打着"加强连接世界各国的文化纽带，并向所有分享自由文化传统的人民揭示极权主义对知识和文化发展构成的内在危险"的幌子，资助了几十家知名杂志、全球大会、年度研讨会和艺术节。杂志有英国的《邂逅》、美国的《党派评论》《新领袖》、德国的《月刊》、法国的《普鲁夫》、澳大利亚的《象限》、意大利的《节奏》、奥地利的《论坛》、日本的《自由》、拉丁美洲的《探索》《新世界》、非洲的《黑色俄耳甫斯》《新非洲》《南方非洲》等，作为阻止共产主义在欧洲、亚洲、拉丁美洲、非洲等地获得影响的工具。其中一些杂志如《密涅瓦》《中国季刊》等，至今仍在发行。

---

1 《马克思恩格斯全集》第40卷，第370页。

可见，世上并不存在单一的、纯粹的事务。作为周期性的固定出版物，"期刊"是资讯的、生活的，是知识的、学术的，也是革命的、政治的、意识形态的。

期刊对于学术研究来说是不可或缺的，期刊文章是最常见的研究成果出版形式，是大学衡量和奖励机构活动的主要形式，也是就业和晋升的基础。期刊文章避免了书籍出版周期长的问题，既可以更加集中、更加灵活地深入研究某一专深问题，又避免了报刊报道式的简单叙述。此外，学术期刊一直在有力地塑造学术的实践，确立了学科的研究方向、专业话语，学术革命通常是由期刊引发的。

学术期刊已有300多年历史了，与学术团体有着密切联系，因为学术团体的一个重要职责就是促进本领域知识发展和信息传播。最早的学术期刊是由学者们相互之间的通信和学术团体会议上的谈话记录演变而来。期刊可以让那些与其他学者和会议地点相距甚远的成员了解到最新研究。科学和自然哲学的专业期刊在17世纪第一次产生，巴黎科学院的《学者杂志》（1666）、英国皇家学会的《哲学汇刊》（1666）、莱比锡的《博学学报》（1682）等出版物都是由通信发展起来的。随着新领域的开辟、先前领域的不断分化，考古学、语言学、埃及学、亚述学、古典学、圣经学等领域纷纷自立门户，成立许多协会，每个协会都定期出版公报、论文集，因而此类学术杂志在19世纪得到极大发展。自此以后，学术杂志蓬勃兴起。

学术期刊是刊发研究者较为完整研究结果的平台，其目的是提供足够的信息、观念、思想，以便同行能够准确地评估所做的工作。一般来说，任何期刊都涵盖了一个相对专业的学科领域，是为了在传统基础上不断产生新的、更加精深和前沿的探究。各类期刊大多是由学会、出版商或个人创办的，出版频率各不相同，从周刊到年刊不等。"二战"后，学术出版变得有利可图，从那时起，学术期刊主要被商业出版公司掌控了，大多数期刊都有同行评议制度。到20世纪60年代，期刊的数量呈指数级增长。期刊数量和规模的强劲增长是所谓"信息爆炸"的表现，学者们显然不可能跟上所有的新工作，因此催生了文摘期刊、索引期刊。信息时代文字的数字化又催生了新的刊物形式。

就史学而言，经文艺复兴洗礼，历史撰述已逐渐从神学的约束中走出来了，到19世纪，历史学已经成为一门强调档案研究和系统知识积累的独特学科，成为一门独立的学问。为促进历史研究和历史知识普及，史学杂志应运而生。

史学杂志的出现是史学专业化的必然结果，预示着历史知识的系统化开始了，是史学成为一个学科的标志。历史上第一批史学专业杂志产生于19世纪后半期的西方世界，与学术职业化的过程同步。丹麦的《历史杂志》（1840）是现代意义上最早的史学杂志，德国学者则加以发扬光大，先后创办了《动物学杂志》（1848）、《历史杂志》（1859）、《民俗学杂志》（1860）、《埃及语言与考古学杂志》（1863）等，《历史杂志》以19世纪的兰克主义为指导原则，主张历史是一门严格的科学。其他各国仿照德国的例子，相继创办了《历史杂志》（法国，1876）、《历史杂志》（意大利，1884）、《英国历史评论》（英国，1886）以及《美国历史评论》（美国，1895）等等。这类期刊彻底改变了传统历史知识的传播途径，被视为历史变得更加专业的一种手段，亦为学者提供了一个更加职业化的交流场域。

伴随近代西方文明在全球的扩张，创办史学杂志之风也蔓延到世界各地。比如在亚非地区，日本的《史学会杂志》（1889，后更名为《史学杂志》）由史学会创办，是亚洲最早的自办历史学术杂志。近代中国早期的史学杂志有北京高等师范学校史地学会创办的《史地丛刊》（1920）、南京中国史学会创办的《史学杂志》（1929）、燕京大学历史学会创办的《史学年报》（1929）等。《震檀学报》（1934）是用韩文编写的最早的韩国本土学术杂志，也是韩国历史研究会震檀学会的机关报。越南史地研究班创办的《史地文研究集刊》（1953，第3期后改名《文史地》，20世纪60年代改名《历史研究》）则是越南最早的史学杂志。倡导"本地人写本地史"的伊巴丹历史学派创始人戴克（Kenneth Onwuka Dike，1917—1983）创办的《尼日利亚历史学会杂志》（1956）是非洲大陆第一本史学杂志。

随着史料的不断增加、研究范围的不断拓展、研究方法的不断更新、史学研究的不断深化，又产生了分科更细的史学杂志，如经济史、社会史、环境史、城市史、妇女史、书籍史、人文史等专业杂志，以及地区史、国别史等区域或断代史专业杂志，如《全球史杂志》（2006）、《人文史》（2016）等。同史学发展趋势相适应，欧美还出现了以史学为基础的跨学科专业杂志，如美国的《历史女神：文学、历史及历史哲学期刊》（1970）、《交叉学科历史杂志》（1970）等。有人推算，20世纪70年代全世界大概有1200种史学杂志，当今已有5000种各类历史期刊。在这些杂志中，较早创办的杂志一般比较忠实于传统，主要发表文章、评论、总结等，以客观反映史学研究成果为己任，但大多数后起的史学杂志则通过定主题、出专刊、约专稿等方式来左右或指引史学研究，一些杂志甚至成为史学更新的强有力的武器，法国的《年鉴》（1929）便是典型代表。

据统计，全世界有近7万种学术期刊，其中三分之一左右的期刊为哲学社会科学期刊。

中国目前大约有6449种学术期刊，其中哲学社会科学学术期刊共有2400余种。可见当代中国的学术期刊不是太多，而是太少了，史学类期刊更是如此。要实现三大体系的建设，必须加快学术期刊的建设，积极促进"向世界汲取智慧"这一知识生产模式的推广。近年来的"集刊现象"从反面凸显了我国学术期刊存在的问题，即通过编辑集刊、申请书号出版的方式，组建类似期刊的连续出版物。这是当今中国学术界对学术前沿动态的、无奈的直接反应，说明现行的期刊体制已经妨碍了学术发展。

让人类拥有一个共同的文化理想

老子曰："道生一，一生二，二生三，三生万物。"这里的"一""二""三"是指万物衍生于"道"的思想，这是老子的宇宙观、世界观，也是老子的源流观。人类很多伟大成就都源自对各种"存在"起源的猜测与探究。譬如，世界各地先民大约都经历了一个神话、传说与史诗时代，主要叙述的是有关天地开辟、人类起源的故事，后来是家庭的起源、国家的起源、私有制的起源乃至文明的起源、资本主义的起源、全球化的起源，等等。这些问题一直扰动着人类的好奇心，也激发着人类的无穷创造力。

作为文学作品的古希腊经典著作《荷马史诗》、赫西俄德的《工作与时日》《神谱》中有不少起源的说法，赫西俄德说："如果你愿意，我将简要而又动听地为你再说一个故事，请你记在心上：诸神和人类有同一个起源。"[1]古希腊史学则起源于一群被称为纪事家的人，其中最著名的是赫卡泰乌斯，他的《系谱志》（约公元前490）试图剥除希腊历史中的神话因素，给那些神祇和英雄一个编年史框架。他说"我把我所认为是真实的记录下来。在我看来，有关希腊人的那些充满矛盾的事情，仅值

1　赫西俄德：《工作与时日　神谱》，张竹明、蒋平译，商务印书馆2009年，第5页。

一笑了之"，可见赫卡泰乌斯在对传统的认识上，已具有明显的怀疑精神。事实上，以赫卡泰乌斯为代表的纪事家，是希罗多德的直接前辈，是希腊史学的精神之父。

希伯来人的起源观体现在《旧约圣经》，它自创世开始，记载了上帝与作为其选民的希伯来人的交往，叙述了万物创始、初民社会和犹太始祖的形迹。前6书讲述了以色列人如何成为一个民族并在应许之地定居，接下来的7书描述了以色列君主制的发展和先知们的信息，最后11书包含诗歌、神学和一些其他历史作品。这是人类社会最早系统地研究"起源"的作品。

罗马人第一部用拉丁文写作的历史著作是出自老加图之手的《罗马历史源流》（公元前2世纪中叶），是他专门为其子撰写的史书，自罗马建城起记述直到其生活的时代。这部历史著作不仅记载了罗马城的建立与起源，而且记述了意大利其他一些城市的历史，成为后世罗马史的范例。

基督教早期神学、哲学集大成者奥古斯丁的《上帝之城》典型地反映了中世纪教会的双城起源思想。奥古斯丁系统地阐述了地上之城和上帝之城的起源、历史进程和最终命运。他认为所有的人类历史都显示出这两座城市之间的紧张关系，所有的人都是上帝之城或地上之城的公民，其中一个群体注定要在天堂之城获得永恒幸福，另一个群体则注定要与魔鬼共度永生；上帝之城是与上帝一起的永恒幸福，而地上之城是最终的诅咒。

此类著作可以不断罗列下去，因为历史学的本质就是探寻，历史学家爱追根溯源。探寻史就是溯源史，就是起源史，况且我们人类自身的起源也是一个谜，至今难以真正破解。人在自然界仅为一个普通的物种，只是由于各种因缘巧合，才成为今日霸主。达尔文认为最初的人类起源于非洲，不断流散到世界各地。大约2万年前，人们从西伯利亚穿过一座巨大的陆桥进入阿拉斯加，然后向南分散到现在被称为美洲的地方。这是我们人类物种最后一次在一个全新的地方定居，但这一事件一直是一个令人深深着迷和争论不断的话题。没有任何书面记录和考古证据能告诉我们人类这最后一次大迁徙发生了什么或是如何发生的，更不用说更早的人类是如何迁徙的了。起源是一个谜，起源后的演变与发展也是一个谜，万物皆如此。

起源于新柏拉图主义者的"存在之链"就是一个源流研究之概念凝练的范例。该原理主张宇宙的统一性、连续性、完美性。他们设想宇宙是一个由不同等级的生命组成的等级体系——较高等级的生命比低等级的生命拥有更多的现实性或完美性。层次结构的顶端是最完美的存在——上帝，或者有时是最完美的生物——人。当人类遇到解决不了的"起源"问题时，就把一切推给上帝，把人类的思维推入另外一个玄妙世界了。似乎所有的起源都是模糊的，而且发展也不是那么清晰的，这种源与流的模糊性不仅为学术发展提供了巨大想象空间，也是学术发展的巨大动力，这是前人为后人"预流/预留"的学术发展空间吧。

这种"预流/预留"促成了太多的"起源"名著的产生，耳熟能详的有孔狄亚克的《人类知识起源论》（1746）、赫尔德的《论语言的起源》（1772）、达尔文的《物种起源》（1859）、恩格斯的《家庭、私有制和国家的起源》（1884）、雅斯贝尔斯的《历史的起源和目标》（1949）、芒福德的《城市发展史：起源、演变和前景》（1961）、摩尔的《专制与民主的社会起源——现代世界形成过程中的地主和农民》（1966）、福柯的《知识考古学》（1969）等，不胜枚举。这些都是我们研究"起源"不可回避的经典著作。起源研究就是要追溯万物的由来与发展，探究知识的累积与代谢，观察人类思想的变化与更新，从古今中外的先贤那里汲取无限的智慧，来不断构建新的学科体系（学科设置、专业划分、课程体系等）、学术体系（思想价值、道德观念、精神追求等）、话语体系

（理论体系、国家符号、文化象征等），以促进新知识体系的诞生。

　　"起源"之后的发展就会形成一种传统，传统会生成，也会消亡，都会引起人们的好奇。任何传统的消亡只是一种借口、一种修辞、一种幻想，而不是现实，学者总会想尽一切办法要恢复事实真相。古老传统被推倒、赶到地下，处于边缘地位，是一种潜流状态，而不是被扑灭。传统深深地嵌在我们的灵魂中，随时会有意无意之间流露出来。传统的存在，无论如何被压制或甩掉，都不会消失，而是在对传统的反叛行为中与我们同在，如影随形地相伴。任何个体与群体都是这根传统之链中的一环，初始的那个环节一直在起作用，让每一个环节都可以感受到，虽然感受到的时间不同、力量不同，但总是一种悄然的存在……诚如法国最早的马克思主义理论家拉法格（Paul Lafargue，1842—1911）所说："在思想史上常常有这样的情况：一些假设和理论一度成为研究和讨论的对象之后，便从智力活动的领域消失了，而后经过或长或短的一段遗忘时期，又重新出现于舞台，这时它们在这段时期所积累的知识面前，再次受到考察，而终于被放进既得的真理的行李包里去。"[1]有时传统即为真理，至少是探索真理的基础与沃土。

　　"各民族的原始封闭状态由于日益完善的生产方式、交往以及因交往而自然形成的不同民族之间的分工消灭得越是彻底，历史也就越是成为世界历史。"[2]今日的世界历史已越来越成为全球史，现代世界已是一体的世界。现代世界起源背景是什么？如果没有地理大发现，没有工业革命，没有民族主义，没有帝国主义，会有今日的现代世界吗？在现实中，民族主义者声称每个国家都有前现代的根源（也许美国、澳大利亚、南非这样的国家是例外），都有其原始起源、古老的种族血统、神圣的建

1　拉法格：《思想起源论：卡尔·马克思的经济决定论》，王子野译，生活·读书·新知三联书店1963年，第39页。
2　《马克思恩格斯选集》第1卷，第168页。

国历史。历史与学术都在深深影响着现实，知识与学术在现代世界中起着什么样的独特作用？学术是西方现代世界合法性的重要支柱吗？研究"起源"，研究世界各地的知识生产的体制机制、知识传承、知识方式、知识进化，有助于我们理解学术与政治之间的关系，有助于构建文化心理共性，也有助于回答上述问题。"起源"作为一个研究领域值得特别的、单独的对待，但似乎又是一个被忽略的领域、一个不太被人重视的话题。

学科体系、学术体系、话语体系的构建，归根结底是知识体系的构建。要构建符合人类未来发展方向的知识体系，我们首先必须摸清他人的家底，知道来龙去脉。人家究竟是怎样做的，有哪些经验教训，因此，我们必须全方位地探寻世界各地、各民族、各国家的知识生产与发展。历史学当勇担使命，历史学家当发挥自身研究档案与文献的特长，以揭示一种文化在某一时刻是如何思考某一主题的，进而宏观上考察话语形态的谱系，探究支配知识制度或认识论的话语实践和规律。历史学承担起源研究、探寻起源认知、擘画共同起源研究是责无旁贷的事。历史学家通过对证据的审查，解释过去，以期理解现实、筹划未来。历史学家的工作是寻找证据，分析其内容和偏见，用进一步的证据来证实它，并利用这些证据来发展对过去事件的解释，启迪当下。研究史学本身起源与发展的历史，在当下，显得尤为重要。因为历史是民族精神重要的载体，是文明发展的重要纽带，是反思现实的基础，是未来发展的源泉。知识创新犹如永无止境的学术马拉松接力赛，每个人、每个民族、每个国家都是奔向无限美好未来中的一棒，尽力跑好属于时代、属于自己的一棒是我们对历史负有的责任。

"史学源流丛书"将从"比较史学史""总体史学史""语境史学史""全球史学史"等角度探究人类史学意识是如何从孤立的、个别的观念逐渐成长为相容的、一体的人类史学。"比较史学史"侧重世界各国史学比较研究，尤其是东西方史学比较研究，以期明了相互之间异同的背景与原因。"总体史学史"是要抛弃以西方为中心的线性发展观念，因为"1400年的世界是多中心的，按照发展水平来说亚欧大陆大部分地区总体上是可以比较的。这些假设有助于我们理解一个日益一体化的世界是如何形成的，西方人如何并且为何能够主导它。欧洲中心论模式的实质在于，发展和进步源自欧洲，从那里向外辐射至世界所有其他地区：欧洲人是主动的世界，其他地区是被动的或停滞的（直到被迫对欧洲做出反应）"，[1] 我们要把边缘地区、发展中国家、非英语文献纳入历史研究的范畴。我们反对各种形式的中心主义，尤其是那些所谓的东方专制主义理论，它不仅"阐释"了亚洲落后的原因，而且同样重要的是，它巩固了欧洲的身份——无论过去还是现在，欧洲都是先进的、民主的文明发源地。通过这种方式，这一理论将欧洲人提高到永恒进步的主体或施动者的地位，而同时将东方民族贬抑成世界历史上永远落后的、消极的客体。[2] "语境史学史"关注的是知识、学术、学科、话语与社会、经济、政治、宗教等之间的关系，强调彼此之间的相互影响、相互关联、相互接受。"全球史学史"主要关注的是世界各地的史学传统是如何相互借鉴的，如何在交流互动中逐渐共同地发展理想、价值理念、道德观念的。这种四位一体的史学史研究范式是这套"史学源流丛书"的立足点，是我们的研究指南，更是我们的学术理想。厘清世界各地史学的源与流，突破某种中心主义，探索出更多的能真正体现人类不同心灵世界的学术作品。

　　世事无常，变动不居。没有一劳永逸的知识，没有万世永存的学科，

1　马立博：《现代世界的起源：全球的、环境的述说，15—21世纪》（第三版），夏继果译，商务印书馆2017年，第20页。

2　约翰·霍布森：《西方文明的东方起源》，孙建党译，于向东、王琛校，山东画报出版社2009年，第204页。

也没有一成不变的学术。世界万物一直是在不经意间变动的，文明的冲突、宗教的冲突、意识形态的冲突、军事的冲突，乃至偶发事件、自然灾害、传染病等都在重塑世界秩序，不受控制的自然事件总是拥有最后的决定权，偶然的叠加就是必然。新知识时代一定会到来，这将是一个全新的世界。我们应该重视过往知识的研究，善于吸收人类思想中一切有价值的东西，为正在形成中的"新知识"研究奠定基础，创造具有共同审美、共同价值、共同道德的知识，促进文明内涵的不断丰富，让人类拥有一个共同的文化理想。这是我们的追求，这一切皆应自最基础的史学探源研究开始。

　　本丛书是开放的、长期的，只要文献扎实、有新见，都是我们欢迎的。衷心希望丛书能得到学界各方人士鼎力相助，让这棵学术之树茁壮成长。期待更多学者加入，薪火相传，不断积累，必成大势。

帝国的历史与科学的历史

　　我们今天所说的"全球化"发轫于16世纪初，伊比利亚半岛的君主国开始了连接世界的壮举。知识的、学术的、学科的、话语的全球化亦自此萌发步步向前，尽管此一进程伴随着诸多顿挫和罪恶。纵观这500余年的历程，欧洲的崛起，本质上就是其知识、学术运用于社会实践并最终产生技术的结果。递及18世纪晚期，欧洲工业革命的发生，极大地加速了这一进程。生产与流通带来的商品、资金和人员流通需求，刺激了铁路网的发展和国际航运的兴起，急剧缩小了全球不同地区之间的物理空间和想象距离。更重要的是，自近代早期开始的一系列绵延不绝的科技革命及其催生的经济社会变革，形塑了新的民众观念，民众参与智力生活转而又创造新思想得以不断产生和发展的活跃舆论氛围。知识激增，民众文化程度极大提高；学术繁荣，文化形态不断向前演进，两者之间呈良性的互动。近代意义上的学术内涵在此过程中渐趋丰富繁荣：学科出现了，话语流行了。知识的物质性、认同性、流动性得以凸显，这一切奠定了欧洲称霸世界的基础。作为人文社会科学之基础的历史学亦概莫能外。

一、帝国的历史与科学的历史

1764年，英国历史学家爱德华·吉本在《文学研究论》中开宗明义地说道："帝国的历史是人类苦难的历史。科学的历史是人类伟大和幸福的历史。哲学家一定有一千个不同的理由认为科学研究是宝贵的，这一想法将使人类的任何朋友喜欢上它。"[1]该书是吉本的第一部著作，发表于七年战争（1756—1763）结束后的第一年。此时，他还没有决定写罗马帝国衰亡史，但帝国的观念已刻进他的内心深处。欧洲所有大国皆卷入其中的七年战争，造成90万—140万人死亡，是世界上第一次真正的全球冲突。它的结束标志着大英帝国全球统治地位的开始，并将持续150年之久。吉本敏锐地觉察到，此时刚显露雏形的帝国将会对人类产生巨大的影响。但帝国起起落落，一切都是暂时的，即使是最强的帝国也常常不得不承认其能力的局限性，能持久地存留后世的只是知识、科学与学术。

西班牙和葡萄牙是全球探险和殖民扩张的先驱，是第一批真正意义上的全球帝国和殖民帝国；但它们在与其他国家的领土、贸易、宗教冲突中很快衰落，1713年的《乌得勒支和约》结束了西班牙帝国的历史，并成为后来欧洲民族国家疆界的基础。从西班牙独立出来的荷兰，凭借着航海技术和对外贸易，从16世纪后期到17世纪下半叶建立起全球贸易市场，并伴随着文化输出，开创了荷兰的黄金时代。然而，后起的英国加入海洋竞逐，导致国土小人口少的荷兰失去海上霸主地位和除东南亚外的所有殖民地。1898年的美西战争，再次标识着地缘政治和现代世界的转折。曾经强大的西班牙帝国已然衰落，如日中天的不列颠帝国正在

1　Edward Gibbon, *Essay on the Study of Literature*, T. Becket and P. A. De Hondt, 1764, p. 1.

"西下"。国土广袤的美国开始远涉重洋走向世界，开始了其在20世纪的全球经济、政治乃至文化霸权。

　　世界历史离不开帝国历史，帝国历史则离不开知识与思想的创造。它们塑造和主导的全球秩序，实际上深层次倚赖的是知识、思想和话语系统的创造。欧洲列强就是在这样的相互竞争中，向世界拓展了领土、传播了宗教、推广了知识，将自己的一套价值与道德体系推向全球其他地方。与之相伴而生的事物之另一面，则是世界"被遮蔽的时代"。换言之，在欧洲强势文化扩张的情况下，其他大陆历史、文化与文明"被遮蔽"了。到第一次世界大战前夕，全球有近7200万平方千米的领土和5.6亿多人处于殖民统治之下（爱德华·萨义德提醒我们，实际上，到20世纪初，全球85%的地区已经被殖民化[1]）。这造成了人类文明的多样和辉煌与实际呈现的面貌不相匹配的局面，对人类文明的叙事基调也失去了客观合理性。譬如，无论从哪个角度来看，面积如此广袤、地貌如此多样、语言如此众多的非洲对世界历史的贡献都是多样且巨大的：从最早的人类化石到不朽的金字塔；从一神教思想到第三世界不结盟运动；从埃及法老到纳尔逊·曼德拉、科菲·安南等杰出人物……非洲大陆产生了无数的文化丰碑、政治时刻和伟大人物。作为几千年来起起伏伏的许多世界体系的一部分，非洲也留下了自己的印记；非洲积极参与了世界的运动，并贡献了独特的新思想、新概念；欧洲的殖民主义、帝国主义如果不是以罪恶的奴隶贸易为基础，也不会有以欧洲为中心的近代世界的产生。

　　到20世纪80年代，这种西方殖民帝国现象终于从世界版图上消失了。政治的独立与"身份"的凸显，必然要求知识的自主、学术的自立、文

1　Margaretta Jolly, ed., *Encyclopedia of Life Writing: Autobiographical and Biographical Forms*, Fitzroy Dearborn Publishers, 2001, p. 636.

化的自强，恢复世界既有的知识面貌已成为学术界尤其是历史学界的重要使命。

那么，如何实现这样的目标？考诸过去，欧洲世界所谓"文明使命"主要是通过学校、医院、出版、建筑、艺术、宗教、传媒等手段成就的，但其文化基础是近代学术的学科化、普遍化、标准化，因此有必要分析其中的学术理路，研究各个学科的来龙去脉。知识与学术是现代世界合理性的重要支撑，欧洲人将其灵活运用于各种场合，服务于现实的多重需要。历史学在其中曾扮演了重要的角色，诚如布罗代尔所言："欧洲在发明了历史学家的职业后，便用历史学家为自己效力。欧洲自己的来龙去脉既已弄清，就随时准备提供证据和提出要求。非欧洲的历史学才刚起步。"因此，从全球史角度考察作为一门学科的历史学，全面展现不同时期各个民族的历史观念与历史实践是全球化的必然结果，更是现实的需求。

如欲书写一部全球学术史，不仅意味着以全球和整体的视野来考察学术的发展及其能动作用，同时还要关注各种学术传统的地方性与独特性，如此方可立体呈现全球学术的多重面貌。还需强调的是，书写全球学术史，须以人类本身为核心，须以人类的知识与话语创造为介质，其抓手是知识话语生产的诸环节（作者、受众、大学、研究机构、学术组织、期刊媒体、学术体制、交流网络等）。五卷本《牛津历史著作史》便是一次十分有益的尝试。

《牛津历史著作史》是全球首部时间和空间跨度完整的、集体创作完成的学术性历史著作史，由众多世界一流学者合作编撰，以编年的体例，全方位挖掘、恢复和叙述全球史书写的历史，同时特别关注不同的全球书写传统，以及这些不同传统与西方历史编纂的可比之处。每一卷都涵盖某个特定时期，并且着力避免过度夸大西方历史分期概念的优越性；各卷所涵盖的时间跨度依次缩短，这既反映了各卷所涉及地理范围的逐渐扩大，也反映了19世纪以来世界各地历史活动的急剧增加。《牛津历史著作史》为我们在新时代书写全球的学术史提供了重要参照。

二、对人类史学及其研究状况进行研究的全球史学史

《牛津历史著作史》[1]主编丹尼尔·沃尔夫（Daniel Woolf，1958—　）出生于伦敦，在加拿大的温尼伯接受教育，后回英国读书，1983年在牛津大学获得近代史博士学位，导师为牛津大学圣彼得学院著名的历史学家吉拉德·艾尔默（Gerald Edward Aylmer，1926—2000）。毕业后，他先去加拿大埃德蒙顿的阿尔伯塔大学任教，任该校历史与古典学系教授、文学院院长，现任加拿大安大略金斯顿女王大学教授。沃尔夫早年主要研究都铎王朝、近代早期英国文化史，后来专注史学史与史学思想研究，著述颇丰，成为史学史研究的领军人物。

《牛津历史著作史》是一套由众多知名学者合作编撰的、涵盖全球的史学史著作，全书由150篇专论组成，是迄今为止最全面的、涵括整个人类史学文化传统的历史著作史。各卷主编都是各个领域的著名学者：第1卷主编是古典学家安德鲁·菲尔德、汉学家侯格睿；第2卷主编是教会史家萨拉·福特、伊斯兰史家切斯·罗宾逊；第3卷主编是拉美史家何塞·拉巴萨、史学理论专家佐藤正幸、早期近代史家埃多尔多·托塔罗洛、史学史家丹尼尔·沃尔夫；第4卷主编是澳大利亚史家斯图亚特·麦金太尔、美洲史家朱安·迈瓜斯卡、史学史家阿提拉·伯克；第5卷主编是汉学家施耐德以及总主编丹尼尔·沃尔夫本人。五卷本《牛津历史著作史》的主体内容如下：

1　Daniel Woolf, ed., *The Oxford History of Historical Writing*, Oxford University Press, 2011−2012.

卷数	时间范围	主编	篇数	内容
第1卷	自开端叙述到公元600年	安德鲁·菲尔德、侯格睿	26篇	论述了古代世界主要历史传统，包括古代近东、古代希腊、古代罗马、古代东方和南亚的史学起源与发展。主要关注对过去有所记载的文献传统的起源和建立，以及在各自社会、文学和思想背景下涌现出的历史探究作品的不同模式。
第2卷	叙述自公元400—1400年间的史学发展	萨拉·福特、切斯·罗宾逊	28篇	第一部分是宏观论述，讲述了从朝鲜半岛到欧洲西北部的这一时期不同社会的历史著述的发展，特别突出宗教特性和文化特性。第二部分是对第一部分的补充，侧重比较与主题，包括对历史题材风格、战争，特别是宗教的论述。
第3卷	叙述公元1400—1800年间的史学发展	何塞·拉巴萨、佐藤正幸、埃多尔多·托塔罗洛、丹尼尔·沃尔夫	32篇	论述公元1400—1800年间（即通常所称的"早期近代"）全球史学的发展。从叙述亚洲开始，到叙述美洲结束，这个时期开始了真正意义上的全球史学时代。侧重跨文化比较的方法。
第4卷	叙述公元1800—1945年间史学发展情况	斯图亚特·麦金太尔、朱安·迈瓜斯卡、阿提拉·伯克	31篇	第一部分总述欧洲历史思想、史学职业化和史学机构的兴起、强化与危机；第二部分分析了史学史怎样与各种各样的欧洲民族传统发生联系；第三部分考察的是欧洲史学的"后裔"：美国、加拿大、南非、澳大利亚、新西兰、墨西哥、巴西和西属美洲的史学发展；第四部分讲述西方世界以外的史学传统，包括中国、日本、印度、南亚、阿拉伯世界和撒哈拉以南的非洲史学。
第5卷	叙述1945年以来的全球史学发展情况	施耐德、丹尼尔·沃尔夫	33篇	论述的是"二战"后世界史学的发展、各种理论与问题的出现及主要国家历史文化的发展。第一部分考察历史理论与跨学科的研究方法；第二部分论述的是世界各地民族史学、区域史学的发展。

通观全书，我们很容易从中看到几个鲜明的特点：

首先，这是力量雄厚的一流撰稿人和学术顾问组成的团队。几十位撰稿人多是当代世界各国的史学名家，其中包括德国柏林自由大学的塞巴斯蒂安·康拉德、《人类之网》的作者 J. R.麦克尼尔、美国弗吉尼亚大学的阿兰·梅吉尔、德国康斯坦茨大学的尤尔根·欧斯特哈默、德国哥廷根大学的阿克塞尔·施耐德……这份史学群英谱，本身就是当代世界史学术谱系浓墨重彩的组成部分。各个专题论文的作者在学术界都有一定的影响力，如宾夕法尼亚州立大学伍安祖教授，德国汉学家闵道安，印度裔历史学家迪佩什·查卡拉巴提，英国古典学家劳埃德，美国汉学家杜润德、史嘉柏、夏含夷等，这些高水准学者的加入为整套丛书的编撰质量提供了可靠的保障。另外，由迈克尔·本特利、约恩·吕森、格奥尔格·伊格尔斯、唐纳德·凯利、彼得·伯克等14位重量级学者组成的顾问团队，在发挥自身特长为该书贡献专题文章的同时，对全书编纂提供指导性意见，从而为丛书的编纂质量提供了有力的保障。

其次，在撰述视角和方法路径上反映或引领着当今史学前沿。编者注重跨学科研究，改变过去史学画地为牢的局限，吸收艺术、考古、科学、社会科学等领域的研究成果与方法；注意吸收来自不同领域的专家、学者，尽可能全面、系统地反映人类史学成就；注重史学知识产生的社会背景，分析各种制度、机构对史学知识的影响。"历史记录同种族、社会、经济和政治意义上的权力运用之间有着一种密切的联系。这也许是在文章开始时提到的古老格言的另一种表达方式，即'历史是被胜利者所书写，尽管事实上很多时候也是被失败者（考虑一下修昔底德，印第安人阿亚拉，或一位失败的革命者、诗人和史学家约翰·弥尔顿）和那些被突然而不受欢迎的变化幻象所困惑的人们所书写'。"[1]

1　Maryanne Cline Horowitz, ed., *New Dictionary of the History of Ideas*, Vol. 1, Thomson Gale, 2005, p. lxxx.

再次，在叙事风格和内容形制方面，淡化宏大理论和宏大叙事，侧重对具体事物进行细腻深入的论述，尽量纳入史学研究的最新方法和内容；内容里设计了大事年表、原始文献、研究文献，增加了可读性。尽管近年来已经出版了不少有关历史著述的百科全书、辞典、手册、研究指南，从纯学术的角度以全球视野全面论述史学史的著作也间有问世，但在编排形式多样、吸引读者方面都很难像本书这样令人印象深刻。

《牛津历史著作史》甫一面世，旋即引来史学界如潮的好评。伊格尔斯认为，"此书魅力在于其内在的、深刻的跨文化研究方法"；彼得·伯克认为，"沃尔夫的著作为我们提供了天才的史学史全球研究论述，该书结构明晰、内容平衡，作者尽量避免欧洲中心主义和当下意识这对孪生危险，强调使用多元路径研究过往"；唐纳德·凯利认为，"这是内容丰富、论述全面的世界史学史著作。沃尔夫是这一领域公认的专家，他将年代与地理结合在一起，范围包括非洲、近东、远东以及欧洲和美国；他的这一研究方法非常有效"。因此，这部著作，对于研究者而言，深入研读，可以从中梳理出人类史学发展的特征和脉络；对初学者而言，"按图索骥"，可以从中获得本领域的基本知识和学术框架；对于非专业学者来说，跨界阅读，可以从中汲取思想火花和创作欲望。

三、《牛津历史著作史》对几个关键问题的处理

全球史范式的确立及快速发展，可以说是20世纪70年代以来历史学领域最重要的学术成果之一，它带来了历史书写的革命性转变与创造性发展，挑战了近代传统历史书写的固有范式，西方中心论、民族国家史等首当其冲。后殖民史学、后现代史学则进一步动摇了传统的史学书写范式。全球非西方知识代表性不足、所占比例不高，以西方为中心的历

史分期所扭曲的历史叙述等知识失衡、学术失语、学科不公、话语偏颇的现象越来越引起学术界的重视。

（一）逐渐恢复常态的非西方历史知识

黑格尔所说的"精神的朝霞升起于东方，〔但是〕精神只存在于西方"，[1] 这种观念一直在误导着世界、误导着学术。直到20世纪70年代，欧美学术界许多人仍然坚持古希腊是一个自我创造的世界，与"外国"影响是隔绝的。也许这是殖民主义心态的最后遗迹，是我们必须要消除的东西。如果对"希腊"思想的影响和起源感兴趣的话，读者当然值得去翻阅英国古典学家韦斯特（M. L. West，1937—2015）的著作，他的《早期希腊哲学与东方》（1971）、《赫利孔的东面》（1997）、《印欧诗歌与神话》（2007）等著作对东方世界影响希腊世界已经做出了非常经典的论断："在某些方面，我们可以说，正是奢华的东方幻想使希腊人摆脱了他们目力所及的限制：使他们想到万年的周期，而不是人类的世代，想到在可见的天空之外和地基之下的无限，想到不受子宫和坟墓限制的生命。"[2] 西方世界并非自我逻辑的循环，世界一直处于交织变动之中，世界史是由人类共同创造的。

历史是什么？历史不是什么？什么是历史写作？古代的纪念碑是历史吗？古代美索不达米亚人、赫梯人、叙利亚人、以色列人如何理解自己的过去？那些消失的文字系统就没有历史记载吗？能以今天的历史概念衡量各个时代的历史写作吗？我们相信，在过去的5000年里，消失的书写系统可能比存留下来的更多。人类早期记录历史的方式是如此多样、如此丰富，是超乎想象的，但又是如何成为今天这样一个标准的呢？在

1　黑格尔:《世界史哲学讲演录（1822—1823）》，刘立群、沈真、张东辉、姚燕译，张慎、梁志学校，商务印书馆2014年，第113页。

2　M. L. West, *Early Greek Philosophy and the Orient*, Clarendon Press, 1971, p. 242.

400—1400年的前全球化时代，我们会看到历史撰述的多样性是其定则。[1]
但为什么这种多样性消失了呢？如果以今天历史概念和标准来审视古代
世界，就会让我们失去向古人学习智慧的机会，如埃及喜欢用图像而不
是文本来记录历史，早期罗马喜欢用纪念碑记录历史……在伊斯兰入侵
印度之前，印度真没有历史记录吗？"历史学家一旦意识到了历史的构造
性，他们就更加注重过去中的行动者，以及多元化的视角和各种不同的
历史道路。"[2]

自希罗多德与修昔底德以来，欧洲的历史写作主要是一项个人事业，
以独力撰写而成的作品通常是为分散的、独立的读者而作（有时也写给
那些聚集来听作品朗诵的听众），或者像欧洲中世纪的修道院编年史，
是为了后来的作者而写。相反，东亚的历史著作以及"史学"的原则或
文化，源于一种公共历史编纂学的文化。历史写作的任务在传统中是一
项"国营"项目。历史写作的主导模式，以及在意识形态上规范的模式，
在于为"官修历史"而进行资料汇编。[3]

从历史学的产生来看，1400—1492年可以单独成为一个时期，那时
候美洲印第安和欧洲的历史学家互不相知，在没有任何联系的情况下独
自书写。这种情形与1400—1800年的亚洲和非洲的历史写作非常不同，
那时尽管这些不同地区的历史学家并不熟悉对方是如何认知和记录过去
的，但是他们经常意识到其他地方也存在着同道中人。[4]

欧洲海外移民建立的国家在确定其民族性的时候面对着不同的挑战。
第4卷有数章考虑的正是在美洲、南非、澳大利亚和新西兰创造的各种历

1　丹尼尔·沃尔夫总主编：《牛津历史著作史》第二卷，赵立行、刘招静等译，上海三联书店2021
　　年，第4页。
2　丹尼尔·沃尔夫总主编：《牛津历史著作史》第五卷，彭刚等译，上海三联书店2021年，第3页。
3　丹尼尔·沃尔夫总主编：《牛津历史著作史》第三卷，陈新等译，上海三联书店2021年，第3页。
4　丹尼尔·沃尔夫总主编：《牛津历史著作史》第三卷，第3页。

史形式，这些地方都被欧洲大国殖民，并且移植了欧洲的人口、制度与原则。这些人有时候被称为新欧洲人，我们更愿意说他们是欧洲人的后裔，尽管他们有自己的发展逻辑。在我们这个时代开始的前夕，美国是第一个争得了独立的国家；19世纪初期，拉丁美洲的殖民地也纷纷独立，在第一次世界大战之后，英国的殖民地逐步经过自治实现了独立。这些移民社会借助从欧洲获取的文化遗产，在新的环境中憧憬未来，由此建立了自我认同。正如新世界摆脱了旧世界的压力一样，新世界可以自由地发明自己的历史。[1]

据岛田虔次估计，1750年以前，在中国一地所印刷出版的书籍，其数量远远超过了全世界同时期所有其他语言出版物的总和。而且他指出，历史著作在所有出版类型中数量最多。[2]启蒙运动、科学革命、工业革命等一系列革命奠定了西方霸权的基础，欧美所输出的一系列标准成为认同的基础，比如工业化就是使一个社会更加民族同质化的强大媒介。我们亦可以把19世纪德国的史学建制称为"史学革命"。中国为什么会在这场知识的全球化中失去话语权？如果科学、技术、观念、制度等不与世界对接，形成一种良性互动，就会形成隔阂，就会被抛弃。再优秀的文化如果故步自封，也经受不住后发文化的冲击，这是我们要牢记的教训。

（二）正在瓦解的西方中心论

全球史意味着我们要跳出区域视角，从更高的层面审视史实；注重历史材料的整合性，避免以偏概全；关注历史的长时段发展，避免任意割裂历史。全球史还意味着在更大范围内运作的历史研究正在迅速增长，

1　丹尼尔·沃尔夫总主编：《牛津历史著作史》第四卷，岳秀坤等译，上海三联书店2021年，第9页。
2　丹尼尔·沃尔夫总主编：《牛津历史著作史》第三卷，第3页。

以变化的观念审视人类历史中心与边缘、变化与互动的关系；也许最重要的是，全球史意味着具有区域史专长的学者们将全球史视为学术交流甚至合作的共同基础，也就是在宏大背景下，使用联系、比较的方法，探寻人类文明演进的普遍趋势。全球史范式使得一种新型的历史学既成为可能，也成为必需。

全球史看似专属于近现代史，其实不然：全球史书写的源头可以追溯到古代世界，不少古代史家（如希罗多德、司马迁、波里比阿、伊本·赫勒敦等）都在实践层面构建了古代世界的一体史，从交往、交汇、互动、互鉴的角度书写彼时的世界史。不论是古代中世纪还是近现代，其实都存在着供历史学家探究的跨文明实体。全球史的智慧源头在古代世界，西西里的狄奥多罗斯在《历史集成》中指出："人们要对书写普遍史的作家致以极高的敬意，这是因为，他们渴求通过自己的书写，以此关怀作为整体的人类社会。"自古至今，人类始终热衷于从不同的角度描述世界，积累的文献浩如烟海，全球史同样为我们搜集、整理、分析人类记述历史的种种方法和观念提供了新的范式，我们可称之为全球史的学术（Global History Scholarship），即书写全球的学术史。

"二战"后，一种新的社会史正在出现。它不仅是平等主义、民主化的产物，也是马克·布洛赫、费尔南·布罗代尔等人领导的法国年鉴学派所倡导的结果，他们认为生活的各个方面和每个社会群体都值得研究。比较历史、全球史、历史社会学等方法本身就是对西方中心论的否认。比较的、环境的、区域的、城市的、性别的、世界的、全球的历史书写路径都是超越民族史的尝试。20世纪上半叶，一个引人注目的特征就是历史学的民主化，亦即历史学者的关注兴趣从政治扩大到了社会，囊括了物质环境以及大众生活经验。[1]历史学从民族化到民主化，再到全球化。

1　丹尼尔·沃尔夫总主编：《牛津历史著作史》第四卷，第4页。

当代史学史"面临着更加多元化和更加多层级的处境，挑战了迄今占主导地位的现代化理论及其书写历史方式的核心预设"。[1]

一方面，庶民研究始于1982年，当时一群在西方受训的印度学者希望重新获得他们的历史，这包括查卡拉巴提（Dipesh Chakrabarty，1948— ）和查特吉（Partha Chatterjee，1947— ）、古哈（Ranajit Guha，1923—2023）等人，他们创办了由牛津大学出版社出版的"庶民研究丛刊"。这个集体的早期工作大多涉及那些参与并最终导致印度独立的农民群众的政治运动。其主要目标是为底层民众、为那些以前未被听到的声音重新夺回历史。为了抵制殖民地中一些精英阶层学习殖民大国采取国家主导的现代化范式，后殖民主义者抨击了据称典型的现代西方进步的、因果的和国家主导的国家建设的假设。为了促成自下而上的方法来理解历史，他们强调"庶民"非精英的视角，并批判欧洲中心主义的规范性，但他们并没有否认现代西方的影响。[2]

另一方面，后现代主义在20世纪60年代开始发展，其观点是冷静的、讽刺的，并接受当代存在的分裂，它倾向于集中于表面而不是深度，模糊了高低文化之间的区别，并且作为一个整体挑战各种传统文化价值。对后现代主义的痴迷并非专属于西方，在东亚也非常流行。但是，西方的后现代主义是从认识论上来批判现代的历史学或者颠覆现代历史学的基本范畴，在东亚，人们更多是把后现代主义作为工具，以此来强化这样一个特质，即把东亚置于不同于西方和剩余其他地方的空间中。因此，后现代主义在世界的一些地方成为加强而不是拆除边界的工具。[3]

同时，作者队伍的构成反映了西方学术内部对西方中心论的不满与批判。比如美国得克萨斯大学法罗拉（Toyin Falola，1953— ）既是本

1 丹尼尔·沃尔夫总主编：《牛津历史著作史》第五卷，第3页。
2 丹尼尔·沃尔夫总主编：《牛津历史著作史》第五卷，第3页。
3 丹尼尔·沃尔夫总主编：《牛津历史著作史》第五卷，第2页。

书的顾问委员会成员，也亲自撰写相关章节，他是著名的非洲研究教授，对西方中心论持强烈的批判态度：非洲人完成了过去欧洲人完成的事业，非洲拥有欧洲所有，并有能力做到欧洲人所做到的功绩，他们努力展现其合法性，寻求尊严，努力克服矛盾，期望排斥西方的同时借助"种族中心主义"模式来书写非洲的历史。[1]

这些因素都在瓦解着西方中心论，并导致了全球研究的兴起。《牛津历史著作史》就是一部按照编年顺序、注重各国史学传统、努力再现人类史学文化传统的史学史著作，全书力图避免西方中心观念，且注意比较研究，以全球眼光、平等价值看待各种史学文化传统，非常注重非西方史学传统的研究，每一卷的历史分期都考虑到了东西方的具体情况，在大时间框架内处理国别史学史、地域史学史、专题史学史。国内史学界很少关注的北欧史学也涉及了，比如殖民者的历史和原住民的过去都被纳入进来，新西兰和澳大利亚等我们平常很少关注的区域都成为叙述的对象。

（三）越来越被人重视的历史时间与历史分期

历史不仅是空间的，而且是时间的。毫无疑问我们在谈论空间和时间的时候，它们是不可分割地交织在一起的。审视人类历史一旦采纳了更为宽阔的全球性视角，欧洲的主导地位在时间上就大大退后了，或许退后至1750—1800年，甚至到19世纪早期。

"我知道时间是什么，"奥古斯丁说，"但如果有人问我，我不能告诉他。"[2]时间充满着奥秘、价值与功用。历史学家大卫·兰德斯（David Landes，1924—2013）认为，中世纪末机械钟的发明是技术进步之一，

1　丹尼尔·沃尔夫总主编：《牛津历史著作史》第五卷，第407—408页。

2　David S. Landes, *Revolution in Time*, Belknap Press, 2000, p. 1.

它"将欧洲从地中海文明的一个弱小、边缘和高度脆弱的文明前哨变成了一个霸权侵略者";并且"无论好坏,都使一个关注时间流逝,从而关注生产力和绩效的文明成为可能"。[1]从西方中心主义的角度来看,这个问题最明确的答案是在1884年正式采用的格林尼治标准时间——西方时间帝国主义的必然结果——在殖民时代的高峰期,它试图有效地用一个单一的、集中的、标准化的"标准时间"概念来取代世界各地的各种"地方时间",[2]时间文化成了控制其他土地和民族的手段。从实践的角度来看,毫无疑问,殖民主义在19世纪末产生的全球相互联系的社会,需要一种共同的时间话语——一种时间语言。[3]

　　本书编者尽量不采取传统的古代、中世纪、近代历史分期,目的就是尽量避免不恰当地突出西方的历史分期观念。就"历史编纂来说,似乎一直完全是西方的发明或西方的实践。自从20世纪90年代末以来,大量历史著作开始挑战史学史的欧洲中心论,亦挑战史学史那种固有的目的论。现在我们能以更广阔的视野为背景来研究欧洲史学事业了,这个视野有许多平行的——这一事实时常被忽略——相互影响的书写传统,比方说来自亚洲、美洲、非洲的历史"。[4]编者因此尽量回避自19世纪以来所形成的民族史传统,注重地方史、区域史、跨国史、洲际史、国际史、交织史的书写以及彼此之间的联系。地中海传统(古代希腊、罗马、希伯来等构成的西方传统)、伊斯兰传统、儒家传统这三大传统,以及次要的包括古代印度,前殖民时代的非洲、拉丁美洲、南亚、东南亚部分地区的传统,这些传统的和谐共生和具体展现本身就在瓦解着西方中心论。

1　Giordano Nanni, *The Colonisation of Time: Ritual, Routine and Resistance in the British Empire*, Manchester University Press, 2012, p. 2.

2　Giordano Nanni, *The Colonisation of Time: Ritual, Routine and Resistance in the British Empire*, p. 2.

3　Giordano Nanni, *The Colonisation of Time: Ritual, Routine and Resistance in the British Empire*, p. 1.

4　Maryanne Cline Horowitz, ed., *New Dictionary of the History of Ideas*, Vol. 1, p. ix.

第一卷是涵盖时间最长的一卷，第五卷是涵盖时间最短的一卷，长与短对主编和作者都是一个挑战。各卷所包括的时间范围在逐步递减，这不仅反映了后来各卷尤其是自19世纪以来，史学史考察对象在地理空间上的扩大，而且反映了历史学活动的急剧增加，"研究越来越接近现代时，这些研究的时间范围就越来越短了，这不仅是因为存留的材料和著名的作者越来越多，而且是因为真正意义上的世界范围内的重要主题也越来越多"。[1]这一切都预示着全球历史时代的真正到来。

四、抛开意识，展望未来

编写一部真正意义上的全球史学史，成为全球化学术史研究的先驱，《牛津历史著作史》实现了这一雄心抱负吗？答案是肯定的，主编与作者基本实现了设定的目标，虽然还存在一些不足和可商榷之处。比如如何处理当代史学，对任何历史学家都很棘手，因为"现代的历史学科从未成为一个统一的领域"，因之作者叙述的边界是变动的，有时也是模糊的，多有交叉之处。历史研究领域的拓展和历史书写体裁的多样化，使得本书没有涵盖历史书写的方方面面，估计谁也做不到这一点。如果把本书当作一套百科全书来查阅，估计也会失望，虽然本书的体量已经足够大，但并不能满足研究者的所有需求；作为研究性学术著作，500万字的一套书也会令人望而生畏，失去阅读的勇气。也许主编沃尔夫早已想到这个问题，先后出版一卷本《全球史学史》（牛津大学出版社2011年，中译本由上海三联书店于2023年出版）和更加简明的一卷本《简明史学史：从古代到现在的全球史学史》（牛津大学出版社2019年，中译本将由

1　Daniel Woolf, ed., *The Oxford History of Historical Writing*, Vol.1, p. x.

商务印书馆出版），这三本书的编撰思想都源自沃尔夫为《新观念史辞典》（玛丽安娜·克莱恩·霍洛维茨主编，斯克里布纳之子出版社2005年，中译本将由上海三联书店出版）所撰写的12万字的长篇导言《历史编纂学》，这些都代表着今日西方史学的前沿状态。

1750年之前的全球史学在书写方式上还是基本平衡的，各地都有自己观察世界、记录历史的方式，但随着时间的逐渐推移，我们会越来越感受到欧美史学给世界所带来的强势冲击。但需要看到，欧美史学内部也在发生变化，全球史的兴起就是美国对欧洲史学范式的一种扬弃，有全球帝国，一定会有全球史学。近三个世纪左右的时间确实是欧美史学的大发展、大传播的时代，他们在史学的体制化、制度化、学科化等方面为现代史学奠定了基本框架，从这个意义上来说，这300年的世界史学发展是以欧美史学为主导的探索人类历史规律的一种方式。智慧并不会停止，史学瞬息之间都在发生看不见的但足以改变未来的变化。

"战后史学是一个没有结局的故事，没有一个明显的中心人物，更不用说是有一个'英雄'了。"[1]这既是当代史学的状态，也似乎暗示着历史学从未成为一个统一的领域，一个内涵与外延不断发生变化、丰富并延展的领域。人类的好奇心犹如浩瀚的宇宙是永无止境的。年近六旬的休谟在1770年写给他伦敦出版商朋友的信中说："我相信，这是历史的时代，并且是历史的民族。"休谟命名自己的时代为"历史的时代"，其复杂性只有通过对18世纪文化大趋势的详细研究才可获得完全理解。[2]或许这是"人类世"的早期宣言，"历史的时代""历史的民族""历史的人类"，人类似乎掌控了一切，信心满满，掌握了历史就掌握了未来，人类在地球上的活动痕迹将在未来的几百万年里仍然清晰可辨，显示出人

1　丹尼尔·沃尔夫总主编:《牛津历史著作史》第五卷，第10页。

2　丹尼尔·沃尔夫总主编:《牛津历史著作史》第三卷，第15页。

类在方方面面刻下的人为"签名"的证据。但令休谟想不到的是，目前技术的快速发展正日益侵蚀着我们传统的人文主义，颠覆着人类历史所积累的一切价值：语言、情感、意识、认知、智慧、道德、幽默甚至死亡等——所有这些都不再表明人类存在的独特性质和价值取向。相反，"后人类"的幽灵正在游荡，现在被广泛援引为人类所面临的"不可避免的"下一个进化阶段。数字技术正在淘汰人类，人类之后是谁？世界不好，就可以再造一个世界吗？我们如何迎接人类的新知识时代？我们如何在后人类学术时代赢得先机？我们可以为一个没有我们的世界而努力吗？

全球史试图超越民族史，试图超越民族国家来考虑国际关系，但真的就能超越吗？在眼下全球化已经开始式微的时代，民族史的重要性又凸显出来，民族史恐怕在可见的未来不仅不会式微，反而会回潮，重新被书写，重新被运用。民族主义总是与对过去的认识，以及在这些认识基础上对现在和未来的要求联系在一起，民族主义是一种特殊形式的爱国主义，民族史是集体记忆的重要部分，民族纽带一直是并将继续是最强大的忠诚纽带之一，政治家怎会放弃！另外，全球史学史旨在搞清世界上各文明体系的历史书写，难道不是用另一种方式继续维持西方的文化霸权、文明优势吗？怎么样从自身的立场反写全球史学史是摆在非西方学者面前的难题，任重道远！也许这是《牛津历史著作史》给我们的深层启示：我们能否写出超越当下全球视野的、有未来感的历史著作史！学术史是人类智慧进步的阶梯，认真回顾，方能展望。

（文章初成后，洪庆明、宋立宏两位教授提出了富有启发性的修改建议，笔者吸收了他们的意见。特别致谢！）

四

关注文明交流互鉴的
城市史研究

关于城市史研究的若干思考

　　城市像文明一样古老，实际上城市本身就是文明，[1] 因为人类历史上的城市几乎与文字、国家同时出现。城市一经出现便产生了城市化，不断增加的人口导致定居点超越先前的边界，城市范围不断拓展的结果便是城市化，人类生产方式、生活经验因此不断得以扩张。这一过程在21世纪初期达到一个临界点，城市人口在逐渐超过农村人口，2008年城市人口首次超过农村人口，世界真正迈入城市化时代。[2] 有学者曾预计，到2020年，城市人口将占世界人口总数的55.9%，2025年将占58.3%，2030年将占60.8%，[3] 城市化呈不断加速状态。

　　城市形态万千，包罗万象，可以从不同的角度去审视。城市实体包括建筑、广场、道路、照明、废弃物等；城市文化包括宗教、思想、艺术、符号、文献等；城市政治包括统治、权力、管理、动员等；城市社会包括暴力、不平等、种族歧视、性别歧视等；城市经济包括劳动分工、生产、消费、贸易……还有各种无形的城市，这是一个丰富多彩的社会，

1　Richard Lawton, *The Rise and Fall of Great Cities. Aspects of Urbanization in the Western World*, Belhaven Press, 1989, p. 1.

2　Peter Clark, ed., *The Oxford Handbook of Cities in World History*, Oxford University Press, 2016, p. 1.

3　Geoffrey Gilbert, ed., *World Population*, ABC-CLIO, 2006, p. 139.

更是一个值得深入探究的知识领域，可以容纳不同学科的学者进行单学科的、多学科的、跨学科的、宏观的、微观的、比较的研究。比如从城市起源开始，城市的相对平等和多样性也意味着它的不稳定——对道德、社会、政治秩序构成了威胁。城市被认为是充斥着罪孽且道德败坏的地方，在这里，正直的市民可能会屈从于暴徒的恶行。[1]这一城市现象的研究就不是哪一个学者、哪一个学科可以独立完成的，当然复杂多变的城市万象是社会学家最乐意看到的，但历史学家也不能置身事外。

一、城市历史、城市史与城市研究

历史记述是人类最古老、最持久、最有活力、最能激发人们想象力的文字体裁之一，世界历史编纂又是历史编纂中重要的组成部分。不同时代、不同背景、不同诉求、不同观念的研究者运用历史上各个时期的文献资料、考古材料、图像信息等，采用不同的学科方法与指导思想，在不同的价值观指导下，使用独特的叙事风格与体裁，以期编纂出能反映时代精神的世界历史。随着时代的变迁、视角的转换、时空的拓展，越来越多的社会现象成为研究的对象、阐述的内容。特定时段的强势文明在有意无意之间都想把自己的行为规则变为他人自愿遵守的准则，即把属于自己的地方性转变为他人遵从的世界性，世界史就是在这种时空中变化发展，呈现出不同形态，表现出不同的思想内容、道德观念、价值取向的。

所谓世界史，就是人类共同体之间相互交往的历史。世界史学家的一个主要任务就是表现人类历史上的边界互动和制度之间的联系。史料范围非常广泛，从个体家庭传说到移民，再到各种叙述，都生动地表现

---

1 Maryanne Cline Horowitz, ed., *New Dictionary of the History of Ideas*, Vol. 1, p. 346.

着整个人类。但世界史并不仅仅是各类历史的总和，[1]世界史也不再仅仅是对各文明、地区史、编年史和"伟人"的研究，它还成了承认交流、联系和交换——人类、其他生物、观念和货物的交流、联系和交换——的超越时空的重要的动态学术领域。我们相信，今日的世界史学家会采取一种日益具有比较性的研究方法，并由此帮助我们理解生活为什么在所有地方、各个时候并不总是一样的。[2]政治史、社会史、经济史、思想史、妇女史、艺术史、城市史……今天看到的一切过去都可以纳入全球史、跨国史[3]、大历史诸范畴中，这些历史都是一个个文化结点，研究者都想把自己地方性的结点变为世界性的结点、胜利者的结点……比如今天通用的公历时间，这种全球时间（时间的全球史）究其本质是研究者所属的社会在如何推销他们的时间观念，如何使其成为一种标准，这一切都值得学者潜心研究。城市史同样如此，要理解人类世界、理解自然、理解人类、理解社会，城市史绝非多余，研究城市的起源、发展、嬗变及其历史对生活在城市化时代的我们意义非同寻常。

可以大致想象一下前现代、现代、后现代的城市景观，它们之间无

1　Patrick Manning, *Navigating World History: Historians Create A Global Past*, p. 3.

2　William H. McNeill, Jerry Bentley et al., eds. *Berkshire Encyclopedia of World History*, p. xlviii.

3　"跨国史"（transnational history）这一术语自20世纪90年代以来一直和美国历史研究的那些著作相关联。这一新的研究方法关注的是跨越边疆的人群、观念、技术和机构的变动。它和"全球史"（global history）相关，但又不是一回事。"跨文化史"（transcultural history）或"跨文化关系"（intercultural relation）是与"跨国史"相匹配的术语，但研究者认为在阐明那些跨国联系时，这两个术语过于模糊。"跨国"这个标签能够使学者认识到国家的重要性，同时又具化了其发展过程。该方法的倡导者通常把这一研究方法与比较史学（comparative history）区分开来。尽管如此，他们认为比较方法和跨国方法彼此是互为补充的。见A. Iriye and P. Saunier, eds., *The Palgrave Dictionary of Transnational History*, Palgrave, 2009, p. 943. 比如伊丽莎白·法伊（Elizabeth Fay）主编的由帕尔格雷夫（Palgrave）出版社出版的"新城市大西洋丛书"（The New Urban Atlantic）就是这一指导思想下的产物，该丛书已出版 *Urban Identity and the Atlantic World*、*Cities and the Circulation of Culture in the Atlantic World: from the Early Modern to Modernism*、*Voices of Cosmopolitanism in Early American Writing and Culture* 等著作，在全球视野下研究城市与文化交流之间的关系。

论在城市规划、空间分割、交通规划上，还是街道布局、城市建筑、城市标示上，乃至工业、农业、商业的布局及内涵上都表现出巨大的差异，这种巨大的地点、空间差异对生活在其中的群体、个人必会产生巨大的影响，决定着人们的行为方式、审美情趣、思想观念、价值理念等。[1]这种存在性差异会永远伴随城市的存在而存在，可见研究城市的意义是非常巨大的。诚如恩格斯对19世纪英国的描述："最近六十年的英国工业史，这是人类编史中的一部无与伦比的历史。六十年至八十年以前，英国和其他任何国家一样，城市很小，只有很少而且简单的工业，人口稀疏而且多半是农业人口。现在它和其他任何国家都不一样了：有居民达250万的首都、有巨大的工业城市、有向全世界供给产品而且几乎全部是用极复杂的机器生产的工业，有勤劳智慧的稠密的人口，这些人口有三分之二从事工业，他们是由完全不同的阶级组成的，可以说，组成了一个和过去完全不同、具有不同的习惯和不同需要的民族。"[2]

城市是人类进入文明时代的关键标志，是文明成果的荟萃之地。城市不仅仅是非农人口与产业的空间集聚，也孕育了适应时代变化的经济、社会、文化生活，从古至今都是经济文化的"高地"。"城市史"（Urban History）这一术语尽管存在时间不长，但对城市历史（History of Cities）的研究却可以说与历史学一样悠久。西方文明起源于东方，这不仅仅是当今学术界的共识，也是西方古代作家所肯定的。罗马帝国时代圣奥古斯丁的学生保卢斯·奥罗修斯（Paulus Orosius，约385—420）就声称，"罗马帝国兴起于西方，却得到东方、马其顿帝国、非洲帝国遗产的滋润"。[3]中世纪的弗莱辛的奥托（Otto of Freising，约1111—1158）也宣称，

1　陈恒等：《西方城市史学》，商务印书馆2017年，第528页。

2　《马克思恩格斯选集》第1卷，第100—101页。

3　奥罗修斯这句话出自《反异教史七书》的第7卷第2节，见 Paulus Orosius, *The Seven Books of History against the Pagans*, trans. by Roy J. Deferrari, The Catholic University of America Press, 1964, p. 286。

"人类所有的权力或智慧都起源于东方"。[1]城市也是如此。近东确实好像没有如19世纪的欧洲那样发展出复杂的工业经济，但它早些时候向欧洲出口了"城市社会"，只是它后来缺乏金属、木材、煤和水的供应，也不再在这个不断增长的国际贸易系统中占据足够重要的地位。……正如柴尔德和其他考古学家所主张的那样，从亚欧大陆书写文化的角度来看，以城市文化为内容的所有文明都发源于古代近东的青铜时代。[2]

希罗多德的《历史》记录了雅典城邦在希波战争后短暂时间内所创造出的"希腊奇迹"，这使"他们在人类发展史上享有任何其他民族都不能企求的地位"；[3]修昔底德的《伯罗奔尼撒战争史》则记录了雅典、斯巴达之间的战争导致了希腊本土的衰落；亚里士多德的《雅典政制》虽然以论述雅典城邦政治制度为主，但不乏对雅典历史的介绍，这仅是亚里士多德对158个城邦进行研究的一部分成果；李维的《自建城以来》也以相当大的篇幅记载了罗马城本身的历史；维吉尔也以《埃涅阿斯纪》来追溯拉丁城邦的渊源。可见古典作家都是围绕城邦进行撰述的。

中世纪城市的凋敝和史学的基督教化使城市淡出了历史研究的视野，只有涉及教区事务时才兼及城市，中世纪晚期才在地方教会史的基础上逐渐发展出城市史，维兰尼的《编年史》就是从中世纪的编年史过渡为城市编年史的重要代表著作。城市编年史首先在11、12世纪的意大利兴起，兴盛于13、14世纪，到15世纪和16世纪早期在欧洲其他地区充分发展。[4]直到文艺复兴时期，意大利史学家们在城市经济文化繁荣的影响下，才将研究视角向城市聚焦。后期佛罗伦萨学派代表人圭恰迪尼所著《佛

1　奥托这句话出自《编年史》第5卷之前言，见Otto of Freising, *The Two Cities: A Chronicle of Universal History to the Year 1146 A. D.*, trans. by Charles C. Mierow, Columbia University Press, 2002, p. 322。

2　David Christian, ed., *The Cambridge World History: Introducing World History, to 10000 BCE*, Vol. 1, Cambridge University Press, 2015, pp. 272-273.

3　《马克思恩格斯选集》第3卷，第877页。

4　Daniel Woolf, *A Global History of History*, Cambridge University Press, 2011, p. 149.

罗伦萨史》，略写城市的建立和早期的历史，详写现当代史，以佛罗伦萨的党派斗争、对外战争为主体，这也是文艺复兴时期意大利城市史的基本叙事模式。

城市文明是中世纪的一个辉煌成就，城市不仅创造了充裕的物质条件，便利了人们的生活，而且为知识生产、精神生活提供了广阔的空间，那些从事精神活动，以传授知识为业的教士逐渐演化为今日的教授。各个城市兴建的教堂不仅是朝拜之地，而且也是人们学习的场所。勒戈夫说："中世纪的知识分子随着城市而诞生。在城市同商业和工业共同走向繁荣的背景下，知识分子作为一种专业人员出现了，他在实现了劳动分工的城市里安家落户。"[1] 13世纪爱尔兰的托马斯写道，巴黎"分成三部分：第一，商人、手工业者和普通百姓，名为大城；第二，宫廷周围的贵族和大教堂，名为旧城；第三，大学生和教员们，名为大学"。[2] 芒福德认为中世纪诞生的大学"是一项具有头等意义的社会发明。单凭这一点，中世纪的历史就足以自豪，足以神气活现"，[3] 这一切都发生在城市里，与城市历史息息相关。

但城市历史不同于城市史，前者是研究的客观对象，城市历史是伴随城市出现而出现、发展而发展的；后者是当代历史学的一个学科分支，是从历史学的角度，研究城市的起源、发展、嬗变以及城市化过程的。城市史研究的兴起不仅是快速城市化给社会带来的巨大影响所引起学者的思考，更是史学研究自身发展的结果，同时还受到其他学科的影响，比如地理学、社会学、建筑学、经济学、政治学、规划学、艺术学、人类学等等。而芒福德则将城市史视为理解城市生活和人性全面发展的手段。城市史研究因此值得特别关注。

1　雅克·勒戈夫：《中世纪的知识分子》，张弘译，商务印书馆2002年，第4页。

2　雅克·勒戈夫：《中世纪的知识分子》，第66页。

3　刘易斯·芒福德：《城市发展史：起源、演变和前景》，宋俊岭等译，上海三联书店2018年，第263页。

城市史与城市研究最大的不同在于城市史侧重过去的、长期的城市发展状况。各个时期——古代、中世纪、现代早期、现代和当代——都是城市史研究的重要范畴。相对而言，城市规划、城市住房、城市建设、建筑物及基础设施建设在城市研究中则更受重视，即便如此，这些也都是城市史的重要研究主题。城市研究和当代城市史有许多相似之处，特别是在有关最近这几十年城市发展的研究上更是如此。城市史和城市研究的区别并非泾渭分明。[1]我们看到那些富有经验的地理学家对于某些城市进行专题研究时，我们便会认为，归根到底，所谓"人文地理学"，也许只不过是采纳新材料、运用新方法、包含新问题的焕然一新的历史学。[2]可见城市史研究是其他学科进行城市研究的基础。

二、当代城市史研究的几次转型

当今学科意义上的"城市史"发端于"二战"之后，美国历史学家阿瑟·施莱辛格（Arthur Meier Schlesinger，1888—1965）把城市融入弗雷德里克·特纳（Frederick Jackson Turner，1861—1932）的"边疆学说"，认为城市才是理解、解释美利坚民族特性的核心，这一概念大大改变了研究者的视角，引起广泛影响，是城市史研究成熟的一个标志。[3]美国历史学会则在50年代成立了城市史小组，历史学家于1974年创办的专业期

1　Ray Hutchison, ed., *Encyclopedia of Urban Studies*, SAGE Publications, Inc., 2009, p. 880.

2　吕西安·费弗尔、朗乃尔·巴泰龙：《大地与人类演进：地理学视野下的史学导论》，高福进等译，上海三联书店2012年，第403—404页。

3　施莱辛格在《美国史新论》的扉页上引用特纳担任美国历史协会主席时的就职演说，"要理解当今美国，理解她的兴起和进步，理解她为什么如此，这就要求我们必须从能反映时代的新角度重构我们的历史"，从而来表明他对城市在美国精神形成中的重要性加以肯定的态度。见Arthur Meier Schlesinger, *New Viewpoints in American History*, Macmillan, 1922。

刊《城市史杂志》(*Journal of Urban History*)也成为城市史研究的阵地。[1]
经过学者不断努力,城市史研究已经在一定程度上改变了人们对人类文明的看法,并赋予了新启示。如果把城市史研究的时间范围放宽到整个20世纪,可以发现在这一过程中,城市史研究发生了几次重要变化。[2]

　　第一,城市史研究的"传记转向"。现代城市传记是城市编年史传统的延续,但它是一种综合性的通史,以更全面、更广阔、更长时段的手段来审视、解释和理解某一城市的发展历程。现代学术意义上的城市史研究肇始于地方城市传记,地方史是某一特定地方社区、城市或农村的历史研究,是试图涵盖一个社区地方发展大多数方面的一种通史。这一原则仍为大多数城市史家所遵循。例如英国学者西蒙·蒙蒂菲奥里的《耶路撒冷三千年》[3],在"一个神的殿堂、两个民族的首都、三个宗教的圣地"的框架中讲述耶路撒冷的沧桑巨变,展现了在宗教、政治和族群三股力量拉扯下这座地方性城市走向全球的曲折历程。本书因美国前总统克林顿的推荐而引起市场关注,更被英国《经济学人》杂志评为年度最佳图书。一言以蔽之,对于现代城市传记来说,历史上的城市是什么这个问题已不再重要,重要的是城市是由何构成以及如何构成的。

　　第二,城市史研究的"社会转向"。从社会史的原始材料来看,任何事物都是社会史家"磨坊中的谷物",从情书到人口登记表,从服饰到烹饪器具,从庙宇到彩绘珐琅,[4]加上数字技术的不断发展与完善,社会城市史就自然出现了。在美国史学界,社会史与计算机技术相结合进一步形成了计量史学,研究者通过将档案数据化等方法开展精密研究,

---

1　Kelly Boyd, ed., *Encyclopedia of Historians and Historical Writers*, Vol. 2, Routledge, 1999, p. 1246.

2　关于城市史研究的五次转向,见陈恒:《当代西方城市史研究的五次转向》,《光明日报》2019年1月19日理论版(世界史),这里从另一个角度加以论述,并有修正。

3　西蒙·蒙蒂菲奥里:《耶路撒冷三千年》,张倩红、马丹静译,民主与建设出版社2015年。

4　南希·帕特纳、萨拉·富特主编:《史学理论手册》,第136页。

推动城市史研究的对象进一步多元化。领风气之先者如埃里克·兰帕德（Eric Lampard，1922—2023），倡导建立城市"生态综合体"（Ecological Complex），将人口、经济及其他物理要素进行量化研究。于是大量城市史著作开始关注工人、女性、移民和少数族裔这些"无名的美国人"，这些人成为社会历史学家们的中心话题。[1]

但与社会史的融合尤其是计量方法的采用，使得许多城市史学家担忧新的研究无法有效整合城市中的"人"与"物"。罗伊·卢波夫（Roy Lubove，1934—1995）在与兰帕德围绕此一争议的论战中，呼吁用"城市建设"（City-Building）代替"城市化"（Urbanization），因为前者不仅包括建筑、景观、技术、环境而且包括背后的机制，而"城市化"则将态度、行为等主观因素排除在外。更为重要的是，新的研究引发了对传统范式的质疑，即城市史所关注的城市，究竟应当是作为场所（Site）的城市，还是作为进程（Process）的城市？尽管这一争议直至今天也未有定论，但却有力推动了城市史的发展，不仅研究作品的数量大幅增加，研究者也更加注意城市史作为史学分支领域的重要意义。

第三，城市史研究的"文化转向"。关注文化并非城市史的新现象，早在迪奥斯（H. J. Dyos，1921—1978）时代，城市史研究者已然意识到城市文化的学术价值，迪奥斯本人主编的两卷本《维多利亚城市的形象与现实》[2]就是探讨城市文化的名著。与此不同的是，新文化史影响下的城市史不再"正面"分析和揭示城市的文化维度，而是绕到"背面"，

1　正如查理·蒂利（Charles Tilly，1929—2008）曾指出的那样，人们在20世纪60、70年代书写的社会史，大多讲述的是寻常老百姓如何"生活于大变革之中"。这段时期的社会史拥有两个显著特征：第一，对数据的统计分析确定了分析者选择评估的关系，包括不同群体的投票行为、奴隶与工薪阶层之间的生活条件对比，以及美国城市中各类人群的社会流动。第二，在历史叙事中，作为小角色的普通民众成为被关注的焦点。见 Ulinka Rublack, ed., *A Concise Companion to History*, p. 33。

2　Harold James Dyos, ed., *The Victorian City: Images and Realities*, 2 Vols., Routledge, 1973.

关注城市文化是如何被生产和表达的。同时，新文化史对"大叙事"模式的冲击启示了历史解释的多重性，继社会史之后继续激发城市史学家们关注微观活动，一时之间，城市史著作呈现井喷状态。阿兰·科尔宾的《污秽与芬芳：气味与法国的社会想象》[1]从嗅觉的角度探讨了香味与19世纪巴黎下水道工程之间的关系，作为表象的气味不仅是一种文化想象，并且在实践中影响现实生活。与之类似，亚当·梅克在《感觉芝加哥》[2]中研究了气味、噪音等感觉在芝加哥不同阶层引起的反应。

第四，城市史研究的"全球转向"。历史研究的范式在几十年来出现了引人注目的变化，解释、撰写和讲授历史的方法呈现出前所未有的全球视野，被称作"全球史"或"新世界史"。一方面，从全球史的角度考察城市，既可以比较，也可以连接，从而书写一部全球性的城市史。人类文明从分散的地域性文明走向连接和整合，由此形成了历史的全球化大叙事。在这种连接和整合中，城市扮演了重要角色，它们是贸易网络的结点，是知识与思想的生产和传播平台，是统治广袤区域的中心，是人员往来的枢纽，也是决策与控制的中枢。因此，全球史所重视的文明交往离不开城市的关键作用。反观城市，其发展从不限于自身的行政区划，而是组成了区域性、跨国性的城市网络。这一网络不仅是全球流动的基础平台，也成为全球史书写不可回避的核心内容。乔尔·科特金的《全球城市史》[3]可谓城市史与全球史相结合的典范，作者以安全、繁荣、神圣为纲，梳理了不同区域城市的共同特性。

另一方面，城市在融入全球的同时也保留了自己的地方性，在全球

1　Alain Corbin, *The Foul and the Fragrant: Odor and the French Social Imagination*, Harvard University Press, 1986.

2　Adam Mack, *Sensing Chicago: Noisemakers, Strikebreakers, and Muckrakers*, University of Illinois Press, 2015.

3　Joel Kotkin, *The City: A Global History*, Weidenfeld & Nicolson, 2006. 中译本《全球城市史》由王旭教授领衔翻译，社会科学文献出版社2006年出版，后不断再版，在国内产生很大影响。

史所重视的"合"之外，注入了"分"的因素，为全球史增添了新色彩。因此城市史的"全球转向"，也形成了建构本地与全球之连接的研究方法。通过不断地把城市带入全球并把全球放进城市，城市史的"全球转向"不仅使全球史有了更多关于城市的故事，也使得城市故事有了更多全球背景。

第五，城市史研究的"比较转向"。比较是一种常见的研究方法，古典作家希罗多德、塔西佗就经常使用。就当代学术界而言，法国历史学家马克·布洛赫是最早推崇比较史学研究法的历史学家之一，他认为，即使在毫无关联的社会之间也存在一种共通的历史。[1]20世纪上半叶，比较研究作为一种系统的方法为历史学家所普遍接受，出现了一系列经典著作，如马克·布洛赫的《封建社会》、西里尔·布莱克的《现代化的动力》、巴林顿·摩尔的《专制与民主的社会起源》等。比较城市史在这方面也取得了不少成就，比如由萨德维尔-斯特拉斯和南希·卡克等人主编的《让城市走向全球：城市史的跨国转向》[2]收录了一系列城市跨国史的文章，涵盖从规划、贫民窟治理到住房建设等不同领域。即便是传统研究主题也开始切入城市，以求获得全新认识。例如安东尼·金的《平房：全球文化的生产》[3]，尝试从住房的角度观察19世纪的殖民主义，拓宽了殖民主义的研究视角；克里斯托弗·克莱梅克的《大西洋城市更新的崩溃：从纽约到柏林的战后城市化》[4]则比较了现代主义规划理念如何在战后的大西洋世界走向失败。空间研究更是与城市有着密不可分的关系，脱离具体背景来探讨空间往往缺乏历史经验的支撑，近年来"无

1　William H. McNeill, Jerry Bentley et al., eds., *Berkshire Encyclopedia of World History*, pp. 650–651.

2　A. K. Sandoval-Strausz, Nancy H. Kwak et al., eds., *Making Cities Global: the Transnational Turn in Urban History*, University of Pennsylvania Press, 2017.

3　Anthony D. King, *The Bungalow: The Production of a Global Culture*, Oxford University Press, 1995.

4　Christopher Klemek, *The Transatlantic Collapse of Urban Renewal: Postwar Urbanism from New York to Berlin*, University of Chicago Press, 2012.

形"的城市空间逐渐进入城市史的研究视野。城市内部空间如市政厅、
教堂、广场等空间的改造,背后体现着权力的意志;节日庆典、嘉年华、
加冕仪式的程序和内容,蕴含着不同社群的诉求。从城市外部考察城市
空间结构的变迁也成为城市史的题中应有之义。

　　虽然学术研究呈现的是相对静态的状态,但一切学术研究都脱离不
了时代的制约,城市史研究也是如此,伴随时代的变迁而不断调整自身
的视角,贡献不同的知识产品。不过就其本质而言,城市史始终在时空
框架下探究人与物、场所及其中的进程之间的关系,探寻这些关系是如
何形成的,是如何创造城市传统的,又是如何再造城市传统的。

三、城市史研究的不足与展望

　　中国的城市化可以追溯到城墙的出现,到13世纪,已达到10%的城
市化率,但自16世纪以来,城市在总人口中所占的比例却开始下滑,到
19世纪早期,降到了仅5%的低位,而到那时,作为对照的欧洲城市化率
达到了13%的水平。中国城市化的相对衰落发生在明末特别是清代,它
是与中国人口的急剧增长携手并行的,后者主要集中在乡村、边疆地带。
虽然如此,这并不意味着中国城市人口的绝对规模有任何缩减。[1]过去几
十年间我国经历了城市的迅速发展,城市化水平迅速提升的同时也导致
城市问题丛生,由此催生了一大批相关研究成果,城市研究成为显学,
政治学、经济学、社会学、人类学、地理学等多个学科参与其中,城市
史也成为其中不可或缺的重要环节。然而,相关的史学研究主要集中在
国别史方面,如美国、英国、日本以及中东部分国家的城市史,且以个

1　Peter Clark, ed., *The Oxford Handbook of Cities in World History*, p. 405.

案为主，缺少集成性研究；同时，国内学术界现有研究往往局限于某个时代，缺少贯通性研究。

城市研究在欧美国家已较为成熟，城市史领域也涌现出许多经典作品。个案研究不胜枚举，宏观研究也富有特色，如刘易斯·芒福德的《城市发展史：起源、演变和前景》、安德鲁·李斯的《城市：一部世界史》[1]、彼得·克拉克的《欧洲城镇史》[2]等。其中，乔尔·科特金的《全球城市史》梳理了从城市出现到21世纪的全球城市发展历程，总结了决定城市命运的三个关键因素，即神圣、繁荣和安全。保罗·霍恩伯格、林恩·霍伦·利斯的《都市欧洲的形成：1000—1994年》侧重从人口学和地理学的角度解释欧洲的城市化。布赖恩·贝利的《比较城市化：20世纪的不同发展道路》通过对比不同地区的城市化历程，指出文化背景和发展阶段的差异导致了城市化的不同道路和结果。总之，对城市史的宏观梳理是西方学术界所关注的话题之一，有助于深化我们对城市化规律与城市之特性与共性的认识和理解。

我国城市化正经历高速发展，也面临着许多棘手的诸如环境污染、人口压力、公共服务不均衡等城市社会问题。反思城市史研究，构建富有自身特色的城市史研究理论框架、概念体系，无疑有助于我国的城市发展，同时也为我国学术界在城市研究领域占据一席之地乃至形成本土的城市史体系打下基础。

作为正处于城市化高速发展阶段的大国，我国亟须借鉴和总结其他国家，尤其是发达国家城市发展的经验与教训。目前，我国正在经历人类历史上最大规模的城市化，我国城市人口占总人口已经过半。高速城市化既带来"红利"也提出挑战，总结其他国家的历史经验，将是不可

1　Andrew Lees, *The City: A World History*, Oxford University Press, 2015.

2　Peter Clark, *European Cities and Towns: 400−2000*, Oxford University Press, 2009.

替代的智力资源；我国新型城镇化战略的实施，更离不开对世界城市化规律的深刻理解。

城市化是大势所趋，但城市化水平迅速提升的同时也导致各类社会问题，一方面，如何借鉴域外经验看待城市化进程中的中国问题；另一方面，如何保护我国传统都市的历史文脉，都需要借鉴前人的经验。诚如笔者在商务印书馆主编的"城市与社会译丛"序言中说："城市研究（Urban Studies）是一门新兴的前沿学科，主要研究城市的起源、发展、嬗变以及这一进程中出现的各类问题。目前已出现了众多与这一领域相关的学科，如城市社会学、城市历史学、城市政治学、城市人类学、城市地理学、城市生态学、城市气象学等。从广义上讲，上述学科都可以归入城市文化研究（Urban Culture Studies）这一范畴。可见城市文化研究的一个重要特点是跨学科性，它综合各门人文科学的优势，吸收不同的观念与方法，以独特的视角研究城市文化的历史、现状与未来。而当代中国正处于急剧转型时期，城市化的速度越来越快，伴随这一进程也出现了一系列问题，因此这一研究不但有着重要的学术价值，而且有着现实关怀的实际意义。"[1]

宏观层面的城市史研究迫切需要理论体系的创新和研究视角的转换。

1　该丛书已经出版的书目包括：保罗·霍恩伯格、林恩·霍伦·利斯：《都市欧洲的形成：1000—1994年》（阮岳湘译，2009年）；格雷厄姆·郝吉思：《出租车！：纽约市出租车司机社会史》（王旭等译，2010年）；莫里斯：《城市形态史：工业革命以前》（上下，成一农、王雪梅、王耀、田萌译，2011年）；帕克、伯吉斯、麦肯齐：《城市社会学：芝加哥学派城市研究》（宋俊岭、郑也夫译，2012年）；安德鲁·哈塞：《巴黎秘史》（邢利娜译，2012年）；王笛：《街头文化：成都公共空间、下层民众与地方政治，1870—1930》（李德英、谢继华、邓丽译，2013年）；彼得·柏克：《威尼斯与阿姆斯特丹：十七世纪城市精英研究》（刘君译、刘耀春校，2014年）；唐纳德·米勒：《刘易斯·芒福德传》（宋俊岭、宋一然译，2015年）；彼得·克拉克：《欧洲城镇史：400—2000年》（宋一然、郑昱、李陶、戴梦译，2015年）；诺尔曼·庞兹：《中世纪城市》（刘景华、孙继静译，2015年）；弗里斯：《欧洲的城市化：1500—1800》（朱明译，2015年）；奥斯温·默里、西蒙·普赖斯：《古希腊城市：从荷马到亚历山大》（李光华、解光云译，2015年）；彼得·霍尔：《文明中的城市》（王志章译，2016年）；等等。其他陆续出版中。

我们所熟悉的城市史在时间上集中于工业革命后，是以城市与乡村的二元对立为主线的城市化历史进程，简单说来，就是城市人口增多、空间扩大的线性发展史。但城市化之前的城市发展同样需要关注，而且上述理论体系只适用于解读工业时代的城市史，20世纪以来，发达国家向后工业社会转型推动城市化进入新阶段，第三世界的去殖民化和工业化催生了城市化的新模式，传统城市史理论体系亟待修正，因此，构建城市史研究新体系也是摆在中国学者面前的重要任务。[1]

1　见陈恒:《城市史：一门学理与现实兼具的学科》,《光明日报》2017年12月11日理论版（世界史）。

他山之石，可以攻玉
——西方城市史研究的历史与现状

工业革命对近代世界的影响是难以估量的。它不仅在技术上取得突飞猛进的进展，而且改变了人类生活方式。与这个过程相伴随的是人口从乡村向城市的大规模流动，比如在19世纪20、30年代，英国许多城市的人口以每10年40%—70%的速度增长，[1]到1900年居住在城市的人口已达总人口的70%。[2]由于年轻人是这种流动的主体，传统家庭生活瓦解了、道德观念变化了。设施不佳、空前拥挤的城市本身成了许多新来居民的人间地狱。由于居住拥挤以及卫生环境条件恶劣，穷人区居民的健康水平下降，犯罪率也在呈上升趋势。[3]社会处于从乡村到城市、从传统到现代的激烈转型时期：个人如何生存？家庭如何应对这种挑战？城市恶劣的卫生、交通状况如何解决？城市化对资产阶级、中产阶级、无产阶级又意味着什么？这一切对自然科学、社会科学的发展最终又会带来哪些影响？……一些重要的思想家都亲身经历这一变革，对此都有着切身的体会。因而，腾尼斯（Ferdinand Töennies，1855—1936）提出了"通体社会"（Gemeinschaft）和

1　巴克勒等：《西方社会史》（第3卷），霍文利等译，广西师范大学出版社2005年，第54页。

2　Paul Cloke, Philip Crang and Mark Goodwin, eds., *Introducing Human Geographies*, 2nd edition, Hodder Arnold, 2005, p. 425.

3　斯特恩斯等：《全球文明史》，赵轶峰等译，中华书局2006年，第647页。

"联组社会"（Gesellschaft）的概念，前者指小规模的、有内聚力的、紧密团结在一起的共同体，后者指由现代城市或国家组成的庞大而复杂的"大社会"；涂尔干（Emile Durkheim，1858—1917）在读书时把大部分时间都用来研究那些失去了稳定社会规范引导的人们惶惑不安的心理状态；西美尔（Georg Simmel，1858—1918）也论述城市社会对人们心态的影响；[1]马克思也一直关注城市问题，恩格斯的《英国工人阶级状况》更是经典的城市著作；韦伯则以更精确的历史分析方法考察了大量城市。城市问题促进了社会学研究快速发展，也是城市史研究兴起的社会背景。

在所有社会科学中，社会学和人类学在观点上与历史学最为接近。当代社会与过去社会之间的分界线是微妙的、不断变动的，而且是人为的……有一些极其重要的问题——例如文化转移、不同社会之间的接触所引起的变化——对于人类学家、社会学家和历史学家来说，都是同等重要的研究主题。[2]可见，历史学与社会学之间并不存在任何逻辑上的或方法上的分野。因此，历史学家从由马克思、韦伯等思想家所首创的社会科学中汲取社会结构理论、社会变化理论，并把这些理论应用到城市史、家庭史这类直接反映当今现实问题的研究并不偶然。[3]这是城市史兴起的理论渊源，城市史与社会理论紧密结合在一起。当下的中国城市史研究也不例外，运用了大量的社会理论方法。美国汉学家施坚雅（G. William Skinner，1925—2008）主编的《中华帝国晚期的城市》一书就"标志着对中国城市的研究，已经跳出了晦涩难懂的传统汉学的窠臼，开始进入了历史社会科学的比较城市研究的轨道"。[4]而王笛新近出版的

1　斯特龙伯格：《西方现代思想史》，刘北成、赵国新译，中央编译出版社2005年，第412页。

2　巴勒克拉夫：《当代史学主要趋势》，杨豫译，北京大学出版社2006年，第60—61页。

3　John Tosh, *The Pursuit of History*, 3rd edition, Pearson Education, 2002, p. 326.

4　芝加哥大学金斯伯格（Norton Ginsburg）对《中华帝国晚期的城市》（叶光庭等译，中华书局2000年）的评论。转引自行龙：《也论中国近代的城市化》，杨念群、黄兴涛、毛丹主编：《新史学——多学科对话的景象》（下），中国人民大学出版社2003年，第528页。

《街头文化》更是其中杰出的代表。[1]与此前自上到下的对城市精英和城市管理、警察的研究不同，这个研究则提供了一个从下到上的考察视角，即街头和丰富的街头文化贯穿全书。[2]

从学科本身来看，城市史属于新文化史的一个分支，是新史学发展的必然结果。"二战"以后的西方史学界发生了两次重大变化，一是自50年代中期以来的"新史学"（又称"社会史"）挑战了以兰克为代表的传统史学，社会史逐渐取代了政治史，从而成为史学研究的主流。这一时期的主要史学流派有：法国年鉴学派、英国马克思主义历史学派（或称"新社会史学派"）、美国的社会科学史学派（或称"克莱奥学派"［Cliometricians］）等，其中年鉴学派影响最大。到了70年代后期，肇始于法国的"新文化史"（又称"社会文化史"）取代"新史学"成为西方史学界的新宠。为了区别以布克哈特、赫伊津哈等人为代表的文化史，1989年美国杰出的女历史学家林·亨特在《新文化史》[3]中首次将这种史学流派称为"新文化史"。需要特别注意的是，在新史学（政治史→社会史→新文化史）成为主流以后，传统史学并未寿终正寝，而是继续存在和发展，并与新史学相抗衡，只是大势已去而已。在新文化史家看来，"文化"并不是一种被动的因素，文化既不是社会或经济的产物，但也不是脱离社会诸因素独立发展的，文化与社会、经济、政治等因素之间的关系是互动的；个人是历史的主体，而非客体，他们至少在日常生活或长时段里影响历史的发展。因此，研究历史的角度发生了变化，新文化史家不追求"大历史"（自上而下看历史）的抱负，而是注重"小历史"

1　王笛：《街头文化：成都公共空间、下层民众与地方政治，1870—1930》，李德英等译，中国人民大学出版社2006年。该书因其史料的丰富、方法的缜密、思想的深邃，对城市史研究有着重大的贡献，于2005年膺获"美国城市史研究会最佳著作奖"。

2　英国《中国季刊》评论语。见王笛：《街头文化：成都公共空间、下层民众与地方政治，1870—1930》，第399页。

3　Lynn Hunt, ed., *The New Cultural History*, University of California Press, 1989.

（自下而上看历史）的意义，即历史研究从社会角度的文化史学转向文化角度的社会史学，从过去注重对历史因果关系的探究转变到对事物和事件意义的探究。[1]持久追求新话题的新文化史，[2]自然会把最能表达西方文明本质的城市作为研究对象。

城市史研究涵盖的领域非常广泛，不仅研究城市的起源、嬗变，研究城市本身的历史与文化，研究城市与人、自然之间的关系，研究城市设施、居民生活与礼俗的变迁，而且还要研究那些有关城市的理论。西方人关注城市，最早可追溯到希腊神话、史诗以及哲人、地理学家、历史学家的记述。苏格拉底曾说："乡村的旷野和树木不能教会我任何东西，但是城市的居民却做到了。"[3]到了中世纪，"城市的空气使人自由"又成了人人皆知的谚语。西方历史上自然也就充斥着大量有关城市的文献，但这些记述并不属于现代意义上的城市史研究。

自20世纪早期以来，这一切都逐渐改变了。有关城市史的期刊与连续出版物出现了，城市史研究组织越来越系统化了，城市研究主题越来越明确了，理论与方法也越来越能反映出自身的本质特色。一言以蔽之，科学的城市史已经真正建立起来了，城市研究空前繁荣。

史学杂志是史学发展到一定阶段必然的产物，是史学深入研究的必要条件，是史学持续发展的物质载体，也是史学普及与专业化的标志。第一批史学专业杂志产生于19世纪后半期，以德国的《历史杂志》（1859）、法国的《历史杂志》（1876）、英国的《英国历史评论》（1886）、意大利的《历史杂志》（1884）和美国的《美国历史评论》（1895）为代表。随着

1　Alan Gordon, "Introduction; the New Cultural History and Urban History: Intersections", *Urban History Review*, Vol. 33, 2004.

2　法国史家费雷的看法，见Francois Furet, "Beyond the Annales", *Journal of Modern History*, Vol, 55, No. 3, 1983, p. 405。

3　乔尔·科特金：《全球城市史》，第31—32页。

近代文明在全球的扩延，创办史学杂志之风也蔓延到世界各地。稍后，随着史学研究的进一步深化，又产生了分科更细的史学杂志，如经济史、社会史、妇女史等专业杂志及地区史、国别史等区域和断代史专业杂志。当然，城市史也是其中一个重要的分支，最近几十年涌现出一大批这类杂志，比如《中欧城市史文献》(*Beiträge zur Geschichte der Städte Mitteleuropas*，1963 [为创刊时间，下同])、《现代都市史通报》(*Informationen zur modernen Stadtgeschichte*，1970)、《都市史评论》(*Urban History Review*，1972)、《都市史杂志》(*Journal of Urban History*，1973)、《都市史年鉴》(*Urban History Yearbook*，1974)、《都市史、城市社会学、古迹保护杂志》(*Zeitschrift für Stadtgeschichte, Stadtsoziologie und Denkmalpflege*，1974)、《历史上的城市》(*Stadt in der Geschichte*，1977)、《城市史》(*Storia urbana*，1977)、《古老城市》(*Die alte Stadt*，1978)、《都市：艺术、历史和城市人类文化学》(*Urbi: arts, histoire, ethnologie des villes*，1979)、《都市史》(*Urban History*，1992)、《规划史研究》(*Planning History Studies*，2002)、《规划史杂志》(*Journal of Planning History*，2002)等一大批专业杂志。这些杂志设立专题以引导研究的方向，报道相关的史料与书目以便于学者的研究，在促进城市史研究方面发挥着重大作用。

专业团体是学科发展的重要支撑，更是一个学科成熟的标志。随着城市的快速发展，自20世纪20年代以来西方世界陆续成立了一些城市史专业组织。成立于1919年的城市史协会（Institute of Urban History）是欧洲最古老的城市史研究中心，目的在于促进有关城市史、市镇史和地方史的研究。[1]美国历史协会的城市史小组（An Urban History Group of the American Historical Association）则建立于20世纪20年代早期。伴随着城市

1　当时是作为瑞典城镇联盟（the Confederation of Swedish Towns）的一个组成部分存在的。见http://www.historia.su.se/urbanhistory/eauh/organisers.htm。

化浪潮，20世纪60年代以来又陆续建立了许多这类组织。城市事务协会
（The Urban Affairs Association，UAA）的宗旨是促进有关城市生活、城市
化消息的发布，支持高等学府、研究机构有关城市事务的发展，在促进
城市事务专业化、学术化方面提供强有力的支持。[1]位于英国莱斯特大学
（Leicester University）的城市史中心（The Centre for Urban History，CUH）
成立于1985年，现已成为城市史方面跨学科研究、研究生教育重要的国
际性中心。[2]美国城市和区域规划史协会（The Society for American City
and Regional Planning History，SACRPH）的宗旨是促进美国规划史的教
学、研究、出版和公共教育。[3]伦敦大学和伦敦博物馆及其他机构一起于
1988年成立大都市史中心（Centre for Metropolitan History，CMH），目的
是以宏观和比较的方法促进对伦敦自出现以来特性和历史的研究。[4]在
欧盟的支持下，欧洲城市史协会（European Association for Urban History，
EAUH）于1989年建立。[5]国际规划史协会（International Planning History
Society，IPHS）成立于1993年，目的是促进世界范围内的规划史研究。[6]
这些协会会员包含历史学家、社会学家、地理学家、人类学家、艺术史
家、建筑史家、经济学家、规划学家、公共事务人员以及其他各领域的
专家。它们为社会培养了大量的硕士、博士人才，为成员出版、举办会

---

1 该组织的前身是一群大学城市研究计划的指导者于1969年在波士顿建立的城市事务大学委员会
（the Council of University Institutes for Urban Affairs），1981年改为现在的名称，主要成员、机构来
自北美、欧洲、亚洲，每年春天举办一次会议。见http://www.udel.edu/uaa/history.htm。

2 该组织主要研究领域是环境城市史、1700年来的城市地形学、殖民地城市史、城市管理、18世
纪以来的城市史著作、口述史、法律和城市财产、城市规划史、1750年以来的住房和建设环
境、19世纪地方城镇与中央关系、家庭生活与休闲、工业市镇等。见http://www.le.ac.uk/urbanhist/
home/uk_text.html。

3 是在1986年举行的第一次美国规划史国家大会（the First National Conference on American Planning
History）上成立的。每两年举办一次大会。见http://www.urban.uiuc.edu/sacrph/about/about.html。

4 见http://www.history.ac.uk/cmh/cmh.main.html。

5 每两年举行一次大会，迄今为止已经举办了8届会议。见http://www.historia.su.se/urbanhistory/eauh/。

6 前身是1974年在英国建立的规划史小组（the Planning History Group）。见http://web.bsu.edu/perera/iphs/。

议、相互联系提供方便。这一切都大大促进了城市史研究。

韦伯、古朗士（Fustel de Coulanges，1830—1889）、皮朗（Henri Pirenne，1862—1935）等人的著作属于早期城市研究范畴，他们的论述虽然很重要，但在本质上并没有激发人们对城市史研究的兴趣。柴尔德、汤因比、布罗代尔等人的城市研究有跨学科的性质，虽然对城市史研究有很大的启发，但不属于专业的城市史学家。除这两类学者外，城市史研究发展历程大致如下：

作为一个学科的城市史首先是在第二次世界大战前后那几年间出现于美国的，施莱辛格、韦德（Richard Wade，1925—2008）的著作促进了这一学科的发展。施莱辛格反对特纳的边疆学说，代之以城市的方法解释美国历史，这标志着对城市史持久兴趣的开始。[1]在英国，布里格斯（Asa Briggs，1921—2016）的《维多利亚时代的城市》（*Victorian Cities*，1963）是城市史研究中重要的一步。1961、1966年在美国和英国召开的两次会议产生了城市史研究的两本重要著作，为城市史研究奠定了重要基础。[2]

20世纪60年代美国城市危机引起了"新城市史"（New Urban History）

1　John Higham, *History: Professional Scholarship in America*, Johns Hopkins University Press, 1983, p. 203. 美国城市史专家王旭教授说："20世纪30年代以前，在美国史学界中占支配地位的是以特纳为代表的'中西部学派'和以比尔德为代表的'经济学派'。这两个学派对于城市史的发展均未给予应有的重视。虽然当时美国曾零零星星地出现一些城市史著作，但多半是彼此无大关联，纯记述性的城市志，在通史中未获一席之地。著名史学家爱德华·钱宁在其6卷本的《合众国历史》中，曾用一章专门论述城市的发展，在当时也未引起人们足够的重视。"见王旭：《美国城市化的历史解读》，岳麓书社2003年，第383页。

2　这两本著作是汉德林（Oscar Handlin，1915—2011）和布尔查德（John Burchard，1898—1975）编辑的《历史学家和城市》（*The Historian and the City*，1966）、迪奥斯编辑的《城市史研究》（*The Study of Urban History*，1968）。见 Martin Hewitt, "Urban History", in Kelly Boyd, ed., *Encyclopedia of Historians and Historical Writing*, Vol. 2, p. 1246. 迪奥斯所领导的莱斯特大学都市史研究群（Urban History Group），以及1966年夏天所举办的国际都市史会议，都是重要的里程碑。他所编辑的大会论文集《都市史研究》表现了他对都市史的展望。

研究。[1]"新城市史"在很大程度上是基于这样的假设：可以通过分析美国人口普查的各种表格及相关的其他各种数据（特别是税收记录，城市姓名地址簿，出生、结婚和死亡登记簿）来重建城市中不断变化的社会结构。[2]新城市史家是一群聚集在瑟恩斯罗姆（Stephen Thernstrom，1934—   ）周围的年轻美国城市史家。这些新城市史家并不像芒福德、布里格斯、雅各布斯（Jane Jacobs，1916—2006）、迪奥斯等人一样关注"城市"现象的研究，[3]而是忙于研究社会流动、少数群体政治、市中心贫民地区等问题。[4]因为，研究城市问题不仅需要从经济的角度展开，而且需要把这作为一个社会变化进程，研究移民同化、社会分层新形式、工作与休闲之间严峻对立等问题。

与此同时，在20世纪60年代兴起了以马克思主义为指导进行城市研究的思潮，其代表人物是列斐伏尔（Henri Lefebvre，1901—1991）、哈维（David Harvey，1935—   ）、卡斯特（Manuel Castells，1942—   ），他们把社会空间引入到马克思主义研究之中，[5]我们称之为"新马克思主义城市学"。该理论主张在资本主义生产方式理论框架下去考察城市问题，着重分析资本主义城市空间生产和集体消费，以及与此相关的城市社会阶级斗争和社会运动。[6]城市研究呈现百家争鸣的局面。

作为一个历史学科，城市史总是对自己的身份认同不确定，处于困惑之中。英国城市史之父迪奥斯把城市史描述为一个"百纳主题"、一

---

1 值得注意的是，直到20世纪70年代城市史并没有引起人们的足够重视，比如巴勒克拉夫受联合国教科文组织委托于1978年出版的《当代史学主要趋势》对城市史只字未提。见John Tosh, *The Pursuit of History*, p. 129。

2 John Tosh, *The Pursuit of History*, p. 251.

3 Harry Jansen, *The Construction of An Urban Past: Narrative and System in Urban History*, trans. by Feike de Jong, Berg Publishers, 2001, p. 46.

4 John Tosh, *The Pursuit of History*, p. 27.

5 Ira Katznelson, *Marxism and the City*, Clarendon Press, 1993, p. 92.

6 张应祥、蔡禾：《新马克思主义城市理论述评》，《学术研究》2006年第3期。

个"知识领域",可见城市史不是可以用传统方法来定义的学科。[1]首先,我们关心城市是怎样产生、发展的。这是研究城市的内在观点,其重点在于描述、分析城市大小和形状的变化、城市人口和经济构成、人口组成部分的分布、商业设施和生产设施的分布、城市政治和城市政府的本质以及这些因素之间的相互关系。其次,我们尽量评估城市在文明发展中的作用,以外在观点来研究城市。关注的是城市这一文明现象是怎样广泛影响政治发展的,比如对美国革命或新政的影响;是怎样广泛地影响经济事件的,比如对工业化的影响……综合这两种方法则称之为社会生态学方法。[2]尽管研究城市史的方法越来越复杂,但城市史从没有彻底摆脱城市传记(Urban biography)框架的约束。城市史研究压倒性的方式是以单个城市作为研究焦点,从早期的经典研究比如斯提尔(Bayrd Still,1906—1992)的《密尔沃基》(*Milwaukee*,1948)到现代的系列丛书,比如贝尔纳普出版社(Belknap Press)的"世界城市史系列丛书"(World Cities Histories),都是如此。[3]无论如何,人们是可以通过各种方法来追述城市发展史的。

宏观上看,城市史学的发展与各个国家、地区城市发展进程是相适应的,城市发达的地区,城市史研究也非常发达。意大利、西班牙、荷兰等国家,从早期这些国家的城市就占据优势,因此也就难以把城市史从通常的政治史、行政史或者经济社会史的著作中区分开来,因为在这些地区,从本质上来看城市是分析民族、社会、文明诸问题最便利的单位。东欧、中国、拉丁美洲这些地区,乡村经济占据优势,缺乏重要的工业中心,因而难以使城市史研究得到快速发展。另一类国家比如美国、

1　Martin Hewitt, "Urban History", p. 1246.

2　Zane L. Miller, Patricia M. Melvin, *The Urbanization of Modern America: A Brief History*, 2nd edition, Harcourt Brace Jovanovich, 1987, p. iii.

3　Martin Hewitt, "Urban History", p. 1247.

英国，这些国家的工业革命使乡村社会快速实现了城市化，自19世纪以来随着城市发展而带来的问题就为现代城市史研究打下了坚实的基础，[1]城市史研究兴起于英美自然是合情合理的。

总之，城市史是一门新兴的前沿学科，目前已出现了众多与这一领域相关的学科，如地方史、市镇史、建筑史、规划史、城市地理史等。广义上讲，上述学科都可以归入城市史这一范畴，因而城市史一个重要特点是跨学科性，它综合各门人文科学的优势，吸收不同的观念与方法，以独特的视角研究城市的历史、现状并审视未来。处于急剧转型时期的当代中国，城市化的速度越来越快，伴随这一进程也出现了一系列问题，因此这一研究不仅有着重要的学术价值，而且有着关怀人类的现实意义。[2]

1　Martin Hewitt, "Urban History", p. 1247.

2　孙逊：《都市文化研究卷首语》，《都市文化研究》2005年第一辑。值得注意的是，1992年发展中国家人口占世界总人口的比例是77%，到2025年，这一数字将增加到85%；1992年城市人口占世界总人口的比例是37%，到2025年，这一比例将增加到60%。可见今后的一段时间发展中国家将面临一系列城市化问题。见Conrad Philip Kottak, *Mirror for Humanity: A Concise Introduction to Cultural Anthropology*, McGraw-Hill, 2005, pp. 10–11。

作为百科全书的城市

一

我心目中三件人类最伟大的发明依次是城市、文字、大学，城市包容了一切，文字记载了一切，大学孕育了一切。城市是人类最美妙、最奇特、最富有想象力的发明，代表着迄今为止人类文明的最高成就；城市是人类对美好生活的向往之地，她充满着魅力和刺激、爱情和阴谋、灵感与创造、机遇与可能、平等与自私；城市生活的出现改变了人们相互联系的方式，踏入每个街道都是一次令人眼花缭乱的体验，危险的陌生人在周围游荡；城市又密布着无情的剥削、异化、势利和狭隘。但正是这些正反之间的张力使城市成为生产知识、创造文化、制造传统的地方，城市不但保存了历史与记忆、传统与文化，更激发了联想与想象。我们的星球正在变成一个巨型超级城市。

《马可·波罗行纪》激发了善于赞美人类爱与想象力的意大利小说家卡尔维诺创作出不朽之作《看不见的城市》：

当马可·波罗描述他旅途走访过的城市时，忽必烈汗未必全都相信，但是有一点可以肯定，那就是这位鞑靼君王听我们这位威尼斯青年的讲述，要比听任何信使和考察者的报告都更专心，更具好奇心。……这个时刻的他，会发现我们一直看得珍奇无比的帝国，只不过是一个既无止境又无形状的废墟，其腐败的坏疽已经扩散到远非权杖所能救治的程度，而征服敌国的胜利反而使自己承袭了他人的深远祸患，从而陷入绝望。[1]

这个忧郁的皇帝，他明白他的无边的权力并无多大价值，因为整个世界正在走向毁灭，一个幻想的旅行者在向他讲述一些不可能存在的城市，例如一个微小的城市，它越来越大，最后成为由众多正在扩张的同心城市构成的城市……[2]

岂止是卡尔维诺的小说，19世纪的伟大小说几乎都有一个城市作为背景，就像我们把对巴黎的身体和灵魂的最佳描述归功于巴尔扎克一样，那些对伦敦的描述也是狄更斯和柯南·道尔作品的主题。人人心中都有自己的历史，也有自己的城市。

亚里士多德认为"人是城邦的动物"。斯宾格勒说，"世界历史就是城市历史"。白兰士（Vidal de La Blache，1845—1918）说，"自然界准备了场地，而人类则以满足其需求和欲望的方式来组织场地"。西美尔说城市是一个互动的网络。皮朗说，"在任何一种文明中，城市生活的发展都必须依靠工商业"。帕克（Robert E. Park，1864—1944）说城市是"可以触及但是不相互渗透的小世界构成的马赛克"。芒福德认为，"城市是时间的产物"，"是人类寿命冷却和凝固的模具"，"这些地点是先具备磁体功能，尔后才具备容器功能的"。在列斐伏尔看来，城市是人与世界进行沟通的媒介，城市生活是人类了解世界的镜子。德·塞尔托

1　伊塔洛·卡尔维诺：《看不见的城市》，张密译，译林出版社2019年，第3—4页。
2　伊塔洛·卡尔维诺：《看不见的城市》，前言，第5页。

（Michel de Certeau）认为城市是"秩序的筛子"……城市不仅是多维的，城市更是一个巨大的隐喻，引发无数想象。

在当代学科分类中，很难单独为"城市研究"设定一个固定领域，它似乎一直无法获得合法的学科身份，而只能从属于社会学、历史学、城市规划、地理学等学科。多样化、碎片化、专业化成为城市研究的特征，因为变化万千的城市总会引发城市研究的新思考、新角度、新方法。人人都拥有自己的城市，每个人都可以从不同角度审视城市，涉及的内容既广泛又分散，这就使城市研究似乎无从下手。比如关于城市"夜晚空间"的研究，就涉及社会学、历史学、地理学、政治学、经济学、心理学，"夜晚的城市是日常生活的一个夸张版本，带有一种高度的孤独感、社交感、恐惧感和愉悦感"，哪个领域的学者不感兴趣、不愿涉猎？虽然城市研究令人感到漫无边际，它主要涉及的问题有三个方面：各个学科是如何研究城市的？教育机构是如何教授城市的？学者们是如何从城市的角度为公共政策提供决策服务的？城市研究的复杂性归根结底是如何理解城市引发的：城市究竟是什么？如何定义城市？

一方面，在英文中，"urban"（都市的）与"city"（城市）虽是同义词，但二者内涵不完全重叠。对列斐伏尔来说，城市（city）是一个物质的地方，而都市（urban）则是描述和构成它的动态力量。前者主要关注城市外在的、物理的形态，我们可称之为"规划史"，后者主要关注城市化进程，我们可称之为"城市化史"，两者大体构成了"城市研究"（Urban Studies）的主体。另一方面，城市空间的多样性和社会的复杂性决定了城市研究的复杂性。在列斐伏尔看来，各门专业科学（社会学、政治经济学、历史学、人文地理学等）提出了为数众多的名称来描述"我们的"社会，描述现实与各种深远的趋势，描述现实性与潜在性："工业社会""后工业社会""技术社会""丰裕社会""休闲社会""消费社会"——每一个名称都包含了一部分经验或概念真相，也包括一部分夸张和推论。[1]城市研究犹如大海捞针，令人无从下手，因此，需要一本指南，让研究者不至失去方向。美国学者雷·哈奇森（Ray Hutchison）编著的《城市研究关键词》便旨在全面地涵盖目前城市研究领域内的所有主题，让初学者有个迷津指南，让爱好者有个阅读文本，让研究者随时可以查阅。

二

对于城市研究者而言，雷·哈奇森是一个并不陌生的名字。他是威斯康星大学格林湾分校社会学教授兼城市与区域研究室主任，曾负责威斯康星大学格林湾分校住房和城市发展部门的社区发展工作研究计划，研究领域涵盖城市涂鸦、城市休闲和城市中的少数族裔，并开设城市研究导论、城市社会学、城市时空以及美国城市街头帮派等课程。此外，哈奇森教授还是一位活跃的知识分子，曾与美国森林服务局、美国国家精神卫生研究所等多家机构开展合作，凭借优秀的学术研究和社会服务斩获罗穆阿尔多·德·比安科基金会（Fondazione Romualdo Del Bianco）国际优秀奖。

作为一位知名的城市研究者，哈奇森曾与马克·戈特迪纳（Mark Gottdiener, 1943— ）共同编辑出版《新城市社会学》（*New Urban Sociology*，1994年英文初版，2019年第六版，上海译文出版社2018年中译本为该书第四版），该书影响深远，开创了社会空间模型理论，并将其应用于城市社会学研究。2009年出版的《城市研究关键词》是哈奇森

---

1 亨利·列斐伏尔：《都市革命》，刘怀玉、张笑夷、郑劲超译，首都师范大学出版社2018年，第4页。

教授的另一部代表作，它结构清晰、内容丰富，城市大千世界的斑斓色彩，跃然纸上，我时常被这本书的广博视野所震撼，许多未曾想过的问题，竟也被作者纳入到城市研究的范畴中来。伴随哈奇森为我们列出的词条，城市世界的万千景象尽收眼底——从伊斯兰城镇的大巴扎到纽约世界博览会，从中世纪荒野中的商队旅馆到现代城市中的保障性住房，从贫困破败的隔都到富丽堂皇的购物广场，都被一网打尽。

今天我们生活的世界是一个城市的世界，人类已有超过半数居住在城市里，而这一数字仍将继续增长。从古至今，城市集中了人口、资源、财富、思想和创造，无论是"孤独的文明"特诺奇蒂特兰，还是"回望绣成堆"的长安，一直到今天以洛杉矶为代表的后现代都会，城市都是人类文明的结晶，是政治经济枢纽，也是精神思想的聚居地。然而，城市汇聚的巨大力量，处理得当有利于促进工业发展、科技进步和文化交流，处理不当则会成为巨大的破坏力量，造成自然资源、人文资源的巨大浪费。合理的城市化可以通过平整土地、修建水利设施、绿化环境等措施改善人居环境，使环境向着有利于提高人们生活水平和促进社会发展的方向转变，降低人类活动对环境的压力，反之就会造成环境污染、生态破坏。人类面临的许多挑战正是来自城市，人口过密、交通拥堵、恐怖袭击，城市自古以来就蕴含着危险与未知。气候变化、资源短缺和全球发展不平衡等当代重大的国际性问题亟须解决，而这些问题大多伴随着城市膨胀而生，如果不依托全球城市网络的战略，它们很难被化解。在21世纪这个城市的世纪里，城市研究无疑是学术共同体乃至公众舆论中的重要话题。

如前所述，即使是城市问题专家，也很难为"城市研究"给出一个明确的定义，这是因为它包含众多研究领域，而每个领域又包含许多分支学科，这些领域与学科还存在广泛的交叉。城市政治学、城市地理学、城市心理学、城市人类学、城市史都是城市研究的组成部分，各有其理论体系和学术系谱，它们相互之间又有明显重叠：政治机器是城市政治学的话题，但在城市历史上也发挥着重要作用；城市蔓延是城市地理学者关注的话题，也会对城市人的心理产生影响。如此众多的专业领域和交叉学科，生产出无可计量的关于城市的知识，编纂一部以城市为主题的百科全书，确乎是一件费力却不讨好的差事。对于这种复杂性，《城市研究关键词》有清醒的认识。本书包含近350个词条，涵盖城市研究的学科路径（如城市经济学、城市社会学）、城市主题（如建筑、性别）、城市社会问题（如犯罪、毒品）、城市规划议题（如社区发展、区划）、城市理论（如非均衡发展、全球化）、城市交通（如机场、地铁）、城市文化（如波西米亚、涂鸦）、城市区域（如郊区、修道院）等类别。除此之外，哈奇森教授也选择了将不同时代、不同区域和不同类型的城市列入词条，以及诸如刘易斯·芒福德、大卫·哈维、萨森（Saskia Sassen，1947—　）等在城市研究中不可回避的重要人物。

涉及领域的广泛性是本书最为突出的优点。2005年劳特利奇出版社曾出版罗杰·凯夫斯（Roger W. Caves，1952—　）主编的类似主题的《城市百科全书》（*Encyclopedia of the City*，2013年再版），同样涵盖多个学科领域，但无论横向比较研究范围，还是纵向比较研究深度，都无法企及《城市研究关键词》。而在这本书出版10年之后，又有两本城市相关的百科全书问世，也颇有参考价值：美国学者吉尔弗耶尔（Timothy J. Gilfoyle，1956—　）主编的《牛津美国城市史百科全书》（*The Oxford Encyclopedia of American Urban History*，2019），这是第一部国别城市史百科全书；奥卢姆（Anthony M. Orum，1939—　）主编的《韦利·布莱克维尔城市和区域研究百科全书》（*The Wiley Blackwell Encyclopedia of Urban and Regional Studies*，2019），该书对世界各地城市和区域研究中出现的核心概念和关键主题进行了系统概述。

三

21世纪的城市世界并未复制19世纪的殖民帝国模式，欧美发达国家的大城市尽管在全球城市体系中高居顶层，但发展中国家的大城市和新兴城市地区同样在这一体系中扮演着重要角色，根据联合国的评估，未来20年间的人口增长，大部分将出现在这些地区。因此与当代社会科学研究相仿，城市研究亟须走出西方中心论的阴影，将更多的东方城市和发展中国家的城市纳入研究视野，并在此基础上建构不同于西方城市发展道路和特征的理论体系。《城市研究关键词》对此进行了探索和尝试，体现出国际化的研究导向。一方面，哈奇森教授在词条选择时注意到欧美国家之外的大城市，比如中国香港、孟买、大马士革和圣保罗，它们在当代国际经济中扮演着重要角色；更重要的是，本书在探讨重要城市现象时，也不忘分析发展中国家的城市，比如在关于城市空间生产的词条中，扎迦利·尼尔（Zachary Neal）既介绍了纽约和伦敦，也涉及孟买和雅加达。这种国际化视野虽未完全突破西方中心论的藩篱，但无论对城市研究还是城市开发实践，都有重要的学术价值和现实意义。尤其对于中国，作为世界上最大的发展中国家，以及历史悠久的亚洲国家，在借鉴西方城市发展经验的基础上，同样有必要关注其他发展中国家的城市化。

在信息爆炸的年代，百科全书这种古老的参考类书籍要想保持其价值，止步于对学术界研究成果的整理归纳是远远不够的，更重要的是启发来者。对读者来说，阅读百科全书当然不仅是为了了解某一"定论"，更希望能以百科全书为起点，发现继续探索的道路。出版《城市研究关键词》的赛奇出版社（SAGE）曾在2005年推出马克·戈特迪纳和莱斯利·巴德（Leslie Budd）主编的《城市研究核心概念》（*Key Concepts in*

Urban Studies，有江苏教育出版社2013年出版的中译本），该书收录了
40篇城市研究领域的论文，总结了当时的研究进展，并列出参考书目。
与《城市研究核心概念》相比，《城市研究关键词》由于在所涉领域广
博性和国际化方面的优势，对于读者的启发和指引更胜一筹。后者的词
条中，既有贫民窟、下城复兴等传统意义上与城市息息相关的问题，也
包括同性恋空间、绅士化等前沿话题，尤其是在城市文化领域，嘻哈文
化、虚拟城市等新概念也被收入书中。更重要的是，每个词条之后都附
有"进一步阅读书目"，对于研究的深化极有助益。此外，本书在开头
部分以字母为序列出了全部词条，后又将全部词条纳入不同门类，如此
大大方便了阅读和检索，无论是资深研究者，还是入门级学者都可各取
所需。

　　有人把城市视为大容器，容纳了世间千奇百怪之物，也有人把城市
视为大舞台，各种戏剧性事件在其间轮番上演。但我更愿意把城市喻为
百科全书：现代社会生产的精细分工、生活功能的区域性集聚，在城市
空间中得到直观体现，这如同一部打开的百科全书，在科目条分缕析后
又重新聚拢起来。而一部《城市研究关键词》则是以城市为支撑，把它
已然存在的百科全书式的特点，以及研究者在思想领域的探索，用一种
立体的方式加以展示。

　　当然，除了上述优点外，这本皇皇大作还存在一些可以改进，甚至
斟酌的地方。在学科方面，它似乎忽略了城市人类学、城市文学这些重
要的研究路径；全球城市网络中城市间的交流与相互作用也只是一笔带
过，似有遗珠之憾；编者虽然尽力想突破城市研究的西方中心主义，也
关注了非西方的城市研究，但他们在这方面知识储备并不足，因而全书
难免失衡。这些是我们在阅读这本书，或者说通过借鉴它来构建我们自
己的城市研究时需要注意的。

四

按照学术界的通行定义，城市化是一个国家或地区随着社会生产力的发展、科学技术的进步、产业结构的调整，逐渐从以农业产业为主的乡村型社会，向以非农业产业为主的现代城市型社会转变的历史过程。在人口学上可简单定义为农业人口向非农业人口转变的过程。改革开放以来，中国逐步放开了对人口流动的限制，大量农民工涌向城市，从而大大加快了中国城市化进程。中国科学院发布的《2012中国新型城市化报告》指出，中国城镇人口占总人口的比重首次超过50%，标志着中国城市化率首次突破50%。

城市化是我们这个时代的重大特征，是社会经济发展的必然现象。自改革开放以来，我国城市化建设突飞猛进，取得了令人瞩目的成就，这样的成就是从新与旧、洋与中、计划经济与市场经济的经验中探索出来的。当前，我国城市化也已从起步阶段进入加速阶段，城市化速度在加快，规模在加大，财力、物力在增加，人口膨胀压力在加大，城市结构迅速演化，城市正向越来越广阔的空间扩展。中型城市向大型城市发展，大型城市向特大型城市发展，继而进一步形成都市圈、城市群、城市带和中心城市，这预示着中国城市化进程的高速起飞。遗憾的是，我们并没有完全摆脱西方世界先污染、后治理的老路，近年来城市空气污染问题日益突出。此外，随着城市物质建设水平的提高，社会问题与冲突也日趋严重，交通、住房、就业、社会秩序、公共道德等问题都面临着巨大压力和挑战。因此，城市研究开始变得越发紧迫，如何制订既能解决眼前问题又能兼顾城市长远发展的对策考验着城市研究工作者的智慧。

进行这样的研究并不容易，我国城市研究起步晚、发展慢，直到80年代还属于边缘学科。经过30多年的发展，尽管这一领域已取得不小成绩，但理论体系尚不完善，应用实践常会遇到困难，而且伴随我国城市化的不断推进，对于层出不穷的新问题也应付不及。除此之外，城市建设规模大，呈多方面齐头并进之势发展，巨大的建设系统在有限的空间内共同运作，成为一个极其复杂的超系统工程，它涉及不同尺度、不同工种、多种关系、多种利益，更关系着在城市生活的千家万户。而城市发展更涉及人口、经济、社会、国土政策等其他方面的问题。毫无疑问，城市研究是一门牵涉众多的复杂学问，它要求城市研究工作者努力从漫长的历史时间中、从浩阔的地理空间中去观察和思考问题。在这个意义上，《城市研究关键词》或许能在当代中国获得绵绵回音，有助于中国学术界和决策者深化对城市的认识，推动决策的科学化。

五

本书原名为 *Encyclopedia of Urban Studies*，翻译过芒福德和帕克多部著作的宋俊岭先生建议中译名用"城市科学百科全书"，不要用"城市研究百科全书"。他认为，

（道理）很简单，二十世纪八十年代初期，我们讨论城市科学，认定这是一个学科群体，包括城市地理学、城市历史学、城市社会学、城市生态学、城市经济学等认知类的学科，加上城市规划学、城市设计学、城市建筑学、城市管理学、城市防灾学等操作类学科，加在一起形成的一个学科集成，英文稿将"城市科学"这个学科群体误译为 urban sciences。后来被外国同行更正为 urban studies。就是这样。您看看你们的百科全书，是不是这样一个多学科的群集？如果叫做"城市研究百科全书"，很容易令人理解为，这里面每一

座城市、城镇都能找到……其实并不是无数单个城镇（numerous individual cities and towns）的集合。不是这样，对吧？[1]

宋先生的话很有道理，但为了便于出版，最终还是采用了"城市研究关键词"一名。译介是我们这个时代的主要基础工作之一，我们是摆渡者、打桩者，希望未来中国出现更多世界性的理论者、思想者，《城市研究关键词》中译本的问世或许能为处于转型时代的中国提供一些借鉴，为都市研究者带来一些阅读的便捷。

1　宋俊岭先生2015年5月21日信件。

全球视野下的城市软实力与国家文明

　　文明的本质是城市文明，城市是人类社会与特定地理环境紧密结合的一种实体。城市在一定空间内聚集着人口、资源、财富与精神，创造出辉煌的建筑、璀璨的街景、迷人的空间，是人员、物质、信息流通的节点，是"人类社会权力和历史文化所形成的一种最大限度的汇聚体"，[1]从而产生巨大的集聚效应，在满足人们物质、文化、发展、安全、信仰等方面需求的同时，亦是赓续文明发展的巨大容器。各个时代的国家运转都是依靠城市来进行的，大城有效运转则国家兴旺发达。相对人类起源来说，城市还是个新生事物，发展不够充分，我们对它的认识也远远不够。

一

　　据科学家测算，138亿年前的大爆炸诞生了宇宙。人类所赖以生存的地球，在大宇宙中已旋转了约46亿年。地球生命存在的时间为30亿—40亿年，而人类的历史大概为300万年，有文字记载的人类文明才5000年

1　唐纳德·米勒编：《刘易斯·芒福德读本》，宋俊岭、宋一然译，上海三联书店2016年，第92页。

左右。地球上曾经存在的生命物种中有99%已经消亡了，人类一枝独秀，自出现以来一直不断改造自然、塑造世界。万物塑造了人类，人类也塑造了万物，城市是人类最伟大的发明，从这个意义上说，我们在理解一座城市的同时也在理解我们人类自身。

如果我们将时间记录体系中的"世纪"视为1分钟的话，那么，工业革命不过是近3分钟之前的事，启蒙运动不过是4分钟之前发生的事，哥伦布发现新大陆不过是约5分钟之前的事，伊斯兰教出现在14分钟之前，基督教出现在20分钟之前，佛教出现在26分钟之前……大约100分钟之前在美索不达米亚发生了"农业革命"，人类逐渐由食物采集者变为种植者，过渡到半定居、半游牧的农耕生活。目前大家公认世界上最早的文字是美索不达米亚的楔形文字，出现在公元前3200年左右，文字记载是人类从史前社会进入文明社会的一个主要标志，人们由简单农业社会向复杂独立的社会发展。约在公元前3000年肇始于美索不达米亚的城市和城市生活通常被认为是第一次城市革命；因缘于工业革命而出现的西方大城市被认为是第二次城市革命；20世纪后几十年中出现的巨型城市被认为是第三次城市革命。[1]城市的出现深刻地影响着人类的生活。我们塑造城市，城市也塑造我们。[2]

可以说语言的发明、文字的创造、农业的出现、城市的构建是古代世界的"四大发明"，这"四大发明"奠定了人类生活的基础，让人类创造了辉煌的文明，并有了保存、发展、传播的可能。按照前述计时方法，从人类最古老的文明到今天的信息时代，人类历史与文明的演变不过是一个小时之内的事情，似乎一切才刚刚开始。从这个意义上来讲，人类各民族所创造的文明没有高低贵贱之分、先进落后之异，不存在谁

1　Ray Hutchison, ed., *Encyclopedia of Urban Studies*, p. 888.

2　温斯顿·丘吉尔语。见约翰·里德：《城市的故事》，郝笑丛译，生活·读书·新知三联书店2016年，第8页。

优谁劣、谁好谁坏，只有相对的前后之分，文明的奥林匹克竞赛才刚刚开始，人类所创造的文明项目一目了然，标志也很清晰，不同国家、不同民族之间的文明竞争，只会加快社会的发展、人类的进步。

城市的崛起不仅是文明诞生的标志之一，而且城市本身也孕育了与"农业文明"迥异的"城市文明"。在古代，作为一种聚落，"城市"显然日益不同于周边的乡村——在这里，大量人群完全依赖他人的劳动而生存，社会分化使其复杂度达到前所未有的高度，城市居民眼界更为宽广也更具创新思维。大量人群集聚在城市里，为艺术、宗教和科技的发展奠定了基础，形成了作为空间载体的教堂、宫殿、学校以及公共空间。城市成为人间的某种"奇迹"。北京就是人在广袤无垠却毫无特色的华北平原上的努力作为，显示了人类巨大的想象力和活力。[1]难怪西班牙殖民者迪亚斯（Bernal Diaz del Castillo，1495—1584）在晚年回忆时表露出这样的心情："面对如此美轮美奂的景致，我们不知应该做什么，说什么，或是说简直不敢相信，在我们眼前的这块陆地上竟然有着如此巨大的城市……在我们面前矗立着气势恢宏的墨西哥城……"[2]如果没有城市，那些文字、音乐、舞蹈、绘画、发明以及多种多样的社会活动能否传承下来，人类又将向何处发展，都是值得我们深思的。

二

城市如何产生？城市在人类历史上发挥了怎样的作用？城市与国家之间的关系是怎样的？城市是苏格兰社会学家帕特里克·格迪斯

1　阿诺德·汤因比：《中国纪行：从旧世界到新世界》，司佳译，上海人民出版社2019年，第204页。

2　乔尔·科特金：《全球城市史》，第2页。

（Patrick Geddes，1854—1932）所说的"坟场"吗？还是实现人类大同的乌托邦？建设一种满足人类需求、可持续的新型城市，是否可能？城市软实力的组成要素究竟是什么？在几千年来的人类文明史上，这些问题持续不断地吸引那些最为睿智敏锐的头脑反复思考。要了解这些问题并找到解决办法，我们就必须回到城市的历史中去，寻找历史上各类卓越城市的精神品格与文化软实力。

在近代国家概念出现之前，不少情况下人们是以城市来指代一个地区或时代的，比如苏美尔、阿卡德、雅典、罗马、亚历山大里亚、迦太基、君士坦丁堡……就是因为这些城市拥有巨大的财富，具有独特的文化特质，富有极大的感召力……这些逐渐演变为城市的文化软实力，甚至最后成为地区的乃至国家的一个文明形态。

以人为核心的城市充当物质与精神的组织者、生产者、实施者的角色，不但控制着物质文化的生产、分配、流通，而且也是文明的荟萃之地、文化的熔炉，不断创造着辉煌的物质文明、精神文明，这就是城市的品格、城市的软实力。这种软实力既影响着本地城市的空间权力变迁，也跨越边界，超越国家民族，影响着本区域乃至世界各地的城市。这种软实力是由包容力、提供力、号召力、吸引力等看似无形实则有形的各种内在品质构成，它们既是城市本身的魅力，也是国家发展的一个至关重要的战略资源。[1]

包容力是城市的文明指数。上海城市精神被概括为"海纳百川、追

[1] "美国在全球的统治地位主要是通过非军事手段实现的——简而言之，通过美国软实力的延伸、主张和影响实现的。根据定义，如果硬实力建立于'事实'之上，那么软实力就是建立于'价值观'之上。美国的硬实力对维持全球稳定是必要的。而美国的软实力——电影、流行音乐、电视、快餐、时尚、主题公园——则传播、确认并加强共同规范、价值观、信仰和生活方式。硬实力进行威胁，软实力则展开诱惑；硬实力进行劝阻，软实力则予以说服。"见伯尔尼德·哈姆、拉塞尔·斯曼戴奇编：《论文化帝国主义：文化统治的政治经济学》，曹新宇、张樊英译，商务印书馆2015年，第24页。

求卓越、开明睿智、大气谦和"，这里指的就是包容力的塑造。城市只有具备兼收并蓄、包罗万象的品格才会呈现出更多的自由空间，才会不断更新，才会拥有安全感，并最终促进人类社会秩序的完善。

大城市里从不缺少雄心勃勃、积极进取、奋发向上的人，其中一些人恰好在适当的时候实现了他们的理想，一方面固然是个人的努力，但最重要的还是包容的城市所提供的良好环境。城市不仅是一种隐喻，也是一种可能性。"在城市当中，通过市场、聚会场所等介质的交融手段的浓缩强化，人类的生存方式逐渐形成了各种替代形式：乡村中根深蒂固的循规蹈矩渐渐地不再具有强制性，祖传的生活目标渐渐地不再是唯一的生存需求满足，异国他乡到来的男男女女，异国他乡传入的新奇事物，闻所未闻的神灵仙子，无不逐渐瓦解着血缘纽带和邻里联系。一艘远方的帆船驶入城市停泊，一支骆驼商队来到城市歇息，都可能为本地毛织物带来新染料，给制陶工的餐盘带来新奇釉彩，给长途通讯带来其所需用的新式文字符号体系，甚或还会带来有关人类命运的新思想。"[1]

城市是陌生人社会，让人少些牵连与顾忌；城市是自由的世界，让人可展开未来的憧憬；城市充满着公平，让人获得各种机会……一言以蔽之，城市可以最大限度地提高一切，不仅提高市民，也提高城市本身。普及的文化、多元的商业、变革的技术、自由的空气都在完善着人与自然。

提供力是城市的创新指数。如果我们可以把文化分为以宗教、巫术等为代表的信仰文化，以音乐、舞蹈等为代表的观感文化，以自由、公平等为代表的人文文化，以科学、技术等为代表的学术文化的话，那么我们在历史上是可以找到相应的代表性城市的。就古代地中海世界而言，大体来说雅典代表着人文文化，罗马代表着艺术文化，亚历山大里亚代

---

[1] 唐纳德·米勒编：《刘易斯·芒福德读本》，第94页。

表着学术文化，耶路撒冷代表着信仰文化。时至今日，这四种文化的内涵已大大丰富。

艺术文化已经成为庞大的以生产和提供精神产品为主的文化产业，包括文学、艺术、美术、电影、音乐、摄影、舞蹈、设计、时尚、广告等的创作、制作、销售、流通与消费。学术文化演变为今日的大学、出版社、研究机构、期刊、智库等构成的学术共同体，这些学术机构与平台，既代表着一个城市的文化生产力，也代表着对未知领域的探索能力。人文文化则是一座城市的底蕴，一方水土养一方人。犹如清华的毕业生总体现出工匠精神，北大的毕业生总散发着一股自由气息，亦犹如北京人、上海人之分。

今日上海的文化毫无疑问是江南文化、海派文化和红色文化的产物。追根溯源，江南的形成与发展实在是一个自然的历史过程：上海所代表的江南文化在中国整体文化中的个性化发展，使上海成为一座传统文化之城；江南积淀的历史优秀文化在上海的现代化转型中呈现出无限的活力，使上海成为一座创新之城；江南乡土文化在跨地域、跨文明交流中的和谐融合，使上海成为一座中西文化荟萃之城。上海代表着江南故事、中国故事和世界故事的相得益彰的互补性展开，在方方面面都具有极大的提供力。

号召力是城市的影响指数。城市是社会进步的产物，是人类文明的结晶，是安全、忙碌之地，也是文化发达程度的体现。城市空间决定了城市生活的类型，城市居民决定了城市的精神品格，城市历史决定了城市的文化底蕴。城市可以让生活更美好，因为它满足了人们对安全、自由、便捷、健康的根本需求。

大城市是决策机构的聚集地，是政治、经济、文化、艺术、信息的汇集地，工业、商业、金融业、银行业、证券交易、出版、新闻、传媒、学术等各类活动空前活跃。城市更是利益分配的中枢，造就了空前广泛的就业机会与上升渠道，具有空前的号召力、感召力，激发人们奋发向上的激情。

吸引力是城市的活性指数。所有伟大的文化都是从城市中诞生的，世界历史就是城市人所塑造的城市文明的全球链接史。民族、政府、政治和宗教，所有这些都依赖于人类生存的基本形态——城市。[1]城市发展史就是一部移民史，城市的活力与动力靠的就是移民。历史上的移民分强制迁移和自愿迁移两大类，无论哪种移民形式，伴随移民而来的是文化流动，不同文化的接触、碰撞、交流是激发新文化产生的原动力。

发达城市既为本区域的人所向往，也吸引着国际移民，因为城市的空气让人自由。自由引发人口的流动，来自各地的移民具有不同的文化背景、价值观念，他们以各自不同的生活方式、文化表达赋予城市多样性，刺激了城市的不断发展。移民也引发了信息交流，带来商业活动、贸易发展。

大城市从来就是种族与文化的大熔炉，它是人们进行生动而微妙的人际交往的中心，总是会产生新的群体、文化与社会形态。诚如斯宾格勒所说："所有伟大的文化都是从城市中诞生的，这是一个极为确定却从未被深入研究的事实。……民族、政府、政治和宗教，所有这些都依赖于人类生存的基本形态……城市。"[2]

三

具备上述四种力量的城市会成为全球节点城市，并最终成为象征性的全球城市。不过把全球城市这一想象变为现实，还有很长道路要走。

1　罗伯特·帕克：《城市：有关城市环境中人类行为研究的建议》，杭苏红译，商务印书馆2016年，第7页。

2　罗伯特·帕克：《城市：有关城市环境中人类行为研究的建议》，第7页。

当下的上海只是形成中的全球城市，已经具备显性的可能，这类城市不仅仅只有上海，墨西哥城、孟买等也属于此类城市。上海在包容力、提供力、号召力、吸引力等方面已经具备全球城市的潜力、能力与实力，但仍需不断努力。

全球城市正在重绘当代世界的政治、经济、科技、文化、治理版图。作为全球网络的关键节点，全球城市发挥着全球资源配置的特殊功能，是引导与其相连接的其他城市、地区进入世界市场的枢纽。

全球城市是国家治理的前沿空间。大城市是能源消耗的重点区域，如何保障大城市的能源供给是国家治理能力的体现；大城市的水资源涉及水源、地下管道、污水处理及信息化管理，空气质量如何保证，医疗资源如何分配，教育资源如何布局，城市暴力如何处置，安全如何保障，等等，都是国家治理能力的具体表现。大城市在这些方面的治理是成功的，大家又都积极主动自愿地分享这些经验，这是国家文明发展到一定程度的标志。

世界大国必然拥有全球城市，全球城市也离不开世界大国作为生长、成熟的沃土。19世纪的伦敦属于英国时代，20世纪的纽约属于美国时代，历史的经验已经不断验证了大城与大国的关系。中国建设具有世界级影响力的全球城市可以把握全球政治、经济、科技、文化等领域的战略制高点，深度参与国际竞争与合作，提升我国的实力和影响力，构筑对外开放新格局。

伟大文化造就伟大城市

很荣幸作为"思南·光启·望道读书会"的代表在这里发言。

思南读书会已成为上海的文化名片、上海的文化地标，我想未来一定会成为令人向往的上海文化圣地！圣地是历史赋予的，是时间追加的，更是当下努力的结果。

理解城市有隐喻、视角和地标三种路径，思南读书会则集三者为一体。思南是上海的一个隐喻，她象征着上海走向世界、融入世界、引领世界；思南是上海的文化地标，她是体验上海城市生活、精神面貌和内在本质的切入点；思南是审视上海的一个独特视角，她代表着上海文明最复杂、最精纯、最温情的面貌，在一片小小的空间里面吸引着背景各异的一群人，在这个精神空间内思考人生的内在价值、培植情感、交流思想、展望未来，反映了当下上海的城市精神与品格。

思南读书会是新时代上海城市文化景观，她注定将人们的注意力从建筑的城市空间转移到城市的精神形象上。城市不仅是钢筋水泥构成的物质空间，也凝聚着历史形成的记忆和情感。这些记忆和情感往往来自城市历史上的伟大人物、重大事件和高雅文化，并经过物质化和仪式化，得以呈现在城市景观中，跨世代、跨族群地传承下去。这样的物质化和仪式化构成了城市自己的象征、自己的标识、自己的符号，铸就了一座城市甚至一个民族的品格。这就是思南存在的意义。

城市的特性充斥在空间的每一个角落，工作场所、医院、保健中心、休闲设施、学校、公寓、餐厅、体育场、音乐厅和道路等空间定义了城市的特性，这些城市景观决定着城市生活，它们通过文学、视觉、声音等手段激发了市民的想象力与自豪感，它们是思想传播框架的构成部分。城市是有弹性的，她能给人带来更多的爱，亦能给人带来更多的恨；大都市能把一切都带到一起，大都市亦可以让人毫无感觉地躺平、摆烂，甚至腐烂。但思南不仅能激励内心和提升自我，而且使我们的日常生活更充实、更阳光、更快乐。这就是思南给我们带来的向上的一面。

拥有世界上最好的大学、出版社、媒体、剧院、博物馆、咖啡馆，这样的城市才更美观、更魔幻、更宜居。城市的灵魂是文化，有随处可见的文化活动，有随时可以调节心情的各种空间，有包容文化叛逆者的氛围，如此，就可以造就伟大的人性，伟大的人性造就伟大的文化，伟大的文化造就伟大的城市。大城大国，城市是具体的、物质的，亦是视觉的、想象的，城市是国家的代表，有世界城市才会有世界国家。如果说伦敦成就了19世纪的英国，纽约成就了20世纪的美国，那么上海极有可能成就21世纪的中国。这就是思南在国家文化层面的价值。

最有魔力的空间是可以看到不同年龄阶段各种类型的人愿意在这里打发时间，驱散孤独感；最有魅力的空间可以促进彼此的交往与互动，实现那些个体不能单独完成的目标；最诱人的空间处处存在着模糊地带，是公共的，也是私密的，或者是两者交互的，散发着撩人的味道，勾起人们探究背后秘密的愿望；最非凡的空间能抓住你的嗅觉、吸引你的眼神、激发你的想象、净化你的心灵，让你回味、让你忘我。思南读书会就是这样的空间。

上海不乏学术大家，中国不乏学界名流，世界不乏文化名人，是思南读书会搭建了舞台，让那些伟大的作家、艺术家、思想家、学问家传播他们的观念，可谓"随风潜入夜，润物细无声"，市民所得到的文化滋养与精神提升，在无形中就会转变为宽容的胸怀、至诚的关爱、道德的约束和世界的眼光，这就是文化育人。思南就是海纳百川、追求卓越、开明睿智、大气谦和的上海城市精神、上海城市品格的具体呈现。这就是思南！

上海有越来越多的此类文化拱廊。上海市社联、思南和上海师范大学三家读书会在2017年就签署了协议，创办"思南·光启·望道读书会"，三方联动，发挥各自特长与优势，从思想、文学、学术等角度互为一体，共同致力于打造上海的文化长廊。星星之火可以燎原，当下的上海已是中国文化的上海，未来的上海一定是世界文化的上海。

最后，借用德国伟大的思想家本雅明在《巴黎，19世纪的首都》中的一句话，表达对思南读书会的祝福、对思南读书会幕后英雄的致敬、对思南读书会主办方的钦佩，尤其是对参与活动的市民的崇高敬意，没有市民的参与，哪有意义的生成。本雅明说："随着商品生产明确地压倒了其他生产，品味也得到了发展。"我把这句话改为"随着思南读书会明确地压倒了其他文化生产，人们的品位也得到了发展"。今天，如果你没有去过思南，就不算来过上海；也许，明天，你去过思南，就算看过世界。祝思南读书会越办越好，越来越有品位，越来越有世界性。

我们为什么要研究美国，为什么要研究美国城市？

今天，由中国美国史研究会、厦门大学历史系、厦门大学美国史研究所主办，上海师范大学世界史系、上海大学文学院协办的"第四届美国城市史论坛"隆重召开了。作为会议的协办单位，我谨代表上海师范大学世界史系，对会议的召开表示热烈欢迎，向长期以来给予上海师范大学世界史鼎力支持的王旭教授表达由衷的感谢！

美国是一个现代国家。它的土地上虽然曾经出现封建土地制度，但一建国就是资本主义国家；尽管在当时的欧洲人看来美国并不"现代"，但今天所谓现代性的物质基础和理念依据，却有相当部分来自美国。特别是20世纪以后，美国向全世界输出商品和价值观，无论学术研究还是生活方式，都出现了"美国化"的现象。可以说，研究美国就是研究现代世界的兴起，研究美国就是研究全球治理的典型案例，研究美国就是研究全球化的焦点，研究美国就是研究当代世界学术的生成机制，研究美国就是研究西方霸权的文化之基。而这一切的背后都是以美国城市为背景的——在这里，人类集中创造了经济、社会、文化和政治成就，构造起社会历史前进的舞台。因之，研究美国城市就是研究美国兴起、美国文化的关键因素、核心抓手、主要路径。

美国城市化随着工业化而来，城市居民既有自然增长，也有来自欧洲等地区的移民。即便从欧洲殖民者在北美建造永久定居点算起，美国城市也才不过400多年的历史，与世界上悠久的古代文明城市相比，在时间上是非常晚近的。但是到1850年，美国东西海岸线上诞生了数百个新城市；到1920年，绝大多数美国人居住在城市；[1]到2020年，美国的城市人口占比已达84.9%，预计2040年城市人口占比可达88.8%。[2]在美国城市中，纽约无疑是最为光彩夺目的明星。20世纪的纽约已成为世界的首都——它是文化中心、艺术中心、教育中心、娱乐中心、经济中心。纽约的确很魔性，丹尼尔·贝尔说纽约就像一座冰山，"冰山的一角是剧院、画廊、博物馆、大学、出版社、餐厅、夜总会、咖啡馆和漂亮的商店——所有发生在这些场所中的活动都让纽约成了美国独特而耀眼的大都会"；纽约的确很迷人，你每天都会遇到新面孔，纽约让你感觉到你每天都在生活！

为什么美国会在短短的时间内成为城市国家？为什么美国会出现世界性的纽约？号称世界首都的纽约是一种奇迹吗？大多数美国城市没有经过农业发展阶段，从小村庄直接成长为工业城市，没有历史的负担，这是美国的独特性吗？工业城市的北部与农业乡村的南部的差异是美国内战的一个因素吗？诸如此类的问题可以一直追问下去。美国城市化的经验难道不值得我们反思与借鉴吗？当然。这一切都值得我们认真研究。

在我看来，理解城市有三个路径：隐喻、地标和视角。

我们可以把城市视为一个隐喻，将其看作一个社区、一个容器、一个战场、一个市集、一台机械、一个有机体或一场梦幻——城市不但是一个结果，更是一个永不停止的变化、生产、消费、废弃与建设的过程，是一个给人带来希望与幻灭的过程。隐喻的本质是一种概念化的方式，

---

1 U. S. Census Bureau, *Fourteenth Census of the United States: 1920*, Government Printing Office, 1922.

2 约翰·J.麦休尼斯：《社会学基础》（第12版），风笑天等译，商务印书馆2022年，第781页。

城市隐喻的背后，是人类历史的动态演进。

我们可以用城市作为地标，来审视"城市"的精神面貌、内在本质和人类生活，东西方城市包括莫斯科、威尼斯、孟买、伦敦、纽约、东京、巴黎等，都是人类演进中的地标，都可以从这一角度去理解。从城市地标的角度审视城市是理解城市内在灵魂的一种重要路径。

城市包含着万千气象，作家、艺术家、统治者、学者、市民、游客、游荡者等不同人，看到的可能不是同一座城市。从不同的视角出发，看到的是城市的不同面相。城市不完全是混凝土丛林，它也是人类乐园，这是透视历史的城市视角。从这里出发，看到的是一个社会与物质共同构成的世界，物质不再只是人类生活的基础，物质和人类生活交织在一起。当我们站在城市里眺望时间的星辰大海，留在身后的是迟缓凝重的农业的往昔，迎来的是变幻莫测的未来。

虽然理解城市是一个令人回味无穷的话题，但研究城市主要涉及三个方面的问题：各个学科是如何研究城市的，路径不同，关注的重点自然不同；教育部门是如何教授城市的，城市知识在整个知识体系中占比不同，表征着国家对城市理解与重视程度的不同；学者们是如何从城市的角度为公共政策提供决策服务的，这影响着城市形态的展现，从而影响着市民的精神面貌。

可见城市研究是极其重要的，美国城市史研究更是当代文明交流、文明互鉴中不可或缺、重要且必须面对的主题，这就是美国城市史研究的意义与价值。讲到这里，我们就不得不感谢王旭教授，感谢他的前瞻眼光，感谢他的全身投入，感谢他的教书育人。作为学者的王老师，著述甚多，且是开拓性的。中国的美国城市史研究自20世纪80年代起步，经历了从无到有、逐渐发展壮大的历程，王老师功不可没；作为教育家的王老师，为学界培养了大量的专门人才，他们分布在各个高校，已经成为美国城市史研究的中坚力量；作为良师益友的王老师，温文尔雅，让人倍感亲近，乐于助人，尤其是对上海师范大学城市史研究的提携与帮助，让我铭记在心；作为艺术家的王老师，其才情是有目共睹的，这种才情所蕴含的是城市研究者的内在涵养与优雅生活。

这就是学者的使命和追求。如果说19世纪的伦敦属于英国，也属于世界；20世纪的纽约属于美国，也属于世界；那么我相信21世纪的中国是属于世界的，一定会出现中国式的伦敦、中国式的纽约，中国式的全球城市。有全球城市才会有全球性的国家。全球城市汇集了全世界经济、文化、知识、学术等方面的原创策源和控制功能，它们不仅在其国家边界内，而且在日益全球化的生产和消费网络中发挥着创造性的作用；城市作为次级国家行为体在塑造全球治理方面的作用日益增长；城市不仅仅是被全球力量带着走，而且是在建立和维持使当代全球化成形的网络和联系方面成为积极的参与者；国际大都市在一定程度上削弱了国家作为国际领域的主要行为者的传统特权，大国竞合一定程度上变成了大都市之间的竞合。无论手握全球网络锁钥的全球城市，还是广袤沙漠中星星点点的小型集镇，都是时间的产物。因此，如何宏观审视城市发展的经验，如何汲取先发城市的教训，如何谏言资政，这一切都是历史学家最擅长的，也是历史学家的社会责任。我相信我们的历史学家是一定会用"拿来主义"的眼光，用扬弃的态度，取得越来越多的学术成果，赢得广泛的尊重。中国学术国际化的突破口既在我们本身悠久的历史遗产，也在研究外国的学术行动中激活自身丰富的学术资源。中国的美国城市史研究会越来越好，人才会越来越多，成就会越来越大。

最后，再次感谢厦门大学历史系、感谢中国美国史研究会举办主题如此鲜明的会议，学术互动、知识交流、思想碰撞必定会让大家收获多多。祝"中国美国城市史研究的来路与去向"学术研讨会圆满成功！谢谢大家！

全球化时代的中心城市转型及其路径[*]

20世纪中期以来，发达经济体[1]在完成城市化后，相继进入城市发展的新阶段，即城市化重心转向郊区，郊区人口和就业岗位增加，而中心城市人口下降、经济萧条。[2]为此，许多国家采取从内城改造到降低税率等多种措施刺激中心城市发展，但成效甚微。80年代中期以后，中心城市呈现复苏势头并在90年代后更为明显，同时中心城市的产业结构由以

* 本文系陈恒、李文硕合作，刊《中国社会科学》2017年第12期。

1 本文的"发达经济体"即国际货币基金组织《世界经济展望》(*World Economic Outlook*) 中的"发达经济体"(Advanced Economies)。

2 "中心城市"(Central Cities) 是与"郊区"(Suburbs) 相对的概念，并非一种城市类型，也不仅仅是具备中心性特征的某些大城市。2000年，美国管理与预算总署提出了"核心基础统计区"(Core Basic Statistical Area) 的概念，即一个人口在1万及以上的城市核心区和与之有较高社会经济整合度的周边地区组成的地域实体，其中最大的城市和符合以下标准的建制城市均可被视为"中心城市"或"主干城市"(Principal Cities)：至少拥有25万人口或10万就业人口，5万—25万人口、就业机会超过实际就业数量的城市，1万—5万人口、相当于第一大城市人口的三分之一、就业机会超过实际就业数量的城市；其周边地区 (包括城市) 被视作"郊区"；因此"中心城市"是这一地域实体内的一个或多个中心，"郊区"也并非乡村地区，而是与"中心城市"有密切社会经济联系的城市或城市化地域。典型如纽约-北新泽西-长岛联合大都市统计区，横跨4个州，人口超过2000万，纽约市、波士顿、华盛顿特区和巴尔的摩是其四大中心城市，此外还有700多个城市 (郊区)。这种由中心城市与郊区组成的地域实体并非美国的独特现象，欧洲和日本同样如此，发展中国家也出现了类似现象。典型如荷兰斯塔德地区 (Randstad)，由阿姆斯特丹、鹿特丹、海牙和乌得勒支四大中心城市和百余个中小城市 (郊区) 组成。

制造业为主导转变为以服务业和高技术产业为主导，而郊区则成为制造业和零售业中心。中心城市的转型与复兴具有世界性意义，在发达经济体已十分明显，发展中国家的部分城市也出现类似现象。

中心城市的转型复兴引起学术界高度关注，现有研究主要集中在以下三个方面。首先，随着20世纪80年代以来世界经济的结构性调整和发达经济体逐步走出经济危机，学术界开始摆脱对中心城市的悲观态度，以城市内部结构为基础进行研究，即以服务业在城市经济中比重的增加为出发点，探讨工业城市向后工业城市的转型以及在此基础上的复兴。一方面，有学者通过考察城市经济结构变迁探讨去工业化的影响；[1]另一方面，也有学者对城市向后工业社会过渡进行个案研究。[2]其次，全球化进程的加快发展深刻改变了城市的社会经济结构和居民生活方式，将全世界更为紧密地联系起来，城市与全球的联系更为密切，这引发了以城市外部关系为切入点的研究，即将城市置于城市体系或网络的框架内，结合全球化带来的经济结构变迁分析和描述代表性城市的功能、地位与影响，其中尤以世界城市、全球城市研究最为典型。[3]约翰·弗里德曼的

1　例如 Barry Bluestone, Bennett Harrison, *The Deindustrialization of America: Plant Closings, Community Abandonment, and the Dismantling of Basic Industry*, Basic Books, 1982, pp. 3−21; Jefferson Cowie, Joseph Heathcott, eds., *Beyond the Ruins: The Meaning of Deindustrialization*, Cornell University Press, 2003; Alan Mallach, ed., *Rebuilding America's Legacy Cities: New Directions for the Industrial Heartland*, The American Assembly, 2012; Alan J. Scott, *A World in Emergency: Cities and Regions in the 21st Century*, Edward Elgar, 2012, pp. 32−47; Chloe E. Taft, *From Steel to Slots: Casino Capitalism in the Postindustrial City*, Harvard University Press, 2016。

2　例如 Phillip Cooke, *The Rise of the Rustbelt: Revitalizing Older Industrial Regions*, Routledge, 1995; Thomas Dublin, Walter Licht, eds., *The Face of Decline: The Pennsylvania Anthracite Region in the Twentieth Century*, Cornell University Press, 2005; Howard Gillette, Jr., *Camden after the Fall: Decline and Renewal in a Post-industrial City*, University of Pennsylvania Press, 2006; Richard M. McGahey, Jennifer S. Vey, *Retooling for Growth: Building a 21st Century Economy in America's Older Industrial Areas*, Brookings Institution Press, 2008; Christine J. Walley, *Exit Zero: Family and Class in Postindustrial Chicago*, University of Chicago Press, 2013。

3　代表作有 Peter Hall, *The World Cities*, Heinemann, 1966; Janet Abu-Lughod, *New York, Chicago,* （转下页）

"世界城市假说"（World City Hypothesis）将世界城市体系作为由资本和基于资本的联系所创造的复杂等级结构，在横向上分为核心城市与边缘城市，在纵向上分为亚洲、西欧和美洲城市；随后，又进一步探讨了城市将地区经济与全球联系在一起的纽带作用。[1]萨斯基亚·萨森立足于20世纪90年代的劳动力国际分工，将纽约、伦敦和东京定义为"全球城市"（Global City），即指挥和控制全球经济网络的新型城市，尤其突出金融和服务业在其中的决定性地位。[2]上述研究凸显了少数大城市在全球经济体系中扮演的重要角色。与此同时，城市空间结构变迁为观察中心城市提供了新的视角和方法。第二次世界大战后，世界各国尤其是发达经济体城市化进入大都市区化的新阶段，中心城市与郊区重新定位，功能互有置换；中心城市的集聚和辐射效应依然存在，但在区域经济中的主导

（接上页）*Los Angeles: America's Global Cities*, University of Minnesota Press, 2000; Jonathan V. Beaverstock, Richard G. Smith, Peter J. Taylor, "World-City Network: A New Metageography?" *Annals of the Association of American Geographers*, Vol. 90, No. 1, 2000, pp. 123−134; John Friedman, "World City Revisited: A Comment", *Urban Studies*, Vol. 38, No. 13, 2001, pp. 2535−2536; Yue-man Yeung, *Globalization and Networked Societies: Urban-Regional Change in Pacific Asia*, University of Hawai'i Press, 2001; Peter Taylor, "Measurement of the World City Network", *Urban Studies*, Vol. 39, No. 3, 2002, pp. 2367−2376; Peter Taylor, Pengfei Ni, Ben Derudder, eds., *Global Urban Analysis: A Survey of Cities in Globalization*, Earthscan, 2011; Peter Taylor, Ben Derudder, eds., *World City Network: A Global Urban Analysis*, Routledge, 2016。

1　John Friedmann, "The World City Hypothesis", *Development and Change*, Vol. 17, No. 1, 1986, pp. 69−83; John Friedmann, "Where We Stand: A Decade of World City Research", in Paul L. Knox, J. Peter Taylor, eds., *World Cities in a World System*, Cambridge University Press, 1995.

2　Saskia Sassen, *The Global City: New York, London, Tokyo*, Princeton University Press, 2001. 萨森之后，"全球城市"成为城市研究领域的新热点，许多学者从不同角度展开研究，一方面将更多的城市纳入全球城市之列，构建等级体系；另一方面通过个案城市研究细化对不同城市功能的分析。但这些研究并未超越萨森的框架，几乎完全集中在城市的金融业和生产者服务业。代表作有Mark Abrahamson, *Global Cities*, Oxford University Press, 2004; Jerome I. Hodos, *Second Cities: Globalization and Local Politics in Manchester and Philadelphia*, Temple University Press, 2013; Greg Clark, *Global City: A Short History*, Brookings Institution Press, 2016; Tony Norfield, *The City: London and the Global Power of Finance*, Verso, 2017。

地位有所下降。因此，在大都市区化背景下探讨中心城市的兴衰是第三个主要方向。[1]其中以彼得·霍尔和爱德华·索佳的研究最为典型。前者调查了西欧8个"巨型城市区域"的类型和动力机制，分析了核心与边缘的分工与互动；[2]后者以洛杉矶地区为个案，分析了从大规模郊区化到大规模区域城市化的转变，中心城市与郊区之间存在多维互动，二者都面临集聚的向心力和弥散的离心力之间复杂的动态关系。[3]不过，此类研究更突出大都市区的整体竞争力，对内部不同组成部分的分析相对较少，也很少具体谈及中心城市的转型复兴。此外，也有学者关注绅士化、不平衡发展和城市社会结构变迁等中心城市的内部问题。现有研究已取得丰硕成果，为本课题提供了良好条件。

尽管如此，美国学术界的研究也存在一定缺陷：从研究的方法看，大多将城市转型复兴简单地等同于经济结构转型与复兴而忽略了城市的其他面相，尤其是城市文化的变化；从研究的视角看，关注对象集中在大城市，尤其是少数几个顶级全球城市如纽约、伦敦、巴黎；从研究的范围看，尽管有研究者注意到转型复兴后的中心城市所面临的多重挑战，但中心城市为应对挑战而采取的措施尚未引起重视。国内学术界对这一现象的关注始于21世纪初，城市规划学界在研究国外旧城改造时对此有所涉猎，经济学界在探讨战后美国城市经济结构变迁时也曾谈及，但多为泛泛之论，广度、深度都有明显不足。与之相比，历史学界则注意到城市化转型这一新现象，追溯了战后世界各国尤其是发达经济体大都市

1 International Urban Research, *The World's Metropolitan Areas*, University of California Press, 1959; Tony Champion, Graeme Hugo, eds., *New Forms of Urbanization: Beyond the Urban-Rural Dichotomy*, Ashgate, 2004; Alison Isenberg, *Downtown America: A History of the Place and People Who Made It*, University of Chicago Press, 2005.

2 Peter Hall, Kathy Pain, eds., *The Polycentric Metropolis: Learning from Mega-City Regions in Europe*, Earthscan, 2006.

3 Edward W. Soja, *Postmetropolis: Critical Studies of Cities and Regions*, Blackwell Publisher, 2000, pp. 351-406.

区化的来龙去脉，在此基础上，从城市社会问题、郊区化、区域治理和空间结构变迁等角度开展研究。然而，在城市化转型的前提下对中心城市进行研究却相对较少，为数不多的探讨多集中于对中心城市困境与危机的描述。[1]

对过去进行发掘、重构和反思，以观察其成败得失、总结其经验教训，是历史学的基本功能。第二次世界大战尤其是70年代后，去工业化成为发达经济体的普遍现象，并随着全球化的推进而日益严重。一方面，发达经济体曾经的制造业城市面临着制造业外迁、就业岗位减少、人口下降的挑战。在美国，经济萧条与种族冲突相互交织、共同作用，"城市危机"在70年代到达顶峰；西欧城市由于在战争中遭受重创，普遍在战后进行重建，但去工业化现象也已出现；[2]即便是发展中国家和地区，在经历了快速工业化后也遭遇制造业外迁的压力。另一方面，城市化转型即大都市区化首先在发达经济体，继而在世界许多国家和地区出现，中心城市与郊区的功能和地位互有置换，从分离走向统一，形成新的地域实体。在去工业化引起的城市经济结构转型即后工业化，和大都市区化引起的城市空间结构转型即中心城市-郊区重新定位的共同推动下，80年代中期以来，中心城市的功能和角色均有所变化，从制造业中心和人口重心向服务业、高技术产业和文化中心转型，尤其但不限于纽约、伦

1　主要有梁茂信：《当代美国大都市区中心城市的困境》，《历史研究》2001年第6期；王旭、梁茂信：《当代美国大都市区城郊发展失衡现象及其影响》，《世界历史》2005年第1期；谢菲：《20世纪60年代以来洛杉矶大都市区经济和社会结构的变化》，《扬州大学学报（人文社会科学版）》2006年第2期；刘敏：《浅析1970年以来美国中心城市的发展》，《安徽史学》2006年第4期；王旭：《城市地域扩大，政府规模变小——20世纪美国城市和区域发展的基本走向》，《求是学刊》2008年第1期；张卫良：《"交通革命"：伦敦现代城市交通体系的发展》，《史学月刊》2010年第5期；欧阳萍：《论通勤生活方式与伦敦的郊区化》，《东北师范大学学报（哲学社会科学版）》2011年第3期；王旭：《美国传统工业大州"去工业化"（1950—1990）——以宾夕法尼亚州为中心的研究》，《世界历史》2016年第5期。

2　David Brady, Ryan Denniston, "Economic Globalization, Industrialization and Deindustrialization in Affluent Democracies", *Social Forces*, Vol. 85, No. 1, 2006, pp. 297-329.

敦、东京、巴黎等全球城市；近年来，中心城市的转型复兴更已成为世界性现象。同时，中心城市转型也引起阶层分化、社会排斥等新问题和新挑战，城市对此采取的措施也日渐明显。因此，对全球化时代中心城市的转型、复兴与调适进行研究，条件已经成熟，其学术价值不言而喻。目前我国正处于城市化高速发展阶段，把握不同等级的城市发展脉络、协调特大城市与周边中小城市关系、推进城市群协同治理是当下亟待解决的现实问题，梳理全球尤其是发达经济体主要城市的发展脉络、理解其衰落与复兴的动力机制、洞悉其所面临的挑战和应对措施，对于中国城市化进程无疑具有重要的借鉴意义。

一、从工业化到去工业化：城市经济结构转型

尽管城市的历史可以追溯到古代近东文明，但城市化的历史却并不悠久，直到工业化时代，城市化才成为工业国家的普遍现象。

作为世界上第一个城市化国家，工业化与城市化的相互推动在英国表现最为明显。据统计，1801年，英格兰和威尔士的城市人口只占总人口的20%，到1851年时，这一比例上升至54%，1901年时更高达80%。[1] 在这一时期，新兴工业城镇的增长尤其迅速，1801—1851年的半个世纪中，制造业城市的人口增长率达186%，工业革命最具代表性的纺织工业城市增长率高达229%。[2] 在普鲁士，进入19世纪后城市数量持续增长，其中61个城市人口超过1万。[3] 但在德意志帝国时期即工业化迅速发展的时代，

1　Virginia Schomp, *Life in Victorian England: The City*, Marshall Cavendish, 2011, p. 10.

2　James Welvin, *English Urban Life, 1776–1851*, Routledge, 2016, p. 154.

3　Ad van der Woude, ed., *Urbanization in History: A Process of Dynamic Interactions*, Oxford University Press, 1990, p. 89.

城市化才迎来了真正的黄金期，尤其是综合性城市、制造业城市和矿业城市，无论其净移民数量还是妇女生育率都远远超过其他类型的普鲁士城市。[1]在北美，19世纪同样见证了工业化与城市化的密切关系。美国工业革命从东北部开始，正是这里成为美国第一个经济核心区和城市化地域。内战前后，美国城市化向西推进，尤其是19世纪中后期中西部的崛起，突出体现了工业化对城市化的促进作用。中西部90%以上的工业企业集中在城市，工业化水平直接决定了城市化水平。1900年人口普查所确定的185个工业联合体中，18个总部在芝加哥、16个在匹兹堡、6个在克利夫兰。[2]美国城市化的速度甚至一度超过英国，1860年时，美国有8个人口超过10万的城市，其增长速度远超英国的同类大城市。[3]即便是此时并不发达的加拿大，城市也在工业推动下扩大规模。19世纪30年代，多伦多中心地区已经出现了多家小型加工企业，公共交通也随着人口增加而有所起步，通过水陆交通网络与蒙特利尔以及美国东北部城市相连。不过，加拿大城市人口的增长速度直到1871年才超过农村人口增速，当年城市人口总数接近370万。尽管加拿大城市发展速度落后于美国，但两国在小城市数量和大城市人口占总人口之比等方面存在相似之处。[4]

在此期间，生产的区域性分工最终形成，由此形成了不同的城市体系。制造业向具备相应资源禀赋的城市集中，制造业带在欧美工业国家形成。在英国，工业革命发端的西北部地区成为最主要的制造业地区，与以伦敦为中心的东南部金融核心区构成了英国经济的两大增长极。[5]五

1 Richard Lawton, Robert Lee, *Urban Population Development in Western Europe from the Late-Eighteenth to the Early-Twentieth Century*, Liverpool University Press, 1989, pp. 120-149.
2 王旭：《美国城市发展模式：从城市化到大都市区化》，清华大学出版社2006年，第63—64页。
3 Blake McKelvey, *American Urbanization: A Comparative History*, Scott Foreman Publishers, 1973, p. 37.
4 Leo F. Schnore, Gene B. Petersen, "Urban and Metropolitan Development in the United States and Canada", *The Annals of American Academy of Political and Social Science*, Vol. 136, 1958, pp. 60-68.
5 刘景华：《工业革命时期英国的地区分工与城市发展》，侯建新主编：《经济–社会史评论》（第7辑），生活·读书·新知三联书店2013年，第118—133页。

大湖地区是北美制造业心脏地带，美国和加拿大的制造业大多集中于此。在加拿大，奥沙瓦（Oshawa）、汉密尔顿（Hamilton）等制造业城市分布在五大湖畔；在美国，五大湖沿岸各州即中西部地区在19世纪中后期崛起成为制造业核心区，钢铁、汽车、矿产等行业成为其经济支柱，这里既有芝加哥这样的综合性工业大都会，也不乏底特律、克利夫兰和布法罗（Buffalo）等高度专业化的中小城市，形成了完善的经济体系和城市体系。美加两国大西洋沿岸尤其是美国东北部地区则成为金融中心，同时其传统工业如纺织、烟草加工和日用五金的专业化程度也日渐提高，两者相互配合，构成区域经济的中心。

20世纪中期以后，发达经济体先后进入去工业化阶段。所谓"去工业化"，一般是指某国或地区制造业在经济中比重下降、制造业就业人数减少的过程。[1] 学术界对于去工业化的成因有多种分析，有代表性的包括雷蒙德·沃农的"产品生命周期理论"（Product Life Circle）和罗伯特·罗森基于马克思关于资本构成理论而做出的解释。前者认为，任何产业在发展过程中都会经历起源、发展、成熟和衰老四个阶段，制造业也不例外；[2] 后者认为，制造业部门的技术进步推动资本有机构成增加，剩余价值下降，因此资本流向其他部门。[3] 去工业化最早在美国开始，20世纪五六十年代即已

1　在此需要指出的是，本文在探讨去工业化时着重关注的是"制造业"（Manufacturing）而非"工业"（Industry），这是因为：一方面，学术界关于去工业化的研究集中在制造业；另一方面，"工业"除了"制造业"外一般还包括采矿业和建筑业，但两者在发达经济体经济中所占份额相对较小且就业波动历来相对较大。

2　Raymond Vernon, "The Product Circle Hypothesis in a New International Environment", *Oxford Bulletin of Economics and Statistics*, Vol. 41, No. 4, pp. 255-267.

3　Robert E. Rowthorn, "Productivity and American Leadership", *Review of Income and Wealth*, Vol. 38, No. 4, 1992, pp. 475-496. 此外，也有学者从发达经济体技术进步、贸易逆差、劳动力全球分工等角度探讨去工业化的动因。如John R. Logan, Todd Swanstrom, *Beyond the City Limits: Urban Policy and Economic Restructuring in Comparative Perspective*, Temple University Press, 1990; Paul Krugman, "Domestic Distortions and the Deindustrialization Hypothesis", NBER Working Papers, No. 5473, http://math.stanford.edu/~lekheng/krugman/nber/w5473.pdf（获取于2017年8月2日）; Cheol-Sung（转下页）

出现，个别地区和城市甚至在"二战"之前就已面临制造业减少的挑战；七八十年代后，西欧和日本进入去工业化阶段；即使是战后新兴经济体和部分发展中国家和地区，近十几年来去工业化也初露端倪，引起广泛争议。[1]

1970—1990年间，除希腊和土耳其外，经合组织其他国家的制造业就业比例和制造业增加值在国内生产总值增加值中的比例均大幅下降，其中英国最为明显，制造业就业比例从1970年的34.7%下降到20.7%；降幅最低的爱尔兰为0.7%。[2]相比之下，西欧国家制造业就业在去工业化之前略高于30%，1994年只有20%；作为战后新兴发达经济体的日本，其制造业就业也从1973年的27.4%下降到1994年的23%。[3]60年代起，以中国香港、中国台湾、新加坡和韩国为代表的亚洲国家和地区通过出口导向型政策接纳发达经济体的劳动力密集型和资源密集型企业而迅速发展，跻身发达国家和地区行列，但在80年代后也逐渐步入去工业化阶段，制造业向成本更低的中国大陆和东南亚国家转移。韩国制造业就业在1989年达到顶峰，其占就业总量的比例为28%，但在2001年已下降到20%；同期，无论是制造业增加值在国内生产总值增加值中的比例还是名义产出，

（接上页）Lee, "International Migration, Deindustrialization and Union Decline in 16 Affluent OECD Countries, 1962–1997", *Social Force*, Vol. 84, No. 1, 2005, pp. 71–88。

1　Sukti, Dasgupta, Ajit Singh, "Manufacturing, Services and Premature Deindustrialization in Developing Countries: A Kaldorian Analysis", UNU-WIDER Working Paper, No. 2006/49, https://www.wider.unu.edu/sites/default/files/rp2006-49.pdf（获取于2017年5月3日）; Dani Rodrik, "Premature Deindustrialization", IAS School of Social Science Working Paper, No. 107, 2015, https://www.sss.ias.edu/files/papers/econpaper107.pdf（获取于2017年6月17日）. 近来，关于中国是否去工业化成为媒体和学界热议的话题，如Joe Zoller, "The Effects of Deindustrialization in East China", https://prezi.com/n1j1bznttlnd/the-effects-of-deindustrialization-in-east-china/（获取于2017年5月7日）; 卓贤:《去工业化的喜与忧》，《财经》2015年第27期。

2　Steven S. Saeger, "Globalization and Deindustrialization: Myth and Reality in the OECD", *Weltwirtschaftliches Archiv*, Vol. 133, No. 4, 1997, p. 581.

3　Robert Rowthron, Ramana Ramaswamy, "Deindustrialization: Causes and Implications", IMF Working Papers, no. WP/97/42, April 1997, p. 7. https://www.imf.org/external/pubs/ft/wp/wp9742.pdf（获取于2017年5月11日）.

均呈现持续下降的态势。[1]新加坡的情况与之类似，制造业就业比例从1980年的30%下降到1996年的23%，外国直接投资也大量流向服务业。[2]

去工业化对城市的影响既明显又深远，根据美国学者巴里·布鲁斯通和本内特·哈里森的研究，其影响主要体现在三个方面，即撤资导致就业岗位减少、工厂倒闭破坏社区生活和制造业失业率上升，[3]对于城市尤其是制造业城市而言，上述三方面的影响都在城市空间结构和社会结构上留下深刻的印记。英国历史悠久的制造业城市利物浦在战后陷入萧条，其支柱产业造船业也在70年代急剧萎缩，虽然英国政府采取了很多措施并提供了大笔资金，但效果却并不明显，80年代初利物浦失业人口达到总人口的17%。[4]北美大湖区制造业从20世纪初即盛极而衰，"二战"后更是深陷萧条泥潭。到七八十年代，来自西欧、日本等地的竞争和能源危机等进一步加剧了北美制造业的衰退，去工业化已不可避免。加拿大制造业在国民经济中的比重从1950年的接近30%，一路下降到1985年的约15%，降幅高达5.3%，甚至高于美国的4.6%。[5]汉密尔顿制造业在战后走向萧条，1961—1971年的10年中，制造业就业减少了5%，到1981年，服务业已成为该市的支柱产业。[6]在大湖区的另一侧，"钢铁城"匹兹堡的制造业就业在1953年达到峰值后几乎一路下滑，1957—1960年间，就

1 Hyunjoon Lim, "Is Korea Being Deindustrialized?" Bank of Korea Economic Papers, Vol. 7, No. 1, 2004, pp. 117-119.

2 Monetary Authority of Singapore, "Singapore's Services Sector in Perspective: Trends and Outlook", MAS Occasional Paper, No. 5, 1998, p. 3. http://www.mas.gov.sg/~/media/MAS/Monetary%20Policy%20and%20 Economics/Education%20and%20Research/Research/Economic%20Staff%20Papers/1998/MASOP005_ ed.pdf (获取于2017年7月17日).

3 Barry Bluestone, Bennet Harrison, *The Deindustrialization of America*, pp. 25-107.

4 "Number of People Unemployed at Three-Million Mark in Britain", *The Leader Post*, January 28, 1982.

5 John R. Baldwin, Ryan Macdonald, "The Canadian Manufacturing Sector: Adapting to Challenges", Economic Analysis Research Paper Series, 11F0027M, No. 057, 2009, pp. 17-18. http://www.statcan.gc.ca/ pub/11f0027m/11f0027m2009057-eng.pdf (获取于2017年5月11日).

6 Tracy Neumann, *Remaking the Rust Belt*, p. 98.

业人数减少十分之一，1981—1988年间更是急剧减少48.1%，远高于同期
全美制造业就业的平均下降水平。[1]撤资现象同样十分明显。从70年代末
开始，银行和金融机构即不再向匹兹堡制造业提供资金，导致多家企业
因资不抵债而破产。[2]甚至本地的制造业巨头也纷纷向其他领域投资，例
如亨利·希尔曼（Henry Hillman）逐渐撤走在钢铁、煤炭等传统部门的
投资，转而涉足房地产业和为硅谷新企业提供风险资本，仅仙童半导体
（Fairy Child）就一次性获得其400万美元的注资。[3]而去工业化对工人社
区造成的创伤同样既深且巨。[4]

去工业化在其他许多国家和地区同样存在，不仅造成经济萧条、失
业率升高和贫困人口增加，同时制造业的搬离使原有工业区失去管理，
一方面工业污染得不到有效控制，环境风险大大增加；另一方面，贫困
人口的增加加大了城市公共服务压力和经济不稳定性，贫民窟的扩大乃
至新贫民窟的形成也破坏了城市形象。尽管欧美各国普遍采取了以清理
城市"衰败地区"（Blight Areas）并重新开放的方式进行城市更新，但效
果并不显著，甚至某种程度上加剧了社会不公、族群冲突等城市社会问
题。[5]70年代石油危机后，西方国家普遍面临经济下行的压力，正如哈
佛大学经济学教授罗伯特·里克（Robert Reich）所言，"目前的问题是，
美国经济的结构性调整使全部经济政策无所适从"。[6]

1　Douglas Koritz, "Restructuring or Destructuring? Deindustrialization in Two Industrial Heartland Cities", *Urban Affairs Quarterly*, Vol. 26, No. 4, 1991, p. 502.

2　Don Goldstein, "Uncertainty, Competition, and Speculative Finance in the Eighties", *Journal of Economic Issues*, Vol. 29, No. 3, pp. 719-746.

3　Martin Kenney, ed., *Understanding Silicon Valley: The Anatomy of an Entrepreneurial Region*, Stanford University Press, 2000, p. 112.

4　Kimberly M. Jones, "Pittsburgh Ex-Steel Workers as Victims of Development: An Ethnographic Account of America's Deindustrialization", Ph. D Dissertation, University of Pittsburgh, 2003.

5　Christopher Klemek, *The Transatlantic Collapse of Urban Renewal: Postwar Urbanism from New York to Berlin*, pp. 79-173.

6　Karen W. Arenson, "On the Frontier of a New Economics", *New York Times*, October 31, 1981.

二、从城市化到大都市区化：城市空间结构转型

工业化与城市化相互推进是工业时代发达经济体城市化的传统模式，随着去工业化的进展，城市化迎来新模式，即大都市区化。

人口和经济活动高度集聚在中心城市范围内，城市通过扩大地域规模实现经济和人口规模的增长，这是城市化的基本特征。中心城市在经历长期发展后，设施落后、建筑老旧，高昂的土地价格导致城市无法及时更新其基础设施、完善其公共服务。环境污染、交通拥堵、地价上涨、社会问题丛生等高度集聚导致的矛盾在城市中极为明显。在英国，曼彻斯特、格拉斯哥等工业大都市在19世纪高速增长的同时也面临严峻问题，人口膨胀、居住条件恶化、污水不经处理直接流入河湖。伦敦更是成为社会丑恶的代名词，市容败坏、贫困丛生、道德堕落、暴力犯罪成为这座大都市留给世人的第一印象。[1]美国同样如此，贫民窟等城市社会问题在19世纪末成为社会各界抨击的对象，甚至100年来从不干涉城市事务的联邦政府也开始对此进行干预，寻求解决之道。[2]垃圾处理是欧美城市普遍面临的难题，工业废水、生活废弃物和牲畜粪便堆积在城市各处，以至于传染病肆虐。城市中的钢筋水泥也使得居民对冷漠、快节奏的城市生活心生怨念，希望逃离城市。[3]在这一背景下，城市规划界逐渐意识到人口与经济活动高度集聚在城市的负面影响，从埃比尼泽·霍华德（Ebenezer Howard）的"田园城市"（Garden City）理念，到弗雷德里克·劳·奥姆斯特德（Frederick Law Olmsted）将城市与乡村相结合的规

1　Drew D. Gary, *London's Shadows: The Dark Side of the Victorian City*, Continuum, 2010, pp. 21–166.

2　Raymond A. Mohl, "Shifting Patterns of American Urban Policy since 1900", in Arnold R. Hirsch, Raymond A. Mohl, eds., *Urban Policy in Twentieth-Century America*, Rutgers University Press, 1993, pp. 1–4.

3　Peter J. Schmitt, *Back to Nature: The Arcadian Myth in Urban America*, The Johns Hopkins University Press, 1990.

划实践，"城乡一体化"成为大西洋两岸共享的观念。与此同时，郊区日益受到青睐，在公共交通的推动下，越来越多的人口离开城市、迁往郊区，郊区化的趋势在20世纪20年代汽车逐渐普及后以更迅猛的速度推进，不仅在美国，欧洲许多国家都出现了郊区增长的迹象。上述种种因素使得中心城市的集聚效应不再具有吸引力，人口和经济活动向中心城市的高度集中，其负面效果已大于积极意义，对于制造业而言尤其如此。随着技术水平和管理水平的提升，制造业空间组织方式从传统的纵向扩展转变为横向扩展，占地面积广大而低矮的厂房成为制造业主要的生产组织方式；同时，经济全球化和信息流通速度加快使得制造业对交通和市场更为敏感；因此，地价高昂、交通拥堵的中心城市显然无法满足制造业的需求。

第二次世界大战前后，首先在美国，随后在其他发达经济体，城市化速度放缓，但人口集中的趋势并未发生改变，涵括中心城市与郊区的大都市区（Metropolitan）[1]取代城市（City）成为城市化的主要形式，城市化进入大都市区化的新阶段。在这一阶段，大都市区的空间结构和功能构成均发生明显变化。

（1）城市空间结构从单中心向多中心过渡。中心城市的集聚和辐射效应虽仍然存在，但其在区域经济中的地位已有所下降；城市空间扩展不仅仅是扩大市辖区范围，而是城市和周边地区联动发展，形成分散化、多中心的大都市区，城乡一体化成为新的空间载体。

在传统城市化时期，城市往往通过兼并周边地区实现扩张，随着郊

---

1 这一新的城市化地域实体在不同国家有不同名称，如美国称为"大都市区"，加拿大称为"统计都市区"（Census Metropolitan Area），英国称为"大都市郡"（Metropolitan County），德国称为"城市区域"（City-Region），此外也有如"组合城市"（Conurbation）、"城市群"（Urban Agglomeration）等概念。为行文方便起见，本文统一使用"大都市区"，对于这一过程则统一称作"大都市区化"。

区实力的增长，对中心城市扩张的抵制也越发明显，双方只能以互动的方式谋求发展。中心城市与郊区逐渐在地域上融为一体，大都市区内形成多个次中心，密集的高速公路网络和公共交通将中心城市与郊区连接起来，既没有孤立的城市，也没有无城市的乡村地带。美国学者戴维·腊斯克提出了"弹性城市"（Elastic City）的概念，"弹性"是城市的增长能力，这种增长主要依靠人口迁入大都市区的非城市化地域而非中心城市兼并扩张来实现，而且"二战"后的几乎所有美国城市，其增长无一不是低密度式的蔓延；并且他呼吁通过整合中心城市与郊区来解决城市问题。[1]

　　洛杉矶大都市区（Los Angeles Metropolitan）可谓典型。坐落于美国西海岸的洛杉矶市（City of Los Angeles）起步于19世纪后半期，南加州的土地投机、农业和矿业开发以及与亚洲的贸易推动了城市发展。1885—1930年间，洛杉矶市通过一系列兼并活动扩展城市地域面积：1890年，该市人口只有5万左右，占地面积75平方千米；1930年，人口增加到123.8万，地域面积1144平方千米。[2]"二战"后，中产阶级和富裕人群向郊区迁移的趋势更为明显，经济活动随之流出城市；两相比较，洛杉矶市经济萧条、少数族裔人口比例高，而郊区财力雄厚、白人同质化程度高，因此郊区越来越抵制洛杉矶市的兼并要求。在这一背景下，洛杉矶大都市区内形成了许多独立于洛杉矶市的次中心。美国学者吉纳维芙·茱莉亚诺和肯尼斯·斯莫尔根据1980年美国人口普查局的数据，在洛杉矶大都市区内确认了洛杉矶市以及31个次中心，地域面积占整个大都市区的3%，人口占9%。通过分析发现，上述32个（次）中心在地域上集中在以洛杉矶市为中心的线性地带上，在产业上可以分成专业制造

1　David Rusk, *Cities without Suburbs: A Census 2010 Perspectives*, Woodrow Wilson Center Press, 2013.

2　Robert M. Fogelson, *The Fragmented Metropolis: Los Angeles 1850–1930*, University of California Press, 1967, p. 64.

业（高技术产品）、混合产业（工业和服务业）、混合服务业（购物和贸易）、娱乐业（电影）和专业服务业（生产者服务业）。[1]由此可见，洛杉矶大都市区已成为由多个次中心构成的分散型、多元化经济空间。

（2）区域经济以大都市区为单位进行调整和重组。中心城市在空间结构和功能等方面发生转型，不再是工业中心和商业中心，而是扮演着大都市区服务中心、信息中心和管理中心的新角色；而郊区空间广阔、税收较低、交通便捷，尤其适合战后制造业组织方式对横向空间的需求，因此成为制造业拓展的新空间。

传统城市化时期，郊区虽然已有所发展，但郊区大多功能单一，以居住型的"卧城"为主，依附于中心城市；随着大都市区化的进展，大量人口离开中心城市迁往郊区，经济活动随之流动，郊区功能逐渐多样化，构成了功能相对完整、独立性强的次中心。美国学者乔尔·加里尤提出了"边缘城市"（Edge City）的概念，即那些拥有至少46.45万平方米办公空间、5.57万平方米零售空间、就业数量多于居民数量、被当地人认同为单一区域并且至少30年前还不是郊区的城市化地域，这些边缘城市也像中心城市一样拥有中心商务区甚至功能分区。加里尤眼中的美国边缘城市超过200个，在地域分布上横跨整个美国。[2]这些边缘城市或次中心与中心城市在大都市区内形成新的分工、相互协作，优化资源配置。

在20世纪60年代的英国，为了缓解伦敦的人口压力，城市规划师们一方面推动开发周边小城镇，同时着手在其东南部建造新的城镇，其中米尔敦·凯恩斯（Milton Keynes）最具代表性。该城原为距离伦敦112千米的小村庄，如今已成为伦敦、伯明翰和莱斯特之间的交通枢纽，在与这些大城市保持密切的商务、人员、信息往来的同时，也成为大伦敦

1　Genevieve Giuliano, Kenneth A. Small, "Subcenters in the Los Angeles Region", *Regional Science and Urban Economics*, Vol. 21, No. 2, 1991, pp. 163-182.

2　Joel Garreau, *Edge City: Life on the New Frontier*, Anchor Books, 1991, pp. 6-7, 425-439.

（Great London）内的重要次中心，其人口增速和产值增加值均高于英国平均水平，[1]不但许多跨国公司的地区总部落户于此，而且形成了较好的汽车工业基础。相比之下，北美尤其是美国的城市发展受到市场机制更为强烈的影响，政府较少干预，但同样呈现此一趋势。作为制造业中心的北美五大湖地区尽管历史悠久、产业结构单一，但大都市区内的中心城市与郊区的功能调整也已走上正轨。典型制造业城市匹兹堡的经历具有一定代表性。去工业化导致城市人口下降，1950—1990年间，该市人口流失45.3%，流失人口相当于1950年该市总人口的半数。但以匹兹堡为中心城市的匹兹堡大都市区则与之相反，人口呈上升趋势，同期人口增长8.2%。[2]与此同时，中心城市在大都市区中的功能和定位也在发生变化。匹兹堡曾长期是该大都市区的中心，在宾夕法尼亚州西部的制造业城市带中居于主导地位，来自匹兹堡的投资控制着该大都市区其他地区的主导性产业部门。[3]但从60年代开始，大都市区内的许多郊区甚至抛开匹兹堡，转而与克利夫兰、扬斯敦等更远的城市合作。[4]当80年代中期的匹兹堡仍挣扎在制造业空心化的泥潭中时，郊区制造业开始崛起，大都市区内的阿姆斯特朗县（Armstrong County）建起了占地5614亩的多功能产业园，宣称"为二十四五岁的年轻人备好了就业岗位"。[5]曾经的制造业郊

1　Office for National Statistics, "Census 2011", http://www.ons.gov.uk/ons/rel/2011-census/population-and-household-estimates-for-england-and-wales/rft-p04.xls（获取于2017年8月17日）; "Milton Keynes at 50: Successful Town Has Nothing to Be Ashamed of", BBC News, http://www.bbc.com/news/uk-england-beds-bucks-herts-38461928（获取于2017年8月17日）.

2　王旭：《美国传统工业大州"去工业化"（1950—1990）：以宾夕法尼亚州为中心的考察》，第8页。

3　Edward Muller, "Industrial Suburbs and the Growth of Metropolitan Pittsburgh, 1870−1920", *Journal of Historical Geography*, Vol. 27, No. 1, 2001, p. 68.

4　Allen Dieterich-Ward, "Mines, Mills and Malls: Regional Development in the Steel Valley", Ph. D Dissertation, University of Michigan, 2006.

5　Andrew Needham, Allen Dieterich-Ward, "Beyond the Metropolis: Metropolitan Growth and Regional Transformation in Postwar America", *Journal of Urban History*, Vol. 35, No. 7, 2010, p. 954.

区斯图本维尔（Steubenville）和威灵（Wheeling）也迎来了新的发展机遇，沃尔玛区域物流枢纽和卡贝拉购物中心分别落户两地，带来了新的就业岗位和经济增长点。仅60年代前后，郊区零售业的发展就使得匹兹堡商业损失了1000万美元，该市也是60年代宾夕法尼亚州唯一一座零售业下滑的城市。[1]作为支柱产业的钢铁业在80年代风光不再，制造业空心化迫使匹兹堡穷途思变。

　　大都市区化与次中心的出现在世界其他国家和地区同样存在，正如城市规划大师彼得·霍尔所言，曾经属于英国、美国和澳大利亚独有现象的多中心大都市区，如今已成为世界性现象。[2]大都市区化一方面使中心城市与郊区联动发展，在地域空间上形成城乡一体化的发展趋势；另一方面，中心城市与郊区发生功能转型和置换，中心城市不再是制造业中心，而是在与郊区的互动中寻求新的定位。

三、中心城市的危机与复兴

　　如前文所述，城市经济结构和空间结构的双重转型是一个郊区化快速发展、郊区与中心城市关系调整的阶段。在这一过程中，中心城市失去其原有的核心地位和支配地位，从制造业中心转型为信息和管理中心；郊区则从依附于中心城市发展成为相对独立的地域实体，从功能单一的"卧城"转型为多功能的混合型郊区。

　　在这一过程中，中心城市与郊区的关系并非线性的"敌进我退"，

1　Mariel P. Isaacson, "Pittsburgh's Response to Deindustrialization", Ph. D Dissertation, City University of New York, p. 168.

2　Peter Hall, "World Cities, Mega-Cities and Global Mega-City-Regions", http://www.lboro.ac.uk/gawc/rb/al6. html（获取于2017年5月6日）.

而是从此消彼长到协同发展的螺旋形进程。从"二战"结束到80年代，大规模郊区化在发达经济体展开，中产阶级和富裕人口离开城市、前往郊区，带动商业和就业流向郊区，这一阶段，中心城市作为"失血"方，郊区的发展正是建立在其损失之上；80年代以来，发达经济体的中心城市逐步走向复兴，与郊区呈现齐头并进的趋势，甚至如腊斯克所言，只有那些郊区快速发展的大都市区，中心城市才呈现强劲复苏势头。[1]

在第一阶段，人口和经济活动的离心性流动导致了富有人口和产业的重心转向郊区，中心城市在经济、社会等多方面陷入困境，城市危机久治不愈，陷入积重难返的境地。在发达经济体中，美国的表现尤为明显。19世纪后期，在公共交通尤其是有轨电车的带动下，美国郊区化进入快车道；20世纪20年代以后，随着汽车的普及和公路设施的完善，郊区化更成为美国不可逆转的人口趋势；第二次世界大战以后，联邦政策的引导、城市经济的萧条、社会矛盾的加剧以及对田园生活的追求，使更多的美国人尤其是白人中产阶级离开城市，到郊区安家，中心城市则被远远抛在了后面。

首先，在去工业化影响下，中心城市制造业衰退，郊区成为制造业新的增长点。尽管郊区制造业早在19世纪中期就已出现——如美国火车巨头普尔曼公司就在芝加哥郊区的普尔曼城（Pullman）建有大型工厂——但中心城市便利的交通条件、密集的人口、多样化的信息传播途径使其在20世纪中期之前一直是制造业的首选地点。[2]值得注意的是，发达经济体的去工业化并非将制造业完全推向发展中国家和地区，相反，相当一部分制造业留在了国内，只不过从中心城市迁往郊区。美国学者安妮特·斯坦安克尔研究了1977—1992年间美国四大区域内中心城市与

1　David Rusk, *Cities without Suburbs: A Census 2010 Perspectives*, p. 156.

2　Robert Lewis, "Industry and the Suburbs", in Robert Lewis, ed., *Manufacturing Suburbs: Building Work and Home on the Metropolitan Fringe*, Temple University Press, 2004, pp. 1–15.

郊区经济结构的变迁，共选取13个部门作为参考，既有高技术行业如化工和电气设备，也有普通蓝领行业如食品加工和纺织。斯坦安克尔发现，中心城市的新企业增加速度低于郊区增速，也低于全美平均增速；不同区域的中心城市表现有所不同，南部和西部中心城市在70年代末即已走向繁荣，但中西部即曾经的制造业核心地带的中心城市却长期增长乏力；相比之下，郊区则始终保持强劲的发展势头，不仅南部和西部的郊区如此，中西部郊区表现更为抢眼：1977—1987年间，13个部门中的8个不仅市场份额增加，工资总额也快速增长；1987—1992年间，郊区在继续保持增长势头的同时也带动部分中心城市走出困境。[1]全国性的统计数据也证明了上述观点：20世纪60年代的10年中，中心城市制造业就业人数占总就业人口的比重从47.6%下降到35.6%，这一数字在郊区则从30.2%上升到36.1%，郊区居民中的制造业从业者从45.7%上升到54.6%；到1980年，郊区容纳了全美制造业就业的41.6%，中心城市只有25.2%。[2]类似趋势在其他发达经济体中也不难发现。在英国，去工业化使伯明翰、兰开夏等传统制造业城市饱受冲击，但郊区城镇却迎来了制造业发展的机遇。例如坎布里亚郡的滨海小城巴罗因弗内斯（Barrow-in-Furness），只有三分之一的男性劳动力在制造业部门就业；北安普敦郡的科比（Corby），仍然从事制造业的人口已不足25%。[3]由此可见，中心城市已丧失制造业优势，郊区成为制造业的新空间。

其次，制造业和人口流失导致中心城市收入锐减，公共服务水平下降。制造业和人口外迁，不仅吸引零售业流向郊区，进一步弱化城市经济基础；而且导致中心城市贫困人口比例上升，加剧了城市的财政负担。在

1　Annette Steinacker, "Economic Restructuring of Cities, Suburbs, and Nonmetropolitan Areas, 1977-1992", *Urban Affairs Review*, Vol. 34, No. 2, 1998, pp. 212-240.

2　John H. Mollenkopf, *The Contested City*, Princeton University Press, 1983, p. 38.

3　"The Last of the Metal-Bashers", *The Economists*, March 30, 2013, https://www.economist.com/news/britain/21574513-odd-corners-country-british-industry-clings-last-metal-bashers（获取于2017年7月12日）.

美国，"二战"后兴起的购物城（Shopping Mall）成为最主要的购物场所，它们大多占地面积广大、位于高速公路交叉口，与中心城市的传统百货商店（Department Store）有很大不同。类似现象也出现在西欧。在英国，郊区的大型购物中心被称作零售园区（Retail Parks），如大曼彻斯特的塔福德中心（Trafford Centre），占地面积20.7万平方米，拥有1.25万个停车位，市场价值超过19亿英镑。[1]不过总体看来，由于受到政府规划部门的严格控制，西欧郊区购物中心的数量和规模都小于美国，更倾向于原有百货商店的扩大和重建。[2]贫困人口比例的增加对中心城市的影响则更为深远。占据重要地位的制造业的外迁，导致中心城市失业率快速上升，失业人口增多。1990年，中心城市居民的平均收入远低于郊区，但失业率却高于后者70%以上。[3]一方面，在战后发达经济体福利国家建设的背景下，失业救济构成政府公共开支的重要组成部分，失业人口的增加加大了地方政府的财政负担；另一方面，地方政府出于政治考虑和选举需要，往往采取应急措施以求短期内缓解失业压力，这进一步加大了失业对城市的影响，并且从长远看不利于失业问题的解决。同时，人口和经济活动外迁也使得中心城市的财政收入相应减少。为了提供更好的公共服务吸引郊区人口回流，城市只得通过提高税率的方式增加收入，这反而进一步加剧了人口的外迁趋势，反过来加深了中心城市的困境。[4]"二战"后，城市不乏因财

1　数据来自塔福德中心母公司 Intu Property 的官方网站 http://intu.co.uk/traffordcentre（获取于2017年7月10日）。

2　John England, *Retail Impact Assessment: A Guide to Best Practice*, Routledge, 2012, pp. 183−184.

3　Alan Altshuler, et al., eds., *Governance and Opportunity in Metropolitan America*, National Academy Press, 1999, p. 4.

4　中心城市税率往往高于郊区，例如，瑞士巴塞尔市的平均税率较其郊区高40%，一个巴塞尔市中等收入家庭每年的纳税额是郊区中等收入家庭的1.7倍，富裕家庭可达到2.2倍。Nancy Pindus, Howard Wial, Harold Wolman, eds., *Urban and Regional Policy and Its Effects*, Vol. 3, Brookings Institution Press, 2011, pp. 131−132. 这一现象同样存在于美国，尤其是东北部地区，见韩宇：《美国"冰雪带"现象成因探析》，《世界历史》2002年第5期，第17—24页。

政困境而宣布破产者，如美国加利福尼亚州的斯托克顿市和日本的夕张市；更有甚至，曾经风光无限的汽车城底特律也因负债超过180亿美元，在2013年正式申请破产保护。

最后，就业下降、贫困人口比重升高和财政危机导致中心城市社会问题丛生，族群冲突更是发达经济体面临的严峻挑战。据统计，1940—1970年间，大约500万非洲裔美国人离开南部，迁往北部城市，[1]其中75%进入纽约、波士顿、费城、巴尔的摩和芝加哥等12个大城市。[2]但他们却无法融入白人社区，而是形成了人口拥挤、房屋破败、环境恶劣的隔都区（Ghetto），与白人在教育、居住、福利等许多方面差距悬殊。瑞典学者冈萨·米尔达提出了"底层阶级"（Underclass）的概念，用以指称去工业化造就的边缘群体，具备"失业、缺乏就业能力、就业不足"的特征，[3]这一概念被芝加哥大学社会学家威廉·威尔逊用来描述"那些长期经历贫困和福利依赖的家庭……几乎完全聚居于城市黑人社区中生活条件最差的部分"，[4]即以非洲裔美国人为主的中心城市隔都区居民。底层阶级难以摆脱贫困，由于缺乏必要的教育和技术，其后代也难以实现向上流动，阶级属性趋于固化。许多人由此失去信心和奋斗的动力，因此暴力犯罪、依赖福利救济、单亲家庭的比例远远高于白人。非洲裔美国人的被捕率持续增高，到1978年达到约10%，相比之下，白人只有3.5%；单亲家庭率同样居高不下，1990年，超过56%的家庭为单亲母亲家庭，而白人只有不到18%。[5]与此同时，以非洲裔美国人为代表的少数族裔与

1　Joe William Trotter, Jr., *The Great Migration in Historical Perspective: New Dimensions of Race, Class, and Gender*, Indiana University Press, 1991, p. 32.

2　National Advisory Commission on Civil Disorders, *The Kerner Report*, Princeton University Press, 2016, p. 243.

3　Gunnar Myrdal, *Challenge to Affluence*, Random House, 1967, p. 10.

4　William Julius Wilson, *The Truly Disadvantaged: The Inner City, the Underclass, and Public Policy*, University of Chicago Press, 1987, p. 8.

5　转引自胡锦山：《美国中心城市的"隔都化"与黑人社会问题》，《厦门大学学报（哲学社会科学版）》2007年第2期，第126页。

白人的冲突几乎遍布每个大城市，尤其是1967年夏季，因为频繁爆发的种族冲突而被称为"漫长的夏天"。1965年洛杉矶瓦茨骚乱更是持续6天之久，成百上千的店铺被洗劫和烧毁，最终加州政府派遣国民警卫队才将此次种族冲突平息，洛杉矶损失超过4000万美元。

然而，中心城市在萧条中孕育着新生，80年代以来，中心城市走上复苏道路，与郊区的关系在互动中重新界定，双方由此消彼长转变为共荣共生。

第一，中心城市在大都市区中仍然保持其核心地位。中心城市的首要功能是集聚，这也是城市的本质特征，尽管在经济结构和空间结构双重转型的影响下其集聚效应一度弱化，但当中心城市的集聚成本低于集聚效益后，人口和经济活动仍会重回中心城市。全球化时代进一步强化了中心城市的集聚效应，资源在全球范围内分配，使其更需要统一的中心进行指挥和控制，"新的通讯技术使得经济活动在地理扩散的同时并未丧失其系统整合，同时也强化了企业和市场的中心控制功能和协调的重要性"。[1]相对于低密度和分散化的郊区，中心城市的集聚经济更为明显。世界银行的经济学家在对东亚新兴经济体研究的基础上指出，这种机制主要体现在三个方面。第一是分享（Sharing）。中心城市的集聚效应吸引了类型多样、规模不等的经济活动，这使得企业可以从更大范围内得到供给、满足需求；同样，高密度的经济活动和人口也为企业提供了巨大的市场，分担了成本。第二是协调（Matching）。相对于郊区而言，中心城市的人口和经济规模使各种经济要素可以更好地进行协调。对于企业而言，可以更有针对性地生产，提高生产的专业化水平；也可以更有针对性地满足对劳动力的需求，提高劳动力的技能水平。对于城市居民

1　Saskia Sassen, *Cities in a World Economy*, Pine Forge Press, 2000, p. 107.

而言，城市中的生活更为丰富多彩。中心城市的协调机制对于创新创意产业尤其重要，后者在初创起步阶段往往面对小众需求，只有细化充分的市场才能满足。第三是学习（Learning）。中心城市的社会和文化多元性远远高于郊区，经济活动密度更高，人与人的交流尤其是面对面交流也更加频繁，很多创意和新思想正是从这种交流中产生的；企业之间也可以相互效仿，在此基础上推进创新。美国经济学者爱德华·格雷泽和戴维·莫雷研究发现，大城市的交流不仅有助于企业，也促进了劳动者技能的提升和经验的积累，从而提高其工资水平。[1]因此，中心城市尤其是大城市在国际竞争中仍具有优势，在郊区迅速发展的同时也没有完全丧失其核心地位。[2]如前所述，中心城市的复苏与大都市区的整体发展呈现某种同步性，中心城市成为带动区域发展的发动机。

第二，中心城市在去工业化过程中尽管遭遇人口、就业和制造业逃离，但同时其经济结构也经历调整，从制造业中心转型成为信息中心、管理控制中心和高技术中心。虽然学术界长期以来认为制造业是推动经济增长的最重要力量，[3]但去工业化并非一无是处，几乎所有对去工业化成因的分析都认为其结果是服务业的增长，甚至有学者提出了"积极的去工业化"的概念。[4]中心城市的集聚效应，以及在分享、协调和学习等方面的优势使其对生产者服务业（Producers Service），特别是被称作FIRE的金融（Finance）、保险（Insurance）和房地产（Real Estate）行业

1　Edward L. Glaeser, David Mare, "Cities and Skills", *Journal of Labor Economics*, Vol. 19, No. 2, 2001, pp. 316–342.

2　Indermit S. Gill, Homi J. Kharas, *An East Asian Renaissance: Ideas for Economic Growth*, The World Bank, 2007.

3　如丹尼·罗迪克认为，制造业是可以持续高增长的主要经济部门，见Dani Rodrik, "Premature Deindustrialization in Developing World", *Frontiers of Economics in China*, Vol. 12, No. 1, 2017, pp. 1–6。

4　Hiroyasu Uemura, Shinji Tahara, "De-industrialization in Japan and International Production Linkages in East Asia," Colloque International Recherche & Regulation Conference 2015, p. 5.

极具吸引力；[1] 此外，医疗、教育等也成为中心城市经济结构的重要组成部分。[2] 凭借上述优势，中心城市成为企业总部和区域性管理机构落户的首选地，管理和指挥着其分支机构。值得注意的是，90年代以来，高技术产业也"发现"了中心城市的优势，尤其是发达经济体在进入21世纪后出现"再工业化"（Reindustrialization）势头，即传统制造业地区的制造业就业止跌回升；但与此前相比，"再工业化"并非简单的制造业回流，而是传统行业与高新技术相结合的先进制造业的发展。在美国，联邦、州和地方政府通力合作，采取多种措施推进制造业复兴，提出了制造业高端化（High Road）的发展路径。在此过程中，中西部城市表现最为突出，许多城市推动建立了"城市创新区"（Urban Innovation Districts），旨在整合、创建地方性的经济、空间、社区财富综合体。与19世纪的工业区以及20世纪的技术研发园区不同，城市创新区既关注基础设施、城市规划设计和建筑物等物理环境，也重视社区环境的作用，提供不同收入水平人群均可承受、具有吸引力的住房选择、零售与服务行业，以及社会文化活动和节日庆典，提升城市吸引力。[3]

第三，经济结构转型推动中心城市社会结构变迁，服务业的发展和"再工业化"吸引中产阶级回流城市，其规模增大，在城市人口中的比例上升，人口郊区化的趋势出现减缓势头。学术界普遍意识到70年代

---

1 根据经合组织定义，生产者服务业是指那些促进企业间生产活动的中间部门，如FIRE和专业咨询，当然也包括很多低端服务业部门。https://stats.oecd.org/glossary/detail.asp?ID=2440（获取于2017年7月19日）.

2 学术界对于中心城市新经济有较多研究，如理查德·佛罗里达的"创意阶层"即知识经济的从业人员，以及艾伦·斯科特的"智识-文化资本主义"等，尽管名目繁多，但在以服务业为主体的新经济崛起方面已形成共识。见 Richard Florida, *The Rise of the Creative Class*, Basic Books, 2002; Allen J. Scott, *Social Economy of the Metropolis: Cognitive-Cultural Capitalism and the Global Resurgence of Cities*, Oxford University Press, 2008。

3 Bruce Katz, Julie Wagner, "The Rise of Innovation Districts: A New Geography of Innovation in America", https://www.brookings.edu/wp-content/uploads/2016/07/InnovationDistricts1.pdf（获取于2017年4月22日）.

以来西方社会的结构性变化，或称之为"后工业社会"（Post-Industrial Society），或称之为"程序化社会"（Programmed Society）；[1]虽然名目繁多，但无一否定以脑力劳动为主的白领或曰中产阶级正在成为城市人口的主要组成部分。[2]社会结构的变化可以通过职业结构反映出来，荷兰兰斯塔德地区的数据显示，1981—1990年间，经理（Managers）和专业人员（Specialists）增速最快，前者增加了109%，后者增加51%；相比之下，商业职员（Commercial Workers）增长32%，体力劳动者（Manuel Workers）只增长了2%。[3]显然，在兰斯塔德，服务业的发展远远超过制造业，尤其是高端服务业。在美国，虽然埃里克·怀特曾宣称20世纪六七十年代将迎来无产阶级化（Proletarianization），但后来却推翻了自己的观点，承认有"证据表明，20世纪70年代以来的美国各经济部门见证了管理阶层的扩张和'去无产阶级化'（Deproletarianization）"。[4]戴维·利则把这一现象直接称为加拿大内城的"中产阶级化"（Embourgeoisement）。[5]

第四，中心城市在转型过程中塑造了新的文化风格，传统与现实相交融、本土与国际相渗透，孕育着多样的、有活力的生活方式，在地方政府推动下成为中心城市的新名片。新中产阶级数量增加、影响力增大，改变了城市的文化风格，塑造了年轻的、有创意的、专业化的文化风

1　Daniel Bell, *The Coming of Postindustrial Society*, Basic Books, 1976; Alain Touraine, *The Post-Industrial Society: Tomorrow's Social History*, Random House, 1971.

2　本文采用赖特·米尔斯关于中产阶级的定义，即他们不占有生产资料、以脑力劳动为主、依附于雇主而存在，消极生产、积极消费。C. 赖特·米尔斯：《白领——美国的中产阶级》，杨小东等译，浙江人民出版社1987年。

3　Chris Hamnet, "Social Polarisation in Global Cities: Theory and Evidence", *Urban Studies*, Vol. 31, No. 3, 1994, p. 409.

4　Eric Olin Wright, Bill Martin, "The Transformation of the American Class Structure, 1960−1980", *American Journal of Sociology*, Vol. 93, No. 1, 1987, pp. 1−29.

5　David Ley, *The New Middle Class and the Remaking of the Central City*, Oxford University Press, 1996, pp. 8−11.

格。[1]他们大多接受过良好的高等教育，"在商务、管理和学术界的地位催生了自尊，他们是美国社会的新阶层，没有可以利用的传统，只能建构一种新的生活方式来满足这种尊严和自尊，并消磨空闲时间"。[2]相比于其他阶层，他们更注重城市文化设施，乐于享受高质量的服务和个性鲜明的文化活动，20世纪流行的现代主义风格无法引起他们的兴趣，而更欣赏体现城市文化特色和传统风貌的历史建筑。同时，全球化的推进加快了人口在世界范围内的流动，与郊区相比，中心城市在吸引国际移民方面更加具有优势。一方面，中心城市在历史上是移民登陆和聚居之地，移民聚居区如唐人街往往分布在城市中；另一方面，中心城市有大量低端服务业工作机会，这类工作门槛低、需求量大，对于初到此地的新移民尤其具有吸引力；同时，由于白人中产阶级和富裕人群在战后大量迁往郊区，中心城市的多样化不降反升，使得国际移民更易于融入其中。国际移民的大量涌入不仅改变了中心城市的人口结构，同样也带来了独具特色的异域文化，赋予城市文化鲜明的多样化特色，不仅体现在城市居民的交际圈中，也在饮食、服饰、节日庆典等城市生活的方方面面留下印记。当代国际大都市几乎无一不具备新的城市文化。在伦敦，亚裔和非洲裔人口几乎达到总人口的20%，这使得当代伦敦不仅拥有浓厚的英国传统文化，而且是全球各民族文化的集中地。纽约更加明显，这里有来自世界各地的移民，带来了各自的生活方式。与此同时，地方政府为促进城市复兴，有意塑造和"营销"（Marketing）与郊区不同的城市文化，正如大卫·哈维所言，"各个城市和各个地方，似乎都下大力

---

1 Claude S. Fischer, "Toward a Subcultural Theory of Urbanism", *American Journal of Sociology*, Vol. 80, No. 6, 1975, pp. 1319–1341.

2 Joseph Bensman, Arthur J. Vidich, "Changes in the Life-Styles of American Classes", in Arthur J. Vidich, ed., *The New Middle Classes: Life-Styles, Status Claims and Political Orientations*, Macmillian Press, 1995, p. 250.

气来营造积极正面的、高品质的城市形象……这一形象具有某些特定品质"。[1]节日庆典、举办大事件（Mege-event）如世博会、修旧如旧的历史古迹维护等，都是城市用来更新形象的手段，也推动了新型城市文化的形成。例如英国传统制造业城市格拉斯哥在80年代积极鼓励艺术和文化活动的发展，提升城市环境、开放新博物馆、举办文化节，于1990年被评为"欧洲文化之城"（European City of Culture）。格拉斯哥的努力不仅改善了陈旧灰暗的老工业城市的形象，而且促进了城市文化的发展。[2]与郊区相比，城市文化由来自不同地区和历史传统的多种文化融合而成，构成五彩斑斓的文化生态。

总之，中心城市在经济转型即去工业化和空间转型即大都市区化的推动下逐渐走出萧条、走向复苏，并在经济、社会和政治等领域展示新的特征。

四、中心城市面临的挑战

然而，中心城市的复苏既非一帆风顺，亦非让不同阶层均等受益。实际上，经济结构和空间结构的双重转型在推动中心城市向后工业过渡和大都市区内功能与地位调整的同时也带来了一系列新问题，有些已引起社会各界关注，许多国家和地方政府纷纷采取措施积极应对。

（1）经济领域的挑战：不均衡发展与收入鸿沟

如前所述，服务业已取代制造业成为当代中心城市的经济支柱，在

1　David Harvey, *The Condition of Postmodernity: An Inquiry into the Origins of Cultural Change*, Wiley-Blackwell, 1991, pp. 92-93.

2　Beatriz Garcia, "Deconstructing the City of Culture: The Long-term Cultural Legacies of Glasgow 1990", *Urban Studies*, Vol. 42, No. 5-6, 2005, pp. 841-868.

经济总量和就业人口中所占比重呈上升趋势。在经济结构转型中，服务
业和高技术产业尤其受到关注，地方政府纷纷采取措施，在税收减免、
土地价格、产业孵化等方面提供优惠，对于传统的制造业则基本无意
保留。例如在匹兹堡，理查德·卡里库尼（Richard Caliguiri）市长早在
1977年就提出了"二次复兴"（Renaissance II）的口号，着力推动市中心
改造和邻里复兴，发展旅游、文化产业和IT行业。州政府在匹兹堡转型
中也发挥了重要作用。1982年，宾夕法尼亚州通过本·富兰克林伙伴关
系计划（Ben Franklin Partnership），出资在全州建立四个先进技术中心
（Advance Technology Center）以推动大学与企业的合作。匹兹堡抓住这
一时机，在琼斯-洛林钢铁厂原址兴建了匹兹堡技术中心，并鼓励匹兹
堡大学和卡内基-梅隆大学将新技术商业化。[1]其结果就是以匹兹堡大学
医疗中心（University of Pittsburgh Medical Center）为代表的医疗产业的
崛起，如今其市场价值已逾百亿美元。[2]此外，教育、环保技术、通信产
品等行业也位居地区经济前列。相比之下，制造业已不再是匹兹堡的宠
儿，以美国钢铁公司为代表的工业巨头纷纷转型，或投资其他产业，或
关闭本地工厂；食品工业巨头亨氏集团便撤出匹兹堡，将工厂迁往其他
地区。[3]

　　与此同时，不均衡性也导致城市内部巨大的收入差距，生产者服务
业中不仅包含FIRE等高端服务业，也包括餐饮、保洁等低端服务业；此
外还有为数不多的制造业。萨斯基亚·萨森按照收入将其分为三类：前
者的从业人员往往受过高等教育，拥有较高的职业技能，这意味着他们
收入颇丰；后者的从业者们恰恰相反，他们收入微薄，处于城市社会的

1　Andrew T. Simpson, "Health and Renaissance: Academic Medicine and the Remaking of Modern Pittsburgh", *Journal of Urban History*, Vol. 41, No. 1, 2014, p. 23.

2　Don Lee, "Healthcare Jobs Fuel Revival in Pittsburgh", *Los Angeles Times*, May 13, 2012.

3　Nathaniel Popper, "Pittsburgh's Time of Transition", *New York Times*, February 14, 2013.

底层；制造业中"加入工会者在减少，取而代之的是低工资的血汗工厂和手工作坊"。[1]

　　发展的不均衡性也带来城市不同阶层在财富分配、社会地位等方面的巨大鸿沟。去工业化减少了城市中制造业的就业岗位，失业人数增加，曾经在工会支持下的高收入一去不返，他们大多受教育水平较低，在经济结构转型中缺少必要的技能以重新获得较高收入的工作，只能在低端服务业中寻找工作机会，但即使如此，也面临激烈竞争，[2]因此其收入较此前明显下降。相比之下，生产者服务业从业者的收入则呈持续走高趋势，两者差异日渐悬殊。[3]统计数据也证实上述结论，美国国会预算办公室（CBO）在对1979—2007年间的收入分配进行比较分析后发现，美国收入差距在近30年间不断拉大，工资性收入在总收入中所占比重呈下降态势，富裕阶层的财富增值主要来自资本性收益。[4]对于以工资为主要收入的低端服务业从业者来说，这意味着其收入位于美国社会底层，并且很难获得财富增加的机会。收入分配的差距并非美国的独特现象，以高福利著称的西欧同样如此。凡·维瑟普和凡·凯彭对荷兰兰斯塔德地区的研究发现，1979—1986年间，荷兰制造业岗位减少10万个，而同期服务业就业岗位则增加50万个；高收入岗位虽然增加迅速，但主要集中在生产

1　Saskia Sassen, *The Global City: New York, London, Tokyo*, p. 9.

2　勒梅尔研究发现，去工业化导致美国对非技术工种的需求减少了超过20%，见Edward E. Leamer, "Trade, Wages and Revolving Door Ideas", NBER Working Paper, No. 4716, April 1994, http://www.nber.org/papers/w4716.pdf（获取于2017年8月11日）。哈佛大学人类学家凯瑟琳·纽曼历时两年对纽约哈莱姆（Harlem）的调查同样揭示了城市底层阶级在就业、收入等方面的困境，见Katherine S. Newman, *No Shame in My Game: the Working Poor in the Inner City*, Vintage Books, 1999, 尤其是第62—85页。

3　Xing Zhong, Terry N. Clark and Saskia Sassen, "Globalization, Producer Services and Income Inequality across US Metro Areas", *International Review of Sociology*, Vol. 17, No. 3, 2007, pp. 385-391.

4　Congressional Budget Office, "Trends in the Distribution of Household Income between 1979 and 2007", October 2011, https://www.cbo.gov/sites/default/files/112th-congress-2011-2012/reports/10-25-householdincome0.pdf（获取于2017年6月6日）.

者服务业，尤其是其中与知识密切相关的部门；而低端服务业从业者则收入微薄；更为严重的是，低端服务业中存在着不容忽视的长期失业现象，1975年，70%的男性劳工失业时间不足6个月，12%失业时间长于12个月，但1985年失业超过一年的男性劳工已达55%；因此，兰斯塔德地区的"劳动力市场呈现双重性，中端正在遭受挤压，低端已然被边缘化"。[1]

（2）社会领域的挑战：阶层分化与空间不平等

不均衡发展和收入鸿沟带来的直接结果，是社会极化（Social Polarization）的出现。约翰·弗里德曼和戈茨·伍尔夫发现，世界城市的社会结构普遍可以划分为6个族群（Cluster），分别是高端商务人士、商务服务提供者、国际旅游从业者、制造业从业者、公共服务提供者和非正式经济从业者，而"社会阶层的分化是世界城市（World City）的基本特征"。[2]实际上，这种阶层分化是服务业就业的双重性造成的，因此并不局限于世界城市，而是中心城市的普遍现象。

阶层分化并非只是社会结构的变化，在中心城市的空间组织形态上也呈现出来，最为明显的就是居住隔离（Housing Segregation）。大量实证研究证明，当代中心城市在促进经济、社会和文化多样性的同时，也制造了新的不平等，并在城市景观上留下深刻的烙印，正如彼得·马库塞指出的那样，城市的种种区域都是以阶级、族裔、种族和生活方式来划分的，经济、文化和权力关系左右了城市分区。[3]洛杉矶市的发展变迁足可证实马库塞的观点。在地理条件和开发模式的影响下，洛杉矶大都市区很早走向分散化发展模式，作为中心城市的洛杉矶市发育不

1 J. Van Weesep, R. Van Kempen, "Economic Change, Income Differentiation and Housing: Urban Response in Netherlands", *Urban Studies*, Vol. 29, No. 6, 1992, p. 989.

2 John Friedmann, Goetz Wolff, "World Class Formation: An Agenda for Research and Action", *International Journal of Urban and Regional Research*, Vol. 6, No. 3, 1982, p. 322.

3 Peter Marcuse, "Cities of Polarization and Marginalization", in Gary Bridge and Sophie Watson, eds., *A Companion to the City*, Wiley-Blackwell, 2000, pp. 271-272.

足，反而是周边的圣莫妮卡（St. Monica）、长滩（Long Beach）等郊区次中心实力雄厚。但20世纪50年代以后，大都市区的经济结构从以航空工业为主的制造业向金融、贸易和高技术产业过渡，以影视制作为主导的娱乐产业和FIRE成为洛杉矶市的经济支柱，服务业创造的收入在1970—1990年间增加了2.1倍。[1]在这一过程中，尤其是随着大量拉美移民的涌入，阶层分化在洛杉矶日趋严峻，彻底改变了城市的空间组织形态。这是麦克·戴维斯笔下的洛杉矶："西区住宅区那些精心修剪的草坪上竖立着小小的警告牌，上面写着'擅入者将遭枪击'……那些更富有的人们也用一道道高墙大门把自己与外界隔离开来，还要雇来荷枪实弹的保安、装上技术先进的电子监控设备来保护自己。在洛杉矶市中心（Downtown），政府资助的城市再开发制造了这个国家最大规模的集体堡垒（Corporate Citadel），凭借巨大的建筑缓冲区与贫困社区相隔离。"[2]值得注意的是，居住隔离同样是发展中国家大城市的城市病之一，尤其是拉丁美洲。拉美大城市从90年代开始出现了两种倾向：一是城市中的上层阶级搬进了自我隔离的"门禁社区"（Gated Community），小区内的各种设施一应俱全，从而使他们能够与城市的其他部分隔离，并减少与其他社会集团的交集；二是经济上的弱势群体集中居住在城市中心环境恶化的地方或近郊地区。从发达国家到发展中国家，从纽约、伦敦到墨西哥城、圣保罗，门禁社区遍布几乎所有世界大城市，"决定性地将住宅区与其周边地区分割开来"。[3]实际上，收入正在取代族裔成为居住隔离最主要的原因。[4]

1　Miles Finney, "L. A. Economy: A Short Review", *Cities*, Vol. 15, No. 3, 1998, pp. 149−153.

2　Mike Davis, *City of Quartz: Excavating the Future of Los Angeles*, Verso, 2006, p. 223.

3　Samer Bagaeen, Ola Uduku, eds., *Beyond Gated Communities*, Routledge, 2015, p. 31.

4　Douglas S. Massey, Jonathan Rothwell, Thurston Domina, "The Changing Bases of Segregation in the United States", *The Annals of American Academy of Political and Social Science*, Vol. 626, 2009, pp. 74−90.

绅士化（Gentrification）及其引发的社区过滤机制也是阶层分化在城市空间形态上的反映。中心城市中的高收入人群倾向于在内城寻找合适的居所，这里靠近工作地点，街区虽然破败但却有独特的历史韵味，符合其文化品位。这个中产阶级不断向中心城市的内城衰败社区迁移并对这里的破败住房和街区环境进行改造的过程被英国学者鲁斯·格拉斯（Ruth Glass）称作"绅士化"，这些中产阶级被称作"绅士化者"（Gentrifier）。绅士化者在年龄、职业和收入上具有明显特征：年龄在40岁以下者居多；收入普遍比原有居民高并在中位收入之上；职业则是典型的高端服务业从业者，以经理、专业人员、办公室白领为主。[1] 绅士化者的迁入带来物质条件的完善，曾经的衰败社区再度展现生机，商业复苏、环境整洁；但与此同时，绅士化也形成强烈的过滤机制，房地产价格和生活成本的上升迫使原有居民向其他街区转移。在伦敦，"许多劳工阶层的居住区一个接一个地被中产阶级的上层或下层所侵袭。当租期结束之时，劳工阶层居住的简陋破败的棚屋……便被收回，然后被改造为体面昂贵的屋宇……一旦这一'绅士化'进程在某一地区开始，它就会迅速地进行下去，直至最初的劳工阶层的居民全部或大部被迫迁居，以及整个街区的社会特征发生转变为止"。[2]

（3）政治领域的挑战：地方政府零碎化与大都市区协同治理困境

传统城市化时期，城市通过兼并周边地区实现扩张，同时郊区功能单一，在经济和政治上均依附于中心城市。然而随着大都市区化的推进，郊区人口增多、功能增强，从依附于中心城市的卫星城转型为混合型次中心，其独立性不断强化。与此同时，中心城市人口和经济活动流失、就业岗位减少、社会问题丛生，城市纷纷通过加税的方式增加收入、满

1　Neil Smith, Peter Williams, eds., *Gentrification of the City*, Routledge, 2007, pp. 181–183.

2　Tim Butler, *Gentrification and the Middle Class*, Ashgate Publishing Ltd., 1997, pp. 36–37. 转引自孙群郎、常丹丹：《美国内城街区的绅士化运动与城市空间的重构》，《历史研究》2007年第2期，第136页。

足社会福利开支，这一切加大了郊区的离心倾向，因此大量中小城镇兴起于郊区或边缘地带，普遍存在名目繁多、功能各异的地方政府，拒绝被中心城市兼并。相应地，中心城市政治地位下降，不易统筹协调，成为大都市区政治议程中一个难以解决的问题。

由于其悠久的地方自治传统、联邦制的政治结构以及相对较低的城市建制要求，美国的地方政府零碎化更为严峻，大都市区治理问题远比欧洲复杂并且难以解决。加利福尼亚州的莱克伍德（Lakewood）堪称典型。莱克伍德是战后美国郊区化的产物，位于洛杉矶县南部，长滩市位于其南部40千米处。1950年，当地开发商组建莱克伍德公司进行地产开发，三年后当地人口即已突破10万人，如此之大的人口规模势必要求相应的公共服务。临近的长滩市则希望兼并莱克伍德以扩大自己的税收基础，早在1951年就制定了名为"约翰·温茨方案"的兼并策略，主张把莱克伍德化整为零、逐个兼并。此方案最终部分成功，莱克伍德的几个街区被并入长滩市，但其他地区通过建制成市的方式获得了独立。为避免因自治而公共服务水平下降，莱克伍德与洛杉矶县合作，购买后者的服务。[1] 这一被称作"莱克伍德方案"（Lakewood Plan）的公共服务外包模式很快为其他郊区所效仿，目前仅加州就有480个城市采纳，达到全州城市总数的四分之一。尽管该模式保证了郊区居民在获得公共服务的同时避免了中心城市的过高税率，但却加剧了地方政府的零碎化和大都市区协同治理的难度。

在欧洲，地方政府零碎化和大都市区协同治理也已引起欧盟、各国政府和地方政府的共同关注，尽管其碎片化程度较美国要低一些，但大都市区内存在数量庞大的地方政府仍是一个不容忽视的事实。在英

1 王旭：《"莱克伍德方案"与美国地方政府公共服务外包模式》，《吉林大学社会科学学报》2009年第6期，第118—125页。

国，大伦敦地域范围内除伦敦城外还有32个地方政府实体；法国里昂大区（Communauté Urbaine de Lyon）包括57个自治市（Municipalities）；德国虽然没有世界性大城市，但其大都市区却十分发达，大斯图加特地区（Verband Region Stuttgart）的自治市多达179个；即便是在经济相对落后的南欧，西班牙巴塞罗那大都市区（Metropolitan Area of Barcelona）也涵盖36个自治市。在法兰克福大都市区，区域规划、垃圾处理和市政公园等事务甚至由多个政府部门负责，政出多门、推诿扯皮的现象并不鲜见。[1]更为复杂的是，与美国不同，欧洲各国有不同的政治体制，城市主要官员的选举方式、权限和任期各不相同，使得大都市区之间的协调更为困难。

五、中心城市的调适

当代中心城市的转型与复苏固然是全球经济结构调整的产物，并且为资源再分配注入动力，但与复苏相伴而生的挑战同样不容忽视。不难发现，上述经济、社会和政治领域的诸多挑战并非全新现象，收入不平等、阶层分化、居住隔离和区域协同治理等问题早已存在；然而，其生成机制却并非如出一辙。如果说战后陷入萧条中的中心城市所面临的类似困境其根源在于贫困，那么，当代中心城市的挑战则来源于转型与复苏，或者说来自财富。去工业化和大都市区化引起资源在大都市区内重新分配，由此带来中心城市的危机与复苏。实际上，无论是发达经济体还是发展中国家，都已或多或少地意识到上述问题的危害，并逐步采取应对措施。

---

1 European Metropolitan Authorities, "Metropolitan Governance in Europe: Challenges and Models", February 2015, p. 7, www.ub.edu/grel/ca/descarregar?seccio=repositori&id=19（获取于2017年8月16日）.

在经济领域，如前所述，中心城市的收入差距受到产业结构不均衡的影响，而对于贫困者本人来说，教育水平成为决定其收入水平的重要因素，因此推进教育公平成为许多城市为缓解不平等而采取的措施。[1]更重要的是，城市政府正在想方设法营销自己的城市，在改善城市形象、塑造城市活力的同时创造更多就业机会，假日市场（Festival Marketplaces）就是其中之一。这种由美国地产商詹姆斯·罗斯（James Rouse）首创的商业开发模式在50年代波士顿废弃的河滨地带首先开始，以娱乐表演、休闲购物、街头小剧场等活动为主题。这种中心城市开发模式取得了很大成功，很快风靡全美并向其他国家扩散，纽约的南街港区（South Street Seaports）、伦敦码头区（Docklands）和悉尼的达令港（Darling Harbor）都是成功案例。假日市场以商业开发为主，主推欧式风格的建筑，鼓励精品店而非连锁店，创造了许多低端服务业工作岗位。

在社会领域，各国对于居住隔离的关注则更早，并由于生成机制的不同而形成了不同的应对策略。相比之下，居住隔离在美国更多地作为种族歧视的表征呈现出来，以制订平权法案和最高法院进行司法判决的形式加以解决，限利开发（Limited-Dividend Housing）、公共住房（Public Housing）和合作式住房（Co-opts）也是重要手段；而欧洲的居住隔离则更多源自外国移民，其解决措施包括政府提供房租补贴、控制社区族裔比例和混合居住等方式。[2]在宏观层面，城市更加重视通过区域规划实现不同阶层的空间公平，对包括中心城市与郊区在内的整个大都市区进行总体部署。在香港，服务业的迅速发展改变了市中心尤其是新界地区的社会结构，不同阶层间的居住隔离日渐明显。香港政府从80年代起推行

1 Edward L. Glaeser, Matthew G. Resseger, Kristina Tobio, "Urban Inequality", NBER Working Paper No. 14419, 2008, pp. 28–30. http://www.nber.org/papers/w14419.pdf（获取于2017年8月3日）.

2 Gideon Bolt, "Combating Residential Segregation of Ethnic Minorities in European Cities", *Journal of Housing and the Built Environment*, Vol. 24, 2009, pp. 397–405.

居住融合但成效并不明显，并且与中国内地在城市规划方面开展合作；21世纪以来，香港与珠三角大都市区一体化程度不断强化，区域规划的条件更加成熟。[1]

在政治领域，大都市区协同治理的难题几乎与大都市区化同时出现，从20世纪60年代开始，欧美各界已逐渐意识到这一问题的必要性，区域主义（Regionalism）、公共选择学派（Public Choice）、新区域主义（New Regionalism）等学术潮流纷纷登场，为构建协同机制建言献策；各级政府也通过建立大都市区政府、创建政府间协调机制等尝试克服地方政府零碎化的危害。市县合并、大都市区政府、政府间议事会等体制机制创新都已付诸实践，然而直至今日，虽然大都市区经济一体化已达到一定程度，但政治一体化还有很长的路要走。

实际上20世纪以来，无论是缓解衰败还是迎接复兴的新挑战，中心城市已采取了一系列措施，平衡产业结构、促进空间整合和强化协同治理是其基本目标，总体看来，中心城市从走出衰败到应对挑战，其措施可概括为如下两个趋势：

其一，中心城市的复兴与调适措施从以物质环境的改造为主到物质、空间与人的综合性全面再开发。中心城市的困境早在两次世界大战之间就已显现并引起相关国家的注意，战后，欧美各国普遍开展了以大规模重建内城为主的再开发。在美国，遍及各大城市的城市更新运动（Urban Renewal）旨在清理内城贫民窟并在原址进行商业和住房开发；在欧洲，由于战争造成了巨大破坏，各国更倾向于重建和更新城市基础设施。但随着街头文化和社区生活更加为人所重视，物质环境的改造已不能满足居民需求，历史风貌街区维护、公平住房等空间改造渐渐成为主流。

---

1 Paavo Monkkonen, "Deindustrialization and the Changing Spatial Structure of Hong Kong, China", *Inter Discipllna*, Vol. 2, No. 2, 2014, pp. 315-337.

其二，中心城市的复兴与调适渠道从以政府为主导到政府与企业、社会团体等非政府组织合作，后者在从规划到实施的再开发全过程中的参与程度不断提高。在美国，城市更新运动以地方政府为主导，由联邦政府资助；欧洲内城改造虽然更重视城市规划，但政府同样主导这一进程。然而70年代以来，参与式规划（Participatory Plan）和群议式规划（Advisory Plan）等新理念的兴起改变了以政府为主的传统路径，社区组织、企业、民权团体等非政府组织也积极参与其中。

尽管如此，中心城市应对挑战的措施依然效果有限，收入差异、居住隔离和地方政府零碎化仍然是摆在社会各界面前的一道全球性难题。学术界为解决上述问题的研究成果和方案层出不穷，地方政府也不断尝试政策创新，但其解决乃至缓解依然前路漫漫。

六、典型城市：纽约

从荷兰和英国在大西洋畔的港口到独立后美国的贸易城市，纽约在19世纪30年代伊利运河（Erie Canal）通航后真正成为美国的首位性城市，并在工业化推进之下成为全国性的制造业中心。凭借坚实的经济基础，纽约在20世纪初赶超伦敦成为全球经济和金融中心；但去工业化和大都市区化使纽约市一度萧条，甚至在1975年濒于破产。80年代以后，纽约在经济转型带动下再度复兴，无论影响力还是城市形象，当代纽约市都是一座全球级城市，堪称全球金融中心、创意中心和时尚之都。

在1860—1910年的半个世纪中，纽约制造业产值从1.59亿美元增加到15亿美元，成为无可置疑的工业重镇，[1]并呈现出中小型企业居多、以

1　Janet Abu-Lughod, *New York, Chicago, Los Angeles: America's Global Cities*, p. 79.

轻工业为主和在曼哈顿集聚等特征。1900年曼哈顿的工业产值已超过美国绝大多数州，仅次于宾夕法尼亚州和纽约州，其工业产出占全美工业总产出的10%。[1] 繁荣的经济吸引了大量人口，国内外移民中不少以纽约作为落户地。1890年，纽约意大利移民已达5万人，俄国移民的数量则已超过5万；到1900年，这两个数字分别增加了两倍。[2] 工业化和人口增长推动了城市空间结构的转型更新。一方面，城市在横向上扩大地域范围。从19世纪90年代开始，纽约逐渐超出曼哈顿一地，兼并布朗克斯、布鲁克林、昆斯和斯塔滕岛，成为今日的纽约市。另一方面，城市在纵向上寻找更多空间，曼哈顿中城的摩天大楼商业区就在此时初具规模。纽约制造业的上述特征使得曼哈顿在人口分布和空间结构上呈现密集紧凑的状态。

与美国其他地区相比，作为制造业中心的纽约，其去工业化进程开始得更早，甚至在第一次世界大战前就已初露端倪。美国学者观察，纽约制造业从20世纪初开始向两个方向发展：其一，工厂从曼哈顿搬往其他四区或纽约大都市区的郊区；其二，越来越多的制造业开始向纽约工业区以外的地区迁移，如大理石制造业就因为地租过高而迁往长岛。1919年，纽约绝大部分电力企业已迁往新泽西州；到1929年，芝加哥取代纽约成为美国电力行业的中心。[3] 尽管"二战"期间的国防需求和战后初期的经济繁荣刺激了制造业发展，但终究未能扭转去工业化的趋势。与此同时，美国城市化进入大都市区化的新阶段，重心转移到郊区，纽约亦然。制造业和零售业离开曼哈顿，迁往地价低廉、交通便捷的郊区，

1　Patricia E. Malon, "The Growth of Manufacturing in Manhattan, 1860–1900: An Analysis of Factoral Changes and Urban Structure", Ph. D Dissertation, Columbia University, 1981, pp. 288, 379.

2　Kenneth T. Jackson, ed., *The Encyclopedia of New York City*, Yale University Press, 2005, pp. 584–585.

3　Edward E. Pratt, "Industrial Causes of Congestion of Population in New York City", Ph. D Dissertation, Columbia Unirersity, 1911, pp. 114–115.

曾经繁忙的港口冷清下来，哈德逊河畔的货运铁路也没有了火车的身影，最终被拆除。1953年，纽约市零售业销售额下降了2%，11家大型百货商店中只有2家实现增收。[1]人口郊区化更是势不可当，私人汽车的普及拓展了美国人的出行范围，两次世界大战之间纽约市全面完善其道路交通网络，新建园林大道通向怀特·普莱恩斯（White Plains）等纽约州北部地区和东面的长岛，使得人口迁往郊区更为便捷。随着中心城市的衰败，白人逃逸（White Flight）即大规模郊区化在50年代形成风潮，1950—1970年间，大约160万人离开城市，纽约五区除了斯塔滕岛外人口均有所下降；[2]80年代，纽约增长最快的地区不是曼哈顿，而是曼哈顿以北80千米处和以东120千米处。[3]

纽约经济转型也在这一过程中潜滋暗长，制造业不断从纽约市向大都市区其他地区、美国南部以及发展中国家转移。在纽约大都市区内，1956年纽约市的制造业占大都市区制造业的57%，到1985年已下降至31.8%。[4]与之相应，则是中心城市服务业的发展。生产者服务业特别是FIRE和高技术产业向纽约市集中，其就业率在90年代后期几乎达到全美平均就业率的三倍。[5]纽约州审计署公布的数据显示，2013年，纽约市证券行业从业者多达16.3万人，是私人部门就业量的5%，缴纳税收38亿美元。[6]房地产业也是纽约经济的重中之重。高度密集的人口、集聚的经济活动、高程度的国际化水平推动纽约地产价格持续攀升，纽约市2017的

1　"Store Sales Drop 2% in Fiscal Year", *New York Times*, February 24, 1954.

2　乔治·J. 兰克维奇：《纽约简史》，辛亨复译，上海人民出版社2005年，第266页。

3　Dick Netzer, "The Economy of the New York Metropolitan Region, Then and Now", *Urban Studies*, Vol. 29, No. 2, 1992, p. 256.

4　Dick Netzer, "The Economy of the New York Metropolitan Region, Then and Now", p. 255.

5　Saskia Sassen, *The Global City: New York, London, Tokyo*, p. 208.

6　Thomas P. DiNapoli, Kenneth B. Bleiwas, "The Securities Industry in New York City", Report 7-2014. https://www.osc.state.ny.us/osdc/rpt5-2016.pdf（获取于2017年3月22日）.

财年报告预计，纽约房地产总值高达1072万亿美元，比上一财年增长了10.6%。随着全球经济结构的调整和纽约服务业的兴起，这里对企业总部的吸引力进一步凸显。1963年，世界500强企业中有147家总部坐落于纽约市，即使在纽约深陷财政危机的1978年仍有104家留在纽约市。[1]经济结构转型反映在社会结构上，是职业构成的变化。白领服务业就业人口占就业总人口的比例从1951年的21.7%增加到1984年的49.4%，蓝领服务业从11.6%下降到9.9%；1950年，制造业就业人口占总就业人口的29%，1987年下降到10.5%，同期生产者服务业则从28.3%上升到46.1%，两者差距明显。[2]服务业的崛起和制造业的逃离在空间组织形态上同样有所体现。曼哈顿下城和中城一直以来是高层办公区，在战后这一特征更加突出和明确，"在1947—1963年，纽约新增办公楼面积超过5800万平方英尺，比其后的22座大城市新增办公面积之和还要多"；[3]与曼哈顿有便捷交通往来的布鲁克林·海茨（Brooklyn Heights）也成为中心商务区。高技术产业在当代纽约经济中同样占有一席之地，尤以硅巷（Silicon Alley）为代表。这里集中了通信、网络、数字传媒和生物科技等领域的企业，在90年代网络经济的热潮中，硅巷吸引了大量风险投资，也诞生了许多身价不菲的高技术企业。转型推动下的纽约经济持续繁荣长达20余年，2006年10月失业率一度低至4.1%，达到历史最低水平。[4]

与许多大城市一样，"绅士化"是纽约市空间与社会变迁的一部分，不仅在曼哈顿下城历史悠久的老城区是这样，哈莱姆这样的非洲裔美国

---

1 曼纽尔·卡斯泰尔：《信息化城市》，崔保国等译，江苏人民出版社2001年，第174—175页。

2 孙群郎、王乘鹏：《纽约全球城市地位的确立及其面临的挑战》，《福建师范大学学报（哲学社会科学版）》2012年第2期，第55页。

3 乔治·J.兰克维奇：《纽约简史》，第242页。

4 Patrick McGeehan, "City's Unemloyment Rate Falls to Its Lowest Level in 30 Years", *New York Times*, November 17, 2006.

人聚居区同样如此，[1]不过苏荷区（SoHo District）绅士化当属最为典型，其经济结构、社会结构和空间形态的变化折射出纽约市的历史变迁。19世纪后期，苏荷区成为纽约市制造业聚居区之一，为数众多的中小型企业集中在这里，连同住房和商业一起，这种混合土地利用模式一直持续到20世纪中期。据调查，在50年代之前，这里分布着大约650家中小型企业，雇有近1.3万名工人，其中42%在纺织和服装行业就业。[2]19世纪流水线尚未出现在美国制造业部门，而曼哈顿高昂的地价使企业尤其是中小型企业只能在有限的空间内进行分工和布局，纵向布局的统楼房（Loft）因此成为许多企业的选择。这类住房大多为4—6层，由砖瓦和铸铁建造，结实牢固，面积大并且隔断少，第一层常常用作办事大厅或商店，楼上的几层天花板较高，可以用作仓库或厂房。[3]在去工业化影响下，苏荷区在20世纪初已成为衰败街区，建筑破败、企业或外迁或关闭，成为外来移民的聚居区。五六十年代，由于低廉的房租和独特的历史韵味，许多艺术家搬入这里的统楼房，他们利用自己的专业知识对其加以改造修复，使这些古朴典雅的老建筑纷纷再现活力，街区面貌也焕然一新。苏荷区位于曼哈顿下城西南部，紧邻纽约中心商务区，随着服务业的崛起，新中产阶级搬入这里，进一步推动苏荷的绅士化进程，同时也促进了苏荷的复兴。70年代以后，越来越多的餐馆、精品店和艺术工作室在苏荷开业，[4]带动街区全面走出萧条。1970年时，统楼房租金已上涨两倍，原本月租100美元的住房已上升至200—300美元。仅仅4年后，统楼房租金进

1　Derek S. Hyra, *The New Urban Renewal: The Economic Transformation of Harlem and Bronzeville*, University of Chicago Press, 2008, pp. 55-128.

2　Chester Rapkin, *The South Houston Industrial Area*, New York City Planning Commission-Department of City Planning, 1963, p. 12.

3　Aaron Shkuda, *The Lofts of SoHo: Gentrification, Art, and Industry in New York, 1950-1980*, University of Chicago Press, 2016, p. 19.

4　"A Downtown Frontier of Boutiques and Studios", *New York Times*, July 12, 1972.

一步上扬，面积在139—232平方米间的住房月租金在350—450美元之间，已是60年代末期的4倍。[1] 此外在布鲁克林，60年代，许多专业人士移居到这里古老的褐色砂石建筑中，绅士化进程由此开始，这一地区也渐渐经历了复兴过程，从被人废弃的不毛之地变成了富人居住的社区。1971年的调查显示，这里的居民以白人为主，大多家庭富裕，人均收入超过纽约市平均水平，99.9%的居民拥有高中学历，超过60%曾接受高等教育。[2] 即使在哈莱姆，2002年居民拥有大学学位的比例也达到20%。[3]

纽约市的转型复兴，虽然走出了去工业化带来的经济萧条，也告别了70年代中期一度难以挽回的财政危机，然而，纽约市对其郊区的政治影响力已然下降，合并周边四区的情形也几乎不可能再次发生。纽约大都市区的地域范围在战后不断扩大，1950年，根据人口普查局的定义，纽约大都市区以纽约市为中心，包括纽约州的9个县和新泽西州的8个县，正式名称为纽约及新泽西东北部标准大都市区（New York-Northeastern New Jersey SMA）；1981年时合并了新泽西州伯根县（Bergen County），1990年人口普查局确认了纽约–北新泽西–长岛联合大都市统计区，横跨纽约、新泽西、宾夕法尼亚和康涅狄格4个州，覆盖27个县，总人口超过2200万。与此同时，美国东北部的多个大都市区相互作用、共同发展，形成了地理学家简·戈特曼所谓大都市连绵带（Megalopolis），即"多种要素的高度集聚并以多核心的区域结构体现出来"，[4] 纽约大都市区则是其核心之一。由此，各级政府层层叠加，碎片化程度有增无减，加剧了大都市区协同治理的难度。

---

1 Aaron Shkuda, *The Lofts of SoHo: Gentrification, Art, and Industry in New York, 1950–1980*, p. 185.

2 Suleiman Osman, *The Invention of Brownstone Brooklyn: Gentrification and the Search for Authenticity in Postwar New York*, Oxford University Press, 2011, pp. 11–12.

3 Lance Freeman, *There Goes the 'Hood: View of Gentrification from the Ground Up*, Temple University Press, 2006, p. 31.

4 Jean Gottmann, *Megalopolis: The Urbanized Northeastern Seaboard of the United States*, Twentieth Century Fund, 1961, p. 25.

七、余 论

纽约市在历史上形成了坚实的经济基础，在经济全球化早期阶段就已建立起广及世界各地的贸易网络，因此得以在当代全球化中迅速复兴，但这绝非特例；虽然并非所有中心城市都走上复兴道路，但再度焕发生机者也不在少数。

区域性中心城市曼彻斯特是英国典型的制造业城市，也是英国工业革命的先驱，19世纪在工业化推动下实现超常规发展，崛起成为英国的工业重镇。然而与大部分制造业城市一样，曼彻斯特在20世纪下半期经历了痛苦的去工业化进程，曾经作为支柱的纺织、煤炭等行业或转移到发展中国家，或迁往本国落后地区。曼彻斯特市人口在1911年以后持续下降，在大曼彻斯特地区中所占比例也急速下跌。第二次世界大战后，曼彻斯特市制造业的衰退有增无减，就业数量减少80%，失业率远超全国平均水平。但衰退中也孕育着新生，流失的制造业为服务业提供了空间，1951—1976年间，大曼彻斯特地区的法务、咨询、设计等服务业部门迎来黄金期，曼彻斯特市同样见证了FIRE的高速增长；甚至其制造业也开始复兴，在高技术推动下，制药、医疗设备等制造业部门已成为曼彻斯特的名片，纺织业等老工业部门也成功实现升级换代，而传统制造业就业所占比例则已不足10%。[1]服务业使曼彻斯特中产阶级数量增加，新型城市文化也在其中塑造。职业足球、流行音乐等文化休闲活动是中产阶级生活方式的重要组成部分，如今已是曼彻斯特在世界文化版图上的标签。

位于美国新泽西州西北部的专业性城市卡姆登（Camden）也是转型复兴的典型。作为曾经的制造业城市，20世纪卡姆登的命运如同美国其他工业中心，在去工业化浪潮中遭遇人口锐减和就业下降，制造业企业

1　Jerome I. Hoods, *Second Cities: Globalization and Local Politics in Manchester and Philadelphia*, p. 55.

纷纷转移至郊区或南部等落后地区，该市甚至被戴维·腊斯克称作"一去不返的城市"，[1]直到90年代，其贫困人口比例仍然位居全美前列。但在市政府和社会组织的合作下，卡姆登通过治理污染、整治河道、翻建市中心、保护老建筑等措施成功实现转型复兴，医疗、旅游、教育已成为其支柱产业，在公平住房、失业人员再培训等方面颇富成效。[2]

综上所述，中心城市在经济结构去工业化和空间结构大都市化的双重转型下实现复兴，同时也带来新的挑战，需要包括政府在内的社会各界共同应对，其经验与规律值得重视。

首先，中心城市的转型复兴是世界范围内的普遍现象，既有纽约等全球城市，也有曼彻斯特、卡姆登等中小城市，并非发达经济体独享，发展中国家的部分城市同样有类似经历，其根源在于全球化引发资源在世界范围内重新配置。全球化一方面推动了资源在世界范围内的流动，塑造了劳动力新的国际分工；另一方面将发达国家与发展中国家更紧密地联系在一起。经济活动在地理上重新扩散和再度整合，推动了新的中心功能的出现或强化，正如萨森所言，"经济活动在地域范围上的扩展——全球化就是其重要表现——推动了新的中心功能的形成"。[3]扮演这一中心功能的正是中心城市。在这一过程中，纽约、伦敦、东京等全球城市正在崛起，积极参与国际经济分工，在全球经济体系中扮演节点角色，与其下的区域性中心城市、专业性城市等构成等级化的全球城市体系，承载并指挥着资本、人口、信息的全球流动。以往民族国家所扮演的协调国际经济的传统角色受到冲击，区域和城市在国际经济网络中的重要性不断增加。[4]

1　David Rusk, *Cities without Suburbs: A Census 2010 Perspectives*, pp. 76–77.

2　Howard Gillette, Jr., *Camden after the Fall: Decline and Renewal in a Post-industrial City*, pp. 123–187.

3　Saskia Sassen, *Cities in a World Economy*, p. 139.

4　Bruce Katz, Jennifer Bradley, *The Metropolitan Revolution: How Cities and Metros Are Fixing Our Broken Politics and Fragile Economy*, Brookings Institution Press, 2013, pp. 1–13.

其次，中心城市的转型复兴是市场机制与政府措施共同作用的结果。全球化创造了新的发展机遇，但城市在竞争中脱颖而出也离不开地方政府的扶持和引导。中心城市从以制造业为主转向以服务业为主，需要政府在其中扮演积极角色，通过政策导向吸引新产业、淘汰落后产能。转型带来的新挑战更离不开政府的积极应对，非均衡发展、阶层分化、居住隔离本身就是市场机制的产物，无法完全依靠市场进行调节；大都市区协同治理更需要政府间密切合作。值得注意的是，中心城市转型不仅是发达经济体的独特现象，而且其转型速度快、用时短，需要做好前瞻性准备。

最后，中心城市的转型复兴是城市化发展到一定阶段的必然产物，是城市空间结构转型即大都市区化的组成部分。传统城市化理论认为，一方面，城市化是人口与经济活动的集聚，是一个单向地、向城市集中的过程；另一方面，城市化呈现线性的发展路径，即当集聚成本大于集聚效益后，城市陷入萧条，城市化陷入停滞。这忽视了城市与郊区的双向互动。实际上，城市化从单个城市相对孤立发展，到发展重心转移到城市之外的郊区，再到区域范围内的互动与协调，本身是一个动态发展的过程；中心城市在这一过程中从优先发展到让位于郊区，再到与大都市区其他地区协同发展，其功能与地位也并非一成不变。因此，无论是理解城市化理论，还是理解城市自身演变的规律，都需要延展时空的纵深：在时间上，需要在长时段内考察城市内在结构的发展变迁；在空间上，则需要结合周边地域考察城市外部空间的拓展整合。

五

发掘时代精神的
知识史研究

知识史能成为一个研究领域吗？

一、知识史的兴起

"知识"的概念犹如"文化"，见仁见智，难以有一个大家认同的定义。当代学术界似乎并没有把知识研究视为一个领域，也很少视知识史为一个新兴学科，至多将其看作学术史、思想史、史学史、科学史、阅读史等领域的一个文献集成而已。

西方世界最早关心知识问题的是苏格拉底、柏拉图、亚里士多德、奥古斯丁等思想家。文艺复兴时代哲学家培根在《学术的进步》（1605）中系统地探讨了知识问题。到了近代，社会学家也开始关心知识问题，出现了以马克思、恩格斯、马克斯·韦伯、卡尔·曼海姆、马克斯·舍勒等人为代表的德国知识研究传统，如韦伯将官僚制定义为"以知识为基础而进行控制的实践"；以奥古斯特·孔德、埃米尔·涂尔干、马塞尔·莫斯、米歇尔·福柯为代表的法国知识研究传统，如孔德所提出的知识社会的"无名史"；以培根、霍布斯、洛克、贝克莱、大卫·休谟、科林伍德等人为代表的英国知识研究传统，如培根认为"知识就好像是毒蛇，当它进入人的心灵，人就会自高自大"；以托斯丹·凡勃仑、罗伯特·默顿、托马斯·库恩等人为代表的美国知识研究传统，如凡勃仑特别关注社会群体与知识制度之间的关系。

"二战"后学科分类越来越细化，对世界万物认知的能力越来越强，知识呈不断快速增加的趋势，档案学家、目录学家、图书管理学家等纷纷加入知识研究的阵营。而历史学家则缺席这一场域，直到20世纪末这一局面才逐渐改变。

美国"现代管理学之父"德鲁克说"迄今未有知识史"（1993），他预言"接下来的几十年"，知识史将成为一个重要的研究领域。确实如他所言，史学界近几十年来出版了大量此类作品，这些著作大致可分为学科发展史、书籍史、大学史、学术史、史学史、帝国与学术、知识认识论等类型。知识史研究俨然已成为学术新宠。美国康涅狄格大学布朗教授的《知识就是力量》（1989）、匹兹堡大学林格教授的《知识的领域》（1992）等便是其中的代表著作。剑桥大学古典学家劳埃德爵士从知识史的角度，以比较的视野审视东西方各个学科的形成与发展，尤其关注古代社会知识史与文化史的研究，从"心理一致说"的角度解读人类的认知。这一理论认为，全人类无论其种族、性别和社会文化背景有何差异，在心理和认知的基本要素上是一致的，从而对知识史研究做出了独特的贡献。

英国文化史家彼得·伯克更是知识史研究中的杰出代表，他积极推动知识史研究，先后出版了《知识社会史：从古登堡到狄德罗》（2000）、《知识史：从〈百科全书〉到维基百科》（2013）、《什么是知识史》（2015）、《1500—2000年间知识史中的流亡与侨民》（2017）、《博学者：从达·芬奇到桑塔格的文化史》（2020）等著作，为知识史研究的合法性积极奔走，让学术界接受了作为一个研究领域的知识史。

伯克认为，知识史的发展有赖于科学史、书籍史的出现，前者解决了学科发展史研究的问题，后者彰显了知识与社会之间的互动关系。书籍史在过去几十年中已经从书籍贸易的经济史转向阅读的社会史和信息传播的文化史；而科学史所面临的三大挑战，则驱动着知识史研究领域越来越广泛。第一个挑战是"科学"这一现代意义的术语所带来的认知后果，"科学"是19世纪的概念，如果用这一概念去研究早期各个时代的知识探寻活动，势必会激发历史学家所憎恶的那种时代错误。第二个挑战是学术界对包括工匠的、信仰疗法的实践知识这类通俗文化产生了兴趣。第三个也是最主要的挑战，来自全球史的兴起及其产生的影响。这需要讨论非西方文化的思想成就，而这些成就并不适合西方所谓"科学"的模式，但它们对知识的贡献却是毋庸置疑的。

人类对知识理想国的追求可能在人类诞生伊始就已出现，从阿里斯托芬的《云》、柏拉图的《理想国》、哈灵顿的《大洋国》、莫尔的《乌托邦》，一直到今天的"人文共同体"，反映了人类对这一高贵梦想的追求。当今的知识碎片、知识过载，要求人们以宏观的视野看待人类的知识；学科划分过细所带来的弊端，反过来又要求学者们进行综合的、跨学科的研究；全球化的结果是地球村的出现，可以较为系统地展示全球知识体系；信息化的快速发展则使人类过往的精神产品汇总在一个直观的平台上，可以更全面、完整、系统地呈现人类的智力成就；网络化改变了传统的书写习惯，提供了书写知识史的手段，维基百科的诞生标志着知识的民主化……这一切都预示着书写知识史的可能。

二、何谓知识史

《辞海》对"知识"的定义是：人类认识的成果或结晶。《中国大百科全书》对"知识"的定义是：人类认识的成果，是在实践的基础上产生，又经过实践检验的对客观实际的反映。人们在日常生活、社会活动、科学研究、生产实践中获得对事物的认识，其中可靠的成分即为知识。域外《不列颠百科全书》《美国百科全书》《科利尔百科全书》等重要的工具书都不收录"知识"（knowledge）条目，这可以有两种理解：在西方学术界看来这只是一个泛泛的词语，而非一个领域；或者说是一个很庞大的领域，令人生畏、难以描述。但最近几十年学术界已越来越抛弃这一陈旧观念了，知识史研究逐渐具备可能性、合理性与合法性。

在笔者看来，知识是人类认识世界的概念化表达，是人类活动的精神遗产。知识史是以人为中心研究人与人、人与社会、人与自然、人与信仰的各类知识形成、发展与嬗变的一门学科，它不仅叙述各门学科形成与发展的历史，也研究知识的感觉价值、功能价值、精神价值以及绝对价值等，更是从知识（知识产生）与社会（知识生产）的双向角度来阐述知识与社会的互动关系。一言以蔽之，知识史是将知识产生（从认知的角度看知识的起源与发展）、知识生产（从社会与知识相互作用的角度看知识的更新）置于广阔的自然、社会、经济、政治、文化、宗教、军事等时空框架体系中，进而将这一框架体系置于更广阔的民族、国家、区域、洲际乃至国际的网络中考察其产生、发展的历史。诚如恩格斯所说："人类知识和人类生活关系中的任何领域，哪怕是最生僻的领域，无不对社会革命发生作用，同时也无不在这一革命的影响下发生某些变化。社会革命才是真正的革命，政治的和哲学的革命必定通向社会革命。"知识与社会的关系也正是如此。

我们需要注意的是，"知识的历史"与"知识史"为截然不同的概念。前者是编年的概念，而知识史不仅仅是知识编年史，更是研究知识形成、发展、传播与接受的历史；前者是一个领域的知识本体演进史，后者是知识社会史，研究知识与社会诸因素之间的互动关系。

知识史不仅研究知识学科史（知识内史），更要研究知识制度史

（知识外史），同时关注知识如何影响社会，社会又是如何影响知识的。所有知识都存在一种系统化、制度化、科学化过程，这一过程也就是知识的标准化、合法化、经典化过程，从天生的、自然的到历史的、构建的过程就是标准知识的提炼过程。这一过程一经结束，就意味着新的知识领域即将萌芽。

知识史涉及的领域、空间、时间都极其广泛，可以说是伴随人类起源而产生的，涉及知识观念史、知识思想史、知识学术史、知识文明史、知识文化史、知识社会史等，探究以人为中心的知识价值、道德价值。这个复杂的问题表明，知识史是一个新兴的研究领域，其内涵与外延都有待进一步明确。

知识史涉及人类精神产品的方方面面，不仅是学术领域的规律探寻、真理追求，也是日常生活中的常识问题、道德问题，更是学术与政治交织在一起相互促进、相互发展的问题，因此知识史研究聚焦何处是决定其未来发展的一个根本问题。

知识具有继承性、发展性、层级性以及加速累积发展等特点。知识的累积、传承和发展，是一切认知深入发展的根本，是人类社会发展进步的基础。20世纪人类所获得知识的总量已超过此前自人类出现以来所获知识量的总和，在这一过程中出现知识的泛滥、泛化也是必然的，因此亟须全面、审慎、批判地看待人类知识。

信息是海量的、杂乱无章的，必须进行系统整理才能较为客观地反映世界；世界是浩瀚的、无穷无尽的，人类认知是在不断更新的，且更新呈加速度进行；人类追求知识的欲望是没有止境的，为获得"知识的胜利"，总是对任何事情进行有意义的建议、高明的分析、自以为是的阐释，这一切驱使着人类不断探究知识不完整的或未知的领域，从而激发潜在的超越学科束缚的认识动力。

三、世界知识史的不能与可能

所谓世界文学、世界历史、世界哲学、世界艺术等，是指某一领域获得世界声誉的学术研究，或是指以平等的世界观念进行的学术研究，就后者而言，究其实质大多数是某种中心主义指导下的学术扩张，是政治的延续，因此在可见的未来也不可能存在世界知识史。当下的"世界的"是后殖民时代去西方的一种学术努力，是去西方中心论语境下的学术心态。真正学术意义上的自由、平等的学术研究有待时间的进一步延展。平等的"学术共和国"只是一种学术理想、一种文化乌托邦，大多数知识史书写仍旧以民族国家为背景，有的国家还没有自己的历史书写，在笔者看来，东南亚不少国家的历史叙述还是西方构建的。

概念是知识史研究的灵魂。不断提出新概念、新方法、新理论、新体系，重组已有的人类知识，展望知识的未来，让知识不断出现新形态，创造概念是知识发展的基础，理解概念就是掌握了知识史的核心。

西方学术史就是一部概念串联起来的文化史，概念就是学术帝国里的学术软件：就史学而言，时间方面的概念，如古代、中世纪、近代、东方化时代、希腊化时代、古代晚期、近代早期、小冰河时代等；纯粹的概念，如勤勉革命、范式、人类世、轴心时代等；研究范式的概念，如文明史、文化史、新文化史、性别史、微观史、全球史、大历史、口述史等。这些都是当今中国学术界耳熟能详的研究工具，都是历史叙述不可或缺的，但大多属于舶来品；构建这些概念的目的在于恢复历史的真实，但不免掺杂着想象与构建，是智慧的再现。可以说知识生产是人类各民族、各国家智慧竞争的奥林匹克赛场，是展现记忆力、推断力和想象力的场域，是文化软实力的真正体现。

德国哲学家卡西尔认为："对于理解人类文化生活形式的丰富性和多样性来说，理性是个很不充分的名称。但是，所有这些文化形式都是符号形式。因此，我们应当把人定义为符号的动物来取代把人定义为理性的动物。只有这样，我们才能指明人的独特之处，也才能理解对人开放的新路——通向文化之路。"西方学术界似乎就是在不断制造概念过程中来制造知识的。谁掌握制造概念的能力，谁就掌握着话语权；谁掌握着学术话语权，就掌握着世界解释权。

知识是人类认知的结晶，知识问题是社会进步发展的基础，知识史是一切学术发展进步之源。为构建中国特色的学科体系、学术体系、话语体系这三大体系需要做学术准备，通过以文史哲为中心的跨文化、跨学科、跨区域的知识生产整合研究来审视人类知识的构建与发展，推动中国本土的知识走向世界，在国际舞台上发出中国声音，改变用西方知识解释中国的现象，我们就必须进行严肃认真的知识史研究。

习近平总书记指出："要按照立足中国、借鉴国外，挖掘历史、把握当代，关怀人类、面向未来的思路，着力构建中国特色哲学社会科学，在指导思想、学科体系、学术体系、话语体系等方面充分体现中国特色、中国风格、中国气派。"三大体系建设归根结底是知识体系的梳理，是建构知识史脉络。这是时代的命题，在本质上是解决如何使中国成为有影响力的知识生产中心的问题。

永无止境的文史竞争带来的只是繁荣*

文字的发明不但用于记录过往，而且用于描述这个世界，抒发人们的感情；写作不仅仅是记录与想象，更是一种视觉艺术与知识霸权；文字与写作本应是思想的仆人，但往往是思想的主人。于是，各种表现艺术得以出现，各种文体因此产生。作为文体的"历史"和"文学"都要表达的是某种陈述、某种事实、某种寄托、某种想象等，因此，它们之间必然会存在一种有机的联系。更何况文学与史学的前身都不是神话与传说吗？在希腊神话中一切艺术不都是在接受缪斯女神的监管吗？九位缪斯的说法初见于公元前8世纪田园诗人赫西俄德的《神谱》，是古希腊人通过各种艺术手法追求人类整体的真善美，是秩序、优雅、意志的化身。不管是单数的缪斯还是复数的缪斯，都是用舞蹈、歌曲、诗歌来激励人类，赋予人类灵感。

今天我们把文学、史学特意隔离开，完全是近代职业化所带来的弊端，职业追求的是谋生手段，而非人的整体向善。"文学是什么？""史学是什么？"这类问题在本质上是人作为世界的创造者或破坏者所决定

* 本文为2023年5月23日在华东师范大学思勉人文高等研究院举办的思勉人文学术周"历史的文学书写与文学的历史视野"上的发言稿。

的，是人在世界中的安全性与合法性所决定的，是人类对现实世界的
未来控制欲所造成的。虽然"科学工作的一项原则是知识的统一性。
科学并没有国界，它总是属于全人类。不过，当它努力促进全人类在
知识上的统一之时，科学同样有助于维护、确立各个民族内部在学术
上的协调一致"。[1]但我想这里的"知识统一性"主要指自然学科，人
文的特点就在于其个性化地看待世界，对世界的解释千差万别，少有
统一性。而且人文与自然一直存在分野，虽然有人不断提出各种"第
三种文化"来调和它们之间看待世界的差异，但结果基本是徒劳的。
因此，我们不仅要从知识的统一性来思考"作为学科的史学""作为学
科的文学"是如何发生的，而且也要从民族国家的角度思考差异性，
"法兰西文学"毕竟不同于"日耳曼文学"。统一性与差异性并存，当
保守势力占优势时突出的是统一性，当革新势力处上风时强调的是差
异性。也许这就是《从福楼拜到普鲁斯特：文学的第三共和国》一书
所要回答的。要写出一门学科的历史，必然会把制度史和思想史结合
起来，[2]从纵向、横向两个维度考虑历史与现实，在广泛的社会视野中了
解"一门学科的发明过程"。[3]

一、法国学术群像的独特表达

本书的学术主角是居斯塔夫·朗松（Gustave Lanson，1857—1934）。
我想文学圈之外的人一般会问：朗松是谁？就法国学术界而言，朗松就

1　安托万·孔帕尼翁：《从福楼拜到普鲁斯特：文学的第三共和国》，龚觅译，生活·读书·新知
三联书店2023年，第232—233页。
2　安托万·孔帕尼翁：《从福楼拜到普鲁斯特：文学的第三共和国》，第23页。
3　安托万·孔帕尼翁：《从福楼拜到普鲁斯特：文学的第三共和国》，第14页。

是法国文学界的兰克，朗松就是法国文学界的古朗士。兰克的地位自不必多说，而古朗士的《古代城市：希腊罗马宗教法律及制度研究》，可以说是近代法国史学的奠基之作。朗格诺瓦（C. V. Langlois，1863—1929）、瑟诺博司[1]（C. Seignobos，1854—1942）则是古朗士的继承者，他们合作的《历史研究导论》成为兰克"科学"史学的方法论经典，该书认为"档案被歌颂为过往之事的仅有体现；它还认定，只有通过档案才能触及过往之事。在档案被一份一份地研究之后，事实自然会被一个一个地搞清，最终，也就可以进行一些归纳了"。[2]

按照瑟诺博司的观点，文学研究现在当属"'历史学的若干分支'……文学史从此沦为历史学中的一门'辅助性的科学'，甚至可以说，是最次要的、最可疑的、最难登堂入室的东西……一切所谓'辅助性的科学'都算不上真正的科学"。[3]朗格诺瓦断言："历史学家的真正的作用，就是尽可能地在今人和原初的史料之间建立联系……只要有可能，就应该在实现这个目标后停顿下来。"[4]他们的这些思想深深刺激了当时的法国文学界。

当代法国著名文论家、法兰西学士院院士安托万·孔帕尼翁（Antoine Compagnon）写于1983年的《从福楼拜到普鲁斯特：文学的第三共和国》，讲述的就是处于鼎盛时期的欧洲殖民列强的文化焦虑与知识反应、学术发展与民族意识，体现在民族学术方面的欧洲内部纷争，是属于朗松时代的法兰西文史与学术。纷争的学科建制背景就是"历史学在19世纪末经历了广泛的转变，如方法论造就的影响力的扩张、与小说的分离、

1　译名按学术界约定俗成的译法，没有遵从本书的译者。

2　恩斯特·布赖萨赫：《西方史学史：古代、中世纪和现代》，黄艳红、徐翀、吴延民译，北京大学出版社2019年，第365页。

3　安托万·孔帕尼翁：《从福楼拜到普鲁斯特：文学的第三共和国》，第31页。

4　安托万·孔帕尼翁：《从福楼拜到普鲁斯特：文学的第三共和国》，第32页。

科学精神的约束等。不过，这种转变不限于思想层面，也不只是一次纯粹理论的和认识论的革命，它还有一个真实的、重大的、与精神层面不可分离的结果，即大学体制的崛起。正如佩吉不无理由地批评的那样，由于缺少了一部关于历史学自身的历史，精神权力和世俗权力在新的历史学中的结合与同谋被掩盖起来了"。[1]

读完此书后的一个遗憾是不懂法语。英语世界的学术对当代中国的影响可谓是压倒性的，依英语学术来认知这个世界，好像我们的学术在一定程度上只是对英语学术的一种再确认、一种学术的注释，结果难免一叶障目，只见树木，不见森林，解释世界的模式难免单调乏味。好在现在的翻译软件非常发达，法语的、德语的、俄语的、西班牙语的等，都能大致看个明白，似乎以人为主体的翻译时代即将逝去，但机器毕竟代替不了人，语言原来还可以像孔帕尼翁这样排列组合、表达创造，用这么博学浪漫幽默的语言表达学术史。作者经常令人惊讶的随口一说，处处有思想的灵光，让读者时刻想掩卷深思，让读者再次体验到19世纪那特有的论战文风，辛辣而精准，幽默且风趣，传递无限的遐想。就此而言，文学在训导历史，历史的视野有时过于狭窄，表述过于拘谨，文风也过于老旧。但朗松时代的"文学教师们是多么不幸！他们现在是多么羡慕那些鸿运当头的同事啊，哲学家们享有可以谈论一切的特权，史学家们更是受到大学的完全信任"。[2]

本书是对人文知识发展史上一个重要时期的集体批评与综合研究，是文学家的历史，是世纪之交的法国思想史、文化史、学术史的生动再现。作者从特别的角度分析了那个时代的多重事业，有争执，亦有自由，属于"知识分子帮"的那些学者是幸运的。"文学需要圣人、教父、国家

1　安托万·孔帕尼翁：《从福楼拜到普鲁斯特：文学的第三共和国》，第33页。
2　安托万·孔帕尼翁：《从福楼拜到普鲁斯特：文学的第三共和国》，第61页。

博士、世俗而又具有神圣性的作者，这便是'法国大作家'群体，是被'永恒'塑造……现代人需要他们，以便驱除所谓'内心的野蛮'。"[1]欲了解19世纪末20世纪初法国文史学术的群像，本书是首选之作，可以体验到学术史的另类写法。从写作技巧说，本书并非今天意义上的学术史，作者独辟蹊径，一直用焦点叙事的手法向读者默化自己的态度，而不是那种令人生厌的教条式说教，但并不缺乏逻辑性。作者占有材料之广、理解之深、分类之细、选择之善、平衡之好，这都意味作者在时间方面的付出；作者的表述不仅是博学的、睿智的、客观的，而且又是生动的、独特的、鲜明的，这对于那些想理解近代欧洲学术转型的各方人士都提供了价值不菲的参考。本书作为一部个性化的学术史研究将是经典的，亦是难以模仿的。孔帕尼翁的创新与想象是值得我们认真阅读、不断学习、深入领会的。

本书独特的、风格化的、诗意的结构就是一种学术理想的表达。全书分两部分：第一部分是"居斯塔夫·朗松，人与作品"，由引子加30个片段组成；第二部分是"然则何为文学？"，由5部分组成，其中第二、四部分则分别由9个和6个片段组成。这完全不同于我们今天学术著述的"章节目"体例。大家想想，今天我们的博士生这么写论文，或者按照自己的想法写论文，导师会同意吗？导师同意的话，外审会通过吗？当今这种千篇一律的论文培养模式究竟是在培养人才，还是在扼杀天才？我们需要整齐划一的学术表达吗？想象力还是学术的灵魂吗？我们还需要浪漫的学术吗？我们还需要知识的革命者吗？从这个意义上看，学术的全球化、全球化的学术还有意义吗？还在多大程度上有意义？

1　安托万·孔帕尼翁：《从福楼拜到普鲁斯特：文学的第三共和国》，第182页。

二、复数的"欧洲"是我们理解西方文化的窗口

阅读这本书，让读者不能不想到近代西欧的不断扩张与延展，这500年是"西欧"从"边缘"走向"中心"的历程。1500年以来的世界是一个逐渐从分散走向整体的世界，是逐步迈向全球化的世界，其中"西欧"扮演着重要的角色，这是一个"西欧"成为"西方"的过程，是"西欧"知识、技术、观念、传统、价值不断传播、推广、扩大、强化的过程，是他者被动接受或主动接受的过程。比如中欧地区通过奥地利和西班牙的哈布斯堡王朝与西班牙帝国相互联系，并使中欧和西班牙海外领土参与全球信息交流，从而将个别欧洲国家的区域和民族历史纳入全球历史。这也是欧洲将非欧洲世界纳入欧洲世界的过程，而且这个过程更加复杂。这是我们阅读此书、理解此书的一个重要背景。

另一个背景是欧洲内部文化的纷争。从外部看，欧洲似乎是一个整体，其实欧洲是由不同区域构成的，民族众多、文化万别，各个区域之间相互争执，甚至爆发战争，这是常态，其结果是相互碰撞、相互交流、相互学习、相互融合。意大利人文主义者比昂多（Flavio Biondo，1392—1463）第一次把公元5世纪古典文明的衰落至15世纪的文艺复习这期间的千年史称为"中世纪"，即"古典文化与文艺复兴这两大文化高峰之间的一段历史时期"，这就是"中世纪"概念的起源，明确指出古典世界已经随着西罗马帝国的灭亡而告终，从此开始了另一个时期。古典时代代表欧洲的希腊罗马偏居西南一隅，创造了"迄今仍不可企及"的辉煌文明，是后来西方世界的精神动力；中世纪的欧洲是基督教的欧洲，是宗教至上的欧洲，是历史由上帝规划的欧洲，人的行为只是在证明这种天命史模式的正确。这两种伟大传统制造了欧洲，也分割了欧洲：它们象征着解释世界、理解世界的两种模式，是轴心模式与信仰模式之分，

后来欧洲所有的政治、文化和宗教问题实际上都归结于此。这种二元传统是欧洲的底色与底蕴，这是摆在近代欧洲民族国家面前的两种文明，是欧洲各个民族国家汲取营养的源泉。如何汲取和使用这两种传统，欧洲不同时代的不同民族所表现的态度是不一样的。

不断放大的"西方"：从希腊到西欧，从西欧到西方

欧洲1	欧洲2	欧洲3
古代	中世纪	近代
精神	信仰	民族
以人为中心	以上帝为中心	以国家为中心
历史的	天国的	不断制造新希望?

更何况古典文明还存在希腊模式、罗马模式，其中还有很难捋清的东方因素；中世纪基督教在11世纪分裂为希腊正教、罗马公教，16世纪的宗教改革又产生了路德宗、加尔文宗、安立甘宗等新教。各种"大传统"和"小传统"交织在一起，组成众多的"欧洲世界"。18世纪末到19世纪是欧洲社会转型时期，从过去那种对基督教的效忠转变到对民族国家的效忠。民族主义因此演变为一种政治学说、政治原则，它认为人类可以被划分为单独的民族单位，并且每个民族应该和国家单位是一致的。因此历史的欧洲、宗教的欧洲、民族的欧洲成为我们观察欧洲的几个重要角度。

宽泛地看，今日所谓"西方世界"大体都是古代希腊罗马的文化后裔，地中海古典世界为它们提供源源不断的文化源泉。但具体到不同时间、不同地域、不同语言，这些文化后裔所呈现的文化面貌又各不相同，彼此间还存在某种挥之不去的张力，刺激着各自的发展。就近代欧洲而言，日耳曼学术、法兰西学术、盎格鲁-撒克逊学术呈三足鼎立之势，当然后来的俄罗斯学术也是不可忽视的。

　　自加洛林时代以来，法国北部一直是欧洲文化的领导者。文艺复兴时期著名赞助人法王弗朗西斯一世才华横溢、个性张扬、富有教养，创建了枫丹白露宫，建立了法兰西学院，为伊拉斯谟等人提供保护，大大促进了文学、艺术的发展，"人文主义现在在法国已经完全成熟了，深深地影响着法国的民族文学，赋予法国文学世界、人类、艺术以新概念"。[1]但到了19世纪，法兰西学术似乎落后于日耳曼学术了。

　　19世纪末，古物学中萌发了考古学，古典学术中萌发了语言学，这两门科学对于19世纪批判性客观历史作为一门学术的发展至关重要。新的客观学派之父是伟大的兰克，他和他的继任者，特别是蒙森（Theodor Mommsen，1817—1903）、德罗伊森和特赖奇克一起努力，建立了批评和历史方法的准则。这个日耳曼学派将历史写作变成了一种职业，并创立了正式的历史学术研究，尽管他们没有达到"按照实际发生的情况"来书写过去的理想，但学术为民族服务，学术为国家服务，一切服从于民族这个大局则是激动人心的。法国自然不甘落后。

　　在日后许多人看来，普法战争中法国的惨败应该归结于德国在学术上的优势，特别是勒南（Joseph Renan，1823—1892）认为，打赢这场战争的是德国的大学，而德国的小学教员们也成就了德国在色当的胜利。[2]拉塞尔（Pierre Lasserre，1867—1930）早在1901年就指责法国学术界的"德国气"。[3]布吕纳介（Ferdinand Brunetière，1849—1906）则指责那些一心埋头故纸堆的人分不清什么是学术的目标、什么是手段；当然，他的指责不能说全无道理："寻章摘句的功夫，过去在中学古典语文教育中具有首要的位置，可如今，语言学和哲学倒不顾身份，也要来窃取这种

1　维拉莫维兹：《古典学的历史》，第109—110页。

2　安托万·孔帕尼翁：《从福楼拜到普鲁斯特：文学的第三共和国》，第34页。

3　安托万·孔帕尼翁：《从福楼拜到普鲁斯特：文学的第三共和国》，第194页。

优先性……我们现在看一些欧洲学者，依靠对一首武功歌的解读或者翻译就建立起自己名望……这是一种'德国病'。"[1]反对者口中喋喋不休的所谓"索邦的日耳曼化"和"对学方法的拜物教"，构建起一个有形的战场。[2]但对历史学界来说，老一辈学者有感于法国的战败和科学的进步，不得不采纳新的研究方法，而文学研究界则不然，随处可见犹豫不决、踌躇不定的局面。[3]在这场民族文化现代化中，法国文学落后了，文学自然要反抗。

在这个时代如何对待古典传统？如何对待基督教至上论的中世纪传统？……随着欧洲殖民主义的到来，出现了一种独特的欧洲基督教至上主义，这种欧洲例外论在外部表现为对有色人种的奴役和剥削，后来在新世界采取了白人基督教至上主义的形式，在内部则表现为彼此之间的竞争，包括政治、经济、宗教、文化等方方面面的冲突与竞争，此时的学术已经发展到了衡量民族国家是否成熟的重要标志。这种情况到了19世纪愈发激烈，欧洲"伴随着宪政和民主民族国家的出现，天主教徒和反教会势力就宗教在现代政体中的地位发生了激烈冲突。在中欧和西欧，教会和国家之间一直存在着间歇性的制度摩擦，但在19世纪下半叶出现的冲突是一种不同的冲突。它们涉及大众动员和社会分化的过程。它们几乎囊括了社会生活的每一个领域：学校、大学、新闻、婚姻和性别关系、丧葬仪式、社团文化、公共空间的控制、民间记忆和民族的象征。简而言之，这些冲突是'文化战争'"。[4]法兰西的文史之争就是在这个大背景下演化的。

1　安托万·孔帕尼翁：《从福楼拜到普鲁斯特：文学的第三共和国》，第54页。

2　安托万·孔帕尼翁：《从福楼拜到普鲁斯特：文学的第三共和国》，第209页。

3　安托万·孔帕尼翁：《从福楼拜到普鲁斯特：文学的第三共和国》，第65页。

4　Christopher Clark, Wolfram Kaiser, *Culture Wars: Secular-Catholic Conflict in Nineteenth-Century Europe*, Cambridge University Press, 2003, p. 1.

三、朗松主义的实质是为民族法国培养现代公民

工业革命开始改变传统的生活方式，这是近代欧洲文化的转型期，是工业化带来丰富物质、民族主义带来身份意识、现代化带来现代性的时期，是一个抛弃传统并制造传统的时代。资本主义生产力出现了爆炸性的增长，改变了欧洲的经济、工作、文化和日常生活。但同时，贫穷和剥削在城市和城镇中比比皆是，"财富与贫穷的对立和乡村秩序中的并无本质不同，只不过由于集中在疯狂扩张的城市里而变得更为激烈，更为广泛，更成问题"。[1]知识分子成为痛苦的世界观察者、文化竞争的参与者。朗松就处于这样一个时代。孔帕尼翁通过朗松这一关键人物，编织法兰西近代学术变迁史；通过关键事件的巧妙叙述，生动再现了世纪之交的法兰西学术的内在不和与外在冲突，再现了欧洲学术界的恩怨史、交织史、发展史。

近代"民族"的兴起所带来的不仅仅是"国家主权""民族国家"的观念，而且也触及了民族语言、民族文化、民族学术的现代性问题。激进的、世俗化的变革潮流与保守的、传统的潮流相互竞争、彼此攻讦，使知识形态发生显著的变化。普法战争中法国的失败标志着德国帝国主义的崛起，刺激着法兰西；德雷福斯事件引起了法国国内广泛的反军国主义和反教会主义，知识分子亦发生了分裂，1905年法国实现了政教分离，天主教徒、新教徒和犹太人之间平等的法律地位得到确立。这一切加剧了这两股潮流的分化，迫使人们做出选择。激进潮流对法兰西的历史、社会、文化、传统进行重新评估，而保守派则百般刁难，两者之间互动、冲突与融合，形成了近代法兰西的学术文化。

安东尼·吉登斯认为民族国家是"有边界的权力容器"，比传统国

1　雷蒙·威廉斯:《乡村与城市》，韩子满、刘戈、徐册册译，商务印书馆2013年，第205页。

家具有更大的管理能力。这意味着"民族"要成为"国家"必须有一个时间维度,即传统的持续和统一,而民族认同的文化象征和话语叙述则创造了"起源"、"连续"和"传统"的概念。历史是建立民族"家园"的基础性板块,因此,"将一切历史化"抑或一切将历史化是民族国家的需要,"批评已经让位于文学史"。[1]文学第三共和国的法兰西民族主义可能包括这样的信念:要成为法兰西民族的优秀成员,就必须憎恨一切英国人和德国人;不这样做的人就不是"真正的"法国人。[2]

对当代日耳曼学术的排斥,对历史上拉丁文化的排斥,这就是法兰西第三共和国时代的一个学术层面,反映了欧洲内部文化的历史性差异和现实性差别。朗松在《大学与现代社会》中总结了这个时代对古典文学的惯常抱怨,还特别定义了"改革"的精神:"文学教育极好地实现了自己的目标——除了培养出大量一无是处的庸才,它造就的是少数以其任性怪诞的想象力去哗众取宠的精英;唯有科学教育能改变这个国家的青年,赋予他们精确的精神、严谨的方法,以及对集体事业来说必不可少的纪律感。"[3]

"历史不会自动地重复自己",[4]研究者想原封不动地再现历史只是一种理想,虽然可以不断接近这个理想,但永远不会到达。从这个意义上来说,历史研究是永无边界的,历史学的野心一直存在,只要时机恰当,历史学就会毫不客气地扩大这个知识王国,但文学会介入历史,文学不会放弃历史,因为我们的文化从根本上就是历史性的。[5]但直到1850年前后,对于历史学家以及公众而言,历史仍旧是一种文学体裁。[6]在19世

---

1 安托万·孔帕尼翁:《从福楼拜到普鲁斯特:文学的第三共和国》,第80页。

2 Steven Grosby, *Nationalism: A Very Short Introduction*, Oxford University Press, 2005, p. 17.

3 安托万·孔帕尼翁:《从福楼拜到普鲁斯特:文学的第三共和国》,第128页。

4 安托万·孔帕尼翁:《从福楼拜到普鲁斯特:文学的第三共和国》,第14页。

5 安托万·孔帕尼翁:《从福楼拜到普鲁斯特:文学的第三共和国》,第15页。

6 安托万·孔帕尼翁:《从福楼拜到普鲁斯特:文学的第三共和国》,第26页。

纪后半叶特别是其最后25年间，历史却成了一门科学，它从文学中抽身而出，上升到真正的科学之体。[1]1875—1900年是学科界限重新配置的时代，在这个时期，历史学作为一种"反文学"的科学，作为一种以严格重建事实为己任的专业，确定了自己的位置。[2]朗松的观念亦得到《历史综合评论》的高度评价："对这样一种不再依据自然科学的样板，而是根据历史学方法的具体实践去建立文学科学的努力，我们要献上无上的掌声。"[3]可见，历史学与文学虽然不断争执，但亦有携手共进的时刻。只不过"朗松开创了一种意义深远的文学史路径：将文学置于历史-社会的空间中考察，同时保有与形式和美学的关联。朗松的贡献使文学研究既没有成为史学的附庸，亦没有成为无法被现代大学体制接纳的'印象主义'"。[4]

法国激进政论者勒盖（Pierre Leguay）承认，当朗松得到"德雷福斯的恩泽"之时，他的头脑里的确有基于公民社会的功用考量。当时，这一政治事件虽已平息，但德雷福斯派的成员们成立了众多社会组织来继续推行他们心中未熄的理想，而朗松正是这些组织中的一员干将。所谓"大学教席中的社会主义"始终相信人民是可以被教化的，布格莱对这种思想逻辑有精到的概括："在德雷福斯事件之后，所有人都想向世人展示他们已经把握问题的全部内容，也预感到了如何对社会进行必要的重建。大多数人都在民众大学中投入了他们的教授职业……允许他们投入的一切时间和资源。"[5]

不过，"历史"终归是一个现实的、政治性的问题，它完全属于尘世

1　安托万·孔帕尼翁：《从福楼拜到普鲁斯特：文学的第三共和国》，第26页。

2　安托万·孔帕尼翁：《从福楼拜到普鲁斯特：文学的第三共和国》，第30页。

3　安托万·孔帕尼翁：《从福楼拜到普鲁斯特：文学的第三共和国》，第88页。

4　安托万·孔帕尼翁：《从福楼拜到普鲁斯特：文学的第三共和国》，封底文字。

5　安托万·孔帕尼翁：《从福楼拜到普鲁斯特：文学的第三共和国》，第120页。

而非神国，而尘世会不断地将其世俗化。[1]文学史就是尘世中一个主要的世俗路径。文学史是文学创作的一种手段，从这个意义上说，是朗松拯救了1880年以来一直处于劣势、守势和萎靡不振的法国文学研究，是朗松对20世纪上半叶法国的文学研究产生了最有力的影响。为文学撰史，就是思考我们的今天和未来。尽管这个问题带有恋旧的色彩，它却恰恰充满了现实感。[2]

朗松的文学史本质上是一种历史和传记研究，认为文学史是文明史的一部分，"一部文学作品是人文精神的一个方面，是文明的某个瞬间"。[3]把文学史放在社会背景下，为第三共和国的各种最高价值服务——简而言之，法语文本解读将自己视为培育公民责任的课堂。[4]朗松在美国访学时讲道："可以说，今天在法国，对我们国家语言和文学的研究是靠了两根支柱，它们是法语作文和法语文本解读……这两种练习是互补性的，它们共同铸就了一种教养。"[5]可见，文学为提升法国在现代世界中的地位起了不可或缺的作用。

既要遵循历史的方法，又要进行法语作文、法语文本解读，这是一种教化，是为民主制度、民族国家培养聪慧的公民。朗松主义的本质是民主，是通过文学史对公民的教化表达出来的民主。"艺术有其社会性的目的，应该为收拾道德人心服务。"[6]"在对主要的典作品的审读中，所有与道德和社会相关的问题都会相继出现。"[7]

但朗松的目的远远不止如此，他的教化观还体现在有教无类的性别

---

1 安托万·孔帕尼翁：《从福楼拜到普鲁斯特：文学的第三共和国》，第157页。
2 安托万·孔帕尼翁：《从福楼拜到普鲁斯特：文学的第三共和国》，第6页。
3 安托万·孔帕尼翁：《从福楼拜到普鲁斯特：文学的第三共和国》，第134页。
4 安托万·孔帕尼翁：《从福楼拜到普鲁斯特：文学的第三共和国》，第135页。
5 安托万·孔帕尼翁：《从福楼拜到普鲁斯特：文学的第三共和国》，第138页。
6 安托万·孔帕尼翁：《从福楼拜到普鲁斯特：文学的第三共和国》，第94页。
7 安托万·孔帕尼翁：《从福楼拜到普鲁斯特：文学的第三共和国》，第135页。

平等方面。作家邦雅曼（René Benjamin，1885—1948）在"拜访索邦的那一天，朗松的课堂里挤了'超过700人'，这倒算这位老师傅可疑的成功。邦雅曼如此形容朗松课堂的'国际主义'：'我看见一群英国女人，俗不可耐的英国女人，她们身上的斗篷散发出橡胶的臭味；一群德国女人，体形厚重，镜片后是肥大的眼球，感谢上帝，瘦小的法国男人还装不满她们的视野。我还看到有俄国人、罗马尼亚人、埃及女人、西班牙人，看到一位刚果来的女黑人和从波斯来的阉人……这些人挤在这里，好像身处美国人办的贝利兹语言培训中心。'作者笔下堆积起各类仇外的陈词滥调，对志在求学的妇女的蔑视也毫无掩饰。在邦雅曼想来，课堂上的男男女女什么也听不懂，因为朗松谈的虽永远是老一套，却是用他的切口行话道出的"。[1]可见，朗松的改革不但遭到了保守派的攻击，而且标志着古典人文学的终结，这终结了依据古典文化来选拔民族精英的传统。由于在中学和大学里鼓吹所有这些改革，索邦"不断地为了群众而牺牲精英"，也为推行分科教育的新理念而摧毁了古典的文化理想。[2]

　　文学可以让我们有机会接触到不同时代的生活、经历、想象、情感与体验，文学可以让我们成为另一个人，文学可以改变人性……这就是文学的不朽性，但它不是自然而然的，它是第三共和国的一种设置，因为在这个时期，《法国文学史》成为世俗国家的福音书。在朗松看来，《法国文学史》的使命就是为世俗文化提供教理，勾勒文化巨人的集体圣徒像。无论是依靠博须埃还是伏尔泰，我们寻求的都是道德伦理，至于它究竟基于基督教还是启蒙真理，那是第二位的问题。朗松像泰纳和布吕纳介一样主张文以载道，要求艺术必须为道德服务，并且更系统地发展了这种观念。[3]只要民族在，只要国家在，朗松就会一直在，朗松们会

1　安托万·孔帕尼翁：《从福楼拜到普鲁斯特：文学的第三共和国》，第190页。

2　安托万·孔帕尼翁：《从福楼拜到普鲁斯特：文学的第三共和国》，第210页。

3　安托万·孔帕尼翁：《从福楼拜到普鲁斯特：文学的第三共和国》，第181页。

不断出现，朗松主义也不会消失，精细化的学术可以服务民族国家的方方面面。学问已进入一个空前专业化的时代，并且这种情形将永远持续下去。[1]不过按照美国文论家白璧德（Irving Babbitt，1865—1933）说法，在将文化与学术分离方面，法国人的罪过比其他人要小得多。也许这是文学的作用，是朗松时代的文学作用。

四、永不停歇的文化竞争才会带来学术的繁荣

将知识塑造成学科的想法源自亚里士多德，他将知识分为一个理论性的、实践性、生产性的等级体系。理论学科是知识的最高形式，包括神学、数学、物理学，其重要性依次递减；实践学科包括伦理学、政治学；生产学科是等级制度中最低的学科，包括美术、诗学、工程学。亚里士多德显然更喜欢为其本身而思辨的知识，认为"有一种教育，父母应该让他们的儿子接受培训，不是因为它是必要的，也不是因为它是有用的，而只是因为它是自由的，本身就是好东西"。这种差异性概念也影响了现代学术分科。正如亚里士多德的知识体系所表明的，对知识专业化之害的焦虑与学术学科本身一样古老。[2]

开启文史之争的还是亚里士多德，他说："诗人的职责不在于描述已发生的事而在于描述可能发生的事，即按照或然律或必然律可能发生的事。历史学家与诗人的差别不在于一用散文，一用'韵文'，希罗多德的著作可以改写为'韵文'，但仍是一种历史，有没有韵律都是一样，两者的差别在于一叙述已发生的事，一描述可能发生的事。因此，写诗

1　马克斯·韦伯：《韦伯作品集：学术与政治》，钱永祥等译，广西师范大学出版社2004年，第161页。

2　Joe Moran, *Interdisciplinarity*, Routledge, 2001, pp. 3–4.

这种活动比写历史更富于哲学意味，更被严肃地对待，因为诗所描述的事带有普遍性，历史则叙述个别的事。所谓'有普遍性的事'，指某一种人，按照或然律或必然律，会说的话，会行的事，诗要首先追求这目的，然后才给人物起名字，至于'个别的事'则是指亚尔西巴德所做的事或所遭遇的事。"[1]亚里士多德说，并不是所有用诗句写成的东西都会变成诗。我们也可以说，不是所有用散文写的东西都是文学。文史有差异，但更有共性，表达的形式与表达的实质才是最大的区别，表达的目的与表现的形式最终取决于时代需要，无论文史在这方面都有自身的独到之处。

不断变化的时代风云决定着文学与历史之间有一场永无止境的竞争，双方都需要各自的表述方式，但它们之间又存在千丝万缕的关系，交叉着、关联着、互动着、互融着。文学的模糊性、史学的精确性都是吸引对方的魔幻所在。广义的历史与广义的文学都是伟大的艺术，都是人类精神的共鸣，你能说巴尔扎克的文学书写就不是书写历史吗？

文学是文明的一个面相，史学也是。历史学是科学，但同时，它更是艺术，它的本质是叙事的，需要借用文学的各种手法。美国学者海登·怀特认为，历史在本质上首先是语言的和诗意的。历史学家并不是站在无私的立场上对过去进行客观的描述，而是根据某些"解释原则"和符号模式接近事件来创造故事。

1921年诺贝尔文学奖获得者法国小说家阿纳托尔·法朗士（Anatole France，1844—1924）说："历史不是一门科学，它是艺术，只有依靠想象力才能在历史的天地里取得成功。"[2]尽管文学和史学之间存在争执，不断争吵，但这两个群体之间的和谐结合是可以实现的，其和谐的方式取

1　亚里士多德：《诗学》，罗念生译，上海人民出版社2005年，第39页。

2　安托万·孔帕尼翁：《从福楼拜到普鲁斯特：文学的第三共和国》，第32页。

决于当代文化的审美趣味和共同价值的形成。

真理是难以到达的理想彼岸，但这并不能阻止人类对自然的解释、对社会的解释、对人自身的解释和对超自然现象的解释。解释的过程就是关注的过程、理解的过程、尊重的过程，同时会将理解自然世界、人类社会和人类自身的愿望与保护自然的情感、想象力和审美等方面完美地结合起来。这是学术研究的价值与意义所在，亦是文史相通的地方。

人类只是自然界的一部分，只是偶然的原因人类才成为这个世界的主人，因此如何保护自己并解释自身的合法性成为人类的首要任务与责任。城市是人类最伟大的发明，保障了人类的永久安全，解释自身的合法性则演变为各种知识的生产、归类与应用。尽管现代民主建立了约束体制旨在保护人们免受任意行使权力的支配，但它对自然界的非人类部分几乎没有提供这种保护。如果今日之文学是以生态系统的整体利益为最高价值的文学，而不是以人类中心主义为基础的文学，那么当时显得很革命的朗松则过时了。但时代会不断催生各种朗松，更新我们对世界的认知，因为异教徒、边缘者、革命者一直是文化发展的主力军。

从语言、风格、思想来看，法兰西学术也在追求自身的特性，但又都逃脱不了学术既是求真的、审美的、想象的，也是政治的、民族的、文化的，这一内在约束与外在要求。"福楼拜问题"其实就是"泰纳问题"，表面上问的是成就文学大业的，到底是个人才能，还是勤奋地劳作，[1]学术到底是天才的外露，还是努力的结果，其实都是在回答作为民族国家的法兰西在欧洲的地位，乃至在世界的地位。

1853年，法国皇帝路易·拿破仑启动了一项影响广泛的市政改进计划，由豪斯曼（Georges-Eugène Haussmann，1809—1891）负责落实。尽管重建项目经历了战争、革命、腐败和破产的干扰，但不辱使命的豪斯曼

1　安托万·孔帕尼翁：《从福楼拜到普鲁斯特：文学的第三共和国》，第501—503页。

终于把空想计划变为理想现实，创造了如今闻名全球的现代巴黎的持久景观，为19世纪的城市规划树立了模板，为20世纪的城市规划开创了先例。

豪斯曼把这个由肮脏的贫民窟和疾病缠身的小巷组成的中世纪古城，改造成一个被世人称为"新巴比伦"的"光明之城"，巴黎因此成为世界性的文化大都市。保守派拒绝接受巴黎的豪斯曼化，认为它破坏了老城区的历史联系；自由派则高唱颂歌，将豪斯曼视为新秩序的先知。无论如何，开放的、统一的空间与远景加强了纪念碑和广场的象征与想象；新的供水和污水处理系统消除了恶臭源；新建的桥梁和火车站实现了城市的快速通行；路灯与人行道的增加活跃了巴黎街头生活；宽阔的林荫大道、公寓楼、百货商店提高了城市的舒适度与便捷度；狭窄街道的拓宽让起义者难以竖立路障……繁荣的街景、休闲的空间、娱乐的公园、阳光的花园，通过闪烁的光线和色彩的氛围过滤着巴黎公社，这在视觉上象征着资产阶级收回了巴黎……这就是资本主义的现代，这就是现代的外在性、物质性、空间性、扩张性、政治性、阶级性的表现。学术不是如此吗？"如果不是为了追求不朽，我们为何写作？在追逐不朽的人中，有多少是成功者？成功为何属于特定的人？"[1]朗松就是学术界的豪斯曼，他使法国学术在现代世界中闪闪发光，让人们认识到学术才是国家的真正神器，学术是知识"奥运"的重要赛场，是现代性的内涵所在。因为在民族国家时代，学术是否发达是衡量智慧是否发达的一个重要指标。"在这个时代，国家的命运是由统治者将18世纪末的社会、政治和工业革命的成果转化为有效的国家权力工具的能力决定的。"[2]豪斯曼做到了，朗松也做到了，他们是法国的骄傲，并成为世界文明史中璀璨的双子星座。

1　安托万·孔帕尼翁：《从福楼拜到普鲁斯特：文学的第三共和国》，第155页。

2　Howard Saalman, *Haussmann: Paris Transformed*, George Braziller, 1971, p. 8.

世界知识生产视角下的新文科建设

新文科这一命题是知识生产、知识形态更新中的永久主题，此时提出更具时代性，富有理论价值与现实意义。我们要从百年未有之大变局中考虑这一问题，要看大势，研究时代的变迁与文化中心的转移，以及未来的可能发展趋势。既要敬畏学术的神圣性，也要留意学术与政治的关系；既要审视当今世界学术发展态势与人才培养格局，也要回顾历史，展望未来可能发生的一切；既要采取一切优秀文化成果皆为我用的"拿来主义"态度，也要成为知识生产的主体，乃至解释世界的主体，而不是简单地就事论事。也许只有如此，才能做到"不忘本来、吸收外来、面向未来"，让中华文化吐故纳新，再创辉煌。

一、为什么提出新文科建设？

在我看来，新工科、新农科、新医科、新文科就是学术界的"一带一路"，是学术基建项目，强调的是创新人才的培养，放眼的是中国学术在世界学术版图中的位置。一方面，我们的文科发展已经远远不能满足国家发展的需要，不符合时代的需求，尤其是数字时代下培养具备世界眼光的战略文科人才显得尤其紧迫；另一方面，我们的文科与世界的文科还是有差距的，只有摆正了这个心态，才能正确认识我们文科今天的位置与未来的位置，想办法如何尽快缩短这种差距。一言以蔽之，新文科就是要为解决知识生产、学术发展中的瓶颈问题，培养大量创新人才；就是要培养具有世界影响力的思想家、学术大师、学术领袖与学术发展规划大师，掌握人文学术的话语权。

历史上的知识生产与文化中心在不断发生变化。人类进入文字社会后的古代世界，其知识中心在欧亚大陆的地中海世界、东亚和南亚。就地中海世界而言，从古代雅典、罗马、耶路撒冷、亚历山大里亚到中世纪的拉丁世界，再到阿拉伯的智慧宫，伴随新航路开辟和地理大发现，世界的知识中心在不断发生变化。地理大发现促使近代西方世界发现世俗时间、世界空间、他者文明、自然世界，并使之不断丰富。西方世界不断将上述"四大发现"系统化、理论化、经典化、文明化，并且将随之而来的知识全面技术化、规范化、标准化，极大提升了西方的力量，奠定了近代西方霸权的基础，其文化霸权一直持续至今，影响着世界各地的知识生产与知识形态的变化。

作为欧亚大陆一个重要组成部分的中国，自然一直在不断吸收域外文化。尤其是晚明以来，中国学术在逐渐发生变化，成为世界学术的一部分。柏拉图在《理想国》中就借苏格拉底之口说："几何学的对象乃是永恒事物，而不是某种有时产生和灭亡的事物。……几何学大概能把灵魂引向真理……"[1]徐光启敏锐地注意到了注重直观、体验、经验的中国人所缺少的古希腊的那种注重思辨、理性、分析、实证、剖析整体再加以综合的思维方式，也许这是他翻译《几何原本》的初心吧。他的译本全面体现了西方世界的公理化方法和演绎推理的精妙之处。可以说，徐

---

[1] 柏拉图:《理想国》，郭斌和、张竹明译，商务印书馆1986年，第291页。

光启是文化意义上睁眼看世界的第一人。

近代以来的中国越来越向西方靠拢，文化上越来越向西方学习，传统的文化表现形式也发生了很大变化。比如学术著作的章节目三级目录格式、学术论文注释格式，乃至行文格式、语言、文风等，可以说都是欧风美雨洗礼的产物。我们不是说欧风美雨不好，而是说认识世界、看待世界、表现世界、解释世界的方式多种多样，都有其合理的地方，我们传统的独具特色的解释世界的方式是有的，但丢失了。未来我们可以用什么样的方式来看待世界、解释世界？这是时代的命题。我们不仅要成为特定时代的知识消费者，更要成为特定时代的知识生产者，生产别人愿意、乐意、快意消费的知识。

新文科建设归根到底是文化可持续发展的问题，在本质上是文化自信问题、文化优势问题、文化影响力问题。中国学术与世界学术的关系就是中国与世界的关系。国家要有主流文化，学术是真正的文化软实力，其他文化都是学术文化的延伸。要实现这一目标，仅靠音乐、舞蹈、书法等感官文化是不够的，仅靠媒体、宣传、出版等动员文化是不足以支撑的，仅靠语言、文字、音像等记载文化也有所不足，只有依靠教育，依靠基础教育，依靠文科教育，依靠文史哲教育，才是最基本的保证。这就要求我们，一方面挖掘我们的传统文化，使之发扬光大，另一方面使传统文化融入世界，焕发新的魅力。

二、新文科建设的重点在哪？

我们必须认真思考文科的内涵是什么？如何准确理解新文科的内涵？新文科建设的重点是什么？诸如此类的问题。只有把内涵与外延厘定清楚，才会收放自如，不盲目追风。

当下的学科概念与学科分类是西方学术传入中国后本土化的产物。学科体系是知识发展到一定阶段的产物，反映着人类从不同角度对世界的认知。文科同自然科学一样，创新是其内在的生命力，是人类发展进步的主要基础，特别值得重视。但文科是个大类，内涵很丰富，大致包括人文科学（文学、历史学、哲学、马克思主义理论）、社会科学（法学、经济学、管理学）、艺术学（艺术学理论、音乐与舞蹈学、戏剧与影视学、美术学、设计学）、教育学等，其建设理念、发展路径是不一样的，所承担的带动作用也是不一样的。

我们先看看社会科学。教育部2021年6月9日公示了首批中国经济学教材编写拟入选的13所学校、25个团队。在马工程之外，首先启动的是经济学教材编写，一方面是改革开放40年来，中国经济建设取得巨大成就，积累了大量宝贵经验，需要总结；另一方面，在经济学领域，西化最为严重，缺乏思考的"拿来主义"盛行，当然需要整顿与肃清。再比如，法学据说是中国最大的人文社会科学学科，中国大约有700所大学开设了法学专业，有600多家法学院。但就业率不高，有时还垫底。在中国研究政治学，需要分清政治与政治学之间的关系，道路还很遥远……这些案例说明过去几十年间，应用学科走得太快，虽然经验数据积累很多，但缺乏理论概括和提升，需要新的建设。

艺术学作为一个学科门类是在2011年设立的，下设5个一级学科，分别是艺术学理论、音乐与舞蹈学、戏剧与影视学、美术学和设计学。当代中国音乐、戏剧、影视、美术、设计在方方面面都取得长足发展，但对其发展史的总结与理论的概括似乎严重不足。其中的艺术学理论似乎成为鸡肋，各个学校都没有花费精力进行认真建设。一方面，艺术理论这个学科的内涵不清晰；另一方面，也许是复杂的学科纠缠使其处于复杂的发展环境中吧，因为艺术学理论与中文学科的文艺学、哲学的美学多有重叠之处，很多学校甚至是一套人马三块牌子，大家难以理解。这是中国高等教育混乱的一面吧。因此，究竟如何发展这个庞大的学科门类是值得我们认真讨论的。

在中国，教育学是一个特殊的学科，是各个师范大学、师范学院的招牌学科，对中国教育发展起着重要作用。但个人对这个学科的理解一直很肤浅，直觉告诉我整个教育学科的专业成熟度不高，这种不高主要原因并不是从业者不够努力或整体素养不高，而是这个学科内在的复杂性与挑战性太大。看似入门"易"，实则登堂"难"。学科问题也不少。比如研究受政治的影响太大，学者们把追随政治风向、解读官方政策文件视为己任，研究没有自己的独立性，由于习惯做依附性的"唯上"研究，做出的成果自然不能对现行政策施加影响，更不能发挥引领教育实践的作用。再比如，这个学科有各式各样的小专家，缺少真正的大家。新一代年轻学者，特别是有海归背景的，长于定量研究。他们做出的成果看似很牛，与国际接轨，能发SSCI论文，但做出的成果大多方法精致、结论平庸，许多发在国际杂志上的论文，表面看光鲜亮丽，实际上价值不大，对学科发展、对本国教育的进步贡献不大。另一方面，老一辈的研究者了解国情，有想法，长于思辨，但研究方法不够规范，也是时代造成的致命伤。

马克思主义理论属于法学门类下的一级学科（有人提议使之成为独立的学科门类），是党和国家的指导思想，也是当下一切学科的灵魂，下设4个二级学科：科学社会主义、中国共产党历史、思想政治教育、马克思主义理论。其主要任务就是思想政治教育（武装全党、教育人民、对外传播）与马克思主义中国化（坚持和发展马克思主义），国家已经另有考虑，正在重点建设，相信在不久的将来会取得很大成绩。

因此，在我看来，新文科建设的重点应该在文史哲，文史哲应该是新文科建设的主战场，历史学建设尤其应该是重中之重。习近平总书记说："历史研究是一切社会科学的基础。"这是因为一切皆史，万物都有自己的过去，历史研究是研究者对过往事实进行收集、综合、分析的一个过程，使人可以得到系统的训练。历史学是关于时间、空间的学问，研究具体的人、事、观念等在时空中的流变。读史使人明智，说的是研究历史可以培养全面的人、完善的人，这种学科培养出来的人往往具有大视野、大胸怀、大格局，因此会更加理解别人，也会更加宽容，容易形成"天时地利人和"的局面，成为智者。文史哲建设不好，其他新文科建设都是空中楼阁，会成为无源之水、无本之木，不会行之久远。当然，两种将历史学极端化的倾向是我们要坚决反对的，一是将历史意识形态化，一是将历史技术化，这不是历史学的根本目的，受这两种倾向影响培养出的人才也不是我们需要的人才。

历史学的价值在于依赖常识进行总体与宏观的审视，离开这点就是孤立/孤独的专门史了；历史学家应擅长文本分析和历史叙事，如果只是一味地借助社会科学，使用大量的数据与深奥的理论，那就是自我矮化，脱离历史学本来的目的。历史之树之所以常青在于不断会涌现新问题，历史学家的长处就是通过寻找材料、解释材料来解答现实问题。

三、新文科与三大体系建设

法国著名史学家布罗代尔认为："欧洲和世界其他地区之间确实存在一种'历史学'的不平衡。欧洲在发明了历史学家的职业后，便用历史学家为自己效力。欧洲自己的来龙去脉既已弄清，就随时准备提供证据和提出要求。非欧洲的历史学才刚起步。"在知识和解释的平衡尚未恢复时，历史学家将始终难以解开世界史的难题，即欧洲优先的起因。这正是李约瑟的苦恼，他研究的科技史相对比较明朗，然而要确定中国在世界舞台上的位置却很费劲。[1]

布罗代尔在这里表达了两层意思。一方面，历史知识与现实需要之间是互动的、相互影响的，历史研究深受现实需要的影响，历史学家脱离不了时代的约束；另一方面，解释世界的路径与方法是多种多样的、丰富多彩的，历史研究最有趣、最有挑战性的部分有时并非历史事实，而是历史问题给当今世界所带来的启示。按此道理，虽然历史学在世界各地的发展是不平衡的，但这种不平衡迟早会发生变化的。

追求客观性是历史学的一个基本准则，是历史学家的命脉，但这种客观性很多时候只是高贵的梦想。历史总是要服务现实，随时代变迁而呈现出灵活多样的解释，给人留足想象的空间。

当今世界的学科体系、学术体系、话语体系基本是人家建构的，主要是欧美构建的，我们只是在他们构建的体系中进行探索，这种情况要一直延续下去吗？要延续到何时？比如当代史学界解释世界的方式有世界体系理论、依附理论、全球史与跨国史理论，这些基本源于欧美，未来的中国历史学家能提供什么样的世界历史解释理论呢？

我们已经是出版大国，但是不是出版强国了呢？我们已经是教育大国，但是不是教育强国了呢？从整体来看，我们对世界学术的贡献究竟有多少？尤其近200年以来的学术贡献，我们占有多大比例？要解决这些问题，必须大力发展基础学科，需要基础理科，更需要基础文科，而不仅仅是发展应用学科。缺少基础性创新人才，如何构建三大体系呢？

新文科的本质就是要培养能构建学术芯片的基础性创新人才，构建出令人信服的学科体系、学术体系和话语体系。世界上没有一成不变的知识体系、学术体系，捷足固然可以领先，后来未必不能居上。知识生

---

1 费尔南·布罗代尔:《十五至十八世纪的物质文明、经济和资本主义》（第二卷：形形色色的交换），第139—140页。

产的赛场就是学术"奥运"，只有通过积极的行动，不断发现自然的规律、社会的机制、心灵的奥秘……才能获得认同。大师要，"大楼"也要，两手都要硬。这里的"大楼"是指学术研究的基础建设，既包含人才培养，也包含基础数据库建设，更包括构建合理的发展学术的体制机制。

我举双手赞成当下教育界的反"五唯"的举措，坚决克服唯分数、唯升学、唯文凭、唯论文、唯帽子的顽瘴痼疾，从根本上解决教育评价指挥棒问题。人的才能不与文凭、论文、项目等挂钩，就是要打破学术上的血统论，给草根留有机会。但我们也要警惕新的、隐形的更加"技术地"与各种身份挂钩的现象。比如现在的教材研究基地、文科实验室评选以及某些重要教材的编写，都设置了诸如"全国第四轮学科评估学科排名在A-以上（含A-）的高校可牵头申报"之类的门槛。如此下去，怎么可能形成学术百花齐放的局面呢？如果我们不能从内心真诚地认识到"学术血统论"所带来的危害，不进行体制机制改革，新文科建设也许会是一场空。

马克思说："历史不外是各个世代的依次交替。每一代都利用以前各代遗留下来的材料、资金和生产力；由于这个缘故，每一代一方面在完全改变了的环境下继续从事所继承的活动，另一方面又通过完全改变了的活动来变更旧的环境。"[1] "世界史不是过去一直存在的，作为世界史的历史是结果。"[2] 学术研究也是这个道理，学术的繁荣发展靠的是造就各类合格的人才，从而推动人类对世界认知的不断深入。我们的人才培养任重而道远，新文科的使命刚刚启程。

---

1 《马克思恩格斯选集》第1卷，第168页。
2 《马克思恩格斯全集》第46卷（上），人民出版社1979年，第48页。

从全球知识链到全球知识价值链

一、三大体系建设的基础是知识生产

习近平总书记在致中国社会科学院中国历史研究院成立的贺信中说："历史研究是一切社会科学的基础。……希望我国广大历史研究工作者继承优良传统，整合中国历史、世界历史、考古等方面研究力量，着力提高研究水平和创新能力，推动相关历史学科融合发展，总结历史经验，揭示历史规律，把握历史趋势，加快构建中国特色历史学学科体系、学术体系、话语体系。"

这里所讲的学科体系是中国传统文化与近代欧美学术相结合的产物，是世界范围内思想文化相互激荡的结晶，代表着当今中国学术界对世界、对自然、对人类的最全面、最系统、最深刻的认知。学术体系既指有关学科本质、属性、规律、概念、方法等方面成体系的知识和系统的理论，也指宏观的学术精神，即时代精神，一个国家的学术总能反映这个国家的精神面貌。话语体系则是知识、理论、概念的高度概括表达，是学术体系是否成熟的表现，是学科服务国家、服务民族的具体体现，是学术话语影响力的外在表现。

人类对世界的认知是受时空限制的，是阶段性的，又是不断发展的。

浩瀚宇宙的时空是无穷无尽的，不同时代、不同民族、不同国家对世界的认知是不同的，问道有先后，认知有高低，先进未必永远领先，后进未必长远落后。我们不但要不断努力提高自身的认知水准，而且也要积极学习域外智慧，学会扬弃，取长补短，为我所用；不但要积极构建当代中国三大体系，更要系统梳理人类认知方面取得的辉煌成就，总结经验，加快发展速度；不但要认清自身的不足，也要客观承认别人取得的成就，胸怀世界，海纳百川。唯如此，才能对人类知识活动做出有效判断。

知识是人类活动的精神遗产，我们必须认真研究知识的形成、发展与嬗变及其形成的体制、机制，这门学问叫知识史。知识史就是研究以人为中心的各类知识形成、发展与嬗变的一门学科，它不仅叙述各门学科形成与发展的历史，也研究知识的感觉价值、功能价值、精神价值以及绝对价值等。三大体系建设是中国学术建设事业全面系统的工程，涉及人类认知的各个方面，归根到底都是属于知识生产的范围，是如何看待知识与时俱进的问题。

知识生产既涉及培育与研发平台，如学校、科研机构、实验室、学会、智库、公司等，亦涉及发表与传播平台，如出版社、文化机构、学术期刊、宣传手册等，也涉及转化与宣传平台，如互联网、电话和电报、报刊和邮政、戏剧和电影、广播和电视、博物馆、美术馆、图书馆等。由此可知，三大体系建设是一个系统工程，绝非可以一气呵成的事，也不是哪一个单位、部门长期坚持下去就可以完成的，这是文化软实力的"总体战""持久战"，因此我们在三大体系建设过程中要避免的是：以为这只是人文社会科学领域的事情，从而犯了就事论事的错误；以为只是大学的事情，从而忘记了系统工程的事；以为这不同于科技领域关键核心技术卡脖子的事，是一蹴而就的事情，过于强调宣传，从而忽略基础建设。在我看来，新工科、新农科、新医科、新文科就是学术界的

"一带一路"，是学术基建项目，强调的是创新人才的培养，放眼的是中国学术在世界学术版图中的位置。

二、超越西方中心论的人类命运共同体

与其说知识是"客观的"，不如说那些获得广泛接受地位的知识是有说服力的，是那个时代比较准确的认知，但随着时间的推移、时代的发展，那些先前具有说服力的"客观"知识也许不再具有说服力。时间自然会完善知识，社会发展自然促成新知，知识中的意识形态偏见也会被逐渐剔除。

法国历史学家布罗代尔认为，"欧洲和世界其他地区之间确实存在一种'历史学'的不平衡。欧洲在发明了历史学家的职业后，便用历史学家为自己效力。欧洲自己的来龙去脉既已弄清，就随时准备提供证据和提出要求。非欧洲的历史学才刚起步"。[1]

美国学者布劳特认为，欧洲中心主义是一套独特的信条，具有独特的能量，因为它们是为欧洲精英最为强大的社会利益而知识化、学术化了的推理……形成一个欧洲中心主义信条的体系，为殖民主义活动辩护并给予支持一直是而且仍然是具有重要意义的。欧洲中心主义从字面上说是殖民者的世界模式：它不仅是一套信条，随着时间的推移，它已经演变成为一个非常精雕细琢的模式、一个构建的整体；实际上是自成体系的理论；一套高超的理论，是许多历史、地理、心理、社会逻辑和哲学等次级理论的总架构。这一超级理论就是文化传播主义。[2]

1　费尔南·布罗代尔：《十五至十八世纪的物质文明、经济和资本主义》（第二卷：形形色色的交换），第139页。
2　J. M. 布劳特：《殖民者的世界模式：地理传播主义和欧洲中心主义史观》。

美国历史学家麦克尼尔自己也承认，他极具影响力的《西方的兴起》根植于"一种（20世纪60年代）知识分子的帝国主义"，试图"在20世纪30年代美国人类学家中形成的文化传播概念的基础上理解全球历史"。[1]

由此可知，一方面，一部世界近代史就是西方社会扩张的历史，是将世界各地不同社会带入现代世界体系的过程，以及这个过程中各个地方的统治阶层是如何被吸引、被施压、被强迫，有时甚至是被收买，从而形成与这个体系价值观和结构相一致的认知与知识。知识与政治密不可分，知识时常与意识形态混合在一起。学者们越来越多地受到米歇尔·福柯、爱德华·萨义德等人作品的影响，开始对知识和权力之间的联系提出新的问题。

另一方面，知识的产生和应用是为了理解、呈现社会变革、嬗替的过程。时代变了，我们需要新的知识。全球化引起了人们对区域内地理和社会文化异质性的关注，在这个时代，理解世界仍然需要理解地方的特殊性，即在全球变化的背景下，理解广义的文化和地方的动态互动。

三、当代世界与中国的知识生产状况与展望

当代中国哲学社会科学是由中宣部、教育部和中国社科院三家单位规划、指导、引领的。出版的书号、刊号，学术成果的转化、宣传、普及等属于中宣部，中宣部是当代中国学术研究、知识产生的规划部门；专业设置、学位点布局属于教育部，教育部是生产知识人才的机构；中国重要的学术杂志基本集中在中国社科院，中国社科院的杂志所刊发的文章基本代表中国学术界的最高水准。这种学术"三权分立"状态给学者带来很大的

1　William McNeill, "*The Rise of the West* after 25 Years", pp. xv–xvi.

独立自由的研究空间，为当代中国哲学社会科学的繁荣奠定了基础。

打个不太恰当的比方，教育部好比是兵站，提供源源不断的哲学社会科学后备军，不断充实研究队伍；中宣部不但坐镇指挥，制定规划，还提供各种辎重和弹药；中国社科院的学术杂志则是重要的学术阵地，一篇篇刊发的研究成果则是学者们胜利的小红旗。据中国社科院网站公布的信息，中国社科院主办的学术杂志约有100种，其中历史类22种。另一家比较有代表性的出版机构上海世纪出版集团拥有杂志70余种，其中学术类14种。

据统计，全世界大约有7万种学术期刊，其中三分之一左右为学术同行评议期刊。拥有这些学术期刊的国家中，按数量多少排序依次是美国、英国、荷兰、德国、澳大利亚、日本、加拿大、中国（原国家新闻出版广电总局已认定的学术期刊有6449种，其中哲学社会科学期刊有2400余种）。按出版社排列则依次为荷兰的爱思唯尔、德国的斯普林格、英国的泰勒·弗朗西斯、美国约翰·维利，上述四家所拥有的学术期刊都在1000种以上，其中爱思唯尔拥有近2000种。就是以出版学术图书为主的牛津大学出版社、剑桥大学出版社所拥有的学术期刊也分别达到了300余种、200余种。

可见我们的学术期刊总量不是太多了，而是太少了，平台少，阵地就不会大，优秀成果的总量自然也不会多，影响力也不会大；期刊的国际化程度不高，偏重于学术内循环，换句话说，与国际学术界对话的渠道不畅通，吸收外来智慧的通道过小；杂志名称与内容过于传统，没能充分反映／反应学术前沿的新兴学科、前沿学科、交叉学科乃至冷门学科等学科，从而大大降低创新程度。

而方兴未艾的"学术集刊"则是当今中国学术界对学术前沿动态的、无奈的直接反应，亦是对传统的反叛，说明现行的一套办法已经妨碍了学术发展，亟须改变这种状况。

四、数字时代的知识生产更需要宏观规划

习近平总书记说："构建中国特色哲学社会科学是一个系统工程，是一项极其繁重的任务，要加强顶层设计，统筹各方面力量协同推进。要实施哲学社会科学创新工程，搭建哲学社会科学创新平台，全面推进哲学社会科学各领域创新。"这个平台在当下最急迫的就是学术期刊建设，中国要根据自身实践推动理论创新，要在理论上跟上新时代的发展步伐，要在知识体系上实现突破，就必须创办大量的有话语权、能引导学术发展潮流的杂志。现有的期刊数量、类型、分布已经远远不能满足学术发展的需求。

与农业时代、工业时代相比，数字时代的知识有更多的特征：从生产角度看，知识更加自由、平等、包容；从存储看，知识更加丰富、开放、共享；从分享看，知识更加公共、互联、无偿。我们必须在数字时代做好充分准备，打下坚实基础，倡导学术的开放存取，避免形成新的南北学术鸿沟。

知识兼具意识形态与学术属性，理应引起全社会的关注，需要提升中国社会对知识这种看似无形之物的认知和重视。中国要加强软实力建设、实现全面复兴与富强，需要加强知识体系建设。中国的知识产品要走向世界，要让世界准确、全面地理解中国，需要提出有说服力的知识体系；设立有关世界各地知识生产信息追踪的智库；需要尽快筹建"域外哲学社会科学文献研究中心"；积极对外开放大学职位；营造环境，大力吸引世界各国的哲学社会科学人才来中国定居、任教，从而激活中国知识生产的潜力，提升学术原创能力。

响应时代要求，对应国家需要，必须在学科宏观规划上下功夫，实施优势学科计划，制订2035/2050中国哲学社会科学宏观战略规划。在积极推进中国特色哲学社会科学学科体系、学术体系、话语体系建设的同

时，要反观西方学科体系的发展路径，既要了解其形成过程，又要了解它是在什么样的背景下、应答什么样的问题中不断丰富、不断拓展、不断走向世界的。大力发展"外"字打头的学科，尤其是世界史、区域国别研究。从中国看世界，从世界看中国。西方现在逆全球化，我们就要推进全球化，融入全球化，引领全球化，使用各种办法，塑造各种良好环境，培养大学问家、大战略家，引领全国哲学社会科学发展。谁掌握了知识生产权谁就掌握了文明解释权，不断的知识积累一定会带来文化的突破。

知识反映的是文化活力、文化反映的是民族心态

一、不断更新的知识、愈久弥新的文明

英特尔公司联合创始人、美国科学家戈登·摩尔（Gordon Moore，1929—2023）1965年在为《电子》杂志创刊35周年撰写纪念文章时，声称硅片上的元件数量将每年增加一倍，他于1975年更新了这一预测，从每年翻一番变为每两年翻一番，即可以放在电路上的晶体管数量大约每两年翻一番。这就是著名的"摩尔定律"（Moore's Law），他的观察是正确的，这一定律被广泛地用来指20世纪末技术变革的快速发展。

我们在"摩尔定律"中看到的是技术的不断进步、知识的快速更迭；知识似乎只属于当下，是短暂的、瞬间更新的，因为世界万物是无限的，认知是无尽的，所谓"生也有涯，知也无涯"；而作为知识升华后的思想、文化、文明才是经久的、强大的、富有生命力的，是人类在这个世界上的德行源泉。技术固然重要，尤其表现为对当下社会状态的影响，但更重要的是影响技术发展的文化、文明与社会环境。如何盘点好我们的文化遗产，发扬光大我们的文明精髓，营造良好的学术氛围，推广高尚的知识文化，以智慧激活道德，以道德调节智慧，在此基础上构建具有自主性的知识生产，在信息时代赢得竞争优势是摆在我们面前的时代要求。

人类知识的形式与人类文化的形式是暗合的，知识是基础，文化是象征，知识上升为文化后就具有象征意义，语言、神话、宗教、艺术、历史和科学等都是以知识为基础构建出来的认知世界的文化象征，这些构成了人类知识和文化的总体系统。国家文化是在独特的语言、习俗、知识基础上构建的，而文化又构成了民族国家的心态，只有掌握了历史的源与流，才能对世界各国文化有深入的了解，知道他者的思想类型和生活方式，也才能知道我们在世界文化坐标体系中的客观位置。

因之，我们可以深刻理解，习近平总书记为什么在此时强调"中华文明探源工程"的重要意义。国家要强大，文化须先行，知识要先进。我们给世界贡献了什么？留下了什么？我们的时代能留下什么？我们在历史长河中的位置是什么？今天的位置是什么？未来的位置又是什么？诸如此类问题是我们要思考的。而探源工程是涉及"多学科、多角度、多层次、全方位"，需要"人文科学和自然科学的联合攻关"，只有这样才容易培养出复合型的创新型人才、文化战略大师，不但可以"回答好中华文明起源、形成、发展的基本图景、内在机制以及各区域文明演进路径等重大问题"，而且可以引领时代文化的发展。

二、我们的赞同与反对

就全球史而言，习近平总书记高度概括了多元一体、开放包容的中华文明特质，中华文明不断焕发新的生命力的原因是由我们对待其他文明的态度所决定的，这就是平等、互鉴、对话、包容、理解、尊重。我们反对的是文明隔阂、文明冲突、文明优越，倡导的是文明交流、文明互鉴、文明共存；我们的目标是弘扬各自文明所蕴含的人类共同价值，共享知识，分享智慧，塑造世界，构建人类命运共同体。因此如何审视世界各国的历史、文明与文化，如何进行自主性的知识生产，如何构建人类的集体意识等，都是当代中国文化建设的重要内涵。

1945年后的世界，尤其是当代世界，是一个相互依存的世界，今天已是"全球社区"。"二战"后人口增长、消费剧增、技术迭代促成了所谓"大加速"时代的来临，人类进入所谓"人类世"这一全新时代。我们对地球上的生命系统、生态系统所产生的影响越来越巨大；人类在地球上留下的印记已越来越明显，对自身文化、自身伦理所产生的影响也是无法预测、无法控制的，文明似乎在无情地走向"进步"和命运的反面。我们对人类文明的态度决定地球这个大家庭的幸福与未来，需要不同的探索、不同的方案。

一方面，全球化正在把世界转化为一个单一的全球系统，经济、文化、政治不断交融发展，文明的隔阂似乎只存在于前现代社会。其实不然，反全球化、逆全球化、去全球化的声音一直存在。一些国家正在推行"脱钩断链"，经济全球化遭遇"逆风逆流"，这样下去，世界经济势必分裂为相互隔绝的区域，政治、文化的发展也势必受到影响。世界确实存在不平等、不公平、不和谐、不均衡等现象，但这是发展中的问题，只有通过交流、互鉴、比较才能发现不足，才能突破与创新，以新知改变各种不合理现象，只有包容的多元化才是解决这些问题的唯一途径。

另一方面，以西方化为内核的全球化浪潮一直在扰乱着世界各种文化，特别是不同地区的传统文化。全球化带来的是世俗化、个人主义、言论自由和自我中心等现代价值观的盛行，而这些价值观与各地的宗教信仰、集体精神等传统价值观有着明显的冲突。因此，全球化可能导致文化焦虑和文化冲突。合理改造全球化的内涵、创造共同的人类价值观、吸收世界各地优秀文化是解决文化冲突、文化焦虑的有效方式，这是一个漫长的过程。

"文明"经常被用作处于比其他社会更先进发展阶段社会的同义词，文明与野蛮、进步与停滞、先进与落后形成鲜明对比。在现代，诸如"文明"和"文明化"这样的术语被以欧洲中心主义和种族主义的方式使用；西方人自认为是唯一"文明"的民族，达到了人类进步的顶峰，是进步本身的体现。从16世纪开始，西方以"文明"或"文明使命"的名义夺取权力和行使殖民权力，并以文明的理念作为修改其他民族文化、统治或奴役他人的理由，所带来的负面效应已经越来越多。

危害性极大的各种种族主义、中心主义充斥着人类历史，由于近代500年欧洲的强势发展，欧洲中心主义所带来的危害性也最大。就其本质而言，欧洲中心主义是一种倾向于从欧洲角度理解和解释非欧洲社会及其历史和文化的方法。欧洲中心论不仅仅是一种傲慢的文化态度，更是一种理论，并从这里延伸出了一个全球政治与全球治理的世界理论，这是西方现代世界合法性的重要思想来源。意识形态色彩浓厚的欧洲中心主义是建构在"东方"的基础之上的，并把"东方"作为对立面进行设置的，是欧洲中心主义的重要组成部分，自16世纪地理大发现起，彼时人类文明共存的局面也是从那时开始逐步瓦解的，这种不利于社会发展、不利于文化多样性、不利于文明共存的局面已经存在500多年了。但全球秩序既是连续的，也是变化的，连续是有限的，变化是永恒的，未来不可能永远是一个西方模式的世界，我们如何破解不合理的文明霸权，如何构建一种世界性的新文明，是一个艰巨且漫长的任务。

三、未来的愿景

提出"中华文明探源工程"的目的不仅是如何对待我们遗产的问题、重新审视文明概念的问题、研究世界文明起源的问题，更是如何审视信息时代人类命运的问题、如何思考当下世界文明的彼此包容问题、如何共同发展问题、如何创造新文明问题；不仅是培养什么样人才的问题，更是生产什么样知识的问题。终极目标是如何创造人类共同文化的问题。这既是建构中国自主的知识体系的尝试，也是人们命运共同体的一个组成部分，是这个时代的"中国方案"。

我国历史源远流长，拥有大量的战略文化遗产，有充足的知识储备，有强大的文化修复能力，只要方略得当，一定会赢得一场又一场的文化之争。在全球化的信息时代，为保持文化的先进性、文明的持久性，我们还必须不断进行知识生产的长期战略规划，以适应时代的发展。

"战略"本是一个军事术语，指在战场上战胜敌人的方法，源自希腊语 *strategos*，意为将军。知识生产领域的战略规划是行动和目标之间的桥梁，以及为实现既定目标所需的资源分配和行动方案的实施，我们可视之为一种计划、策略、模式、立场、观点，表明我们是如何在一个组织内使用资源和实施行动方案的，如何利用好我们现有知识基础和文化遗产的，如何协调、组织各种流程、资源间的配合，以获得竞争优势。

战略不是计划的结果，相反，它是出发点。战略规划是一个极其复杂的过程，涉及人类最复杂、最微妙，有时甚至是最下意识的认知过程、社会过程。知识生产战略规划尤其如此。战略具有长期性、系统性、大局性、协同性等特性，这就决定了实现战略目的的艰难性、复杂性、偶发性、分散性。为了保持领先，知识生产战略规划库中必须有不同等级、不同类型的备用方案，以灵活应对时势的变动，这就需要我们既要做好学术考古，也要做好学术接力，更要做好学术规划。

文化战略目标能否实现，一方面需要仔细研究复杂的目标市场，另一方面取决于我们能否为全球知识市场提供优质产品。文化发展、文化共识、文化世界地图与世界文化地图的绘制取决于知识的生产、传播与接受，这是一门科学，更是一门艺术，能否坚持不懈地欣赏、学习、吸收世界其他民族的知识成就，是检验一种文明是否成熟、是否先进的一个标志。学科体系、学术体系、话语体系建设能取得多大成效，能有多大的号召力、影响力，归根结底都是由我们的知识生产的基础、规模、品质决定的，取决于我们的知识产品是否有人类群体的共同意识，即我们的知识产品在世界范围内的可流动性、可持续性、可连接性以及审美接受性、伦理认可性，等等。

我们经常听到"战略科学家"这一说法，大概是能就未来发展重点、发展方向、发展思路提出并解决那些全局性、基础性、前瞻性问题的人，是能带领大家同心协力攻克政治、经济、社会、文化、安全等难题的伟大学者。他们是人才力量中的"关键少数"，具有精深的学术造诣和人格魅力，熟知世界发展趋势的、敏锐的未来眼光，卓越的领导才能和崇高的道德风尚等特质。我想这一说法并不排斥人文社会科学，更不排斥历史学，我们这个时代需要勤勉的学者，需要伟大的自然科学家，但也需要战略人文学者、战略社会科学家和战略历史学家，他们是中国文脉的夯实者，他们是当代中国文化的构建者，他们是吸收域外优秀文化的拿来者，他们是世界的解读者，他们是未来文化的布局者，他们是国家文化发展的规划者。因为，对接世界、融入世界、引领世界，不仅需要科学技术，更需要世界性的知识、世界性的文化、世界性的文明。技术更新是瞬间的，思想是长存的，思想总比技术重要，文明意味着优雅，文化意味着生活态度，这是促进人全面发展的有效途径。因之，如何培养人文战略学者是当务之急。

我们不能用简单的两分法，先验地将文化解读为"进步的""先进的""高级的"或"反动的""落后的""低级的"，恰恰相反，我们要强调文化的"自然性""平等性""平凡性"，鼓励那些积极的、共同的、创造性的、有意义的文化实践，在此基础上逐步构建人类共同的文化意识。我们得靠人文战略学者、伟大的思想家来构建美好世界发展路径。世界历史的形成意味着人类共同意识的初步达成，人类社会中不同民族、不同国家有太多的不同，也有太多的相似，但对自由、幸福、公平、正义的追求是不歇的，这是人类的自然属性。谁拥有生生不息的知识生产能力，谁就拥有共同文化，谁就拥有人类未来！

世纪做的是好书，更是精神

感谢世纪出版集团的邀请，让我作为"世纪好书榜"评委代表发言，非常荣幸，又诚惶诚恐。所谓代表就难免挂一漏万，遗漏的往往是精华，挂出的最多是一得之见。我仅就对世纪出版、"世纪好书榜"的理解，谈点个人的粗浅体会。不当之处，敬请大家批评指正。

英国著名哲学家、思想家伯特兰·罗素（Bertrand Russell，1872—1970）的《西方的智慧》一书是这样开篇的：公元前3世纪希腊化时代埃及亚历山大里亚学者卡里马库斯（Callimachus，约公元前305—前240）说："一部大书是一大灾难！"卡里马库斯可了不得，这位自称语法学家的博学者是一位伟大的诗人，在亚历山大里亚图书馆担任馆长期间，为亚历山大里亚图书馆多达几十万卷的藏书做索引，索引内容包括书名清单、作者传记、简短评论等，这是第一次将地中海世界积累的文明知识按主题进行分类的尝试。这样一来，卡里马库斯创造了许多我们今天仍然承认的一些知识分类。他的这本被称为《皮纳克斯》的书是西方历史上最早的图书目录，卡里马库斯因此被称为"图书馆之父"。罗素大体上认同卡里马库斯的观点。他说他之所以敢把《西方的智慧》这本书摆到读者面前，无非因为就灾难来说，这本书是小小的、伤害不大的、无伤大雅的。在他们看来，如果有人不能控制自己的大脑与舌头，渊博的知识确实是一种可怕的邪恶，"大书是大恶"。莎士比亚也曾感叹："卷帙浩繁的作品常使我生畏，如今我早已精疲力竭，我们应当只将鲜花采撷。"知识改变命运，知识促进发展，但知识也令人敬畏，更令人生畏。好书很多，人生短暂；书籍需要精选，人生需要指南。

印刷术是人类历史上最伟大的发明之一，是中国对世界文明的伟大贡献。印刷术的出现是一场"知识革命"，它极大地促进了文本的复制，使知识呈几何级增加，导致了思想的迅速传播，促进了世界文明的一体化发展。德国的约翰内斯·古登堡抓住了机遇，促成了欧洲世界性的知识扩张与霸权。古登堡的欧洲活字印刷术发明之初50年间，也就是大约1450—1500年间欧洲书籍出版总量约在3.5万—4万种之间，年均出版800种左右，我们通常把欧洲这段时期出版的图书称为"摇篮本"——欧洲出版的摇篮、欧洲学术传播的摇篮、欧洲文化自信的摇篮，欧洲自此走上了构建知识帝国的时代。根据国际出版协会报告，目前全球每年新书出版总量在220万种左右，其中大多数出自西方世界。

如果世界历史的兴衰是以500年为一个周期的话，欧洲世界在过往的500年间抓住了中国的伟大发明而促成了欧洲的世界性发现、认知与知识扩张。那么，今天的我们也应抓住互联网时代，促使自身文明得到进一步发展。中国进入了新时代，就出版而言，这个时代就是自主的知识生产时代。方向已有，我们如何做，怎么做，路径是什么？世纪出版集团已在进行方方面面的尝试，好书榜是一个最新的举措：那就是为世界奉献好书、为中国出版好书、为读者选择好书。这是我所理解"世纪好书榜"的精神实质与价值追求。

第一，世纪出版集团已成为知识生产的引领者

先和大家分享一组数据：牛津大学出版社每年大约出版4500种图书、300种期刊；剑桥大学出版社每年大约出版2000种图书、200种期刊；上海世纪出版集团每年大约出版6000种图书、70种期刊。可见世纪出版集

团在世界出版地图中已占有一定的分量，在国内的出版地位就更不用说了，世纪出版集团毫无疑问已成为当代中国知识生产的引领者。按照世纪出版集团目前这种规模，上半年的图书出版总量应该在3000种左右，要想在这些图书中脱颖而出，绝非易事。我们在评选过程中，不忍割爱、无法割舍的好书实在太多，我们只能感慨世纪好书太多、名额太少。

现代法国思想大师亨利·列斐伏尔说，在黑格尔主义者那里，"生产"具有根本性的作用：首先，绝对观念生产出了世界；其次是自然生产出了人类；接下来是人类时代，人类凭借斗争与劳动，既生产出了历史、知识，又生产出了自我意识——从而精神又再生产出最初的也是终极的观念。一句话，各个层面的生产都很重要，但精神生产尤其重要。出版不仅是精神产品的传播者、光大者，更是构建者、引领者。知识生产是以出版为载体，传播思想与文化，以满足人类无限需求的一种能力；出版是人类知识生产重要的环节，是人类精神升华的加速器；出版是依据时代需求，团结广大学者进行学术探索、引领文化建设的重要组织者；出版在国家治理中居于举足轻重的地位，影响国家的发展进程，决定国家的地位。比如，联合国教科文组织视每年出版书籍的数量为一个国家生活和教育标准的重要指数。在我看来，出版是国家文化软实力的核心所在，是一座城市的灵魂。有没有好的出版是衡量一座城市是否适合人居的黄金砝码，出版是城市空间结构的重要组成部分，它通常决定着我们如何移动、如何行动、如何思考，从而安排了我们的文化空间与社会生活，这是城市的真正魅力指数。上海因世纪出版集团而骄傲。

第二，世纪出版集团已成为知识服务社会的奉献者

无论是上海人民社的主题出版、学术出版，还是上海译文社的外国文学、黑皮书，上海辞书社的《辞海》和各类工具书，上海古籍社的传统文化，格致社的经济书，世纪文景的新潮学术，上海文艺社的文学书，上海书画社的艺术臻品，乃至刚刚起步的光启书局，等等，这都是中国

学术界有口皆碑的品牌，是一代代出版人奋斗的结果，是"努力成为一代又一代中国人的文化脊梁"神圣使命使然。

我个人和世纪出版集团合作已久，与上海人民、世纪文景、格致、光启书局等出版社的编辑们打交道是非常愉快的，从他们身上学到很多东西。他们不仅精通业务，熟悉海内外学术市场，有极高的鉴赏力、领悟力、敏感性和责任心，而且做事精益求精，乐于奉献，永远把社会效益放在第一位，把书的品位放在第一位，把作者译者放在第一位。今天上榜的图书只是众多书籍中的一小部分，这代表着世纪出版的力量、眼光与胸怀，世纪出版寻求的是永恒价值、共同财富与普遍精神，而不是追求资本的回报。如果只讲当下的投入与回报，这样的出版一定是精神侏儒。眼中有国家利益、心中有政治效益、手中有社会公益，这样的出版才能行远，这就是世纪出版集团。

第三，世纪出版集团已成为自主知识体系的构建者

近日，习近平总书记在中国人民大学考察时指出："加快构建中国特色哲学社会科学，归根结底是建构中国自主的知识体系。"这就要求我们从知识的消费者变为生产者，从模仿者变为创新者，从追随者变为引领者，把知识创新牢牢掌握在自己手中，突破人文社会科学在概念凝练、规律探寻、体系构建等方面的发展瓶颈。就出版而言，我们要把体现中国故事、中国概念、中国价值、中国学术、中国话语体系的优秀读物通过出版向世界传播，同时对域外文化要采取扬弃的"拿来主义"态度，吸收域外精华，为我所用，炼出文化的真金白银。因为哲学社会科学是人们认识世界、改造世界的重要工具，是推动历史发展和社会进步的重要力量，世界各国都很重视。过往的500年是欧洲知识扩张的500年，学术出版是西方所构建的现代世界合法性的重要支柱，这一定要引起我们的重视，我们要潜心研究西方学术谱系的由来、发展与传播，要总结它们的经验与教训，以提升自身的知识生产能力。

改革开放40年，我们在学术建设方面取得很大成就。但毋庸讳言，犹如农业停滞、农民贫穷、农村落后的"三农问题"是贯穿中国现代化进程的基本问题一样，在中国知识领域也存在着类似的现象。虽然我们是教育大国，但还不是教育强国，虽然我们是知识生产大国，但还不是知识生产强国，还存在学科停滞、学术贫困、学者落后的"三学问题"，这些现象已经严重制约着中华民族的伟大复兴。中国的大学、科研机构、各类组织、学者还需要多与出版社沟通、协调，认真审视世界学术版图，制订未来宏观的中长期学术发展计划，促进学科知识的发展、传播与更新，推动人的全面发展与文化修养的提高。保持文化发展的战略定力，少喊口号，多做实事，让我们的知识产品具有世界范围内的可流动性、可持续性、可连接性以及审美接受性、伦理认可性等。代代坚持不懈，不断攻克学术高地，不断创造共同价值、共同观念、共同理念、共同意识，赢得世界的尊重。

近代出版肇始于上海，红色出版发端于上海，学术出版发轫于上海，上海是近代中国文化的"光明摇篮"，敢为天下先是上海出版的文化遗产和底蕴。上海世纪出版集团成立于1999年，是经中宣部、原新闻出版署批准成立的全国第一家出版集团和首批全国文化体制改革试点单位之一，这其中所包含的寄托与希望是大家都能感受到的。最具"海纳百川、追求卓越"精神的上海在图书出版、知识生产、文化传承、开拓创新等方面是不甘人后的，学者们也是以与世纪出版集团合作为荣的，世纪出版集团一定是中国学术走向世界的桥头堡。愿世纪出版集团尽快实现出版的国际化，与世界展开全面合作，向世界汲取智慧，为人类探索不同的发展道路做出贡献。

最后请让我引用英国诗人、思想家约翰·弥尔顿的话来结束我作为代表的发言："书籍并不是绝对死的东西。它包藏着一种生命的潜力，和作者一样活跃。不仅如此，它还像一个宝瓶，把创作者活生生的智慧中最纯净的菁华保存起来。我知道它们是非常活跃的，而且繁殖力也是极强的，就像神话中的龙齿一样。当它们被撒在各处以后，就可能长出武士来……许多人的生命可能只是土地的一个负担；但一本好书则等于把杰出人物的宝贵心血熏制珍藏了起来，目的是为着未来的生命。"

谁掌握了出版权谁就控制了话语权、传播权，谁掌握了知识生产权谁就控制了文明解释权、价值权，不断的知识积累一定会带来文化的突破，中国的世界主义观念作家、学者、思想家、艺术家一定会越来越多，世界性的中国学术世纪一定会到来。祝世纪出版集团成为学者的世纪、读者的世纪、学术的世纪、世界的世纪。祝"世纪好书榜"越办越好，好书越来越多，让"世纪好书榜"成为作者心仪的榜单，成为读者阅读的指南，成为学者神圣的家园，成为中国学术原创的策源地，成为世界学术的风向标。

祝愿世纪出版，祝愿世纪榜单，我们一起向未来！谢谢大家！

让阅读与学术彰显于世界
——访"光启文库"主编陈恒教授

　　您在教学之余，也一直花很多精力编书……为什么会想到编这么一套"光启文库"？"光启文库"的编辑设想具体如何？

　　工作之余，每人都有自己的爱好，有人爱旅游，有人爱收藏，有人爱运动……我教学之余则爱编书，这也许是我最大的业余爱好吧。我编了《新史学》《都市文化研究》《世界历史评论》，前面2种已经坚持了十几年，并成为中国社会科学引文来源辑刊，后者创办刚刚3年，已获得业界好评。此外，我还编了几套丛书，都是坚持很长时间的丛书，取得了很好的社会效益，比如"上海三联人文经典书库"已经刊行近百种了，还有几十种等待出版，该丛书已经连续4次获得国家出版基金资助。

　　正是这一爱好让我有机会再编一套丛书。上海师范大学校方为拓展学术交流，鼓励学术创新，提升学校科研的国际化水平，拟建立一所高水平学术研究机构，主要致力于科学研究、人才培养、文化传承和社会服务等工作。既然是一个研究机构，经过一段时间建设后总要有一些代表性的科研成果，因此我和本文库另一位主编孙逊先生在广泛听取意见的基础上，决定先启动一套开放性的文库，旨在立足本土、借鉴国外、挖掘历史、把握当代，荟萃当代各种人文经典，以期让智慧之光启迪当下、照亮未来。

文库推重"经世致用",即是注重文化的学术性和实用性,既促进学术价值的彰显,又推动现实关怀的呈现。本文库以学术为第一要义,所选著作务求思想深刻、视角新颖、学养深厚,同时也注重实用,收录学术性与普及性皆佳、研究性与教学性兼顾、传承性与创新性俱备的优秀著作。以此,关注并回应重要的时代议题与思想命题,推动中华文化的创造性转化与创新性发展,在与国外学术的交流对话中,努力打造和呈现具有中国特色的价值观念、思想文化及话语体系,为夯实文化软实力的根基贡献绵薄之力。

文库推动"东西交流",即是注重文化的引入与输出,促进双向的碰撞与沟通,既借鉴西方文化,也传播中国声音,并希冀在交流中催生更绚烂的精神成果。文库着力收录西方古今智慧经典和学术前沿成果,推动其在国内的译介与出版;同时也致力收录国内优秀专著,促进其影响力的提升,发挥更大的文化效用;此外,还将整理汇编海内外学者具有学术性、思想性的随笔、讲演、访谈等,建构思想操练和精神对话的空间。

江河湖海,皆由细流汇聚而成。本文库刊行,也绝非得编者一力而独成。因此借《文汇读书周报》诚谢诸机构、学人襄助,也诚邀有识之士参与。

为什么命名为"光启"?

学校决定成立高研院后,究竟取一个什么样的名字,一直确定不下来。一次北京几位教授来访,大家谈到此事,有人说"上师大在徐汇区,徐家汇有徐光启",可以考虑用"光启"一名。大家顿感眼前一亮,"光启",这是多么响亮的名字,光前启后,寓意又好。网上一查,上海竟然还没有一家学术机构以此命名。以徐光启为代表的一代学人,回溯"汉学"、追求"西学",其精神理念乃中国近代思想的重要源头。正是他们，立足中华文化，承续学术传统，致力中西交流，展开文明互鉴，在江南地区开创出思想文化的新局面，也遥遥开启了上海作为近现代东西交流、学术出版的中心地位。"上海师范大学光启国际学者中心"一名就这样确认下来了。

该中心秉持我国中西文化交流的先驱者徐光启的精神遗产，继承和发扬其经世致用、开放交流的学术理念，努力把中心办成国内外优秀人才集聚的高地、思想自由交流和碰撞的平台，推动科学研究的发展。

计划要出500种……在当下这个时代，策划出版这么超大型的文库，需要相当的魄力和责任感。请您谈谈文库有哪些新意？

任何事都有目标，文库的目标是在未来20年左右时间内出版500种左右学术著作，这是一个概念、一个宏愿，也是我们的理想、我们的追求。这个大约的数字是我们的工作动力，时时提醒自己工作不要怠慢，要努力团结学界精英，尽量把优质成果汇总起来，系统呈现当代中国学术谱系。

改革开放近40年了，伴随改革开放成长起来的一代学人正处于学术成熟期，也有大量的治学心得，现在总结正恰逢其时。

"光启文库"不同于其他文库的重要特点是其综合性。文库分"光启学术""光启青年""光启随笔""光启讲坛""光启读本""光启译丛"等系列，几乎涵盖了所有学术文体，这是一个大胆的尝试。我们想通过商务印书馆这一优质平台来展示当代学术研究的成果，大力引介国外学术精品。如此，我们既可在自身文化中汲取活力，又能以高水准的海外成果丰富中华文化的内涵。

为搭建上海与国际学术界之间的交流平台，吸引海内外人文学科的知名学者进行学术演讲，促进中华文明与世界文明的交流与沟通，决定举办"光启讲坛"，与国内外知名高校合作，每年邀请国内外学术界的知名学者进行系列主题演讲。"光启讲坛"的演讲内容，经整理后将汇编成书出版。

为让学术贴近人民、走向大众，在纯粹学术出版的通道上，为学者建立一个开放式的"软学术"平台，决定出版"光启随笔"，选取国内外知名学者的主题性明确的相关文章集结成书，分辑出版。

"光启学术"关注的是：（1）名家名著，即由著名学者所著，在学术史上具有重要开创、突破意义的著作；（2）至今仍有学术生命力，后代学者广泛赞同，引用率高的著作；（3）注重社会影响力，有成为公共话题的潜力，可向普通读者辐射的著作。

学术的未来在青年，因此鼓励和支持本土的学术新人开展原创研究尤其重要，特别是要资助年轻学者出版个人的第一本学术专著。有鉴于此，我们将组织以侧重人文社会学科的原创作品、扶持中青年学者、支持纯粹的以学术出版为目的的全国性的"光启学术·青年"的出版。

文库花落商务，为商务120年的出版传统再续新篇章。请您谈谈其中的出版缘分。

近代出版业发端于商务印书馆，商务印书馆是中国出版界的骄傲，其品牌的巨大文化价值是由中国一代代学人、出版人共同构建的。

我和商务印书馆的缘分由来已久，既在商务出过书，也为商务的"汉译世界学术名著丛书"翻译过书，这几年在商务印书馆还主编过几套译丛，比如"城市与社会译丛""专题文明史译丛""二十世纪人文译丛"等，不少书籍获得好评，比如2016商务印书馆人文社科"十大好书"中的《德国天才》《文明中的城市》都是我的选题。

可能是商务印书馆对产品质量精益求精吧，在读书人中间形成了一种负面印象，那就是出书速度慢，不太讲究装帧设计。但我这几年与商务打交道的经验告诉我，这一切都发生了变化。他们不但追求品质，装帧设计也越来越漂亮了，大家可以看看这套书的设计，封面典雅大方，里面有藏书票，腰封也是花费心思，别出心裁，放在特别的位置，阅读时又可以成为书签，让读者不忍丢去。出版社的工作进度也非常迅速，这套书从商谈到首期4种出版，大约只花费了6个月时间，足见商务印书馆现在的工作效率之高。可见选择商务印书馆进行全面合作是明智之举。

"光启文库"首次与世人见面，是4种学者随笔……为什么先出随笔？从计划来看，似乎应是先出经典系列？请问这批随笔集的编选标准是什么？从新出的这4种来看，有何特色？

"光启文库"由6个系列构成，这6个系列都同时在启动，先出哪个系列，先出哪本，编者并没有特别的考虑。我们出书的唯一原则是质量：精良的选题、合适的作译者、强大的编辑团队，三者互为犄角，方能确保产品的质量。选题入选，作译者交稿后，出版社在保证质量的前提下会尽快出版，从这一个意义上讲，先出哪个系列是一个自然的结果，不是刻意的选择。

学术随笔是当代学术界一个重要的文体，也是一个被忽略的文体。读者可以从学者的那种高头讲章式的学术文章体验其思想的深邃，但很难看出作者日常学术生活的一面，这种随笔体学术文丛恰恰弥补了这种缺陷，把日常生活中的学人形象立体地呈现出来，这也是日后学术史研究的重要参照物。张广智的《徜徉在史学与文学之间》、彭小瑜的《社会的恶与善》、李剑鸣的《学术的重和轻》、孙周兴的《一只革命的手》就是可以让读者深入了解作者内心世界的一些文本。

张广智老师写何兆武先生，何先生认为"搬一次家要操多少心，还不如踏踏实实地住着。几年前，我因病住院，家里人乘机把房子装修了一下，但是这间书房还是没有动，保持了原貌"，何先生淡然的生活态度，真是有趣。彭小瑜老师的《为什么狗狗是万万不可伤害的》一文，告诉你人与狗之间的前世今生情缘，吃狗肉可以看作和食人肉一样残暴和违背人性，这可以看出彭老师的悲天悯人之情。孙周兴老师《一只最革命的手》让你感受到什么是真正的、纯粹的、彻底的革命者。孙老师本人何尝又不是一位革命者？从李剑鸣老师《"大"与"小"的关系及其他》一文中可以一窥其严谨的治学态度以及对当下学界的褒贬。

"光启随笔"系列首批4种，是作者多年学术心得与社会观察的结晶，字里行间透露着学者们的旨趣与追求。这些文选的共同点是超越了学术本身，体现作者对社会的观察与未来的寄托。

您对"光启文库"的出版远景设想是怎样的？

商务印书馆的"汉译世界学术名著丛书""中华现代学术名著丛书"是享誉学界的两套标志性文库，读书人谁不受其惠！"汉译世界学术名著丛书"汇聚了世界各国学术名著，是各民族的智慧结晶，非常系统地再现了人类文明的辉煌。"中华现代学术名著丛书"是中国首套系统梳理近代中国学术经典的大型丛书，收录范围自晚清到20世纪80年代末华语世界原创学术名著。

我们的目标是使"光启文库"成为商务印书馆另一套标志性文库。比如我们的"光启学术"系列定位于改革开放以来汉语世界已有定评的学术著作，把各个专业代表性的著作尽量都收录进来。"光启青年"系列定位于青年学者的著述，追寻学术前沿，播下文化之种。这两个系统是整套文库的基础。

完整的教材体系是由教科书、研究指南和文献读本构成的。教科书提供本学科较为完整的知识体系，研究指南是各专题深入研究的必备门径，文献读本则告诉研究者研究对象的知识源头所在以及这种知识形态演变的过程。这种教材体系观念在以往是被忽略的，尤其是文献读本的编撰不太被重视。本文库在未来会重点开拓这方面的工作，为学界奉献一套较为完整的文史哲文献读本与研究读本。

您是如何看待国外学术著述引进的？

最近十几年来，我和几家出版社合作，大量引进域外学术著作，目的在于建设，把西方的学术谱系梳理清楚，为未来学术研究打下坚实的基础。我们不但引进各类学术著作，而且已经和《历史与理论》《观念史杂志》《世界史杂志》《评论》等一些重要学术杂志建立了合作关系，把域外优秀成果引进来。

最近在与赛奇出版社协商合作事宜，该出版社是世界排名前5的著名学术出版社，尤其在城市研究出版方面成就斐然。我们依靠上海这一充满活力的国际大都市，与对方签署合作备忘录，主要是引进该出版社的学术期刊，学术期刊是赛齐的强项，尤其是城市研究，我们拟逐步引进，按照年度选编论文集中文版，每本期刊每年选翻一本，大约25万字。这些计划都是我们文库译丛的一部分。

"拿来主义"的态度是为了使汉语学术体系、思想观念、研究方法等不断受到外部文化冲击，从而大大促进自身文化的活力、发展与自信，这叫文化激活。历史不断证明这一事实，比如佛教进入中国后，不但改变了人们的日常生活，而且重塑了中国文化，使之更具活力。

这是一项吃力不讨好的工作，尤其是在翻译工作报酬低又不被计入科研工作量的大环境下，译者投入完全是因为爱好这一事业。不管压力有多大，我们还会继续坚持！

这套大型文库，融入商务大型书系的传统中，您的心情如何，期待如何？

"汉译世界学术名著丛书"在1949年前已享誉学界，近代知识分子都是读这套书成长的，当下学术界（又岂止学术界）知识分子，大概没有不读上几本的，人们从中获益之深，非文字所能概括。"光启文库"的目标是经过几代人的不断坚持，最终像"汉译世界学术名著丛书"一样成为学人眼中的一座学术丰碑。

文库创建伊始，事务千头万绪，未来也任重道远。本文库涵盖文学、历史、哲学、艺术、宗教、民俗诸多人文学科，需要不同学科背景的学者通力合作。本文库集著、译、编于一体，也需要多方助力协调。总之，文库的顺利推进绝非仅靠一己之力所能达成，实须相关机构、学者的鼎力相助。谨此就教于大方之家，并致诚挚的谢意。

清代学者阮元曾高度评价徐光启的贡献，"自利玛窦东来，得其天文数学之传者，光启为最深。……近今言甄明西学者，必称光启"。追慕先贤，知往鉴今，希望通过"光启文库"的工作，搭建起东西文化会通的坚实平台，打造当代中国学术高原的瞩目高峰，以学术的方式理解和阐释中国，让阅读与学术彰显于世界。

一切刚刚开始，期待总在未来！

"光启文库"能为新知识时代的学术、学科与话语做点什么？

商务印书馆刚刚出版了陈思和老师的《依稀前尘事》，为"光启随笔"系列又增添了闪亮的光彩。该书收集了陈老师写于不同时期的文章，有论文、讲稿、随笔、书评、杂文等，思考的是"五四"以来经历了内战、侵略、内乱……终于走上改革开放道路的中国与中国知识分子。我们准备开一个读书会，联系陈老师，但陈老师说，单独开个会就算了，不如开个会请大家一起聊聊当代学术状况。于是就从一本书的会变成了有关"光启文库"的研讨会，这次会议的主题是"新知识时代的学术、学科与话语"。

一、从光启中心到"光启文库"

"光启文库"源于2017年上海师范大学成立的"光启国际学者中心"，中心秉持我国中西文化交流的先驱者徐光启的精神遗产，继承和发扬其经世致用、开放交流的学术理念，不定期组织"光启讲堂""光启读书会""光启沙龙""光启青年"等系列学术活动，主办具有学科前沿性和重大社会关注度的高端学术会议，组织撰写、翻译和出版高质量、成系列的"光启文库"，逐步形成以中外文明交流、文明互鉴为底蕴，突出学术史的特色研究方向。

梁启超在《清代学术概论》中指出，"自明徐光启、李之藻等广译算学、天文、水利诸书，为欧籍入中国之始，前清学术，颇蒙其影响"。梁任公把由徐光启代表的追求"西学"的学术思潮，看作中国近代思想的开端。自徐光启以降数代学人，立足中华文化，承续学术传统，致力中西交流，展开文明互鉴，在江南地区率先开创了海纳百川的新局面。流风所及，开启了上海作为近现代东西交流重镇和学术出版中心的地位。徐光启是上海的城市文化名片，与以文史见长的上海师范大学和在上海诞生的商务印书馆有着地缘和逻辑的联系。我们之所以用"光启"这一名字，一方面是纪念400年前的中西文化交流的先贤徐光启先生，另一方面，我们希望把这片余光加以发扬光大，让我们的天空、我们的未来被文明之光、智慧之光、思想之光照亮。

光启的另外一层含义是"光自东方来"（*ex oriente lux*），这句拉丁谚语认为在东方的宗教中可以找到比物质主义的西方更高的智慧和更深的精神世界。这意味着西方文明的源头在东方，来自东方的光芒与力量一直在向西传递，从亚洲到希腊，到罗马，到法国和英国，再到美洲以及其他地方。人类文明就是在相互交流、相互借鉴中不断发展、逐步完善的。各民族国家只有暂时的领先和发展，没有永远的先进和引领，我们须对每一个民族、每一个国家、每一种文明抱有敬畏之心，方能不断进步。有鉴于此，上海师大联合商务印书馆，秉承徐光启的精神遗产，发扬其经世致用的价值关怀、开放交流的学术理念和融通中西的开创精神，创设"光启文库"。

文库自2017年创办至今5年有余，已出版图书50余种，均为各位作者多年学术心得与社会观察的结晶，涵盖文学、历史、哲学、艺术、科学等广泛领域，为读者展示学术的鲜活性，在业界产生了广泛影响。徐光启倡导"熔彼方之材质，入大统之型模"，我们希望通过"光启文库"，活跃在我国与世界对话的前台，为中国了解世界、融入世界，为世界了解中国、拥抱中国贡献智慧。在此我们特邀光启文库的上海部分作者做客上海师范大学光启国际学者中心，就文库的未来开展交流思想。

因此，这次会议既是陈老师的新书发布会，也是研讨会、答谢会、致敬会、出谋划策会。我在2017年"光启文库"首发式后接受《文汇读书周报》记者朱自奋老师采访时说："任何事都有目标，文库的目标是在未来20年左右时间内出版500种左右学术著作，这是一个概念、一个宏愿，也是我们的理想、我们的追求。这个大约的数字是我们的工作动力，时时提醒自己工作不要怠慢，要努力团结学界精英，尽量把优质成果汇总起来，系统呈现当代中国学术谱系。"500本，大话既然已经说出，只好恳请大家多多支持！

请诸位先生不夸奖、不表扬，只谈丛书本身及未来发展。记得给上海市社联王为松书记发邀请函时有这段对话，书记看到议程后回复："还有饭吃，蔚为壮观。"我说："闲聊出智慧。"书记："听大师闲聊补脑子。"苏格拉底说，如果他有智慧，那不是因为他知道别人不知道的事情。相反，他拥有的任何智慧只能是由于这样一个事实，自知其无知。可见苏格拉底终生追求的只是试图通过寻找那些真正的智者来启迪自己。今天研讨会也是如此，我们寻求智者、我们寻求智慧。谢谢大家！

二、如何理解会议主题：新知识时代的学术、学科与话语

出版是基于书写、纸张、印刷的发明，以及一个关键的因素：社会的发展与需要。随着识字率的提高尤其是妇女识字率的提高伴随而来的是人们对新思想、新观念兴趣的提高。出版是以技术革新和社会需求为

支撑的，两者相互促进，不断推进出版的发展。人类的伟大之处就在于有一连串不间断的识字文化。

数字时代下的文化形态已发生转型，从印刷文化到数字文化是一个革命性的转型，免费获取知识的时代已经来临，学科体系、学术体系、话语体系正呈现新的形式；知识生产、学术交流、出版业态出现了新形态、新模式。我称之为"新知识时代"的学术网络社会，这主要有以下四个特征：

数字学术。近几十年来，数字工具、方法和资源在数字人文领域的使用越来越多。一方面，我们需要一种评估数据、分析工具和解释方法的新知识。另一方面，传统的、正式的学术传播在全面数字化，信息获取更加便捷，甚至是免费的。知识产权保护是为了促进知识的流动与创新，而不是限制知识的共享，传统的知识产权概念受到了挑战。知识与信息的谷歌化正在变为现实，涵盖人类全部知识的信息库正在形成，马斯克的脑机接口产品已推向市场，人机共存时代似乎已经来临……我们如何应对这一切？

资本学术。学术出版越来越市场化、经济化，追逐利润成为学术出版、学术创造的原动力，而非先前好奇心的驱动，人类在不断制造"虚拟需要"，虚拟需求的比例已经远远大于真实需求，知识积累空前勃发，让人目不暇接，研究领域越来越细化，越来越专业。学术已成为产业，有其繁荣的一面，亦有其浮躁的一面。我们如何开拓出一条面向未来之路？

引用学术。通过引用和基于效用的指标评估，来证明研究的权威性、前沿性、可靠性，这是象征性学术，而非福祉性学术，是表演性学术，而非知识性学术。学术的功利面被不断放大，纯粹的学术理想越来越少见，象牙塔似乎已经倒塌，追求无用之用的人还会出现吗？我们能遏制这种现象吗？

媒体学术。学术与媒体之间的互动越来越频繁，大众参与程度越来越高，大众媒体对科学与学术的兴趣与影响空前加强了。学术也越来越顾及大众感受，甚至在讨好大众，民粹主义在回潮。人类需不需要新启蒙？知识分子是顺应潮流还是成为时代的牛虻？

并不是说先前没有这些现象，而是此前这些情况只是偶发的，没有成为彼此联系的普遍现象，数字知识时代使得这四种现象彼此互动，越演越烈，交错影响着人类的发展方向。

没有开放的文明交流，没有流动的知识互鉴，没有观念的激烈碰撞，就不可能形成开放的学术标准，所有学术规范、学术标准、学术理想都是在互动中、竞争中形成的，不如此，就无法与世界对接，就不可能掌握学术的精髓、学科的话语权。数字时代更是如此。纸质图书虽因数字时代的来临而限制了其传播的广度与深度，存储知识的新手段也挑战了纸质图书传播的速度与强度。数字时代印刷书籍的文化功能似乎在减弱，人们对书籍形式的使用和态度也在发生变化。但内容为王，一套丛书只要有好的内容和高雅的表现形式，它仍然会保持文化上的优势地位，数字是书籍的新表现形式，书籍永远是思想革新和学术革命的助推器。这是我们还在专心致志做专业纸质图书的动力吧。

三、优秀的学术丛书是人类文明的丰碑

人类有分门别类汇总文字的习惯。早在公元前3000年，苏美尔人已经开始编纂双语词汇表了；中国传统文化亦有将书籍分为"经史子集"四大门类的习惯。丛书中的书籍一般都有一个大致相同的主题、特征与品味，可以比较完整地体现一个领域的成就。不同于期刊要定期出版，版面、字数都有所限制，丛书更加开放、自由、形式多样，这样可以给学者更多的从容、更多的自由、更多的空间、更多的想象。

丛书是创造一流产品的有效途径，一套大型丛书就是一座学术丰碑。丛书在价值链的建立、道德感的培养、尊严感的塑造等方面起着重要作用。成为品牌的丛书在读者眼中就是值得信赖的知识和信息来源，读者是品牌的支持者、维护者、传播者。优秀丛书影响的何止是一代人。

丛书的开始就是一个承诺，要对这一领域进行系统整理，并完美呈现给读者。一套好的丛书是很容易让人着迷的，能让编者永远不愿放弃它。英美法德都是丛书出版大国，英国至今还独领学术丛书风骚。当代英国著名的丛书有"剑桥史丛书"、"剑桥图书丛刊"、"人人丛书"、"企鹅经典"、"牛津世界经典"、"牛津手册丛书"、劳特利奇的各种丛书，等等，都是学界耳熟能详的。

登特创办于1906年的"人人丛书"承诺以一先令一册的价格出版新的、精美的世界经典版本，"吸引每一种读者：工人、学生、有教养的人、儿童、男人和女人"，让人人"在一个小房间里有无限的财富"。弥尔顿的话，"一本好书则等于把杰出人物的宝贵心血熏制珍藏了起来，目的是为着未来的生命"，亦被印在"人人丛书"的扉页上。

商务印书馆的"汉译世界学术名著丛书"，这是读书人回避不了的通往世界学术的窗口。20世纪80年代风行一时的"走向世界丛书"（湖南人民出版社、岳麓书社出版）、"走向未来丛书"（四川人民出版社）代表了彼时中国学术界对历史和未来的深刻思考，亦是影响了几代人。这些丛书都是我们的榜样，虽不能至，然心向往之。我们只要坚持，这套丛书一定会留下历史的痕迹，这是我们的理想与追求。

（一）守正创新、不断开拓的"光启文库"

文库分"光启随笔""光启讲坛""光启学术""光启读本""光启通识""光启译丛""光启口述""光启青年"等8个系列，致力于展示当代中国学术的多元面相，同时亦大力翻译20世纪之前的国外学术著作。"光启文库"注重彰显学术价值，兼有现实关怀，回应时代之问，解答历史命题，努力构筑优秀学术人才集聚的高地、思想自由交流碰撞的平台。徐光启说，"欲求超胜，必须会通"，我们希望通过光启文库，既可在自身文化中汲取活力，又能以高水准的海外成果丰富中华文化的内涵，培育深植于中国文化的价值、思想和话语。

丛书有8种类型，这意味着学术表达有不同的方式与路径，各种体裁、各种文体都可以表达最好的学术，都是人类对世界、对自然、对自我、对社会的一种认知。近代世界500年是欧洲扩张的500年，伴随以欧美为中心的全球秩序的出现，学术表达似乎也只有一种形式了，这合理吗？我们的传统文化表达在哪？我们的学术究竟如何表达？如何突破当下规范整齐的学术八股？如何培育人类文明的学术新格局？这是文库设立的一个重要目的。

（二）展现内心世界的学术随笔

为展现当代中国改革开放40多年以来的人文社会科学学术成就，展现当代知识分子的学术发展历程与内心学术追求，我们特设了当代学人的"光启随笔"，希冀经过若干年的积累达成一定规模，成为呈现当代学术万象的一个缩影。

随笔汇集已发表的和未刊发的书评、评论、序跋、感想、访谈、交往等类文章，按照一个主线编排出来，荟萃有关准学术、轻学术的长短文章，展现有灵魂的、有趣味的个体学术思索过程。体裁不限，文体不限，文字长短不限，有适当插图，每本18万字左右，便于阅读。每本书都单独设计藏书票，有的甚至是作者自己设计的，意味无穷。腰封是很多人不喜欢的，要之无用，弃之可惜，但这套书的腰封采用独特的竖立的长条形状，放在书的背后，亦可作为书签。书的整体设计非常精美，受到读者欢迎，有的在不断印刷。

（三）富有真实思想的光启通识

通识教育（liberal arts education，又称博雅教育）是外来概念，一般认为这种教育起源于古典时期，比如，"教化"（paideia）是古希腊文明的一个核心概念，旨在向年轻人展示如何成为一个理想公民，努力实现品格高尚、精神卓越、体魄强健，成为对社会有用的人。苏格拉底强调了通识教育的个人主义维度，冀望他的学生都能借由理性而非教条形成自己的观念。最重要的是，它指导人们如何成为可能的最高形式的人。类似的教育理念也体现在中国周代的礼乐教化中，君子应符合礼节、道德与秩序，六艺（礼、乐、射、御、书、数）则是开启心智、练达人生、塑造人格的基本途径。通识教育有助于培养人们心智成熟、思维开阔、敢于怀疑与自我反思的能力，对于一个不断变化的世界来说，通识教育最为合适，也最有意义。随着现代科学的出现和启蒙运动理想的传播，通识教育开始与对人类自由、理性、平等、宽容等思想的关注联系在一起了。

以思想家蒙田的警句"我知道什么?"命名的"我知道什么? 丛书"创办于1941年德军占领下的法国，此时的法兰西学术界万马齐喑，未来令人沮丧。丛书意欲"恢复伟大的启蒙传统，即传播所有人都能接触到的普遍知识"，旨在恢复文化自信。该丛书已经出版3800多种，每年还不断更新目录，被译为中文、英语、德语、意大利语、韩语、日语等45种语言，在世界图书出版界享有较高声誉。类似的丛书还有德国的"贝克知识丛书"（始于1995年，已出版600多种）、英国的"牛津通识读本"（始于1995年，已出版近800种），都是大家写小书，学术引领风尚，大大提高了民众的知识水准、审美意识和道德情感。这三套通识类丛书是出版界的荣耀，是学术界的结晶，更是读者的福音。

"光启文库"中的"光启通识"系列就是要建成这样一套成规模的、

服务社会的百科文库。学者的价值与知识的活力扎根于、来源于、服务于民众需要，让学术走向民众，积极推动全民科普教育，提高民众人文素养。本系列将于2023年起陆续推出。

（四）有效丰富完善教材的读本

教材是一个宽泛的概念，内涵比较丰富，不等同于教科书。读本是教材的一种形式。在我看来，教材一般由教科书、研究指南/手册、文献资料、案例四部分组成，四者互为补充，缺一不可。

教科书应该是作为学生有价值的学习资源，简明扼要地归纳出课程要点，帮助他们理解和应用。手册则是知识、学术、思想的前沿，是对新兴的、新近更新的、重要的领域的最前沿的调查。什么可以构成历史系的"案例"？我们如何在课堂上使用它们？在像历史学这样的领域，案例往往是对一个背景或概念的探索，比如历史上的大战略就可以做成很好的案例库。历史学不是年代记，不会仅仅满足于按时间顺序罗列史实，而是需要从整体上理解人类的过去，这就需要我们研究文献，研究文献是如何成为史料的，是如何为历史学服务的。杜比曾说："这一大堆文字，历史学家的采石场，他们将从其中获得必不可少的材料，挑选、剪裁、调整，用以建造他们已构思好草图的大厦。"[1]历史研究的领域极其广泛，史料可谓是汗牛充栋，会令初学者绝望，入门者需要前辈指点迷津，这就需要读本，不是那些充满狭隘观点、歧视偏见、渲染情绪的读本，而是不同类型文献之间平衡、不同观点之间平衡的读本。

教材编写是个大问题，值得大家认真思考，值得大学者花精力、费时间去撰写。这也是我们在这套丛书中设置读本的重要原因。

---

[1] 安托万·普罗斯特：《历史学十二讲》，北京大学出版社2012年，第48—49页。

（五）翻译是文明交流的使者

就文明交流、文明互鉴而言，怎么评估翻译的重要性都不过分，文明的交汇必然是通过翻译进行的。翻译是罗马文化的核心，拉丁文学是从希腊史诗和戏剧传统的翻译中发展起来的，西塞罗本人就是一位经验丰富的翻译家；在西方文化的每个阶段，都有一些来自古希腊和罗马文本的翻译。在古希腊典籍回流欧洲的过程中，伊斯兰世界起到了至关重要的作用。翻译是这个过程的核心，第一个阶段是在中世纪的巴格达，学者将希腊科学著作的原文翻译成阿拉伯语。第二个阶段发生在西方，尤其是意大利和西班牙，在那里，阿拉伯文译本又被翻译成拉丁文，并进入欧洲学术界。

翻译是在不失去作品原味的情况下用另一种语言重新创作的艺术，这在无意之中就促使了观念、思想的传播。翻译是一种文化接受形式，所谓翻译即背叛，也意味着创造，一种文化的再生。知识在世界范围内的扩张和跨文化传播过程中，翻译是不可替代的。没有东汉至唐宋年间的佛经翻译，哪有中国的佛教文化。大翻译必定产生大繁荣。这是本丛书纳入翻译的重要理由，收录20世纪之前人类各个时期重要的学术经典。20世纪以来的重要著作则纳入商务印书馆的另一套丛书"二十世纪人文译丛"中。

（六）最不商务的"商务"

成功的学术出版需要学术出版商的情怀与眼光，出版不完全是市场行为，不纯粹是利润的追求；需要有学术修养，有耐心、细心，愿为他人作嫁衣的学术编辑，优秀编辑既是作者产品的加工者，也是选题的策划者、引领者；好的出版社需要强大的作者队伍，优秀作者心甘情愿地为出版社评书、编书、译书、写书；学术出版需要市场推广，积极为优秀学术著作做有效的营销工作。能有效协调这四者之间的关系，无疑会成为出版社楷模，这就是商务印书馆。

"商务"最不商务，他们不是以盈利为目的的，以教材起家的商务向来是以学者为中心，以学术为中心，以读者为中心，以知识传播为中心的，商务印书馆是一家良心文化企业，与商务打交道感觉特别舒服、特别愉快、特别放心。同一本书在不同的出版社会有不同呈现方式，会出现不同的传播方式，有不同的影响力；每一家出版社都会有自己的企业文化，有不同文化品位，吸引不同的读者。商务印书馆对传统文化的保存，对域外文化的积极引进，对教材的重视，对期刊的培育，对工具书的积极推广，在当代中国功不可没，商务是中国学术的孵化器、中国学术的引路人、中西文化互鉴的摆渡者。哪位读书人没受过商务所带来的恩泽？商务印书馆是孕育当代中国文化的重要平台，值得我们每一位学者、每一位读书人敬重、维护、支持。

"2022年诺贝尔生理学或医学奖"颁给了瑞典遗传学家斯万特·帕博（Svante Pääbo，1955—　），以表彰他对尼安德特人等已灭绝人种的基因组所做的研究，以及在人类进化研究领域做出的突出贡献。笔者认为，这次诺奖是颁给交叉学科的，文科须与理工科紧密结合才能找到发展的空间；这次诺奖是颁给历史学家的，任何学术研究都离不开历史学，历史学会给人全面的、综合的、比较的批判能力；这次诺奖是颁给新文科的，文科不仅仅是记忆，文科能解决时代提出的问题，文科是富有创造性的学科。人类文明新形态开创了世界学术的新趋势，这不是一代人就可以解决的问题，须进行马拉松式的文化接力，培养一代又一代富有创新精神的学者，才会逐渐接近我们的目标。一套丛书就是这一过程中的一点力量。

后记 | 正确认知本身也是一种创造新知的过程

　　"自主的知识生产"既不是回归自我，也不是回归传统；既不是学术内卷，也不是与世界学术脱钩；既不是拒绝西方，也不是西方的替代方案。但今日世界肯定不是资本主义扩张文化的逻辑必然，也不是每个国家都必须按照西方的模式去解释存在、去发展未来，而是根据自己的历史与现状去创造知识新形态、学术新形态、文明新形态。英国著名学者杰克·古迪断言："欧洲人夸大自己对世界社会甚至'西方文明'的总体贡献的倾向，这种倾向可以理解，但却扭曲了事实……这种自我膨胀不可避免地涉及对他人的贬低；自我陶醉是一种零和游戏。"[1] "几个世纪以来，我们发现钟摆的摆动，一个时期在一个方面前进，另一个时期则在不同的阶段前进……这是一场持续至今的悬而未决的运动，在经济领域，东方已开始主导西方。"[2]

　　人类文明与地球生命、宇宙生命相比是微不足道的，甚至是可以忽略不计的。在西方，苏格拉底、柏拉图、亚里士多德之后还有奥古斯丁，奥古斯丁之后有笛卡尔，笛卡尔之后有康德、黑格尔、马克思，还有尼采，

1　Jack Goody, *The East in the West*, Cambridge University Press, 1996, p. 238.

2　Jack Goody, *The East in the West*, pp. 231–232.

还有胡塞尔、海德格尔……各个领域都有类似的伟大人物……中国同样也是如此，思想家、哲学家层出不穷，犹如皓月星辰一直闪烁在历史星空中。

如果说1500年之前的世界，中国与西方世界在思想上、学术上、知识生产上打个平手的话，那么1500年之后的世界则是知识大分流的时代，中国在这些领域似乎落后了，能一对一进行对决的知识领袖并不多，西方逐渐成为世界知识生产的引领者。这是为什么？背后的深层原因是什么？难道这个世界只有一个解释模式吗？只有一个发展类型吗？只有一个文明规范吗？当然不是！

我们今天又处在一个知识大分流的时代。AI改变了一切，数据的集成、算法的模型、算力的能级都在改变知识形态与认知模式。当代学人不能只做旁观者、崇拜者、美食家，我们不仅要做欣赏者、赞美者、评论家，更要亲自下场，成为学术的躬行者、话语的倡导者、知识的建设者、学术的拼搏者，努力构建当代中国文化，为后人创造当代传统。"物有甘苦，尝之者识"，要想成为新知识大分流时代的引领者，不仅需要努力，有时更需要策略。

长时段看历史、展未来，任何行动的力量、精神的实质在于叙事，任何知识都可以归根到叙事，任何话语、任何学术都是叙事的结晶，概念与话语的高度概括亦是不断叙事的结果。叙事造就了群体身份、造就了民族、造就了国家、造就了网络，也会成就未来。"各种叙述的目的就是话语竞争，不管全球史还是地方史，都是以普遍斗特殊，或以特殊斗普遍，意图或许都是证明自我的理想/乌托邦更有实现的可能性。差别在于作者的自我理想采取什么样的人道主义或伦理原则。这一点又涉及作者对理想社会、何谓人道主义、什么样的伦理和正义更好的理解。结果所有的叙述实践都成了社会角斗场的一次表演。有机会表演，必须有机会写作和发表。"（陈新语）

人类传统为我们提供了丰富的文献与物质、经验与观念，让我们在此基础上可以继续深入理解世界、解释世界、改造世界。当然，我们也可以改造、完善甚至超越这些传统。然而，如果我们承认西方在物质与精神方面为人类提供了不菲遗产的话，如果我们要形成新文明的话，就必须研究西方世界的形成，研究西方知识生产的来龙去脉，汲取其中的经验、方法和教训。比如，

1. 如何看待近代500年？这是一个从多样的、魅力的世界到乏味的、单调的全球化过程。西方的发展概念也许就是一个谎言。

2. 如何看待西方文化？西方的概念已非空间所能涵括，西方是单数的，又是复数的；是连续的，又是中断的；是个体的，又是集体的。西方模式本身就是例外。

3. 如何看待美国学术？美国拥有的世界顶级大学、最好的出版社、最有影响力的学术期刊的总量还是很多的，在当代世界知识生产版图中占据很大比例。当然，美国也面临很多难以解决的问题。

诸如此类的重大历史问题、理论问题、现实问题，还可以列举很多，都是我们必须面对的，须深入研究与思考的，并要不断完善的。

人类历史充斥着诸如亚述起源论、埃及起源论、印度起源论……希腊中心主义、罗马中心主义等等，但由于近代500年是西欧演变为西方的500年，方方面面影响巨大，因此危害也最大。西方中心主义不仅成为一种日常生活模式，而且成为一种世界治理模式，这更加令人担忧。"如果说文艺复兴运动时期标志着一种在人类历史上的质的决裂，这恰恰是由于从那时以后欧洲人已经具有用他们的文明去征服世界的思想意识，认为征服世界是一个可能实现的目标。因此，他们形成了一种绝对的优越意识，尽管其他民族实际上还没有向欧洲屈服。欧洲人第一次画出真正的全球地图。他们知晓居住在地球上的所有民族，而且只有他们具有这一优势。他们知道，即使某一个帝国仍然具有保卫自己的军事手段，他们最终也能够形成比这些帝国更强大的力量。从这时开始，而不是在这

以前，形成了欧洲中心论。"[1] 人类文明千姿百态、多元共存的局面也是从那时开始逐步瓦解的，如何破解这一局面，是一个艰巨且漫长的任务。

面对这种思想霸权、知识霸权，虽然西方世界内部也在解构、批判，但这种根植于思想中的观念是很难突破的。比如沃勒斯坦说："年鉴学派运动的诞生，是为了反对19世纪制度化了的社会科学背后的主导思想。今天，我们已经习惯了把有关社会进程和社会结构的知识，给予不同类别的学科称谓，其中最重要的有：人类学、经济学、历史学、政治科学和社会学。当中最少有三个学科在19世纪以前是没有的。在19世纪的后半部（约1850—1914）有三种主要方法把这些学科制度化：大学以这些学科名称设立学系（或至少设立教授职位），成立国家学者机构（后来更成立国际学者机构），图书馆亦开始以这些学科作为书籍分类的系统。"[2] 可见，固化的观念、延续的时间、流动的空间都是前进中的最大敌人。

同样，我们要成为人类新知识和认知共同体的建构者，这是一个漫长的过程，需要一代代人的努力，甚至可能是数百年的努力。在此，请允许我引用王希老师和我的通信："《谁在叙述谁的全球史：不对等与历史书写的陷阱》一文[3]也在海外学者微信群中广泛分享，深受欢迎。你对西方知识霸权（包括世界史知识的建构与传播）的演进梳理透彻，提出的问题也非常尖锐，引人深思。文章的出发点和视野都是新的，这本身就是一种觉醒。你关于中国出版和发表的评论，一定是基于现实观察之上，发人深省。与此同时，我也分享你的期待——中国人要成为新的世界知识和认知共同体的建构者，需要数代人的努力。现在我们做的许多

---

1 萨米尔·阿明：《自由主义病毒/欧洲中心论批判》，王麟进、谭荣根、李宝源译，社会科学文献出版社2007年，第179页。

2 华勒斯坦：《超越年鉴学派？》，华勒斯坦等：《学科·知识·权力》，刘健芝等编译，生活·读书·新知三联书店1999年，第213—214页。

3 指刊于《社会科学战线》2023年第11期的拙文。

事实际上是减少内外知识的鸿沟。这个工作本身也是一种创造新知的过程。"敬重对手、研究对手、学习对手，有时的目的并不是超过对手，这样的无意之为反而可以构建出一种更加平等的文明。

　　上述想法是最近几年间引导笔者进行思考的主线。我从区域史、史学史、城市史、知识史四个维度梳理它们作为学科研究领域的起源、嬗变与未来发展的可能性。文章大多基于学术史的角度去思考，出发点是世界，落脚点是中国，故取名《世界史与当代中国》。限于知识面、阅读面，书中很多想法还很幼稚、不够成熟，一些想法难免以偏概全，有很多不周到的地方，欢迎大家批评指正。本书文章先期发表于《中国社会科学》《史学理论研究》《读书》《探索与争鸣》《学术月刊》《华东师范大学学报》《中国社会科学评价》《光明日报》《文汇报》《解放日报》《学海》《上海书评》《全球史评论》等报刊，并选了若干访谈、序言等，其中一些文章被《新华文摘》《中国社会科学文摘》《社会科学文摘》《世界史》等转载。在此，感谢细心的编辑，感谢匿名审读者，感谢转载者，感谢读者，感谢商务印书馆，感谢所有时代同行者！

　　"我们所处的时代只是人类历史的开端。过去有成千上万年，未来还有未知的时间。有各种各样的机会，也有各种各样的危险。"[1]"吾生也有涯，而知也无涯"，如果我们认为过去的时间很长，那么未来的时间就更长；无论如何，未来也是一天一天来的，只要坚持，未来就有希望。

陈　恒

2023年12月2日于光启国际学者中心

1　Richard P. Feynman, Michelle Feynman, Yo-Yo Ma, Brian Cox, *The Quotable Feynman*, Princeton University Press, 2015, p. 358.